세계 · 지방화시대의 한국학 6

비교연구의 방법

조 동 일

계명대학교 출판부

머 리 말

또 한 학기가 끝나 결실을 보고하는 기쁨을 누린다. 계명대학교 석좌교수가 되어 5년 동안 10회에 걸쳐 진행하는 "세계·지방화 시대의 한국학" 공개강의 여섯 번째 결과로 이 책을 낸다. 전체 계획을 제시하면 다음과 같다.

1 길을 찾으면서 (2004년 2학기 강의, 2005년 2월 출간)
2 경계 넘어서기 (2005년 1학기 강의, 2005년 8월 출간)
3 국내외 학문의 만남 (2005년 2학기 강의, 2006년 2월 출간)
4 고금학문 합동작전 (2006년 1학기 강의, 2006년 8월 출간)
5 표면에서 내면으로 (2006년 2학기 강의, 2007년 2월 출간)
6 비교연구의 방법 (2007년 1학기 강의, 2007년 8월 출간)
7 일반이론 정립 (2007년 2학기 강의, 2008년 2월 출간)
8 학자의 생애 (2008년 1학기 강의, 2008년 8월 출간)
9 학문의 정책과 제도 (2008년 2학기 강의, 2009년 2월 출간)
10 학문하는 보람 (2009년 1학기 강의, 2009년 8월 출간)

여기서 하는 작업은 비교연구이다. 비교연구는 오늘날의 한국학을 위해 절실하게 필요하다. 한국학을 동아시아학으로, 동아시아학을 세계학으로 확대하고 발전시키면서 일반이론 정립으로 나아가는 창조학을 하려면 비교연구를 반드시 해야 한다. 비교연구의 마땅한 방향과 방법을 여러 분야의 다양한 사례에서 찾는다.

강의 원고를 홈페이지(chodongil.x-y.net)에 올리고, 강의를 한 다음 수정해 다시 올리는 것을 앞의 다섯 강의에서와 같이 했으며, 앞으로도 계속 이렇게 할 예정이다. 토론을 붙이는 것도 일관된 방식이다. 멀고 가까운 여러 곳에서 와서 공개강의에 자진해서 참석하고 토론을 해준 많은 동학에게 거듭 감사한다. 강의하고 책을 내는 내용이 모든 참여자의 합작이고 공저라고 할 수 있다. 오랜 소망을 이루어 나는 분명히 복 받은 사람이다.

경기대 김헌선 교수가 천리 길을 무릅쓰고 몇 학기 동안 줄곧 한 번도 빠지지 않고 찾아온 사실을 특기한다. 경북대 김재석 교수와 김주원 교수도 계속 출석해 강의의 격을 높여주었다. 계명 동산의 동료들은 가까이서 지원을 아끼지 않아 두루 감사하는 바이며, 특히 원명수, 강은해, 김교봉, 마이클 핀츠(Michael Finch) 등 여러 교수가 강의 현장에서 보여준 관심을 자랑하고 싶다.

안동대 천혜숙 교수와 백석대 박미영 교수는 강의실에 자주 오지는 못했으나, 원고 다듬는 일을 맡아 계속 도와주었다. 단국대 윤주필

교수, 호서대 김성룡 교수 등 여러 사람이 지난번에 낸 책 수정에 참여했다는 사실을 밝히고 이번에도 도움을 청한다. 해마다 8월 11일부터 사흘 동안 만나 함께 산에 오르는 동학 모두에게 이 책 원고를 보내고 고칠 곳을 지적해달라고 부탁하기로 한다.

나이가 드니 생각은 막히지 않으나 쓰는 것은 부담이 된다. 글을 다듬고 교정을 보는 일이 더욱 더 힘들어진다. 도와주는 분들 덕분에 어려움을 이겨내고 계속 책을 낸다. 네 학기 강의를 하고 책을 네 권 낼 일이 남아 있다. 최선을 다하겠다고 다짐하면서 도움을 더 많이 기대한다.

2007년 6월 8일 여섯째 학기를 마치고서

조 동 일

신연우, 안장리, 윤동재, 김영숙, 정천구, 최귀묵, 박경수, 황재문, 안동준, 윤주필, 육재용, 사진실 등의 박사·교수들이 고칠 곳을 지적해 보내왔다. 착오가 없는 책을 내고자 하는 평생의 소망을 이번에는 이룰 수 있을 것 같아 기쁘다.

2007년 7월 14일에 덧붙여 쓴다.

제1강 비교문학의 방향 재설정

비교문학의 내력

세계·지방화시대의 한국학에 관해 열 학기 동안 열 번 하는 강의 여섯 번째인 이번 학기의 주제는 비교연구이다. 한국학을 세계화하는 데 필수적인 외국과의 비교연구의 방법을 많은 사례를 들어 논한다. 비교연구는 지금까지의 강의에서도 줄곧 다루어 새삼스러운 것이 아니지만, 집중적인 고찰이 필요해 자리를 따로 마련한다.

논의를 시작하는 이 자리에서 세 가지 일을 하고자 한다. 비교연구의 의의를 말한다. 비교연구를 선도해온 비교문학의 현황과 문제점을 고찰한다. 비교문학을 혁신하자는 주장을 제시한다. 앞에 든 것일수록 더 많은 설명이 필요하다고 하겠으나, 지금까지의 경과보다 장래의 진로를 더욱 중요시하는 강의를 하므로 뒤에 든 것일수록 더 큰 비중을 두고 논의한다.

비교는 인식의 기본 방법 가운데 하나이다. 하나와 다른 것이 같고 다른 점을 밝히는 비교연구를 모든 학문에서 한다. 한국학을 동아시아학으로, 동아시아학을 세계학으로 확대하고 발전시키려면 비교연구에 힘써야 한다. 일반이론 정립으로 나아가는 창조학이 비교연구에서 출발점을 찾는다.

비교연구를 전문화하고 정비하는 데 비교문학이 앞섰다. 비교문학이 이웃 분야의 비교철학, 비교사학 등보다 더 많은 일을 했다. 그러나 잘하고 있다고 자부할 것은 아니며 재고해야 할 사항이 적지 않다. 비교문학의 경우를 들어 지금까지 진행된 비교연구의 전반적인 문제점을 고찰하고 마땅한 방향을 찾고자 한다.

비교문학은 원래 유럽문명권 각국문학 사이의 영향관계를 고찰하는 학문으로 시작했다. 그 뒤에 고찰 범위를 넓혀 유럽문명권문학이 다른 문명권 여러 나라의 문학에 끼친 작용을 살피는 작업을 추가했다. 유럽에서 마련한 모형을 얼마나 근접되게 받아들였는가 하는 것을 평가의 기준으로 삼아 유럽문명권중심주의를 확대했다.

이것은 한 시대를 지배하던 차등의 세계상을 반영한 학풍이다. 차등을 대등으로 바꾸어놓는 새로운 세계상 정립이 요망되면서 비교문학도 달라지지 않을 수 없다. 또한 사실 고증을 넘어서서 문학이 서로 같고 다른 점에 대한 다각적인 이해가 요망된다. 새로운 작업이 진행되기는 하지만 아직 많이 모자란다.

현황 검토

비교문학의 내력을 길게 거론할 겨를은 없다. 개설서만 해도 너무 많아 감당하기 어렵다. 특히 중요하다고 생각되는 것 둘을 들어 문제점을 고찰하기로 한다.

(가) 원본이 독일어인 『비교문학입문』(1968)을 보자. (Ulrich Weisstein,

Einführung in die vergleichende Literaturwissenschaft, Stuttgart: Kohlhammer, 1968, William Riggan tr., *Comparative Literature and Literary Theory, Survey and Introduction*, Bloomington: Indiana University Press, 1973; 울리히 바이스슈타인, 이유영 역, 『비교문학론』, 서울: 홍성사, 1981) 차례를 국역본에서 옮겨 적는다. (가)1 정의, (가)2 영향과 모방, (가)3 수용과 생존, (가)4 연대, 시대, 세대, 운동, (가)5 장르, (가)6 소재연구, (가)7 예술의 상호조명

(나) 프랑스에서 나온 『비교문학이란 무엇인가』(1983)를 하나 더 든다. (Pierre Brunel, Claude Pichois, André-Michel Rousseau, *Qu'est-ce-que la littérature comparée?*, Paris: Armand Colin, 1983) 차례를 번역한다. (나)1 탄생과 발전, (나)2 문학의 국제적 교환, (나)3 일반문학사, (나)4 사상의 역사, (나)5 문학에 대한 성찰, (나)6 소재와 소재론, (나)7 시학

(가)1에서는 간략하게 처리한 비교문학 일반론을 (나)1에서는 변화의 과정을 들어 상론했다. (가)2와 (가)3의 두 항목에서 전개한 영향관계 논의를 (나)2로 축소했다. 문학사론을 (가)4에서는 영향관계를, (나)3에서는 독자적으로 나타난 공통점을 중요시하면서 고찰했다. (가)6과 (나)6의 소재론에서 차이점이 있다. (가)5에서 말한 문학이론이 (나)5와 (나)7로 확대되었다. 문학과 다른 영역의 관계를 (가)7과 (나)4에서 다룬 데서도 실증적 구체성과 이론적 포괄성의 차이가 확인된다.

영향 관계가 없이 독자적으로 형성된 문학을 비교 대상으로 삼는 것이 새로운 경향이다. 문학사 전개의 보편적 양상을 밝히고, 문학사와 다른 역사를 함께 다룬다. 문학이론을 새롭게 마련하는 데 힘쓴다. 이런 변화를 종합해 (나)에서 다시 내린 비교문학의 정의를 보자. "여러

언어와 문화에서 보이는 문학 현상에 대한 체계적인 해명을 해서 문학이 인류 정신을 위해 수행하는 특이한 구실에 대한 이해를 더 잘 하고자 하는 작업"이 비교문학이라고 했다.(151면)

보편성의 추구를 목표로 삼아 차등의 세계상을 버리고 대등의 세계상을 구현하는 원칙론을 타당하게 정립하는 것 같지만 실상은 그렇지 못하다. 유럽문학 안에 머물러 있으면서 일반론을 전개하려고 한다. 대등의 관점에서 비교문학을 하고 문학이론을 정립하려면 유럽문명권 중심주의를 넘어서야 한다. 유럽이 아닌 다른 문명권의 문학을 널리 받아들여 풍부하게 활용해야 한다.

프랑스의 비교문학자 에티앙블이 방향 전환에 앞서는 것처럼 알려져 있다. 『(진정한) 일반문학에 관한 논고』(Étiemble, *Éssai de littérature (vraiment) générale*, Paris: Gallimard, 1975), 『보편문학에 대한 몇 가지 논고』(*Quelques éssais de littérature universelle*, Paris: Gallimard, 1982)라는 책을 거푸 내서 전환의 계기를 마련한 듯하다. 그러나 유럽 이외의 문학에 대한 이해는 단편적인 것들에 지나지 않는다. 방향 전환이 구호에 그치고 실천이 따르지 못했다.

루마니아 학자 마리노(Adrian Marino)는 에티앙블의 기여를 높이 평가해 『에티앙블 또는 전투적 비교문학』(*Étiemble, ou le comparatisme militant*, Paris: Gallimard, 1982)라는 책을 냈다. 『비교주의와 문학이론』(*Comparatisme et théorie de la littérature*, Paris: PUF, 1988)이라는 책에서 '동양문학'을 발견해 '보편문학'을 새롭게 인식해야 한다고 했다. 그러나 에티앙블에 대한 평가는 지나치다. 자기주장은 실질적인 내용을 갖추지 못했다. 1991년 일본 東京에서 열린 제13회 국제비교문학대회에서 마리노의 발표를 듣고 내가 반론을 제기해 벌어진 논란을 제3권

제10강에서 소개했다.

그 때 발표한 내 논문은 구비서사시와 근대소설의 관계에 관한 비교 연구였다. (“Traditional Forms of the Narrative and the Modern Novel in Korean and Other Third World Literatures”이고, 제3권 326-333면에 수록되어 있다.) 한국과 터키의 사례를 집중적으로 다루고 제3세계 다른 곳들의 경우를 함께 거론하면서 근대소설은 유럽에서 생겼다는 견해를 수정했다. (『한국문학과 세계문학』, 서울: 지식산업사, 1991에 수록한 <서사시의 전통과 근대소설>을 간추려 영어로 옮긴 내용이다.) 유럽문명권중심주의를 넘어서서 세계문학사 전개의 보편적 과정의 일단을 밝힌 의의가 있다.

비교문학 개설서를 하나 더 든다. 최근의 업적인 퇴퇴시 데 제페트네트, 『비교문학』(Steven Tötösy de Zepetnet, *Comparative Literature: Theory, Method, Application*, Amsterdam: Atlanta, GA, 1998)에서는 새로운 견해를 보여준 것 같다. 서유럽에서는 유럽문명권중심주의를 극복하지 못해 죽어가고 있는 비교문학을 다른 지역의 여러 문학을 광범위하게 다루면서 살려내는 것이 세계화 시대의 과업이라고 했다. 세계화는 지방화와 함께 닥쳐와 지방문학, 소수민족문학, 여성문학 등 지금까지 무시해온 문학을 소중하게 다루어야 한다고 했다. 그 둘을 합쳐 일컬은 “변방적인 것들”에 대한 새로운 이해가 있어야 한다고 했다.

그러나 실제 작업에서는 자기 자신과 관련된 동·중부유럽 몇 곳의 문학을 추가해서 논의하는 데 그쳤다. 제3세계문학에 대한 광범위한 이해는 갖추지 못했다. 현재의 상황을 말할 따름이고 문학사의 전개를 거시적으로 이해하려고 하지 않았다. 변방에 있다고 무시된 문학이 세계문학사 전개의 보편적인 양상의 어느 면을 드러내주는 의의를 가진다는 사실을 인식할 수 없었다.

비교문학 일반론은 이 이상 진척되지 않았다. 유럽문명권중심주의를 온전하게 극복하고자 하는 제3세계의 비교문학연구는 개설서를 마련할 만큼 정비되지 않았다. 우리 주변에서도 비교문학 교본이라고 할 것들이 여럿 나왔으나 모두 기존의 논의를 소개하는 것이 힘겨워 한국문학마저도 제대로 다루지 못했다. 체계적인 정리는 미루어두고 방향 전환을 위해 치열한 논란을 벌이는 것이 지금 해야 할 일이다.

글을 쓰고 있기만 하지 말고, 나서서 말을 해야 한다. 1997년 네덜란드 레이덴에서 제15회 국제비교문학대회가 열렸을 때 나는 한 분과의 종합토론을 마무리해달라는 요청을 받고 비교문학이 새로운 길을 찾아야 한다고 역설했다. 차등의 세계상을 시정하고 대등의 세계상을 구현하는 다음 시대의 학문을 유럽이 아닌 곳에서 주도해서 해야 한다고 했다. 제3권 제11강에 적은 말을 옮긴다.

오늘날 탈식민시대를 맞이해서 새로운 사고를 해야 한다거나, 오리엔탈리즘을 극복해야 한다거나, 유럽문명권중심주의에서 벗어나야 한다거나 하는 말이 유행이 되고 있다. 이번 모임에서도 그런 말을 많이 하고, 지금의 토론에서도 표제로 내걸었다. 그러나 유럽문명권 안에 들어앉아서 다른 문명권에 대해서는 알지 못하면서 그런 말을 되풀이하기만 해서 아무런 진전이 없다.

한국에서 온 동아시아학자인 나는 동아시아문학의 동질성과 이질성에 관해 광범위한 고찰을 하는 논문을 영어로 발표하고, 동아시아에서 하는 일을 다른 문명권에서도 해서 서로 비교하자고 했다. 여러 문명권을 세계적인 범위에서 비교하는 일은 나도 아직 하지 못했다. 그러나

나는 동아시아에 관한 논의를 유럽의 언어로 전개한다. 지금 영어로 말하고 있을 뿐만 아니라 불어도 할 수 있고, 독일어도 조금 안다. 누구나 이런 범위에서 문명권을 넘나드는 비교연구를 해야 비교문학이 비교문학답게 된다.

학문은 유식의 소관이지 무식의 소관이 아니다. 한 문명권만 아는 것은 무식이고 여러 문명권을 아는 것이 유식이다. 당신네들 유럽문명권 학자들은 다른 문명권을 이해하기 위한 진지한 노력이 없다. 외국어를 여럿 알아도 유럽의 언어뿐이다. 동아시아 사람인 나는 유럽문명권을 이해하기 위해 오랫동안 애쓴 결과 두 문명권은 어느 정도 안다. 세 문명권이나 네 문명권을 아는 것보다는 무식하지만, 한 문명권만 아는 것보다는 유식하다.

지금까지 전개된 근대학문은 유럽문명권에서 주도했다. 그러나 이제 전환의 시기가 왔다. 두 문명권 이상을 아는 유럽 밖의 학자들이 근대를 넘어서서 다음 시대로 나아가는 학문 연구를 주도해야 할 때가 되었다.

이렇게 말하는 데 대해서 그 자리에서 사회를 보고, 함께 발표를 하고, 또한 참석해 질의하고 토론한 유럽문명권 각국 학자들이 한 마디 반론도 불만도 말하지 않았다. 해야 할 일이 무엇인가 알면서도 경험과 지식이 편벽되어 어쩔 도리가 없다고 시인하는 것 같았다. 그런 형편을 타개하는 데 유럽문명권에서 앞장설 수는 없으므로 다른 문명권에서 분발해야 한다.

유럽에서 잘못하고 있다고 나무라는 것이 능사가 아니다. 유럽에서 잘못하고 있으면 그 대안이 되는 새로운 연구를 다른 문명권에서 내놓아야 한다. 동아시아는 커다란 의무를 지니고 있다. 모든 블만과 비난이 우리 자신에게로 되돌아온다.

막중한 임무를 혼자 수행하자는 것은 아니다. 이제 동아시아가 다른 문명권은 젖혀두고 세계사의 주역이 되어야 하고, 한국이 그 중심이 되어야 마땅하다는 착각은 하지 말아야 한다. 다원화된 세계에서 누구나 해야 할 일을 동아시아에서도, 한국에서도 해야 한다. 한국의 학자들은 마땅히 자기 장기를 살리면서 그런 연구에 적극 참여해 널리 도움이 되는 결과를 얻을 수 있어야 한다.

세계문학사를 다시 써야

비교문학론보다 세계문학사가 더욱 긴요하다. 비교문학은 세계문학을 바르게 이해하는 방향으로 나아가야 한다. 비교문학 개설서에서는 잘 드러나지 않는 편향된 세계상이 세계문학사를 써놓은 것을 보면 아주 명확하다. 잘못을 고치려면 비교문학론에 대한 시비보다 세계문학사를 다시 쓰는 작업에 더욱 힘써야 한다.

지금의 세계를 둘러보면 정치나 경제에서 유럽문명권 특히 그 중심국가인 미국의 독주는 완화될 기미가 없고 오히려 가중되고 있는 형편인 것이 숨길 수 없는 사실이다. 그래서 움츠러들고 가만있어야 할 것은 아니다. 한쪽으로 지나치게 치우치면 다른 쪽에서 파탄이 생긴다. 그 증거가 미국에서는 세계문학사 서술을 포기하고 세계문학의 보편적 의의를 부인한 자해행위에 잘 나타나 있다.

미국은 자기네 문명권 밖은 모두 멸시하는 편견에 가득 찬 작은 분량의 세계문학사를 1925년에 하나 내놓고는 기권하고 물러섰다. 지금에 와서는 문학사는 쓸 수 없을 뿐만 아니라 써도 소용이 없다는 주장이나 펴고 있다. 유럽 각국의 세계문학사는 그렇게까지 허망하지는 않으나, 분량을 늘이면서 유럽문명권중심주의를 확대했다. 그쪽에서 스스로 분발해 새 출발을 하는 것은 기대할 수 없는 일이다. (『세계문학사의 허실』, 서울: 지식산업사, 1996에서 구체적인 증거를 들어 힘써 논한 사실이다.)

이제 유럽문명권의 세계 제패 때문에 타격을 입은 다른 문명권에서 나서서 선진이 후진이고 후진이 선진임을 보여줄 때이다. 근대의 피해자들이 분발해 세계문학사 이해의 이론을 다시 마련해 세계사를 정당하게 인식하고, 근대 극복의 다음 시대로 나아가는 길을 열어야 한다. 한국은 동아시아문명권의 일원이면서, 제3세계의 한 대변자일 수 있는 자격을 갖추어 세계문학사를 다시 써서 세계인식을 바로잡는 과업을 선도할 수 있다.

단편적인 작업이나 하고 있어서는 전환이 이루어지지 않는다. 거대이론의 시대는 끝났다는 데 현혹되지 말고 커다란 변혁을 이룩하자. 비교문학을 제대로 하는 작업은 새로운 원리를 갖춘 세계문학사를 써야 실현할 수 있다. 『세계문학사의 전개』(서울: 지식산업사, 2002)에서 이 작업을 시도하면서 서두에서 전반적인 방향을 밝힌 것을 다시 보자.

세계문학사는 인류가 하나임을 입증하는 의의를 가진다. 세계문학사라는 개념을 설정하고, 세계 도처의 문학을 관심의 대상으로 삼고, 세계문학사를 실제로 쓰는 작업을 유럽문명권 제1세계에서 한 세기 반도 더 되는 기간 동안에 열심히 해온 것은 평가할 일이다. 그 결과 이루어진 수많은 저술은 근대학문의 빛나는 업적으로 기억될 것이다.

다른 문명권에서는 그럴 수 없었던 것을 부끄럽게 여기고 깊이 반성해야 한다. 그렇다고 해서 그 전례를 뒤따르는 것을 능사로 삼지 말고, 한 걸음 더 나아가야 한다.

제1세계 세계문학사는 유럽 밖의 많은 민족을 침략하고 지배해온 제국주의의 사고방식에서 벗어나지 못하는 결함을 지니고 있다. 그 이유가 자료가 부족하고 사실 인식이 미흡한 데 있지 않다. 유럽문명권이 우월하다고 강변하려는 의도에서 유럽문명권중심주의 사고방식을 견지하고 있는 것이 부인할 수 없는 사실이다. 자기네 문학이 가장 우월하다고 강대국끼리 다투는 장소로 세계문학사를 이용하고 있다.

제1세계 학문의 잘못을 크게 나무라고, 마르크스주의의 과학적 세계관에 입각한 세계문학사를 내놓겠다고 제2세계에서 선언한 것은 획기적인 일이지만, 이룬 성과는 실망스럽다고 하지 않을 수 없다. 문학사를 사회사와 직접 연관시켜, 문학의 사회 반영과 사회적 기능을 고찰하는 데 치중하고, 문학사의 전개에 어떤 원리가 있는지 알아내려고 하지 않았다. 스스로 표방한 두 가지 원칙 가운데 유물론에 입각한 연구는 제대로 진척시키지 않고, 당파성을 앞세워 진보적이라고 구분한 문학을 일방적으로 평가하는 데 머물렀다.

제2세계에서 한 작업은 유럽문학사 서술의 전례를 뒤집은 데서 볼 만한 성과가 있지만, 다른 문명권의 문학사는 여러 가닥으로 나누어놓고 앞뒤가 연결되지 않게 했다. 중세문학에서 근대문학으로의 이행과정을 이해하려고 하지 않고, 중세문학은 비난하고 근대문학은 예찬하면서, 근대문학은 유럽문학의 이식이라고 했다. 제2세계문학과 제3세계문학은 진보적인 점에서 서로 대등하다는 구실을 내세워 제3세계문학의 의의를 무시했다.

제1세계 세계문학사 서술은 1960년대 프랑스에서 6권, 1970년대에서 80년대에 걸쳐 독일에서 25권의 규모로 내놓아 분량에서는 상당한 정도에 이르렀다가, 이제는 거의 찾아보기 어렵게 되었다. 유럽문명권 중심주의의 시각을 스스로 시정할 방도가 없고, 역사에 대한 신뢰를 상실한 해체적 경향의 학문이 유행하기 때문이다. 제2세계 세계문학사의 결정판을 보여주겠다고 10권으로 기획한 러시아의 세계문학사는 1980년대에서 90년대에 걸쳐 8권까지 나오더니 정치 체제가 달라진 탓에 중단되고 말았다.

이제 제3세계가 나서서 새로운 출발을 알려야 할 때가 되었다. 제3세계의 관점에서 제1세계뿐만 아니라 제2세계의 잘못도 비판하고 대안을 제시해야 인류 역사의 위기를 극복할 수 있다. 제3세계는 제1·2세계의 다툼을 중간에서 조절하는 절충 또는 화해의 구실을 담당한다는 소극적인 생각을 버리고, 근대를 극복하고 다음 시대를 이룩하는 설계도를 마련해야 한다.

제1세계가 지배하고 제2세계가 비판자 노릇을 한 근대라는 시대는 민족국가의 배타적인 경쟁에서 이기는 것이 가장 자랑스럽다고 하면서 역사를 왜곡했다. 그러면서 또한 폭력혁명을 하든 사회개혁을 하든 계급모순을 해결하면 민족모순은 저절로 해결되어 바람직한 미래 사회가 도래할 것이라는 선전을 일삼았다. 그 두 가지 노선은 서로 상반되어 충돌을 일으키면서 민족모순이 가장 격심하게 하는 위기 조성을 함께 했다.

이제 다시 출발해 민족화합의 새로운 시대를 만들어야 한다. 그렇게 하기 위해서 민족문학사가 문명권문학사로 통합되고, 여러 문명권의 문학사가 만나 세계문학사를 이룩한 과정을 밝혀내고, 나아가 더욱 바람직한 미래상을 제시하는 작업을 수행해야 한다. 고대의 부정의 부정이 근대이듯이, 다음 시대는 중세의 부정의 부정이어야 한다. 고대·중세·근대문학 상관관계의 세계사를 새롭게 고찰해, 그 점을 분명하게 하는 것이 긴요한 과제이다.

새로 하는 작업에서 제1·2세계에서 이룩한 세계문학사 서술의 성과와 그 근거가 되는 학문연구의 업적을 배격하지 않고 수용하면서 비판을 통해 활용한다. 그러면서 세계문학사의 총체적 서술을 실제로 이룩해 제1·2·3세계의 인류가 서로 다르지 않고 각기 이룬 문화와 이념이 대등한 의의를 가진다는 사실을 입증한다. 인류문명의 대화합을 이룩하는 것이 다음 시대의 과제임을 명시한다. 그것은 다양성과 대립을 포함한 화합이다. 갈등이 조화이고, 조화가 갈등인 생극 구현의 길이다.

나의 세계문학사는 긴 여정의 도달점이면서 또한 새로운 출발점이다. 『한국문학통사』(제1판 1982-1989, 제4판 2005)에서 시작한 문학사 탐구를 『한국문학과 세계문학』(1989), 『동아시아문학사비교론』(1993)으로 확장한 데 이어서, 세계문학사 이해의 새로운 원리를 발견하고 점검한 작업을 총괄했다. 다양한 모색을 근거로 세계문학사를 이해하는 방향을 제시하고자 했다. 선행 작업을 제시하면 다음과 같다.

(1) 『세계문학사의 허실』(1996)
(2) 『인문학문의 사명』(1997)
(3) 『카타르시스·라사·신명풀이』(1997)
(4) 『동아시아 구비서사시의 양상과 변천』(1997)
(5) 『하나이면서 여럿인 동아시아문학』(1999)

(6) 『공동문어문학과 민족어문학』(1999)

(7) 『문명권의 동질성과 이질성』(1999)

(8) 『철학사와 문학사 둘인가 하나인가』(2000)

(9) 『소설의 사회사 비교론』(2001)

(1)에서는 8개 언어로 된 38종의 기존 세계문학사를 들어 비판하고, 세계문학사를 다시 써야 하는 이유를 밝혔다. (2)에서는 인문학문의 새로운 사명을 통합학문의 방법을 통해 구현하는 방향을 제시했다. (3)에서는 연극미학의 세 가지 기본원리를 문학사와 종교사를 연결시키는 관점에서 해명했다. (4)에서는 서사시의 역사를 동아시아에서 시작해서 세계 전체의 범위로까지 확대해서 고찰하면서, 문학사와 정치사의 상관관계를 문제 삼았다.

(5)에서 (7)까지에서는 서정시에 중심을 두고 중세문학의 특징과 의의를 고찰하면서 문학사와 언어사를 합치는 이론을 마련했다. (8)에서는 철학의 사고가 문학을 통해 나타난 양상을 논의하면서 문학사와 철학사의 관계를 밝혔다. (9)에서는 세계소설사의 전개를 광범위하게 검토하면서 문학사와 사회사의 통괄을 모색했다.

기존작업에서 문학의 어느 영역을 특별하게 다루고, 문학사를 다른 어느 역사와의 관련을 통해 살핀 성과를 합쳐 세계문학사 전개에 대한 다면적인 이해를 했다. 연극, 서정시, 교술시, 소설 등의 갈래가 구비문학 · 공동문어문학 · 민족어문학의 영역에 걸쳐 어떤 상관관계를 가지고 전개되었는가를, 문화사 · 사상사 · 사회사를 총괄해서 이해하는 관점에서 밝혀 논했다. 그 작업을 지구 전역의 여러 문명권, 많은 민족의 경우를 널리 다루면서 진행해 어느 한쪽에 치우치지 않게 하고자 했다.

세계문학사를 다 쓰겠다는 것은 아니다. 세계문학사를 제대로 이룩하는 작업은 개인이 할 수 없으며, 한 나라의 역량으로도 감당하지 못한다. 국제기구에서 주관하고 세계 전역의 학자들이 참여해야 가능하다. 기존의 세계문학사를 훨씬 능가하는 분량이 되는 것이 바람직하다. 그런 작업을 하는 데 필요한 기본설계를 마련하고자 했다.

기본설계에서부터 무엇이 문제인지 간추려 말해보자. 세계문학사는 단일체인가? 여러 문명권, 많은 민족의 문학이 생성과 변화에서 어떤 공통점을 가지는가? 원시문학, 고대문학, 중세문학, 중세에서 근대로의 이행기문학, 근대문학이 어떤 보편적인 의의를 가지는가? 문학이 역사의 총체적인 이해에서 어떤 의의를 가지는가? 문학사에서 조화와 갈등, 생성과 극복은 어떤 관계를 가지는가? 문학사에서 선진과 후진은 어떤 관계를 가지는가? 유럽 중심의 근대를 극복하는 다음 시대는 어떤 시대인가? 이런 문제를 적절한 예증을 들어 논의해 타당한 해답을 얻고자 한다.

방향 설정

세계문학사를 온당하게 이해하기 위해서는 널리 알려진 문학, 광범위한 영향력을 행사하는 문학, 세계를 제패하는 나라의 문학이라야 세계문학이라고 하는 차등의 관점을 버려야 한다. 인류가 산출한 문학이 모두 세계문학이라고 하는 대등의 관점을 마련해야 이름과 실상이 합치되는 세계문학사를 마련할 수 있다. 민족국가를 이루지 못한 소수민족의 문학은 관심의 대상에서 제외하는 잘못을 시정하고, 어떤 소수민족의 문학이라도 세계문학으로서 인식하고 평가해야 한다. 제3세계문학에서 한 걸음 더 나아가 제4세계문학까지 정당하게 이해해야 한다.

세계문학이 개별적인 문학의 집합체라고 여기면 세계문학사는 성립되지 않는다. 세계문학은 온 세계에서 이루어진 문학의 총체이면서 그 구성요소가 각기 독자성을 가진다. 세계문학사 전개의 어느 국면을 밝힐 수 있는 소중한 증거를 지금까지 흔히 무시해온 문학에서 발견할 수 있다. 세계문학사 전개의 보편적인 양상을 선명하게 구현한 사례를 널리 찾아내, 통일성과 다양성을 함께 확인하는 것이 긴요한 과제이다.

세계문학사를 민족문학사끼리의 각축장으로 여기는 관습을 청산하고, 그 상위영역으로 관심을 돌려야 한다. 민족문학사의 상위영역인 문명권문학사에서는 다수의 민족문학이 하나이면서 여럿이고, 문명권문학사의 상위영역인 세계문학사에서는 다수의 문명권문학이 하나이면서 여럿인 다층적인 구조를 밝혀내야 한다. 문명권 밖의 문학은 문명권 안의 문학과의 비교를 통해서 성격과 위치를 파악할 수 있다.

문학은 문명권·민족·계급·개인·작품의 차원에서, 또는 작품의 표면과 이면에서 다르면서 같고 같으면서 다르며, 싸우면서 화합하고 화합하면서 싸운다. 같은 것과 다른 것을 서로 매개로 삼아 확인하면서, 화합과 싸움이 하나이면서 둘이고 둘이면서 하나임을 밝혀내야 한다. 표면상의 승리가 이면에서는 패배일 수 있고, 싸우는 쌍방이 화합을 이루는 공동 창조의 작업을 함께 수행하기도 한다. 그래서 변화가 생기고 발전이 이루어진다. 모든 것이 다 그렇다는 보편적인 이치를 문학에서 특히 선명하게 파악할 수 있다.

이 모든 현상을 다 파악하는 작업은 영원히 계속되어야 할 탐구의 과제여서 세계문학사를 한 번 써서 감당할 수는 없다. 내가 하고 있는 작업은 그 일부에 지나지 않으며, 차등의 관점을 버리고 세계문학사의 전개를 대등의 관점에서 이해하는 것을 가장 긴요한 과제로 삼는다. 문학은 표면상의 승패를 역전시키는 기능을 수행하면서 다음 시대 창조의 방향을 제시한다고 사실 차원에서 밝혀 논해야 한다.

역사가 시작된 이래로 줄곧 있어온 우세집단과 열세집단, 중심부와 변방, 다수민족과 소수민족 사이의 불평등, 근대 이후 세계를 제패한 유럽열강과 그 피해지역의 불행한 관계에 대해서 반론을 제기하는 것이 문학의 사명이다. 정치나 경제에서의 우위가 사상과 의식에서는 역전된다는 것을 보여준다. 표리의 역전이 선후의 역전으로 바뀐다. 이렇게 말할 수 있는 결과를 구체적인 증거를 갖추어 제시해야 한다.

과거와 현재를 연결시키는 데서 더 나아가 미래를 예견해야 한다. 세계 어디에서 사는 사람들이라도 역사를 창조하면서 세계사 발전에 동참해온 과정을 밝혀내는 새로운 역사철학을 정립해야 한다. 오늘날 세력을 떨치고 있는 세계체제론의 일방적인 주장에서 벗어나 자본주의 세계체제의 주변부에서 다음 시대 창조를 선도할 수 있다는 것을 입증해야 한다.

경제성장에 의한 빈곤 해결, 정치적 자유의 확대와 신장뿐만 아니라, 내심의 표현을 함께 즐기는 행위에서 얻는 자기만족의 고조, 세계인식의 역동적인 경험 축적 또한 역사발전이다. 그 가운데 어느 한쪽의 일방적인 발전은 다른 쪽의 후퇴를 가져온다. 외면의 발전을 지나치게 추구하면서 남들과의 경쟁에서 승리하는 것을 능사로 삼는 쪽은 내면이 황폐화되어 세계사의 장래를 암담하게 만드는 데 가담한다.

피해자가 된 쪽은 인간의 존엄성과 문화의 주체성을 지키기 위한 힘든 노력을 하면서 평화의 이상을 더욱 고양시켜 인류의 지혜를 향상하는 데 기여한다. 그 가치를 스스로 인식하면 세계를 변혁하고 재창조할 수 있는 활력을 얻는다. 가해에 반드시 수반되는 자해행위는 알아차리지 못해 계속 키우다가 회복되기 어려운 지경에 이르러 자멸의 원인이 된다. 그렇게 해서 승리가 패배이고 패배가 승리이게 하는 커다란 전환이 이루어진다.

그것이 바로 陽이 극에 이르면 陰이 시작되는 이치이다. 정치나 경제의 위력을 자랑하는 강자가 세계를 유린하는 이면에서, 패배가 승리이고 갈등이 조화임을 입증하는 문화의 반격이 진행되어 후진이 선진이게 하는 것이 지금의 상황이다. 陽氣의 강성함을 다투어 예찬하는 다른 여러 학문과 결별하고, 陰氣의 성장을 주목하고 평가하는 더욱 중요한 일을 문학사학에서 감당한다.

구비문학보다 기록문학이, 필사본보다는 인쇄본이, 기증용의 인쇄본보다는 영리적인 출판물이 전달의 범위가 넓다는 점에서는 발전된 문학이다. 그러나 그런 발전의 이면에 창조자와 향유자 사이의 거리가 멀어져서 공감의 밀도가 흐려지는 퇴보가 있다. 중세국가의 지배민족이 기록문학을 확립하고, 근대화를 먼저 달성한 사회에서 영리적 인쇄본 기록문학 발전을 선도한 것은 평가할 만한 일이지만, 그 때문에 상실된 가치도 지적해서 말해야 한다. 근대화의 중심권에서 밀어닥치는 출판물의 일방적 우세에 구비문학의 가치를 다시 입증하는 창조활동으로 맞서는 제3세계작가는 후진이 선진임을 입증한다.

기본 내용

문학사는 시대를 구분해 이해해야 한다. 시대구분은 민족문학과 문명권문학, 중심부의 문학과 주변부의 문학, 외면의 역사와 내면의 역사, 역사의 발전과 순환의 상관관계를 명시하면서 이루어져야 한다. 그 양상이 민족문학사마다, 문명권문학사마다 다르다는 것을 말해주는 개별작업보다는, 민족문학사끼리, 문명권문학사끼리 같다는 것을 말하는 통괄작업이 지금은 더욱 긴요하다. 통괄작업을 먼저 진행하면서 개별작업에도 힘쓰는 것이 마땅한 방법이다.

시대구분을 하기 위해서는 명확한 데서 불명확한 데로, 단순한 데서 복잡한 데로, 문학만의 현상에서 문학과 다른 것들이 서로 얽혀 있는 현상으로 나아가는 것이 그 반대의 경우보다 유리하고 유익하다. 사회적 토대의 역사를 먼저 밝혀야 그 상부구조에 해당하는 문학의 역사에서도 시대구분을 할 수 있다는 주장은 인정할 만한 결과를 이룩하지 못하고, 불필요한 서론만 연장시키는 폐단을 자아냈다. 문학사에서 사회사로 나아가는 일은 문학사학에서 하고, 사회사에서 문학사로 나아가는 일은 사회사학에서 해서 장차 그 둘이 하나가 되기를 기약하는 것이 마땅하다.

고대・중세・근대의 삼분법은 유럽문명권역사 이해에서 마련한 선입견을 세계 전체로 확대하는 구실을 하고, 또한 시대 구분을 더 자세하게 하기 어렵게 하는 두 가지 결함이 있다. 그러나 버리면 혼란이 커지고, 대안을 만들어내는 데 필요한 발판이 없어진다. 첫째 결함은 여러 문명권에서 공통되게 나타난 시대의 특징을 찾아내서 해결하면 된다. 둘째 결함은 고대・중세・근대를 다시 나누거나, 고대와 중세 사이에, 중세와 근대 사이에 또 하나의 시대가 있다고 하는 방식으로 해결할 수 있다.

시대구분에서 중세의 성격을 명확하게 하는 것이 선결과제이다. 중간에 자리 잡은 중세가 어떤 시대인지 알아내야 앞뒤 시대의 특성을 규정할 수 있는 준거를 마련할 수 있다. 문명권은 중세에 형성되었으므로, 민족문학사에서 문명권문학사로 나아가려고 하면 중세문학을 먼저 다루어야 한다. 중세에는 어느 문명권도 세계를 제패하지 않았으며 여러 문명권이 각기 그 나름대로의 주체성을 확보했으므로, 중세문학론에서 세계문학사에 대한 균형 잡힌 이해를 먼저 마련할 수 있다.

중세문학은 문명권 전체의 공동문어문학이 민족어문학과 공존한 이중구조의 문학이다. 그보다 앞 시기의 고대문학은 공동문어문학이 생기기 전 단계의 문학이다. 중세 다음 시기의 근대문학은 공동문어문학을 청산하고 민족어문학이라야 민족문학이라고 한 시대의 문학이다. 이러한 사실을 확인하는 것이 문학사의 시대구분을 복잡하지 않고 명확하게 해서 널리 타당한 결과를 얻는 일차적인 작업이다.

중세의 공동문어문학의 영역에서는, 최고의 문학으로 삼은 서정시를 통해 세계종교에서 제공하는 보편주의의 이상을 구현하는 작업을 신분적 특권을 지닌 문인이 주도했다. 이렇게 말해서 최소한 필요한 발판을 얻고, 한층 복잡하고 심층적인 이해로 나아갈 수 있다. 중세 앞뒤 시기의 문학은 서정시가 아닌 다른 문학갈래에서, 보편주의와는 구별되는 이념을 나타내는 작업을, 신분적 특권을 가진 문인과는 상이한 집단이 수행한 사실을 밝혀 논하면, 그 다음 작업이 구체화된다. 언어사용 · 문학갈래 · 문학담당층의 변화에 근거를 두고 중세를 다시 중세전기와 중세후기로 나누고, 중세와 근대 사이에 중세에서 근대로의 이행기가 있었음을 밝히는 것도 가능하고 필요하다.

원시문학은 사냥을 주업으로 하던 사람들이 춤추고 굿하면서 부르는 노래였으며, 짐승과 사람의 관계를 나타냈다. 고대문학에서는 정치적 지배자 집단의 우월성을 나타내는 자기중심주의가 다양한 형태로 표현되었으며, 문자를 사용하기 시작해 기록문학을 이룬 것도 있었다. 중세 문학의 시기에 이르면, 한문, 산스크리트, 아랍어, 라틴어 등의 공동문어 문학에서 구현한 보편주의를 민족어 기록문학을 통해서 서로 다른 양상으로 재창조했으며, 구비문학도 거기 상응하는 변화를 보였다.

중세에서 근대로의 이행기문학에서는 민중의식의 성장으로 구비문학의 재창조가 활성화되고, 공동문어문학이 민중문학 또는 민족문학에 접근했으며, 민족어기록문학이 민족문학의 주역으로 성장했다. 근대문학에서는 공동문어문학을 청산하고 민족어문학을 민족문학으로 숭상하면서 민족주의를 새로운 이념으로 제시했다. 근대문학이 발전이 지나쳐 해체의 위기에 이르면서 새로운 전환이 요망되는 것이 지금의 상황이다.

토론

❑ 문: 거대이론의 시대는 끝났다고 하는 판국인데 왜 구태여 만들려고 하는가?

❑ 답: 질문을 받은 덕분에 이유를 명확하게 정리해 말할 수 있다. 유럽문명권 쪽에서는 거대이론이 끝났다는 말로 시대 변화를 시인하고 무능을 고백하면서 기권하고 물러서니 선수를 교체하지 않을 수 없다. 동아시아가 나서야 할 때가 되었다. 중국에서는 방대한 자료를 자랑하고, 일본에서는 미세한 고증을 장기로 삼는 데 호응해, 한국에서는 거대이론 만들기를 선도하면서 힘을 합쳐야 주어진 임무를 감당할 수 있다. 주위의 사람들이 작은 문제나 다루고 거대이론에는 관심을 가지지 않아 내가 나서서 균형을 취하고자 한다. 작성한 초안을

가지고 국내외의 학자들과 광범위한 토론을 하면서 완성도를 높여나가고자 한다. 중국 및 일본 학자들과 국제학술회의에서 만나 내 이론을 전개하는 일을 계속 하면서 커다란 보람을 느낀다.

❑ 문: 거대이론은 독선을 낳고 횡포를 저지를 것이 아닌가?

❑ 답: 개별적인 연구와 성실하게 토론하면서 그렇게 되지 않도록 해야 한다. 또한 거대이론이 여럿 공존하면서 토론하는 것이 마땅하다. 거대이론 만들기를 맡아 나설 사람들을 찾아다니면서 격려한다. 시합의 상대가 있어 경기를 할 수 있기를 바란다.

❑ 문: 이론 만들기를 하려면 연구를 큰 판으로 해야 하는가?

❑ 답: 크게 하기도 하고 작게 하기도 한다. 이론적인 쟁점을 밝혀 논하기 위해 미세한 논의를 치밀하게 전개해야 하는 경우도 적지 않다. 이런 작업을 내 스스로 상당한 정도로 했다. 작은 범위에서 구체적인 연구를 하는 대다수의 사람도 큰 판으로 생각할 수 있어야 주제 선택이나 방향 설정을 바람직하게 할 수 있다.

❑ 문: 최한기를 공부하려고 하니 동양철학은 철학의 부수적인 영역으로 여겨 강의가 갖추어져 있지 않고 윤리로 취급하기나 한다. 어떻게 해야 하는가?

❑ 답: 동양철학을 동아시아철학이라고 하겠다. 대학 강의에서 한문을 제대로 익히고 유럽철학을 착실하게 배우는 두 가지 기초를 닦고 동아시아철학은 스스로 공부하는 것이 최상의 방안이다. 동아시아철학에 대한 강의가 많이 부족한 것은 철학의 유산에 결함이 있기 때문이 아니고 교수가 부족하고 여건이 미비한 것이 결정적인 이유이다. 극소수의 인원이 계몽적인 수준의 논의에 매달리고 있다. 진전

을 이루려면 스스로의 노력이 절실하게 요망된다.

한국의 대학만 잘못 되었다고 할 것은 아니다. 일본에서는 철학과는 유럽철학과라고 여기고 동아시아철학은 강의하지 않는다. 중국철학이나 인도철학을 각기 별개의 학과에서 다루면서 철학 일반의 문제와 깊이 연결시키지 않는 자료학을 한다. 미국의 경우에는 동아시아철학은 철학과가 아닌 동양학과의 소관사로 삼고 한문 고전을 영어로 번역해 전달하는 것을 긴요한 과제로 삼는다.

미국 하버드대학 동양학과에서 중국철학을 공부하고 돌아온 사람이 동양학을 어떻게 할 것인지 자문자답하면서 가장 긴요한 과제는 번역이라고 주장하는 책을 써서 그쪽 사정을 전했다. 한문 고전의 영어 번역을 대단한 일거리로 삼는 학풍을 숭상하고 따라야 할 것은 아니다. 우리는 번역이 아닌 원전을 철학으로 연구하면서 새로운 생각을 보태 오늘날의 철학으로 재창조하는 것이 마땅하다.

고전의 원전을 풀이하는 經學은 전통학문 기본분야의 하나인데, 지금은 중요성이 떨어졌다. 허용될 수 없는 발언을 경학을 하면서 간접적으로 전개하던 시대가 지나갔기 때문이다. 옛 사람들도 경학과 理學을 구별했다. 이학을 철학으로 잇는 것이 경학을 다시 하는 것보다 더욱 긴요한 작업이다. 철학을 이어 재창조하려면 원전에 매이지 않고 고금학문 합동작전을 과감하게 전개해야 한다.

오늘날의 경학인 원전 연구는 중국의 전문학자들이 잘 하고 있으나, 철학과는 거리가 있는 고증학이다. 연구해 얻은 바가 있으면 거기 가서 발표해 토론하고 검증받아야 한다. 국내의 일반청중을 상대로 말을 길게 늘어놓는 것은 어울리지 않는 일이다. 국제공식시합에는 나가지 않고 동네축구에서 용맹을 뽐내는 격이다.

❑ 문: 지금 하고 있는 것과 같은 토론이 학문을 하는 데 얼마나 도움이 되는가?

❑ 답: 결정적인 도움이 된다. 잘못을 시정하고, 생각을 가다듬고, 문제를 발견하고, 새로운 발상을 얻게 한다. 학문은 독백이 아니라 대화이고 토론이라고 『우리 학문의 길』(서울: 지식산업사, 1993) 서두에서 말했다. 오늘 이 자리에서 질문을 받고 대답하면서 많은 것을 얻는다고 실감한다.

『金剛經』과 『論語』를 비교해 고찰한 적이 있다. 『금강경』은 질문에 대한 대답으로 전개되며 의문을 해소하기 위한 다각도의 노력이 깊은 논의를 갖추었다. 『논어』는 오다가다 한 말을 적었다. 모두 맞다 하겠으나 대단하거나 놀랍지는 않다. 감당하기 어려운 질문을 제자들이 하지 않은 것은 孔子의 불운이 아닌가 한다.

미국에 와서 교수 노릇을 하라고 초빙을 받은 적 있다. 영어를 학문의 언어로 삼기 위해 애쓰는 것은 노력의 낭비가 아닌가 하고 생각했으며, 내가 해온 연구나 그 근거가 되는 자료를 원문으로 이해하지 못하는 학생들과 어느 정도 성과 있는 토론을 할 수 있을지 의문이었다. 논저를 영어로 발표하면 파급 효과는 클 수 있지만, 제품의 질이 떨어지는데 포장을 잘 하는 것이 능사가 아니다. 국내에서 강의를 하고, 지금 이 자리에서 여러분과 토론하는 덕분에 제품의 질이 나날이 좋아진다고 자부한다.

❑ 문: 유럽문학의 영향 연구를 비교문학에서 제외해야 할 것 같이 말했다. 유럽문학의 영향을 받은 근대문학은 연구하지 말아야 하는가?

❑ 답: 근대문학 연구에서 전통 계승과 유럽의 영향이 함께 중요하다.

양쪽을 다 밝히고 상관관계를 논의해야 한다. 그런데 전통 계승 양상은 도외시하므로 내가 힘써 밝힌다. <서사시의 전통과 근대소설> 및 영문본 축약논문에서 한국 작품 채만식의 『탁류』와 터키 작품 야사르 케말의 『메메드』가 각기 구비서사시의 전통과 관련된 양상을 비교해 고찰하고 다른 제3세계소설로 논의를 확대했다. 근대시에 나타난 전통적 율격의 계승을 밝힌 것도 함께 들 만한 작업이다.

❑ 문: 통합학문을 주장하면서 문학을 계속 거론하는 것은 잘못이 아닌가?

❑ 답: 문학연구에서 통합학문으로 나아가고 있어서 어쩔 수 없는 일이지만, 문학은 어느 특수한 사고형태가 아닌 인생만사를 다루므로 통합학문으로 나아갈 수 있게 하는 유익한 출발점이다. 나는 문학을 공부한 덕분에 학문을 확대할 수 있다. 철학도 하고, 역사도 알 수 있다.

문학의 특수성을 가려내 문학의 가치를 옹호하려고 하는 것은 반대의 결과를 가져온다. 멀쩡한 사람들이 문학같이 기괴한 것을 해서 무얼 하는가 하는 반문에 대답하기 어렵다. 내가 쓴 『한국문학통사』는 문학사만이 아니고 사상사이고 사회사라고 비난하는 것은 부당하다. 문학의 순수성 옹호를 비난의 논거로 삼는 것을 받아들일 수 없다. 사상사나 사회사가 문학사에 들어와 있는 양상을 총체적으로 고찰하는 것이 문학사가의 임무이다. 전공자들의 범위를 넘어서서 널리 읽히는 문학사를 쓰는 것이 마땅하다.

문학은 미적 체험의 특수한 영역이라고 여겨 교육에서 중요시하지 않는 것은 잘못이다. 문학은 제외하고 실용국어나 격식화된 글쓰기를 가르치는 데만 힘써 인생만사에 대한 종합적 사고력이나 판단력이 결여된 기능인을 길러내려고 한다. 문학은 창작과 이해 양면에서 창조력을 기르는 최상의 기회를 제공한다는 점에도 깊이 유의해야 한다. 창조적인 사고를 하는 학문이 무엇인지 문학 작품 읽기에서 깨달을 수 있다.

제2강 편향성 극복의 과제

잘못의 내력

고대 그리스문학에서 서사시와 비극이 특히 중요한 위치를 차지했다. 아리스토텔레스가 『시학』에서 그 둘을 자세하게 다룬 것은 적절한 처사였다. 아리스토텔레스는 있는 그대로의 사실을 말하고자 했을 따름이고 무슨 규범이나 법칙 같은 것을 만들 생각은 하지 않았다. 그 책은 어느 모로 보든지 이론적인 저작은 아니다. 작품의 실상을 관찰하고 기술하는 작업의 좋은 본보기를 보여준다.

고대 그리스가 크게 평가된 것은 후대의 일이다. 근대에 이르러 유럽 각국 사람들은 유럽문명이 단일체임을 강조해서 말하고, 고대 그리스가 그 연원을 만들었다고 했다. 그리스에서 이룩한 창조물을 힘써 찾아내 높이 평가하면서 인류 전체에 관한 일반론의 근거가 되는 보편적인 이치를 거기서 갖추었다고 했다. 서사시와 비극에 관한 아리스토텔레스의 논의를 문학론의 규범이라고 한 것도 그 가운데 하나이다.

유럽 근대인은 암흑시대라고 규정한 자기 앞 시대 중세를 극복하려고 멀리 있는 고대 그리스를 대안으로 삼았다. 중세를 넘어서서 근대를 이룩하기 위해 고대를 재평가하는 것은 어디든지 있었던 일이다. 유럽에서 그런 일을 먼저 해서 널리 모범을 보였다고 하면 일면 타당하고 일면 부당하다. 타당한 면은 잘 알려져 재론이 필요하지 않고, 부당한 면은 감추어져 있으므로 힘써 찾아내야 한다.

부당한 면은 침략의 역사와 관련된다. 서유럽 각국이 세계 많은 곳을 점령해 식민지 통치를 하면서 현지민보다 정신적으로도 우월하다고 하려고 자기 정체를 다시 규정하면서 무리를 저질렀다. 자기네 고장의 고대를 재인식하지 않고, 직접적인 관련을 가지지 않고 지내던 고대 그리스의 자랑스러운 전통을 이어받았기에 서유럽은 위대하다고 했다.

그것은 사실의 변조이다. 고대 그리스 사람들의 후손이 그 땅에서 그대로 살고 동일 언어를 사용하면서 비잔틴문명을 이룩한 연관관계는 무시하거나 부정했다. 그 쪽을 최대한 폄하해 세계사 인식에서 차지하는 자리가 없도록 했다. 고대 그리스의 위대한 전통을 비잔틴의 뒤를 이은 동방기독교문명권이 아닌 멀리 떨어진 서방기독교문명권이 상속했다고 하는 거짓된 진술을 강도 높게 해서 사실로 받아들이도록 만들었다. 사실을 변조해 족보를 위조했다.

변조가 드러나지 않도록 하려고 증거 인멸을 계속 했다. 유럽의 역사를 서술하거나 세계사를 논할 때 동방기독교문명권은 최대한 축소해 다루고 마구 폄하해 돌아볼 필요가 없도록 만들었다. 헤겔의 『역사철학』에서는 "진실하고 순수한 기독교를 품격 높게 구현하고 있다고 믿어야 한다는 비잔틴제국 천년의 역사가 사실은 범죄, 나약함, 비열함, 개성상실의 연속을 보여줄 따름이다"라는 폭언을 했다. (G. W. F. Hegel, *Vorlesungen über die Philosophie der Geschichte*, Frankfurt am Main: Schrkamp, 1970, 408-409면) 프랑스에서 내놓은 가장 방대한 규모의 세계문학사인 『문학의 일반적 역사』에서 한 말을 보자. 비잔틴 문학은 "멸시의 대상이 되어 쉽게 접근할 수 없다" 하고, "프랑스에서 그리스어를 읽고 즐거움을 맛보는 몇 백 명의 교수 가운데 비잔틴인이 쓴 글 원문을 한 면이라도 온전하게 읽어본 사람이 얼마나 될까?" 하고 반문했다. (Pierre Giaon dir., *Histoire générale des littératures* 1-6, Paris: 1961, 제1권, 369면)

지금에 와서는 잘못을 시인하고 시정하려고 노력하는 사람들이 이따금 있다. 비잔틴에 대한 관심이 중세연구의 "가련한 양자"(poor stepchild)의 위치에 있는 비정상을 시정하고, 서유럽 못지않게 비잔틴의 중세문명에 대해서도 관심을 가져야 한다고 했다. (Michael McCormick, "Byzantium and Modern Medieval Studies", John Van Engen ed., *The Past and Future of Medieval Studies*, Notre Dame, Indiana: University of Notre Dame Press, 1994) 이런 발언이 더러 있지만, 잘못을 시정하는 새로운 연구 성과가 납득할 만하게 이루어지는 것은 아니다. 비잔틴문명은 "그 자체로 폐쇄되어 있는 기이한 세계로 취급되고, 보편적인 문명과의 관련이 악명 높다고 할 만큼 무시되었다"고 비판하면서 (Alain Ducellier, *Les Byzantins*, Paris: Seuil, 1988, 7면) 비잔틴연구를 적극적으로 진행하고자 한 논자마저 문명의 특성을 묘사하는 데 그친다.

서유럽 사람들이 고대 그리스문명을 열렬히 찬양하면서 계승하고자 한 것이 낭만적인 정열의 표현이거나 학구적인 노력의 결실이라고 쉽사리 인정할 것이 아니다. 순수하게 보이는 것 같은 거동의 이면을 살펴야 한다. 무리한 짓을 하지 않을 수 없는 심각한 사정이 있었음을 분명하게 이해해야 한다.

사태의 진상

서유럽 열강은 무리하게 진행한 세계 제패 때문에 족보 위조를 하지 않을 수 없었던 것이 사태의 진상이다. 식민지 통치를 하면서 현지민보다 정신적으로도 우월하다고 강변해야 하는 부담이 특히 심했던 영국의 경우를 들어보자. 영국인이 인도인을 지배하는 것은 문명의 수준을 보아 애초에 무리였다. 격차를 메우기 위해 특단의 조처가 필요했다. 앵글로-색슨 민족의 역사가 위대하다고 해서는 설득력이 없으므로 고대 그리스와 로마의 문명을 팔아야 했다. 영국은 그리스와 같고, 대영제국은 로마제국을 계승했다고 주장해야 했다.

인도인에게 그렇게 말하려면 자체 교육이 선행되어야 했다. 영국인 관리가 인도에 가서 기죽지 않도록 훈련해야 했다. 인도 사람들이 산스크리트 고전을 외우면, 그리스문학의 명작으로 맞서면서 그리스문명의 우월성을 역설하라고 했다. 지도적인 인재를 양성한다고 자부하는 영국의 명문 교육기관에서 고대 그리스의 고전을 열심히 공부하도록 한 것이 그 때문이다.(그 내막을 Richard Symonds, *Oxford and Empire, the Last Lost Course*, Oxford: Oxford University Press, 1986에서 밝혔다.) 민주주의 · 철학 · 비극 · 서사시 같은 것들이 그리스의 산물이라는 신화를 만들어 깊이 주입시키고, 관련되는 원전을 줄줄 외고 다니라고 했다.

영국 학문의 사령탑 격인 옥스퍼드대학에서 역사 조작을 지휘했다. 영국의 세계지배는 피지배민에게 혜택을 베푸는 정당한 처사라고 하고, 신이 영국인의 번영을 보장하는 보이지 않는 섭리를 베푼다고 했다. 그 과업을 잘 수행하기 위해 "모든 학교 건물은 제국의 성채, 모든 선생은 보초"라고 했다.(47면) 성채를 짓고 보초를 두어 다음 세대를 훈련하는 일을 군사학이 아닌 인문학의 교육과정에서 했다.

그리스-로마 문명을 상속한 서유럽이 다른 어느 문명보다 위대하다는 주장이 문학론에서는 서사시 『일리아스』나 소포클레스의 비극이 세계문학의 정상을 차지하는 걸작이라는 칭송으로 구체화되었다. 그런 작품이 서사시나 비극의 규범을 제시했으니 다른 문명권의 어느 작품도 따라야 한다고 했다. 전반적인 성격뿐만 아니라 세부사항에도 규제를 두었다. 『일리아스』에서처럼 영웅의 투쟁을 실제로 일어난 사건의 중간부터 보여주어야 "진정한 서사시"(true epic)라고 했다. 고대 그리스 비극을 두고 아리스토텔레스가 말한 카타르시스의 효과를 지녀야 제대로 된 연극이라고 했다.

고대 그리스의 서사시와 비극은 보편성과 특수성의 양면을 지녔다. 서사시나 연극의 보편적인 특징을 이해할 수 있게 하면서, 다른 데서는 보기 어려운 그 나름대로 독특한 면모도 갖추었다. 서사시가 사건의 중간에서 시작한다든가, 비극을 최상의 연극으로 삼는 것은 특수성에 해당한다. 그런 특수성을 세계문학의 규범으로 삼고 가치 평가의 척도라고 하는 것은 전혀 부당하다. 논의가 세부사항에 이를수록 억지가 더 심하다.

서사시든 연극이든 상상력의 표현 형태이다. 고대 그리스인은 자기네 삶에서 문제되는 상상력을 그 나름대로 보여주려고 적절한 표현 형태를 찾았다. 적절한 표현 형태를 찾아 상상력이 뻗어나도록 했다. 이런 이유에서 다른 여러 곳의 모든 자생적인 문학과 함께 고대 그리스 문학도 훌륭하다. 그러나 홀로 위대하다고 할 것은 결코 아니다. 절대적인 우위에 있다고 하면 망언이 더 심해진다.

고대 그리스인이 이룬 바를 세계 전체가 따라야 한다는 억지가 이해를 그릇되게 해서 다른 여러 곳의 문학을 왜곡하고 손상한다. 고대 그리스에서 전래된 표현 형태를 어디든지 무리하게 이식하도록 해서 상상력 발현을 저해한다. 먼 곳에서는 물론이고 유럽의 후대인들도, 자기 고장에서 계속 살아온 그리스 사람들조차도 고대 그리스에서 이루어진 것과 같은 동일 성격의 작품을 창작하지 못한다. 이런 사실을 고대 그리스인은 위대하고 다른 모든 사람은 열등하다는 증거로 삼기까지 한다.

왜곡된 역사관

앞에서 이미 든 헤겔의 『역사철학』에서는 아프리카 · 아시아 · 유럽은 역사 발전에서 차등이 있다고 했다. 아프리카인은 감성에 지배되는 탓에 역사 발전이 없다고 했다. 아시아인은 정신의 분열을 겪어, 보편적 이성을 존중하면서 한편으로는 무한한 자유를 요구하기도 하므로 역사 발전이 일찍 시작되었다가 곧 정체되었다고 했다. 유럽인은 정신적 통일을 이루면서 문화를 무한히 발전시켜 역사 발전을 계속한다고 했다.

사실 인식에도 문제가 있지만, 근거로 삼은 논리는 더욱 납득하기 어렵다. 감성, 정신, 자유, 무한 같은 모호한 개념으로 편견을 합리화하면서 이따금 파탄을 드러낸다. "무한"하다는 말을 아시아인과 유럽인 양쪽에다 적용하면서, 아시아인의 "무한"은 궤도 이탈을, 유럽인의 "무한"은 가치 추구를 뜻한다고 했다.

아프리카에 대한 견해가 구체화되어 있는 대목을 보면, 아프리카인에게는 "주체성이라고는 없고, 서로 파괴하기만 하는 일련의 주관이 있을 따름이다"고 했다. 주관을 서로 통합하고, 객관성을 획득하는 주체성을 갖추어야 역사를 창조할 수 있는데, 그런 것이 없는 저급한 상태에 머물러 있다고 했다. 아프리카인의 본성은 그 자체에 국척되어 있어 종교나 국가가 어떤 존재의의를 가지는지 인식하는 단계에 이르지 못했다고 했다.

역사가 없는 아프리카는 세계사 서술에서 제외해야 한다고 하고, 아시아와 유럽의 역사를 비교해서 역사 발전의 단계를 논했다. 기본 논지는 역사가 아시아에서 시작되어 유럽에서 발전했다는 것이다. 아시아에서 역사가 먼저 이루어진 것은 인정하고서, 아시아의 역사는 정체되고 유럽에서만 역사가 발전했다고 했다. 아시아는 사람의 일생에 견준다면 유년시대여서 정신과 자연이 일치하는 데 머물렀지만, 유럽은 청년시대 이후의 성장을 해서 정신과 자연이 분리되었다고 했다. "자유 의식 속의 진보"로 규정되는 역사의 본질이 유럽에서만 온전하게 실현되었다고 했다.

마르크스는 세계사의 전개에 관해서 "대체로 보아, 아시아적 · 고대적 · 봉건적 · 근대시민적 생산양식을 경제적인 사회형성의 발전 시기라고 언명할 수 있다"고 했다.(*Marx Engels Werke* 13, Berlin: Dietz, 1985, 9면) 아프리카에 관해서는 말이 없고, 아시아는 고대 이전의 상태에 머무른다고 했다. 아시아적 생산양식이 무엇인지 불분명해서 논란이 계속되고, 부정해야 된다는 주장도 있었으나, 고대 이후의 역사 발전이 유럽에서만 순조롭게 이루어졌다고 하는 것은 확고한 견해이다. 사회경제사의 역사관은 과학적이라고 하면서 기존의 선입견을 고착시켰다.

다윈의 진화론에 근거를 두고 스펜서(Herbert Spencer)는 사회진화론을 만들어 인류사회는 진화한다고 했다. 르투르노(Ch. Letourneau)는 그 견해를 문학사에 적용해 흑인문학・황인문학・백인문학은 진화의 단계가 다르다고 했다. (*L'évolution littéraire dans diverses races humaines*, 1894) 흑인은 사용하는 말이 불완전한 상태에 머물러 있었으므로 문학이 발달하지 못한 것이 당연하다고 했다. 문학이 춤이나 노래에서 분리되지 않은 것도 뒤떨어진 증거라고 했다. 황인은 문자 문명을 발전시켰으나 감수성과 상상력을 빈약하게 타고났다고 했다. 백인은 "과학의 위대한 정신"을 지녀 문학의 진화를 높은 단계로 올려놓았다고 했다.

방향 전환을 위한 시도

유럽의 논자가 자기네 문명이 우월하다고 할 수 있는 점을 넷 들었다. (Edgar Morin, *Penser L'Europe*, Paris: Gallimard, 1987, 임문영 역, 『유럽을 생각한다』, 서울: 문예출판사, 1995) 격렬한 토론을 벌이고, 세속적인 것에서 일반적인 것을 찾고, 언제나 부정하는 정신을 가지며, 보편적인 문제를 제기한다는 것이다. 다른 문명은 그렇지 못해 뒤떨어졌다고 말하고자 했다.

그런데 이제 사정이 달라졌다. 토론하고 부정해야 하는 것이 유럽 문명권 내부에 있지 않고, 유럽문명권을 상대로 다른 문명권에서 제기하는 세계사적 과제이다. 인류가 나아갈 방향을 일반적이고 보편적인 차원에서 찾지 않을 수 없는 사명이 다른 문명권에 부여되었다. 선진의 횡포와 자만 때문에 선진이 후진이 되고, 후진이 선진이 되는 전환이 마련되었다.

그 저자가 다른 저서에서 20세기를 청산하자고 한 말은 모호하고 혼란되고 있다. (*Pour sortir du XXe siècle*, Paris: Seuil, 1981, 고재정 · 심재상 역, 『20세기를 벗어나기 위하여』, 서울: 문학과지성사, 1996) 자기가 살고 있는 세계를 총체적으로 검토하고 비판하는 것은 가능하지 않다는 것을 입증했다. 할 말이 없으면서 대단한 발언을 하는 것처럼 보이도록 해서 읽기 짜증스럽다. 다음 시대로 나아가는 길을 찾는 것은 유럽문명권에서 할 수 없고, 그 쪽 때문에 피해자가 된 곳에서 맡아야 할 과제이다.

말을 이리저리 둘러대지 말고, 명백한 것은 명백하게 말하자. 제국주의나 식민주의는 학문에서도 막대한 해악을 끼쳤다. 그릇된 증거와 논리로 만들어낸 허위진술로 침략을 정당화하고 항거를 막았다. 시대가 바뀌었다고 하지만, 제국주의는 사라지지 않고 식민주의는 신식민주의로 되살아나고 있다. 사태가 복잡하므로 투쟁 방법이 다양해야 한다. 잘못을 나무라고 욕을 해서 물리치면 학문 투쟁을 할 수 있는 것은 아니다. 의도가 나빠 거짓된 결과를 얻었다고 분석하는 것이 능사일 수도 없다.

상대방이 틀렸으므로 나는 옳다는 것은 논리의 비약이다. 논리의 비약을 감추기 위해 목청을 높여 강조법을 쓰는 것은 더욱 잘못이다. 틀렸다는 말을 되풀이하지 말고, 대안을 제시해야 한다. 옳은 견해가 무엇인지 밝혀 논해야 한다. 애쓰지 않는 것은 아니지만, 성과가 미흡하다. 무엇이 문제이고 어디서 막혔는지 몇몇 본보기를 들어 살펴보자. 여러 곳에서 나오고 성격이 서로 다른 저작을 택한다.

인도의 학술원에서 『탈식민주의를 묻는다』(Harish Trivedi and Meenakshi Mukherjee ed., *Interrogating Post-colonialism, Theory, Text and Context*, Shimla: Indian Institute of Advanced Study, 1996)라는 책을 냈다.

다른 여러 나라 사람들을 불러다가 새로운 학문의 길을 함께 논의한 업적이다. 편자(Meenakshi Mukherjee)가 책 전체와 같은 제목을 내걸고 서두에 쓴 글 첫 머리에서 "제국주의의 세계화가 19세기의 가장 두드러진 사건이었다면, 20세기말은 또 하나의 세계화 즉 탈식민주의 이론의 세계화를 특징으로 한 시대이다"라고 했다.(3면)

제국주의는 정치·경제·군사력을 구비한 실체인데, 탈식민주의는 그 어느 힘도 제대로 갖추지 못했다. 제국주의 학문은 정체를 나타내지 않으면서 커다란 영향력을 가졌지만, 탈식민주의를 주장하는 연구는 목청을 잔뜩 높이면서 서론에 머무른다. 이 책에서 보고한 여러 나라의 사례를 두루 살펴보아도 본론에 들어간 성과가 뚜렷하다고 할 것은 발견되지 않는다. 제국주의나 식민주의가 부당하므로 탈식민주의가 정당하다는 말을 되풀이하지 말고, 인류의 문명과 역사를 새롭게 이해하는 대안을 내놓아야 한다.

뉴질랜드 마오리(Maori) 민족 출신 학자의 저서 『방법론의 탈식민지화』(Linda Tuhiwai, *Decolonizing Methodologies, Research and Indigenous Peoples*, Dunedin, New Zealand: University of Otago Press, 1999)를 보자. 제국주의 학문에 대한 혐오를 극단의 표현을 써서 나타내는 말을 앞세웠다. 피해자가 된 원주민에게 가장 더러운 말인 '연구'가 깊은 굴욕을 자아내는 상처를 남겼다고 했다. 그런 잘못을 시정하기 위해 원주민의 관점과 가치관을 가지고 진정한 연구를 해야 한다고, 마오리 민족의 경우를 들어 논했다.

타당한 견해이지만 보충해야 할 사항이 있다. 원주민의 관점이나 가치관이 제국주의 학문에서 보여주는 것과 상이하다고 하는 데 그치지 말고, 인류 전체를 위한 보편적인 가치를 입증해야 한다. 자기 민족

변호에 머무르지 않고, 수난을 함께 당하고 유사한 처지에 놓여 있는 세계 많은 민족의 경우를 들어 광범위한 비교연구를 해야 한다. 세계 전체에서 횡포를 부리는 제국주의에 한 곳의 민족주의로 맞서는 것은 역부족이다. 민족주의를 확대하고 발전시켜 제국주의를 넘어서는 세계주의를 마련해야 한다.

제국주의나 식민주의가 부당하게 왜곡한 역사를 바로잡는 대안을 제시하는 것이 긴요한 과제이다. 이에 대해 관심을 가진 여러 나라의 학자들이 학술회의를 개최했다. 얻은 결과를 『代案史書 만들기』(Peter R. Schmidt and Thomas C. Patterson ed., *Making Alternative Histories, the Practice of Archaeology and History in Non-Western Settings*, Santa Fe, New Mexico: School of American Research Press, 1995)라는 책으로 출간했다. "지워진 역사"(erased history)를 고고학의 증거를 들어 되찾는 방법에 대한 논의가 핵심을 이루었다.

고고학은 실증주의 역사를 위해 봉사해온 오랜 공적이 있으나, 의의 평가보다 한계 극복이 긴요한 과제이다. 식민지 통치에서 벗어나자 국가의 지원과 통제를 받아 정략적으로 이용된다. 고고학에서 제공하는 증거는 다른 자료와 광범위하게 연결시켜 이해할 수 있어야 타당성을 가진다. 아프리카의 경우를 특히 중요시해서 논문 네 편에서 거론하면서, 유적 또는 유물을 행위전승이나 구비전승과 통합해 해석한 성과가 미흡하다고 했다.

구비역사(oral history) 연구의 방법론을 정립하자는 주장이 설득력을 가지고 등장했다. 세계 여러 곳에서 일제히 제기된 과제이므로 공동의 노력을 하면서 진전 상황을 서로 알리고 비교해야 한다. 동남아시아의 경우(P. Lim Pui Huen et al. ed., *Oral History in Southeast Asia*, Singapore:

Institute of South East Asian Studies, 1998)를 바로 참고로 할 수 있다. 구비역사뿐만 아니라 구비문학이나 구비철학을 또한 소중하게 여겨야 한다.

피해자의 반론

유럽문명권의 편향된 의식에 대한 반론 가운데 제3세계문학이 가장 큰 설득력을 가진다. 학문일반론보다는 문학론이, 문학론보다는 문학 작품이 후진이 선진임을 말해주는 데 앞서고 있다. 이론보다 실상이 더욱 소중하다는 말이다.

학문일반론은 함정이라고 할 수 있다. 유럽에서 이룩한 기존의 업적을 찾아 거론하는 것이 너무 힘겨워 새로운 발언은 제대로 하지 못하게 될 염려가 있다. 힘들여 공부하는 동안에 자아를 망각할 수 있다. 학문하는 사람은 전통적인 삶에서 이탈하고 역사의 현장에서 멀어질 수 있다. 문학 창작은 함정을 메우고 쌓는 탑이다. 자기 소리이고 자아의 발현이며 삶이 현상에서 역사를 체험한 증언이다.

제3세계 학자들의 학문일반론 저작에서는 찾을 수 없는 말이 문학 작품에서는 넘쳐나는 것이 당연하다. 식민지통치에 시달리다가 아직도 어려움을 겪고 있는 세계 도처의 문학을 주목해야 한다. 가장 뒤떨어졌다고 하는 아프리카의 문학에서 인류의 현재와 장래에 대한 뛰어난 통찰력을 보여주고 있다. (『세계문학사의 전개』(서울: 지식산업사, 2002)에서 사하라 이남의 아프리카에서 20세기 후반에 이룩한 시에 관해 서술한 대목을 축약하고 개작한다.)

사하라 이남의 아프리카 대부분의 지역에서는 제2차 세계대전 뒤에야 비로소 민족해방운동의 문학을 일으켰으며, 지배자의 언어를 사용하는 경우가 많다. 식민지가 되기 전에 민족국가를 이룩한 경험이 없어 민족해방투쟁을 시작한 시기가 그만큼 뒤떨어지고, 구비문학에서 벗어나 기록문학을 할 때에는 민족어 글쓰기를 하지 못해 남의 말로 자기주장을 펴는 불운에서 벗어나지 못한다고 일반화해서 말할 수 있다. 그러나 문학이 뒤떨어진 것은 아니고 오히려 그 반대이다. 후진이 선진이어서 세계문학이 나아갈 길을 선두에 서서 말해준다고 할 수 있다.

구비문학이 기록문학으로 이어지면서 제국주의에 반대하는 투쟁을 일관되게 진행해 아프리카문학이 제3세계문학의 중심을 이룰 수 있게 한 것은 시의 공적이다. 오랜 전통이 있는 구비시를 오늘날도 계속 창작하고 있어서, 시대와 대결하는 새로운 시를 수준 높게 짓기 위해 유럽의 모형을 받아들이지 않아도 되었던 점이 소설의 경우와 커다란 차이가 있다.

구비시는 외세의 침략에 굴복하지 말고 맞서서 싸우자고 동족을 설득하는 효과적인 방법이다. 글을 모르는 사람들은 들어서 알게 된 시를 어렵지 않게 외서 멀리까지 전했다. 구전은 다른 어느 매체보다 위력이 크고 검열에 걸릴 염려도 없다.

좋은 본보기를 20세기 초에 소말리아에서 이룩했다. 마함마드(Sayyid Mahammad)라는 구비시인은 "선생님"이라는 뜻의 "사이드"로 지칭되고 널리 존경을 모으면서 이슬람교 구도자의 자세로 민족의 각성과 단합을 촉구했다. 다음과 같은 시를 최상의 무기로 삼아 영국과 이탈리아의 침략을 격퇴하는 장기간의 투쟁을 이끌었다.

나는 증오한다 늘어진 사람을,
힘이 빠져 있는 비만을…

나는 증오한다 백인의 병졸을,
백인에게 고용살이하는 머슴을…

나는 증오한다 그릇된 군주를,
군대가 따르지 않는 깃발을.

남아프리카의 여러 토착언어 호사(Xhosa), 소토(Sotho), 줄루(Zulu) 등은 문학창작에서 적극 활용되었다. 소설은 그곳의 백인이나 흑인의 영어소설과 견줄 수 있는 수준에 이르렀다고 하기 어렵지만, 시는 사정이 달랐다. 시는 문학시장이 발달되지 않고 독자의 호응이 미약한 조건에서도 내면에서 우러나는 진실한 소리를 나타낼 수 있기 때문이다. 빌라카지(Wallet Vilakazi)의 줄루어 시집 <줄루의 지평선>(*Amal'ezulu*, 1945)에 수록되어 있는 시 두 대목을 들어보자.

백인이 가져온 이성이라는 것은
여기 와 있는 내 무릎을 짓누르고
생각하면 머리가 빙빙 돌게 된다.
한낮에도 내게 어둠이 내려오게 된다.

나는 줄루 아이들을 위한 지혜를
모아들여 덧보태고 간직한다.

내가 밤새워 쓴 것들을 모두
이야기하고 배우고 하는 날이 오리라.

불어, 영어, 포르투갈어 등은 식민지통치자의 언어이다. 식민지통치자의 언어로 작품을 창작하는 것은 치욕이라고 할 수 있으나, 반론을 제기하는 효과적인 방법이고 많은 독자를 얻는 데 유리했다. 불어나 영어 본고장의 당대문학과 맞서서 세계사의 현재와 장래를 두고 거대한 논란을 벌인 작품이 적지 않다.

세네갈 시인 디오프(David Diop)는 제국주의의 지배에서 벗어나는 해방투쟁을 위한 전투적인 시를 불어로 썼다. 세계 어디서든지 나서서 싸워야 한다고 했다. <물결>(*Vagues*, 1956)의 전문을 들어본다.

자유를 찾는 성난 물결이
두려워하고 있는 짐승에게 덮친다.
어제의 노예가 오늘은 투사로 태어난다.
수에즈의 부두노동자 하노이의 천한 일꾼
숙명의 굴레 속에서 중독되어 지내던 사람들
모두 거대한 물결에서 엄청난 노래를 부른다.
자유를 찾는 성난 물결이
두려워하고 있는 짐승에게 덮친다.

수에즈의 아랍인, 하노이의 동아시아인이 아프리카인과 동지라고 했다. 세계 전역에서 벌어진 제국주의 침략에 항거하고 해방을 이룩하는 성스러운 과업을 함께 수행한다고 했다. 제3세계 국제주의는 이렇게 해서 탄생했다. 아프리카가 하나라고 하는 데서 시작해서 세계가 하나라고 했다. 그래서 이런 문학사를 쓰게 한다.

가나의 시인 아우너(Kofi Awoonor)는 영어 시에서 아프리카와 유럽 사이의 문화갈등을 심각하게 문제 삼았다. 구비시의 표현과 심상을 잘 활용해 감동을 주며 아프리카 전통문화를 열렬하게 옹호했다. <대지의 가슴, 아프리카의 문화와 문학에 대한 연구>(*Breast of the Earth, a Study of African Culture and Literature*, 1973)를 써서 아프리카 전통문화의 가치를 이어받아 주체성 확립의 근거로 삼고, 구비문학의 적극적인 계승을 창작방법으로 삼아야 열등의식에서 벗어나 제국주의를 물리칠 수 있다고 했다.

> 우리는 전장에서 죽으리라.
> 다른 곳에서 죽는 것은 원하지 않는다.
> 총도 우리와 함께 죽으리라.
> 날카로운 칼도 우리와 함께 사그러지리라.
> 우리는 전장에서 죽으리라.

무장투쟁을 특히 오랫동안 완강하게 벌인 곳은 포르투갈의 식민지였다. 프랑스나 영국의 통치자들은 대세가 글렀다는 것을 알고 어느 정도 버티다가 물러났으나, 포르투갈은 식민지 지배를 계속하겠다고 해서 해방전쟁을 일으켜 희생이 큰 싸움을 하지 않을 수 없었다. 앙골라와 모잠비크가 그런 곳이었다. 독립 후에 대통령이 된 앙골라의 지도자 네토(Agostinho Neto)는 시를 지어 투쟁을 이끌었다. 앉아서 굴욕을 참지 말고 나서서 싸워 잃어버린 것을 되찾는 세계사적 과업을 수행하자고 <재정복>(*A reconquista*)이라고 제목을 붙인 시에서 다음과 같이 노래했다.

> 아무도 우리를 침묵시키지 못한다.
> 아무도 우리를 가로막지 못한다.
>
> 우리는 온 인류와 함께 나아가면서
> 우리 천지와 우리 평화를 정복한다.

승리를 쟁취하기 위해서 전장에서 죽겠다고 하지만 않았다. 총도 칼도 함께 죽어 싸움을 끝내는 것이 진정한 승리라고 했다. 침묵을 거부하고 구속에서 벗어나 천지를 찾고 평화를 이룩하는 일을 온 인류와 함께 하겠다고 했다. 식민지통치자와 싸워 이겨 지배와 피지배를 바꾸어놓자는 것은 아니다. 보복을 선언하는 것과는 더욱 거리가 멀다. 후진이 선진이 되어 차등을 대등으로 바꾸어놓고자 한다. 인류 전체의 소망인 평화를 이룩하겠다고 한다. 상극이 상생이게 하자고 한다.

제3세계문학은 위대하다는 것으로 결론을 삼을 수는 없다. 문학에서 나타난 바를 학문에서도 구현해 학문의 혁신을 이룩하는 것이 긴요한 과제이다. 제1・2세계의 학문을 수용하고 극복해 더욱 발전시키는 제3세계의 학문을 이룩해 인류의 지혜를 한층 고양시키려고 분투하면서 동참자를 널리 구한다.

토론

❑ 문: 족보 위조 사건이라고 한 것을 왜 모르고 있었으며, 어떻게 적발했는가?

❑ 답: 모르고 있었던 이유는 거짓말을 하는 단수가 높고 간교한 지지자가 있었기 때문이다. 일본은 유럽 특히 영국을 크게 칭송하면서 모범으로 삼았다. "British empire"를 "대영제국"이라고 번역해 "大"자를 넣었다. 일본의 농간으로 우리는 남들보다 더 많이 속았다. 적발한 것은 영국인이 스스로 고백하고, 인도인의 고발이 있었기 때문이다. 『옥스포드와 제국』(*Oxford and Empire*)을 대표적인 고백서로 들었다. 고발의 또 한 예가 라다크리슈난(Radhakrishnan)의 『인도철학』(*Indian Philosophy*)이다. 일본이 역사 조작에 동조하고 스스로 조작하는 학문과 교육을 식민지 통치에 이용한 내력은 스스로 고백하지 않으니 우리가 고발의 임무를 맡고 진상을 힘써 연구해야 한다. 『일본의 제국대학과 식민지통치』라는 책을 우리 학계에서 써내야 한다.

❑ 문: 족보 위조 사건에 대한 그리스의 반론은 어떻게 전개되는가?

❑ 답: 영국에서 탈취해간 파르테논 신전 조각을 되돌려달라고 강력하게 요구한다. 비잔틴문명의 진면목 연구를 국제적인 호응을 얻으면서 하고 있는 줄 안다.

❑ 문: 아프리카의 시를 보니 신동엽의 <껍데기는 가라>와 흡사하다. 왜 그런가?

❑ 답: 몇 마디 되지 않는 말에 역사의 무게를 담고 있기 때문이다. 많은 말을 모호하게 하는 시와 아주 다르다.

❑ 문: 양쪽 다 교훈성이 있는 시가 아닌가?

❑ 답: 깊은 공감을 최상의 교훈으로 하고 있다.

❑ 문: 학문이 함정이라는 이유는 알겠으나, 창작을 탑이라고 하는 것은 무슨 까닭인가?

❑ 답: 함정은 아래에, 탑은 위에 있어 대조가 된다. 탑은 우러러보기나 하고 내려다보기는 어렵다.

❑ 문: 창작에 대한 연구는 탑 우러러보기인가?

❑ 답: 학문은 대등한 위치에 서거나 더 높이 오르는 이론 창조여야 한다. 탑이 높기 때문에 학문이 더 높을 수 있다. 문학연구가 다른 학문보다 우뚝한 것이 이 때문이다.

❑ 문: 작곡을 하는 학생이다. 음악에서도 학문은 함정이고 창작은 탑인가?

❑ 답: 그렇다. 우리 전통음악 연구물을 보면 음악보다 많이 모자란다. 음악이 훌륭하면 음악학도 훌륭해야 하는데 음악이 훌륭하다는 말이나 되풀이한다. 현대의 음악학은 남들이 하는 이야기를 가져와 행세거리로 삼기나 한다고 개탄하지 말고, 뛰어난 창조를 과감하게 해야 한다.

❑ 문: 학문하는 사람이 종교에 대해서 어떤 태도를 가져야 하는가?

❑ 답: 좋은 질문이다. 『철학사와 문학사 둘인가 하나인가』(서울: 지식산업사, 2000)에서 볼테르의 종교관을 논한 데다 덧붙여 개진한 생각을 다시 말하겠다. 볼테르는 有神論(théisme)도 아니고 無神論(athéisme)도 아닌 理神論(déisme)이 바람직하다고 했다. 유신론은 자

기 종교는 절대적 진리이고 다른 종교는 모두 거짓이라고 한다. 무신론은 모든 종교가 거짓이라고 한다. 이신론은 모든 종교가 각기 그 나름대로의 진리라고 한다. 유신론은 종교를 편벽되게 연구한다. 무신론은 모든 종교를 대등하게 부정하므로 종교를 거론하기는 하지만 연구하지는 못한다. 이신론은 모든 종교를 대등하게 인정해 마땅히 해야 할 연구를 한다.

나는 문학사를 쓰면서 이신론의 관점을 지니려고 애썼다. 『철학사와 문학사 둘인가 하나인가』에서 기독교 · 이슬람 · 힌두교 · 유교의 사상가와 시인을 비교해 논한 대목을 이신론에 입각한 연구의 더 좋은 본보기로 제시하고 싶다. 네 종교는 각기 그 나름대로 진리일 뿐만 아니라 많은 공통점이 있다는 것을 발견하고, 그것을 중세문명의 특징으로 이해했다. 聖者傳 연구에서 같은 작업을 더욱 정밀하게 했다.

종교가 포함된 연구를 하는 학자는 이신론자여야 한다. 학문의 영역을 넘어서도 이신론이 소중하다. 유신론자라도 이신론의 관점을 아울러 지녀 다른 종교를 이해하고 종교의 화합을 추구하는 것이 마땅하다. 유신론과 무신론의 싸움을 이신론에서 말려야 한다.

제3강 연극 미학의 세 가지 원리

진로 잡기

세계 도처에서 자행한 침략과 지배를 변호하려고 유럽문명권은 거짓말을 일삼았다. 자기네 문명권은 본디부터 우월해 널리 본받아야 할 전범을 마련했다고 하는 주장을 만들어 퍼뜨렸다. 정치와는 거리가 아주 멀 것 같은 문학론에다 조작의 본거지를 마련해 설득력을 가중시켰다.

비난의 목소리를 높이는 것이 능사가 아니다. 숨은 내막을 조사해 폭로하면 문제를 해결할 수 있는 것도 아니다. 거짓이 아닌 참말은 무엇인지 알아내야 한다. 잘못된 주장을 바로잡는 대안을 제시해야 한다. 조작을 시정하는 올바른 문학론을 이룩해야 한다.

문학론 조작이 고대그리스의 연극과 서사시를 중심에 두고 진행되었으므로 이 둘을 다시 고찰해야 한다. 현장검증의 방법을 사용해 미세한 국면까지 소상하게 살피는 실증작업에 기대를 걸 수는 없다. 넓은 안목을 가지고 커다란 논의를 해야 한다. 다른 여러 곳의 연극과 서사시와 비교해 논의하면서 세계문학의 일반론을 마련해야 한다.

논의의 경과

세계문학사 이해를 바로잡기 위해 쓴 일련의 저서 가운데 하나인 『카타르시스 · 라사 · 신명풀이』(서울: 지식산업사, 1997)에서 연극을 문제 삼았다. (이 책은 『탈춤의 원리 신명풀이』, 서울: 지식산업사, 2006에 전문 수록되었다.) 고대그리스연극의 카타르시스(katharsis)가 연극미학의 유일 또는 최상의 원리라는 주장을 비판하고, 카타르시스는 다른 두 가지 원리인 라사(rasa) · 신명풀이와 함께 인류의 연극문화를 다채롭게 하는 구실을 해왔음을 밝혔다. 라사의 본보기로는 중세인도의 산스크리트연극을 들고, 신명풀이는 중세에서 근대로의 이행기의 한국민속극을 예증으로 삼아 비교해 고찰했다. 그 가운데 일부만 가져와 간추려 보인다.

아리스토텔레스(Aristoteles)의 『시학』에서 연극은 카타르시스를 한다고 했다. 라사는 인도 사람 바라타(Bharata)가 지었다고 하는 『나티아사스트라』(*Natyasastra*)에서 연극을 위시한 공연예술 전반의 원리라고 했다. 신명풀이 연극의 원리를 미학적 근거를 갖추어 정립하는 작업은 이제부터 힘써 해야 한다.

세 가지 원리는 논의되고 알려진 정도에서 심한 불균형이 있다. 『시학』은 영역과 국역이 거듭 이루어지고 많이 팔려 널리 알려졌다. (천병희 역, 『시학』, 서울: 문예출판사, 1977을 인용한다.) 『나티아사스트라』는 영역본 몇 종이 모두 인도 학자들의 업적이고 인도에서 출판되어 밖에서는 구하기 어렵다. (G. K. Bhat, *Bharata on the Theory and Practice of Drama*, Poona: Bhandarkar Oriental Research Institute, 1975를 인용한다.) 신명풀이의 원리는 탈춤에 관한 기존연구에 포함되지 않았던 것을 내가 처음 거론했다.

먼 것은 잘 알고, 중간에 있는 것은 조금 알고, 가까운 것은 모르는 기이한 사태에 편향된 세계상의 특징이 잘 나타나 있다. 잘 아는 것은 간략하게 다루고, 조금 아는 것은 더 살피고, 모르고 있던 것은 철저하게 따져 지식의 균형을 이루는 것이 잘못을 시정하는 출발점이다. 새로운 고찰에서 발견한 원리를 널리 적용해 보편적인 이론을 만드는 것이 해결책이다.

연극 미학의 세 가지 원리를 각기 갖춘 연극을 서로 모르는 채 공연할 때에는 평화공존이 보장되었다. 그러다가 근대 유럽의 세계 제패와 더불어 불행이 시작되었다. 카타르시스 연극만 진정한 연극이라는 주장이 이론과 실제 양면에서 밀어닥쳐 독자 노선이 이어지기 어렵게 했다. 카타르시스의 도전에 맞서서 라사를 옹호하는 인도 학자들의 노력이 계속되지만 역부족이다. 신명풀이를 포함한 삼자 비교를 해야 이치가 분명해진다.

논의할 작품 자료를 든다. 카타르시스의 원리를 구현한 고대 그리스 연극은 소포클레스(Sophocles)의 <오이디푸스왕>(Oedipus Tyranos)을 본보기로 삼는다. (천병희 역, 『오이디푸스왕』, 문예출판사, 1988을 이용한다.) 라사를 잘 갖춘 연극의 모범 사례는 칼리다사(Kalidasa)의 <사쿤탈라>(Abhijñānaśākuntala, 약칭 Sakuntala)라고 할 수 있다. (Kalidasa, "Sakuntala," *Works of Kalidasa vol. 1*, Delhi: Montilal Banarsidas, 1966을 이용한다.) 신명풀이 연극의 실상을 확인하는 좋은 자료가 <봉산탈춤>이다. (이두현, 『한국가면극』, 서울: 문화재관리국, 1969 수록본을 이용한다.)

카타르시스연극

<오이디푸스왕>은 주인공 오이디푸스가 아버지를 죽이고 어머니와 결혼한 잘못을 저지른 것을 뒤늦게 깨닫고, 스스로 눈을 찔러 장님이 되어 방랑의 길로 나선 사건을 다루었다. 오이디푸스의 어머니이고 아내였던 이오카스테는 자결했다. 그리스비극의 다른 작품도 모두 파탄에 이르는 결말을 보여주는 것을 공식으로 삼아 비극이라고 했다.

오이디푸스가 아버지를 죽이고 어머니와 결혼한 것과 같은 끔찍한 사건이 전개되는 연극을 보면서 관중은 카타르시스를 경험한다고 아리스토텔레스는 『시학』에서 말했다. "연민과 공포의 감정을 환기시키는 사건에 의하여 바로 이러한 감정의 카타르시스를 행한다"고 했다.(47면) 『시학』에 카타르시스라는 말이 나오는 것은 이 대목뿐이다. 전후의 설명이 부족해 카타르시스가 무엇이며 왜 이루어지고, 무슨 효과를 가지는지 분명하지 않아, 수많은 추론이 벌어졌다.

카타르시스는 원래 의학의 용어이며, 소화가 되지 않고 뱃속이 거북할 때 쓰는 관장치료법을 의미했다고 한다. 아리스토텔레스가 그런 의미를 의식하면서, 연민과 공포의 감정을 극을 통해서 간접적으로 경험하게 함으로써 마음속에서 씻어내는 치료 효과를 카타르시스라고 했다는 견해가 이어지고 있다. 그러나 작품의 의미를 제대로 밝히는 이론은 아니다.

<오이디푸스왕>과 같은 비극에서 끔찍한 사건이 벌어져 마침내 구제할 수 없는 파탄에 이르는 것은 무슨 까닭인가? 사람은 아무리 선량하고 성실해도, 예기하지 않던 불행에 사로잡혀 파멸에 이를 수 있는 것이 피할 수 없는 운명이라고 그리스 사람들은 생각했다. 소포클레스는 그런 운명관을 잘 보여주는 전래의 소재 오이디푸스 이야기를 택해

작품 전개를 교묘하게 다듬는 수법을 보여주어 이름을 얻었다. 아리스토텔레스는 비극에서 보여주는 운명관에 관해서는 언급하지 않고 급전과 발견의 수법 같은 것을 효과적으로 사용하면 작품을 잘 만들 수 있다고 하는 형식론을 전개했다.

이 작품이나 카타르시스연극 일반론은 많은 연구가 이루어지고, 국내에서도 잘 알려져 있어 길게 다루지 않아도 된다. 다음에 드는 라사연극은 개념과 작품이 다 생소하다. 서술의 균형을 돌보지 않고 자세하게 다루어 인식의 균형을 이루려고 노력해야 마땅하다. 우리의 유산을 들어 논하는 신명풀이연극은 쉽게 만날 수 있어 설명을 줄일 수 있지만 이론적인 해명을 하는 것은 새로운 과제이고, 다른 두 가지 연극과의 비교론을 갖추어야 진전이 가능하다. 카타르시스연극에 관한 논의를 여기서 끝낼 수 없다. 다른 둘과 비교하면서 계속 거론한다.

라사연극

카타르시스연극과는 다른 라사연극의 특징을 <사쿤탈라>에서 살펴보자. 널리 알려지지 않아 좀 길게 소개하고 자세하게 분석한다. 비교 고찰을 통해 <오이디푸스왕>에 대한 논의도 더욱 진전시킨다.

<사쿤탈라>는 임금인 두시안타(Dusyanta)와 시골 소녀 사쿤탈라 사이의 사랑 이야기이다. 임금이 사냥을 나갔다가 만난 소녀를 사랑해서 아내로 삼았고 정표로 반지를 주었다. 그런데 왕궁으로 찾아간 사쿤탈라를 임금이 알아보지 못하고, 사쿤탈라는 그 반지를 잃어버려 파탄이 생겼다. 그 이유는 사쿤탈라가 수도사를 경배하지 않는 실수를 저질러 그 수도사가 주술을 걸어 파탄이 생기도록 했기 때문이다. 그래서 생긴

시련은 오래 가지 않고 쉽게 회복되어, 임금 두시얀타와 사쿤탈라는 신들의 축복을 받으면서 재회의 기쁨을 누리게 되었다.

두시얀타와 사쿤탈라의 사랑이 아무 시련 없이 이루어졌다고 하면 재미가 없고, 납득할 수도 없다. 임금과 사쿤탈라는 지체가 다르다. 숲 속에서 자라난 시골 소녀 사쿤탈라가 왕비가 되어 긍중으로 들어가기 위해서는 반드시 시련이 있어야 하고, 절망하고 좌절하지 않을 수 없는 고비를 겪어야 한다. 그렇지만 시련이 치명적인 것일 수는 없다. 사쿤탈라는 예사 시골 소녀가 아니다. 수도사의 양녀일 뿐만 아니라, 선녀가 인간세계의 수도사를 유혹해서 낳은 딸이다.

두시얀타와 사쿤탈라는 한편으로 上·下, 다른 한편으로는 俗·聖의 대립관계에 있다. 下의 사쿤탈라는 上의 두시얀타를 따르기 위해서 시련을 겪어야 하듯이, 俗의 두시얀타도 聖의 사쿤탈라를 맞이하기 위해서 시련을 겪어야 한다. 서로 만나지 못하는 사연이 너무 심각하면 앞의 시련만 부각되고 뒤의 시련은 망각될 염려가 있다. 사쿤탈라가 수도사를 경배하지 않은 실수를 저질러 두시얀타가 준 반지를 잃어버리게 되고, 그 때문에 두시얀타가 사쿤탈라와의 만남을 기억하지 못하게 된 것은 우연의 연속 같지만, 俗의 일에 몰두해서 聖의 세계를 망각한 것이라고 보면 필연적이다.

사쿤탈라가 잃어버렸던 반지가 다시 나타나 두시얀타의 기억을 되살리자 聖의 세계로 들어가는 길이 열렸다. 두시얀타는 자기 궁전에서 사쿤탈라를 다시 만나지 못하고, 天神이 보낸 사자의 인도를 받아 멀리 날아가 천신의 집까지 가야 했다. 천신을 섬기는 수도사가 천신과 동일시된다. 천신이 땅에 내려와 있어 하늘이 곧 땅이다.

두시얀타와 사쿤탈라의 결합에서 욕망(kama, 色)의 추구와 도리

(dharma, 法)의 실현이 하나가 되었다. 그래서 둘이 하나이고, 이원론이 일원론이다. 이원론이 일원론임을 깨닫게 하는 것이 작품 전체의 주제이다. 그래야 하는 이유가 초월·무한·신화가 소중한 데 있다고 하면 한쪽으로 치우친 이해이다.

임금과 시골 사람 사이의 사회적인 격차를 시정하고, 세상 다스리는 일을 천상의 이치에 맞게 해야 한다는 주장은 커다란 의의가 있다. 사회적인 갈등을 부인하는 종교적인 이상주의를 고취한다고 비난할 것은 아니다. 작품 속의 두시얀타 같은 임금에게 나라를 이끌어 나가는 바른 도리를 열어주려고 그렇게 했다고 보면 뜻하는 바가 단순하지 않다.

두시얀타와 사쿤탈라가 결합해 낳은 아들이 轉輪聖王이 되리라고 했다. 전륜성왕의 출현을 희구하는 말을 서두에서부터 나타내다가 소망이 이루어질 수 있게 되자 작품이 끝났다. 전륜성왕이란 '차크라바르틴'(cakravartin)이라는 말을 한문으로 옮긴 것이다. 문자 그대로 풀이하면 "제국의 바퀴를 돌릴 임금"이다. 그 바퀴는 제국 통치의 바퀴이면서 또한 진리의 바퀴이다. 불교에서는 그것을 法輪이라고 한다. 거대한 제국을 자비롭게 다스리면서 힌두교나 불교에서 말하는 우주적인 진리를 구현하는 통치자가 전륜성왕이다.

적대적인 관계의 승패를 가리다가 파탄에 이르는 결말로 치닫는 <오이디푸스왕>과는 달리 <사쿤탈라>에서는 우호적인 관계의 차질이 해결되어 원만한 결말에 이르는 데는 그만큼 깊은 이유가 있다. 오이디푸스도 임금이고 두시얀타도 임금이다. 두 임금 다 작품 속에서 결혼을 하고 자식을 낳은 공통점이 있다. 그러나 차이점이 그보다 훨씬 더 크다.

오이디푸스는 작은 나라 임금의 자리를 스스로 차지한 야심가이고 모험가이다. 그래서 작품 이름을 'Oedipus Tyranos'라고 했다. '티라노스'란 스스로 지배자가 되어 권력을 휘두르는 임금이어서 자랑스럽지만, 능력이 모자라면 밀려날 수 있다. 절대적인 권력을 장악한 듯이 보이지만, 패배한 경쟁자들이 허점을 노리고 재기할 수 있다. 신과 다름없는 위치에 올라간 것 같으나, 신의 노여움을 사서 패망할 수 있다. 고대그리스에서는 그런 '티라노스'보다 우위에 있는 다른 통치자가 없었다. 황제에 해당하는 존재를 생각하지 못해서, 힘보다 정의가 우위에 있다는 정치철학을 마련할 수 없었다.

그러나 차크라바르틴은 처음부터 보장되어 있는 통치의 정당성을 최대한 확대한다. 그래서 통치자와 피통치자, 사람과 신, 현실과 이상, 정치와 종교 사이의 분열을 넘어서는 데까지 이르렀다고 칭송되는 존재이다. 티라노스 이야기에는 비극이 따르게 마련이지만, 차크라바르틴은 비극의 주인공일 수 없다.

카타르시스연극과 라사연극은 다루는 내용이 다르기 때문에 서로 대립되는 성격을 지니는 것만은 아니다. 연극을 만드는 방법에서 일정한 차이가 있다. 그 점을 확인하는 데 『나티아사스트라』가 『시학』보다 더 많은 자료를 제공한다. 『나티아사스트라』에서는 연극이 무엇이며, 어떻게 창작하고 공연해야 하는가 하는 문제를 다각도로 자세하게 다루었다. 연극이 무엇인가 설명한 총론 대목에서, 브라흐마(Brahma) 신이 마귀에게 하는 말로, 다음과 같이 이른 것을 우선 주목할 필요가 있다.(11면)

연극은 너희 마귀들이나 (우리) 신들의 정감을 일방적으로 전달

> 하는 것이 아니다. 연극은 (신, 마귀, 사람) 세 세계의 감정을 나타내고 전달한다. 경우에 따라서 도리, 유희, 이익, 화평, 웃음, 싸움, 애욕, 살육 등 (이 가운데 어떤 것들)을 갖춘다… (그래서) 무기력한 이에게는 대담성을, 자기가 용감하다고 여기는 이에게는 정열을, 생각이 모자라는 이에게는 분별을, 배우는 이에게는 지혜를 가져다준다.

연극은 신・마귀・사람의 세 세계의 정감을 전달한다는 말의 일차적인 의미는, 연극이 사람의 일을 다루는 데 그치지 않고 사람이 사람 이상의 세계와 분리되지 않고 있는 연관관계를 나타내 神人合一을 이룬다는 것이다. 브라흐마 신이 마귀를 향해서 그렇게 말했다고 써놓아, 마귀라도 의심할 수 없게 했다. 그렇지만 연극은 사람이 하는 일이다. 사람이 연극에서 신의 세계도 나타내고 마귀의 세계도 나타내는 것은 신이나 마귀를 위해서 하는 짓이 아니고, 사람이 지니고 있는 신이나 마귀와 다름없는 성격을 문제 삼고자 하기 때문이다.

연극은 도리, 이익, 화평, 웃음, 살육 등을 갖춘다고 해서, 사람의 선악을 모두 취급한다는 점을 명시했다. 그 가운데 어떤 것에 사로잡혀 있는 이들에게 자기 모습을 보여주기도 하고, 자기와는 반대가 되는 모습을 알려주어 결핍을 보충하게 하기도 한다고 했다. 연극의 양상은 무척 다양하지만, 어느 것이든지 자기발견과 자기비판의 구실을 수행해서 사람에게 유익하다는 긍정론을 폈다.

아리스토텔레스는 연극의 종류를 비극과 희극으로 나누어 놓고 비극에 관해서만 카타르시스 이론을 전개했으며, 희극에 관해서는 상응하는 작업을 하지 않았다. 비극에만 소용되는 각론을 후대의 논자들은 연극 일반의 총론으로 삼으려고 해서 많은 차질을 빚어냈다. 그런데 『나티아사스트라』의 라사 이론은 열 가지로 나눈 모든 연극에 두루 해당되는 포괄적인 의의를 가진다. 총론을 분명하게 하고서, 총론과 유기적인 관계를 가지고 각론을 마련했다.

사람의 정감 가운데 어떤 것을 어떻게 나타내는가에 따라서 연극의 종류가 열 가지로 나누어진다고 했다. 그 가운데 '나타카'(nataka)와 '프라카라나'(prakarana)를 먼저 들어 자세하게 고찰하고, 다른 여덟 가지에 관해서는 부분적인 언급만 했다. '나타카'는 신화·전설·역사에서 유래한 고귀한 인물의 행위를 다루는데, '프라카라나'는 당대 사람들의 일상생활에서 소재를 구하므로 작품의 전개방식도 서로 다르다고 하고, 여러 측면에서 다각적인 비교론을 폈다.

그 둘은 각기 그리스연극의 비극·희극과 상통하는 면이 있으나, 차이점을 더욱 주목할 만하다. 공통점과 차이점을 함께 간명하게 정리하기 위해서 미적 범주의 개념을 사용하는 것이 유익하다. 그리스연극에서는 비장과 골계가 나누어져 있다면, 인도연극에서는 숭고와 우아가 나누어져 있다. 그래서 '나타카'는 숭고극, '프라카라나'는 우아극이라고 일컬을 수 있다. <사쿤탈라>는 숭고극 '나타카'의 훌륭한 본보기이다. '나타카'가 어떤 연극인지 『나티아사스트라』에서 길고 복잡하게 설명했다. 그 가운데 한 대목을 들어보자. (같은 책, 115면)

> '나타카'라고 하는 것은 잘 알려진 구성을 갖춘 소재를 다루는 연극 형태이다. 존경받는 유명인물인 주인공이 고귀한 혈통을 지닌 왕가에서 태어나서 일생 동안 이룩한 위업을 신들과 관련된 일화와 함께 보여준다. 잘 먹고 잘 살았다고 하는 것과 여인과

> 즐거움을 나눈 일, 그리고 (악한의 저해 같은) 사소한 사건을 곁들인다. 그런 사건을 몇 개의 기본장면 및 연결장면을 적절하게 배치해서 읽어낸다.

위대한 임금인 '나타카'의 주인공은 모든 일을 뜻대로 성취하게 되어 있다. 부귀를 누리는 것이 당연하다고 하고, 부수되는 사소한 사항의 하나가 여인과 즐거움을 나누는 것이라고 했다. 악한의 저해는 쉽사리 극복하니 사소한 사건이라고 했다. 적대적인 인물들 사이의 다툼이 있어야 갈등이 조성되는 것은 아니다. 적대적인 인물들끼리의 다툼이 아닌 우호적인 인물들의 관계에서 생기는 차질도 작품을 긴장되게 하고 흥미롭게 하는 갈등일 수 있음을 라사연극의 이론과 실제 양면에서 잘 보여주었다.

신명풀이연극

<봉산탈춤>은 위에서 든 두 연극과 같고 다르다. 원만한 해결에 이르는 점은 <오이디푸스왕>과 다르고 <사쿤탈라>와 같다. 적대적인 인물들 사이의 갈등을 문제 삼는 것은 <사쿤달라>와 다르고 <오이디푸스왕>과 같다.

우호적인 인물들 사이에서 생기는 차질이 아닌 적대적인 인물들의 다툼이 승패를 나누는 데까지 이르는 과정을 다룬다. 본의 아니게 저지르는 실수가 있어서 문제가 생긴다고 하지 않고, 삶의 양상 자체가 갈등이라고 한다. 사건의 경과를 복잡하게 해서 흥미를 끄는 방식을 버리고, 서사적인 설명은 최대한 배제하고 갈등을 첨예하게 드러내는

극적 구성을 사용한다. 마땅히 이겨야 할 쪽이 이겨서 원만한 해결에 이른다.

<오이디푸스왕>에서는 문제의 주인공이 가장 가깝고 친근한 사이여야 할 부모와 가장 적대적인 관계를 가져 아버지를 죽이고 어머니가 자결하게 하는 데 이르렀다. 그렇게 된 이유는 도저히 납득할 수 없는 운명 탓이다. 사람으로서는 어떻게 할 수 없는 가혹한 운명을 신이 가져다주어 파멸에 이르렀다. 그러나 <봉산탈춤>에서의 적대적인 관계는 현실에 근거를 두고 있어 타당성이 있다. 운명 때문에 생긴 적대적인 관계는 파멸에 이르지 않을 수 없는 것과 다르게, 현실에 근거를 두고 타당성 있게 형성되는 적대적인 관계는 바람직하게 해결될 수 있다.

<봉산탈춤>은 <오이디푸스왕>이나 <사쿤탈라>처럼 단일한 사건이 아니고, 서로 다른 내용을 취급하는 몇 개의 독립된 과장으로 구성되었다. 전승되는 과정에서 과장이 추가될 수 있다. 한 과장 안의 갈등이나, 과장들 사이의 갈등 누적 관계가 어떤 의미를 가지는지 설명해놓지 않았으므로 관객이 스스로 이해해야 하는데, 관객이 작품 속의 갈등이 자기 일이라고 여기는 당사자로 연극 진행에 참여하기 때문에 그럴 수 있다. 작품이 그 자체로 완결되어 있지 않은 미완성의 열린 구조를 가져 관객이 개입할 수 있고, 관객이 자기 일인 듯이 개입하기 때문에 절실한 의미를 가지게 된다.

서두의 몇 과장은 노장이라는 승려의 파계에 관한 내용이다. 산속의 절간에서 도를 닦던 노승이 잡스러운 승려 무리인 목중들을 찾으려고 놀이판에 나왔다가 자기 자신이 소무라는 여인에게 유혹되어 살림을 차리고 당당하게 살아가다가, 승려의 흔적이 남아 있는 약점

때문에 세속 세계의 강자 취발이에게 쫓겨났으며, 佛法을 수호하고 타락된 삶을 징벌하는 사자는 목중들에게만 나타나고 취발이는 어떻게 하지 않았다고 요약할 수 있는 줄거리는 작품의 외형에 지나지 않는다. 그런 외형을 이용해, 다음과 같이 요약할 수 있는 (가)와 (나) 사이의 심각한 갈등을 나타냈다.

(가)	노장	승려	절간	道	無言	不毛
(나)	취발이	속인	놀이판	힘	多言	多産

(가)와 (나)가 양극화되어 있기만 해서는 싸움이 전개되지 않으므로, 그 중간에 목중들이 개입하고, 또한 노장의 변모가 이루어진다. 목중들은 원래 (가)에 속했는데, (나)에 이끌려서 본래의 자세를 버렸다. 그렇다고 해서 (나)로 넘어간 것은 아니다. 그러므로 타락을 징벌하는 사자가 나타나자 후회하고 반성했다. 목중들이 산사를 떠나 놀이판에 나가서 (나)에 기웃거리는 것을 막기 위해서 나섰다가 노장 또한 (나)에 이끌렸다. 노장이 (가)를 버리고 (나)의 인물로 변모하는 것이 가능한 듯했다. 소무와 살림을 차린 노장이 신값을 떼어먹고 신장수를 쫓아버리기까지 하는 위력을 보여주었다. 그러나 (나)로의 변모가 불철저한 약점이 있어 취발이와의 싸움에서 패배했다. (가)와 (나)의 싸움에서 (나)가 승리하는 구체적인 계기가 (가)의 동요에 있다는 것을 그런 방식으로 보여준다.

불법을 수호하고 타락을 징벌하는 사자가 있고, 노장이 산 속 절에서 수도하는 세계가 있어, <봉산탈춤>에도 현실을 넘어서 있는 초월적인 영역 또는 신들의 세계가 인정되는 점이 <오이디푸스왕>이나 <사쿤탈

라>와 상통한다. 그런데 초월적인 영역의 신들이 <오디디푸스왕>에서는 납득할 수 없는 횡포를 진행해 인간을 파멸시키고, <사쿤탈라>에서는 인간과 화합하는 관계를 이룩해 인간을 고귀한 존재로 만드는 것과 달리, <봉산탈춤>에서는 무력화되고 배격된다. (가)에 대한 (나)의 승리는 신과 인간의 싸움에서 인간이 이기는 것이다. 인간이 신에게 이기는 것이 반역이라고 이해되지 않으니 고민이 따르지 않고 당연하고 즐거운 일이기만 하다.

노장의 파계와 관련된 몇 과장이 끝나고 양반과장이 시작되면서 보여주는 양반과 민중의 갈등은 성격이 더욱 명확해 이해하기 쉽다. 현실에서 흔히 있는 일을 설명하는 데 그치지 않고, 극적 갈등 제시의 탁월한 방법을 사용해서 현실 인식과 해결의 새로운 차원을 마련한다. 양반이 호령하고, 말뚝이가 변명하고, 양반이 변명을 잘못 알아들어 안심을 하고, 말뚝이와 함께 춤을 추며 즐거워하는 전개방식이 거듭 사용되어, 양반이 자기의 지배를 거듭 공고하게 하기 때문에 패배하지 않을 수 없다는 것을 보여준다.

말뚝이가 관중과 합작해서 양반을 우롱하는 것을 양반은 모르고, 관중은 그 때문에 연극 진행에 참여하는 당사자의 즐거움을 누린다. 적대적인 인물들 사이의 싸움에서 부당한 쪽이 패배하고 정당한 쪽이 승리하는 것이 당연한데, 부당한지 정당한지 하는 판별은 관중이 어느 편인가에 의해서 결정된다. 관중의 신명풀이에 의해 연극이 진행되고 의미 구현이 구체화된다.

노장이나 양반을 풍자하는 대목은 희극이다. 허위를 일삼는 부정적인 세력을 비판해서 물리치고 승리를 구가하는 데 이르는 비판적인 희극이다. 뒷부분의 미얄과장에서도 희극이 계속되고 허위에 대한 비판이 이어진다. 노장과장 이하의 몇 과장에서는 관념적 사고의 허위를, <양반과장>에서는 신분적 특권의 잘못을 비판하는 것과 마찬가지로 <미얄과장>에서는 영감이 아내 미얄을 박대해서 죽게 한 남성의 횡포를 비판한다. 관념적 사고의 허위, 신분적 특권의 잘못과 남성의 횡포는 중세 지배이념을 지탱하는 세 기둥이라고 할 수 있어서 하나씩 차례대로 거부하고, 관념과 현실의 일치, 지배와 피지배의 부정, 남성과 여성의 평등을 이룩해야 한다고 한다.

그렇기는 하지만 미얄과장은 비판적인 희극이라고 하고 말 수 없는 복합적인 성격을 지니고 있다. 영감과 미얄은 원래 마을의 수호신이다. 영감이 할미에게 "너는 윗목에 서고 내가 아랫목에 서면 이 동네에 잡귀가 범치 못하는 줄 모르더냐?"라고 한 말에 그렇게 보아야 할 단서가 있다. 신을 사람이라고 여겨, 남녀 수호신의 이야기를 허름한 영감과 할미의 이야기로 바꾸어 놓아 미얄과장을 만들어 냈다. 노장과장 이하 몇 과장에서 신의 영역을 없앤 것과 다른 방식을 택해 신이 신 노릇을 하지 못하게 한다. <오이디푸스왕>에서 보이는 神人不合을 거부한다. <사쿤탈라>에서 신과 사람이 서로 존중하는 관계에서 神人合一을 이룬 것과 상이하게, 사람을 존중해 신이 신 노릇을 할 필요가 없다고 하는 신인합일을 이룩한다.

남녀 수호신은 서로 대등한 위치에 있었는데, 허름한 영감과 할미로 바뀌면서 남존여비의 차등이 생겼다. 그렇더라도 할미가 영감을 존중하면서 따르면 둘 사이의 우호적인 관계가 유지될 수 있었겠는데, 영감의 박대가 심해지는 것을 할미가 견디지 못해, 적대적인 관계의 갈등이 조성되었다. 그래서 벌어진 싸움에서 할미가 패배해 죽게 된 것은 비극이라고 할 수 있다. 그렇지만 할미가 죽은 다음에 영감이 깊이 뉘우쳐 적대적인 관계일 수 없음을 확인한다. 애초에 싸움이 없었어야 한다는 것을 알려준다.

탈춤은 여럿이 함께 노래 부르고 춤을 추면서 흥겨워하고 신명을 푸는 행위를 근거로 해서 이루어진다. 풍물패를 앞세우고 마을 사람들이 사방으로 돌아다니면서 함께 노는 행사가 탈춤의 기원이고 바탕이다. 놀이패가 한 곳에 자리를 잡아 길놀이가 마당놀이로 바뀌고, 누구든지 참여하는 대동놀이에서 탈꾼들이 특별한 배역을 맡는 탈놀이로 넘어가면서 탈춤이 시작된다. <수영야류> 조사보고에서는 그 점에 관해서, 모여든 사람이 누구든지 群舞에 참여해서 "3·4시간 氣가 盡하도록 亂舞하여 興이 하강할 때쯤 되면 후편인 가면무극으로 넘어간다"고 했다. (강용권, 『야류·오광대』, 서울: 형설출판사, 1977, 38면) '興'이라는 말과 '氣'라는 말을 사용한 것을 주목할 필요가 있다. 사람이 지닌 氣가 興으로 발현된다고 했다. 군무에 참여한 모든 사람의 기가 다해서 흥이 떨어질 때가 되면, 탈꾼들이 나서서 기를 새롭게 발현해 흥을 다시 돋운다고 했다.

신명이 무엇인가 정의를 내리는 일을 계속 보류해 왔는데, 이제 사람의 氣 가운데 興으로 발현되는 것이 '신명'이라고 규정할 수 있다, '신명'을 한자로 적으면 '神明'이라고 할 수 있으나, 그 神이 鬼神의 神이라기보다 精神의 神이다. 정신의 신이 사람 속에 내재되어 있다는 것을 쉽사리 납득할 수 있지만, 그 정체가 더욱 모호하다. 그래서 좀 더 분명한 논의가 필요하므로 崔漢綺의 도움을 받아 마땅하다.

최한기는 사람이 정신활동을 하는 氣를 '神氣'라고 하고, 사물을 인식하고 표현해 나타내는 과정을 神氣의 발현으로 설명했다. 氣는 '活動運化'를 기본특징으로 한다고 하고, 사물이 그렇게 하는 것을 보고 마음에서 터득하면 "말을 하는 것마다 모두 靈氣를 지녀, 용이 꿈틀거리는 형체를 갖추고 萬化를 녹여서 지닌다" 하고, 그래서 이루어진 표현물을 받아들이는 쪽은 "神氣가 흔들리어 움직이고 쉽사리 感通하게 된다"고 했다. 글을 쓰고 읽는 행위에 관해 해명하고, 쓰는 사람과 읽는 사람 사이의 공감이 어떻게 해서 이루어지는지 밝히느라고 이렇게 전개한 이론을 연극에다 적용해서 사용할 수 있다.

천지만물과 함께 사람도 수행하는 활동운화를 그 자체로 진행하는 데 그치지 않고 밖으로 표출해서 공감을 이룩하는 주체가 되는 氣를 신기라고 하면, 신기가 바로 신명이다. 神은 양쪽에 다 있는 같은 말이고, '氣'를 '明'이라고 일컬을 수 있다. 안에 간직한 신기가 밖으로 뻗어나서 어떤 행위나 표현 형태를 이루는 것을 두고 신명을 푼다고 한다. 그래서 '신명풀이'란 바로 神氣發現이다. 사람은 누구나 신기 또는 신명을 지니고 살아가지만, 천지만물과의 부딪힘을 격렬하게 겪어 심각한 격동을 누적시키면 그대로 덮어두지 못해 신기를 발현하거나 신명을 풀지 않을 수 없는 지경에 이른다.

한국의 신명풀이연극은 그리스의 카타르시스연극과 마찬가지로 적대적인 관계의 승패를 문제 삼는다고 하겠지만, 승패가 바람직하게 이루어지는 점이 다를 뿐만 아니라, 패배자의 고통은 찾아볼 수 없다. 노장·양반·영감은 패배를 통해서 자기들도 승리자가 되었다. 허위를 거부하고 진실을 되찾은 기쁨을 누리는 데 동참해서 그럴 뿐만 아니라, 서로 나누어져 싸우는 것이 허위라고 배격되어 아무런 구분이 없는 대등하고 조화로운 관계가 이루어지기 때문이다. 그래서 싸움의 부정이 최대의 승리임을 분명하게 하는 과정이 탈놀이가 끝난 다음의 군무이다.

탈춤 전체는 세 부분으로 이루어져 있다. 이제 각 부분을 지칭하는 용어를 확정해서 정리를 해보자. 서두에 '앞놀이'가 있고, 중간에 '탈놀이'가 있으며, 나중에 '뒷놀이'가 있다. 앞놀이와 뒷놀이를 할 때에는 놀이패와 관중 사이에 아무런 구별이 없이 모두 대등한 자격으로 함께 어울려 춤을 추면서 즐거움을 나눈다. 탈놀이를 할 때에는 탈을 쓴 놀이패가 등장인물들의 배역을 나누어 하면서 서로 싸우고, 관중은 관중석에서 구경하면서 그 싸움에 이따금 개입한다. 탈놀이가 진행되는 동안에 일정한 간격을 두고 '춤대목'이 있어, 서로 싸우던 등장인물들이 함께 어울려 춤을 춘다. 관중이 앞놀이와 뒷놀이에 참여하고, 탈놀이에 개입하고, 춤대목의 의미를 자기 나름대로 해석할 수 있는 재량권을 갖추고 있다. 그래서 탈춤은 완성되어 닫힌 구조일 수 없고, 미완성의 열린 구조를 이루고 있다.

춤대목에서는 등장인물들이 싸움을 멈추고 함께 즐거워하는데, 그렇게 해야 한다고 판단하는 이유가 각기 다르다. 양반은 말뚝이를 눌러서 이겼다고 즐거워하고, 말뚝이는 양반을 속여서 이겼다고 즐거워한다. 관중은 그런 사정을 명확하게 알 수도 있고, 그렇지 않을 수도 있다. 그래서 싸움이 화해이고 화해가 싸움이다. 다시 춤대목 앞뒤 탈놀이의 싸움과 춤대목의 화합, 다시 탈놀이의 싸움과 앞놀이·뒷놀이의 화합을 함께 보여주어 싸움이 화합이고, 화합이 싸움임을 알려준다.

싸움이 싸움이면서 화합이고, 화합이 화합이면서 싸움이다. 둘이 둘이면서 하나이고, 하나는 하나이면서 둘이다. 둘이라고 하면 하나임을 일깨워주고, 하나라고 하면 둘임을 일깨워준다. 관중은 거기 맞서서 자기주장을 편다. 싸움을 싸움답게 하면서 싸움을 해결하는 방법을 제시한다.

비교의 결과

카타르시스: 파탄에 이르는 결말	라사와 신명풀이: 원만한 결말
라사: 우호적인 관계의 차질	카타르시스와 신명풀이: 적대적인 관계의 승패
신명풀이: 미완성의 열린 구조	카타르시스와 라사: 완성되어 닫힌 구조

지금까지의 논의를 이렇게 간추릴 수 있다. 카타르시스는 파탄에 이르는 결말을, 라사와 신명풀이는 원만한 결말을 보여준다. 라사는 우호적인 관계의 차질을, 카타르시스와 신명풀이는 적대적인 관계의 승패를 보여준다. 신명풀이는 미완성의 열린 구조를, 카타르시스와 라사는 완성되어 닫힌 구조를 보여준다.

비극이 최고의 연극이라는 주장은 카타르시스연극에나 해당된다. 연극의 원리는 갈등이라는 것 또한 그렇다. 라사연극은 우호적인 관계에서 생긴 차질을 시정하고 원만한 결말에 이르러 조화의 원리가 소중하다는 것을 확인한다. 신명풀이연극은 갈등과 조화를 함께 나타내면서, 갈등이 조화이고 조화가 갈등이라고 한다.

카타르시스 · 라사 · 신명풀이는 서로 맞물리는 관계를 가지는 세 가지 원리이다. 예증으로 든 고대 그리스, 중세 인도, 중세에서 근대로의 이행기 한국에만 있었던 것은 아니다. 세계 다른 곳의 연극에도 널리 존재하면서, 그 나름대로의 특성을 가지기도 하고, 결합된 형태를 보여주기도 했다. 그 양상을 널리 파악하기 위해서는 많은 자료를 들어 광범위한 고찰을 해야 한다. 새로운 작업을 이제 시작했을 따름이다. 연극 미학의 일반론을 이룩하고, 세계연극사를 서술하는 작업은 앞으로의 과제이다.

되돌아보고 내다보고

유럽연극에만 연극의 보편적인 원리가 있고 다른 곳들의 연극은 그렇지 않다고 하는 데 대해 반론을 어떻게 제기해야 하는가? 논의의 출발점으로 되돌아가 따져보자. (가) 보편적 원리가 아닌 것도 그 나름대로 소중하다. (나) 보편적인 원리라고 할 것은 없으며 어느 것이든지 그 나름대로 소중하다. (다) 보편적 원리는 다원화되어 있다.

(가)를 말해서는 반론을 제기한다고 할 수 없다. (나)를 주장하면 일반이론을 부정하고 인류 전체가 어떤지 말할 수 없다. (다)가 정답이다. 인도 학자들은 카타르시스뿐만 아니라 라사 또한 보편적 원리임을 열심히 주장했다.

보편적 원리는 둘이 아니고 셋이다. 카타르시스 · 라사 · 신명풀이가 각기 그것대로의 원리를 지니고 있다. 경험하고 있는 사실에 입각해 이렇게 말해야 한다. 한국 민속극이 보여주고 있는 신명풀이의 원리를 다른 둘과 비교해 논해야 한다.

지금까지의 고찰에서 셋을 비교해 고찰하는 방법의 정석을 보여주었다. 1은 2 · 3과, 2는 1 · 3과, 3은 1 · 2와 어떻게 다른지 세 번에 걸쳐 밝혀 얻은 결과가 맞물린다고 했다. 그래서 카타르시스 · 라사 · 신명풀이가 연극 미학의 세 가지 기본 방법이라는 사실을 밝혔다. 셋 이외에 다른 원리는 없다는 것을 셋의 관계에서 입증했다.

입증이 여기서 끝날 수는 없고 논의의 확대가 요망된다. 넷째 이하의 다른 원리는 없는지 많은 자료를 들어 검증하기까지 해야 한다. 이 작업을 실제로 한 결과는 넷째 이하의 다른 원리는 없고 세 원리가 복합된 형태들은 발견되는 것으로 나타났다.

연극의 원리는 왜 셋일 수밖에 없는가 하는 질문이 제기되니 논의를 더욱 확대해야 한다. 카타르시스 · 라사 · 신명풀이는 그리스, 인도, 한국 연극이어서 셋이 서로 다르다고 하면 다른 곳들에 상이한 원리가 더 있다고 해야 한다. 카타르시스 · 라사 · 신명풀이는 그리스, 인도, 한국 연극에서 좋은 본보기가 발견되는 고대, 중세, 중세에서 근대로의 이행기 연극의 원리라고 하는 것이 논의를 확대해서 얻은 결과이다.

연극에서 영화로

연극의 원리는 영화로 이어진다. 영화에서는 사태가 더욱 심각하다. 카타르시스의 원리를 상품 제작에 이용한 미국영화가 세계를 휩쓸고 있다. 경제적 · 정치적 압력까지 동원해 영화전쟁을 촉발해 일방적인 승리를 거두려고 한다. 라사 · 신명풀이 쪽의 대응이 절실하게 요망된다. 사태를 파악하고 해결책을 강구하는 이론적인 지침을 마련하는 것이 급선무이다.

영화는 연극보다 개방적이다. 서로 다른 원리를 함께 지닐 수 있다. 한국영화는 신명풀이에 충실할 수 없다. 이미 깊숙이 들어와 있는 카타르시스의 원리를 제거하는 것이 불가능할 뿐만 아니라, 또한 그럴 필요도 없다. 신명풀이에다 카타르시스를 합쳐 둘을 함께 이용하는 방법을 적극적으로 강구하는 것이 바람직하다. 그 둘을 합치는 데 그치지 않고, 라사까지 가져와서, 연극미학의 세 가지 기본원리를 모두 다 이용하는 영화를 만드는 것이 유익하다. 유익하다고 하는 이유는 신명풀이 · 라사 · 카타르시스를 모두 이룩해서 그 세 가지 서로 다른 관점에서 세상을 보면서 그 세 가지 관점이 서로 토론하게 하는 영화가 어느 한 가지 관점만 갖춘 영화보다 더 많은 것을 가져다줄 수 있기 때문이다.

그런 작업을 카타르시스가 주도해 할 수도 있고, 라사가 주도해 할 수도 있다. 그 양쪽에서도 지금 하고 있는 것과 같은 이론 정립 작업을 각기 수행하고, 영화 창작의 실제 작업에서 적극적인 시도를 해서 좋은 결과를 보여주기를 기대한다. 그러나 카타르시스는 생성과 극복 가운데 극복에 치우쳐 화합이 없는 충돌을, 라사는 생성과 극복 가운데 생성에 치우쳐 충돌이 없는 화합을 내세우므로, 그 양면을 함께 포괄하는 작업을 생성이 극복이고 극복이 생성이라고 하는 신명풀이에서 더 잘 할 수 있다.

토론

❑ 문: 연극의 기본원리는 셋뿐인가?

❑ 답: 셋일 수밖에 없음을 이론으로 입증하고, 세계 여러 곳의 연극을 광범위하게 검증했다. 위에서 들어 논하지 않은 다른 많은 연극

은 세 가지 원리 가운데 하나를 보여주거나 둘 이상의 복합이다.

동남아시아 각국은 전통극이 풍부하다. 인도와 공유하고 있는 힌두교문명의 유산이며, 라사의 원리를 잘 보여주고 있다. 중국, 월남, 일본 등지의 창극은 그 나름대로의 고급 취향을 가진 라사와 민중의 신명풀이를 함께 갖추었으며, 카타르시스와 상통하는 면도 있다. 인도네시아나 월남, 멀리 아프리카에도 신명풀이로 일관하는 민속극이 있다.

❑ 문: 아랍의 연극은 왜 거론하지 않는가?

❑ 답: 아랍세계에서는 이슬람 교리가 허용하지 않아 연극이 성장하지 못했다. 회화나 조각도 같은 제약을 받았다.

❑ 문: 주변부도 그랬던가?

❑ 답: 주변부에는 그림자극 같은 것들이 있었으나 대단치 않았다.

❑ 문: 오늘날의 상황은 어떤가?

❑ 답: 유럽에서 근대극을 받아들였다. 그런데 비극은 정착되지 않고, 원만한 결말을 지닌 작품이 환영받는다고 한다. 비극의 보편성을 부인하는 증거이다. 중세에 아리스토텔레스의 『시학』을 아랍어로 번역할 때 카타르시스에 관한 대목은 빼놓았다. 이해 또는 공감이 가능하지 않았기 때문이라고 생각된다.

문: 연극에서는 중세문명 일반론을 이룩할 수 없는가?

답: 중세는 라사의 시대였다. 그렇지만 연극의 위치가 각기 달라 라사가 구현되는 양상에 차등이 있었다. 산스크리트문명권에서만 연극을 대단하게 여기고 문명의 이상을 라사로 구현했다. 한문문명권과 라틴어문명권에서는 연극의 가치를 공인하지 않아 라사가 온전하

지 못했다. 라틴어문명권에서 연극을 힘써 한 것은 근대로의 이행기에 고대그리스의 카타르시스연극을 잇고자 할 때의 일이다.

❑ 문: 어디서나 함께 중요시한 중세문학은 무엇인가?

❑ 답: 서정시이다. 중세는 서정시의 시대였다. 여러 문명권의 공동문어 서정시는 공통점이 분명해 중세문명이 하나임을 입증한다. 연극은 중세문명이 여럿임을 입증한다.

❑ 문: 부조리극은 어떻게 이해해야 하는가?

❑ 답: 카타르시스연극의 자기 부정이라고 할 수 있다.

❑ 문: 우리 것에 애착을 가지고 객관적으로 타당한 학문을 할 수 있는가?

❑ 답: 우리 것이라고 애착을 가지는 것은 아니다. 객관적으로 타당한 학문을 이룩해 세계학문의 발전을 선도하는 데 필요한 출발점을 우리 것에서 찾는다. 남들이 이용하지 않고 남겨둔 새로운 출발점을 마련하지 않고서는 일반이론을 창조할 수 없다. 오늘 거론한 신명풀이의 원리가 좋은 본보기이다.

❑ 문: 일반이론을 찾기나 하고 우리 것의 독자적 가치는 무시해도 되는가?

❑ 답: 일반이론의 새로운 창조에 남다르게 기여하는 것이 우리 것의 독자적 가치이다.

❑ 문: 탈춤이 사라지는데 신명풀이가 남아나는가? 과거에 집착하

는 것이 아닌가?

❑ 답: 신명풀이는 어디에든 있다. 화투를 가지고 고스톱 놀이를 만든 데에도 아주 잘 살아 있다. 카드놀이나 마작, 파친코와 비교해보면 특징이 분명하다. 고스톱을 만들어 즐기는 능력으로 새로운 학문을 이룩해 세계에 내놓을 수 있다.

❑ 문: 누구나 할 수 있는 일인가?

❑ 답: 생각을 바꾸면 길이 활짝 열린다. 자기가 잘 할 수 있는 것을 찾아서 하지 않고 남들이 그쪽의 장기를 살려 해놓은 일을 부러워하지 말아야 한다. 외국 학자 존경을 강의와 저술의 내용으로 삼는 것은 사이비 교수나 하는 짓이다. 옛 사람이 훌륭하다고 칭송하는 것도 잘못되었다. 내가 활용해 내 장기로 삼을 수 있는 것만 훌륭하다. 찾으면 얼마든지 있는데 찾을 생각도 하지 않는다.

❑ 문: 신명풀이 외에 다른 무엇이 있는가?

❑ 답: 생극론을 이룩한 氣철학이 더 큰 밑천이다.

❑ 문: 理철학은 왜 버리는가?

❑ 답: 0(무극), 1(태극), 2(음양), ∞(만물) 가운데 理철학은 앞의 둘은 理이고, 뒤의 둘이 氣라고 하지만, 氣철학은 넷이 모두 氣라고 한다. 1이 2이고 2가 1이라고 하는 생극론의 명제를 가지고 문학사의 이론을 만들었다. 理철학은 성현의 가르침이라는 주장으로 오늘날 필요한 이론을 생산하지 못해 경쟁력이 없는 형편을 타개하지 못한다.

옛 사람의 유산 가운데 쓸 만한 것을 가려내 써야 한다. 타당성 논쟁으로 시간을 보내지 말고 유용성을 판정해야 한다. 정약용의 저작에 애착을 가지는 데 찬성할 수 없다. 내용이 복잡하고 많은 전문지식을 필요로 하며 문제점이 분명하지 않은 것들을 두고 고심할 일이 아니다. 지식 경영법의 본보기로 삼자는 것은 오해가 빚어낸 오도이다. 나는 정약용 대신 홍대용을 택했다.

❑ 문: 지난 시간에 理神論을 택한다고 했으니 理철학을 계승해야 하지 않는가? 氣철학 계승한다는 것은 앞뒤가 어긋나지 않는가?

❑ 답: 국내의 모든 理철학은 有神論이다. 理철학의 유신론을 부정하고 유물론에서는 無神論을 주장한다. 氣철학은 그 양극단을 넘어서서 理神論을 이룩한다. 氣철학의 氣는 유물론의 물질을 포괄하면서 넘어서서 물질과 정신을 함께 파악한다. 종교 행위의 정신적 가치와 역사적 의의를 인정하는 논거를 제공한다.

제4강 서사시 중세화의 세계사

출발점

인류가 살고 있는 이 세계에는 무수히 많은 언어 표현이 있다. 언어 표현의 기본 방식 가운데 하나가 서사시이다. 서사시는 무엇을 말하는가? 어느 한 가지 서사시만 서사시라고 하면서 이에 대답할 수는 없다. 서사시는 여럿이고 시대에 따라 변했다. 그 양상을 널리 파악해야 한다.

고대그리스의 영웅서사시가 진정한 서사시이고, 서사시 여부를 판정하는 기준이 된다는 것은 잘못이다. 유럽문명권이 우월하다고 강변하려고 만들어낸 억설을 물리치고 세계문학사 이해를 바로잡아야 한다. 고대그리스의 서사시는 중세로 이어지지 않고, 영웅서사시이기만 한 것은 예외이다. 예외를 일반화하는 것은 무리이다. 서사시가 시대에 따라 변해온 것이 보편적인 현상이다. 중세 이후의 시기에 세계 도처에서 여러 모습의 서사시를 만들었다는 사실을 밝혀 인식의 전환을 이룩해야 한다.

선행 작업(『동아시아 구비서사시의 양상과 변천』, 서울: 문학과지성사, 1997)에서 얻은 성과를 재론하면서 시비를 가린다. 서사시는 율문

서사문학을 통괄해서 일컫는 말이다. 주인공의 성격을 들어 구분하면, 신령서사시·영웅서사시·범인서사시가 있다. 창작된 시기를 말하면, 신령서사시는 원시서사시이고, 영웅서사시는 고대서사시이고, 범인서사시는 중세서사시이다.

시대가 바뀐다고 앞 시대의 서사시가 없어진 것은 아니다. 원래의 기능이 쇠퇴되는 것만큼 다음 시대의 사고형태에 적응하는 변화를 겪으면서 살아남는 것이 예사였다. 그래서 원시서사시의 고대화, 고대서사시의 중세화라고 할 수 있는 현상이 나타났다. 이에 대한 고찰이 문화의 지속과 변화를 이해하는 데 크게 기여한다.

신령서사시의 하나인 창세서사시에 고대영웅이라고 할 수 있는 인물이 등장하는 것이 원시서사시 고대화의 긴요한 국면이다. 영웅서사시의 주인공을 고대영웅에서 중세영웅으로 바꾸어놓는 것이 고대서사시의 중세화를 위해 힘써 한 작업이다. 이 가운데 고대서사시의 중세화에 대해 고찰하는 것이 여기서 하고자 하는 일이다. 세계 여러 곳에서 일제히 진행된 중세화를 널리 살피고 비교해 고찰하면서 서사시뿐만 아니라 중세 이해도 바로잡고자 한다.

고대·중세·근대 구분론을 근거 있게 마련하려면 중세에 대한 해명이 가장 긴요하다. 중세가 어떤 시대이고 어떻게 시작되었는가 하는 논의가 엇갈려 세계사에 대한 통괄적인 이해가 이루어지지 않는 형편 타개에 기여하고자 한다. 돌보지 않고 버려둔 서사시가 소중한 증거를 제공한다는 것을 입증하면서, 새로운 연구를 위한 진로 타개에서 커다란 진전을 이룩하고자 한다.

중세영웅구비서사시를 먼저 살펴 중세화가 자생적으로 모색된 양상을 파악한다. 중세영웅기록서사시를 다음 순서로 다루어 자생에다 이식이 추가되어 나타난 변화를 정리한다. 범인구비서사시가 어떤 모습으로 어떻게 나타났는지 말해 보완 작업으로 삼는다. 중세의 범인기록서사시는 영웅서사시의 중세화와 거리가 멀고 작품이 너무 많아 논의의 대상으로 삼지 않는다.

뜻한 바를 이루려면 세계 여행을 해야 한다. 선행 작업에서는 제주도에서 출발해 한국으로, 한국에서 동아시아로 나아가면서 구비서사시의 양상과 변천을 찾았다. 이번에는 세계 서사시를 널리 거론하고 한국으로 돌아와 한국 서사시의 특징을 밝히는 순서를 택한다. 많은 곳을 돌아다녀야 하므로 여정이 복잡하고 글이 길어지지 않을 수 없으니 양해하기 바란다.

앞에서 연극을 논할 때에는 세 가지 원리의 상관관계를 밝히려고 대표적인 사례를 집중적으로 고찰했다. 여기서 말하고자 하는 원리는 서사시가 시대에 따라 달라졌다는 것이다. 동일한 원리를 구체화한 사례를 되도록 많이 들어 입증력을 높이고자 해서 논의가 길어진다.

중세영웅구비서사시

필리핀 사람들은 중세화를 이룩하지 못했다. 상이한 집단이 고대의 자기중심주의를 내세우며 서로 싸우기나 하고 중세국가가 나타나 보편적인 이념을 선포하는 데 이르지 않았다. 어느 중세문명권에도 소속되지 않고 고립되어 있다가 라틴어문명권 스페인의 식민지가 되고 다시 미국의 통치를 받았다. 기록문학은 스페인어를 사용하면서 시작해 성립과 발전이 많이 뒤떨어졌으나, 장편 구비서사시의 풍부한 유산이 계속 발견되어 세계문학사의 전개를 새롭게 이해하는 긴요한 증거를 제공한다.

구비서사시는 대부분 영웅서사시이며, 자기 집단의 우월성을 과시하고 다른 집단과 싸워 이긴 승리를 찬양했다. 그런데 아주 복잡한 내용을 가진 장편으로 꾸민 <아규>(Agyu)라는 것은 그 이상의 내용을 갖추었다. 영웅의 투쟁을 계속 다루면서 화합이 소중하다고 했다. 슬기로운 지도자가 등장해 분쟁을 피해 멀리 이주하는 방법을 써서 패배를 승리로 바꾼 내력을 말하고, 비슷한 처지에 있는 다른 여러 집단을 불러 모아 이상향에서 함께 살도록 했다고 했다. (Elena G. Maquiso, *Ulahingan, an Epic of the Southern Philippines*, Dumaguete, Philippines: Silliaman University Press, 1977) 이런 작품에서는 중세에 근접하는 사고를 나타냈다고 할 수 있다.

중국 서남부의 여러 소수민족은 오랫동안 중국의 억압에 시달려야 했다. 민족서사시를 힘써 전승해 주체성 각성의 근거로 삼으면서 중세서사시로 발전시켜야 중국이 과시하는 중세적인 역량에 대처할 수 있었다. 국가를 이룩해 독립을 지키는 경우에는 중국에서 받아들인 한문문명을 자기 것으로 만들어 재창조하는 데 더욱 힘썼지만, 그렇지 못하고 흩어져 살면서 중국의 지배나 간섭을 받은 더 많은 집단은 구비서사시를 응전의 방법으로 삼아야 했다. 원시의 창세서사시나 고대의 영웅서사시를 지키는 데 그치지 않고 중세서사시를 창조하는 데까지 이르렀다.

侗族의 <薩歲之歌>는 민족수호신으로 숭앙된 薩歲라고 하는 여성의 수난과 투쟁을 노래한 여성영웅서사시이다. 가난하고 미천한 처지에서 태어나 종살이까지 해야 했던 여인과 그 민족이 삼대에 걸쳐 겪은 수난을 노래한다. 神鐵을 찾아 寶刀를 만들고, 오랜 내력이 있는 神扇을 얻은 것이 화근이 되어, 적대민족 官兵의 핍박을 받아 가족이 모두 참살되는 비극을 겪어야 했다. 그 여인이 두 딸과 함께 바위에 투신해서 죽은 뒤에 신이 되어 '薩歲'라는 존칭을 얻고서 민족의 투쟁을 이끌었다고 했다. (侗族文學史編寫組, 『侗族文學史』, 貴陽: 貴州人民出版社, 1988; 楊權, 『侗族民間文學史』, 北京: 中央民族學院出版社, 1992)

사건 전개가 역사기록과 연관되어 있다. 당나라에서 郡을 설치한 곳이 "薩歲婢奔이 희생된 곳"이라고 한다. 작품 속의 官兵은 당나라 군사로 보아 마땅하다. 당나라의 압박 때문에 자기 민족이 희생된 내력을 서사시로 말하면서, 민족수호신을 받들게 된 경위를 설명하고 자기 민족의 처지가 미천하고 가련하다는 사실을 강조했다.

侗族은 <祖公之歌>라고 하는 더 긴 영웅서사시에서 역사를 총괄했다. 인류의 시조 章良과 章妹의 후손이 늘어나 사방에 퍼져 살게 되면서 민족이 분화되었다 하고, 瑤·漢·苗族의 유래와 풍속에 관해서 말한 다음에 자기 민족의 역사를 이야기하기 시작했다. 자기 민족은 그런 이웃 민족들과 달라 박해를 받으며 살아왔다고 했다.

국가를 이룩하지 않고 살아가며, 한족의 황제를 받들지 않고 민족수호신을 받든다고 했다. 그래서 황제 나라의 침략 때문에 시달려야 했다. 민족 수호신을 받들면서 주체의식을 드높인다고 외침을 막을 수 있는 힘이 생기는 것은 아니었다. 살 만한 땅을 찾아서 이주를 거듭하다가 지금의 주거지에 와서 자리를 잡은 시련의 역사를 구체적인 지명을 사용하면서 소상하게 밝혀, 후손이 대대로 외면서 선조의 역사를 알도록 했다.

신화적인 설정은 멀리하고 역사적인 사실을 있었던 그대로 전하려고 했다. 용사들이 활쏘기 시합을 할 때 勞宜라는 장수가 쏜 화살이 황제의 궁전까지 날아가 기둥에 박히자, 신하들이 크게 놀라고 황제가 진노해 화살 쏜 사람을 잡아오라고 했다. 그 때문에 민족 전체가 도망을 쳐서 삶의 터전을 다시 찾아야 했다.

한족의 황제가 핍박해 주거지를 자주 옮기면서 어렵게 살아온 내력을 다룬 두 작품 가운데 하나는 신화적인 설정의 여성영웅서사시이고 다른 하나는 역사적인 내용의 남성영웅서사시이다. 둘은 서로 보완하는 관계에 있다고 할 수 있다. 영웅서사시의 더욱 오랜 형태인 앞의 것을 먼저 만들고, 그것만으로 부족하다고 여겨 뒤의 것을 새롭게 마련해서 양쪽을 함께 간직했다.

彝族의 영웅서사시 <銅鼓王>은 서두에서 창세서사시를 간략하게 서술한 데 이어서, 자기 민족의 역사는 중국의 三皇五帝보다 먼저 시작되었다고 했다. 그런데도 다른 민족의 침공 때문에 거듭되는 수난을 견디어내면서 민족의 정통성과 주체성을 지켜온 과정을 먼 선조가 만든 '銅鼓'라고 하는 구리북과 관련시켰다. 구리북을 만든 선조 부부를 '銅鼓王'이라고 칭하고 숭앙하면서 민족의 역사를 노래했다. 구리북을 줄곧 지켜오면서 두드리고 노래 부르고 춤추는 축제를 계속해서 했다고 자랑했다.

주위의 여섯 민족 六詔가 다툴 때 그 가운데 하나인 南詔王이 唐나라로부터 雲南王으로 책봉되자 횡포를 부려 이족을 침공했으나 격퇴했다고 했다. 銅鼓王의 지위를 물려받은 彝族의 지도자가 적군을 맞이해서 슬기롭게 싸우는 모습을 그렸다. 그런 대목에서는 이 노래가 彝族 역사서 구실을 하지만, 정치적인 통일체를 이루고 국가를 지켜온 것은 아니다. 정치적인 결속은 없이 흩어져 살아와서 구리북을 두드리며 노는 축제를 함께 벌이고 <銅鼓王>을 노래하면서 민족의 유대를 확인했다.

뒤로 가면 역사보다는 풍속에 관한 내용이 더 많아져서, 풍물시의 성격이 두드러진다. (『銅鼓王, 彝族英雄史詩』, 昆明: 雲南人民出版社, 1991)

몽골에 많은 서사시가 구전되고 있는 가운데 <장가르>(Djangar, 江格爾)가 특히 우뚝한 위치를 차지하고 있는 거작이다. 몽골제국의 원나라가 명나라의 공격을 받아 해체되고, 몽골민족이 북쪽으로 돌아가 北元을 이룩하고 있을 시기인 15세기에 과거에 대한 회고와 미래에 대한 소망을 나타낸 작품이다. 주인공을 징기스칸으로 하지 않고, 장가르라고 하는 가공의 인물을 등장시켜, 어느 때든지 다시 일어날 수 있는 일을 다루었다. (黑勒 外 共譯, 『江格爾』, 烏魯木齊: 新疆人民出版社, 1993; 賈木查, 『史詩江格爾探淵』, 烏魯木齊: 新疆人民出版社, 1996)

작품 서두에서 흉포한 마귀가 쳐들어와서 부모를 죽이고 장가르를 고아로 만들었다고 한 말은 명나라 때문에 몽골제국이 망한 것을 뜻한다고 이해할 수 있다. 장가르가 적을 물리치고 잃어버린 영토를 모두 회복했다고 한 것은 몽골제국 재건 소망의 표현이다. 장가르는 세 살 때 평생 생사를 같이 할 神馬를 발견해 올라타고 싸움에 나서서 마왕을 물리치기 시작했다고 했다. 일곱 살 때에는 일곱 나라를 정복해서 영웅의 이름을 사방에 떨치고, 해가 뜨는 동쪽 나라 공주와 혼인을 했다고 했다. 마침내 모든 투쟁에서 승리해 이상을 달성했다고 했다.

영웅에 대한 과도한 칭송은 고대적인 사고방식의 표출이라고 할 수 있다. 그러나 영웅이 위대한 힘을 발휘해서 홀로 우뚝하다고 하지 않고, 백성들의 간절한 소망을 이루어 영웅이 위대하다고 한 데서는 중세적인 영웅관을 나타냈다고 보아 마땅하다. 자기 집단 내부의 요구인 愛民을 막연하게 표방하는 데 그치지 않고, 장가르의 통치가 정당함을 대외적으로도 과시하는 정치적 주장을 다채롭게 갖추었다.

<게사르>(Gesar, 格薩爾)는 티베트의 서사시인데 몽골에도 전해졌다. 천하 모든 영역의 지배자를 예찬한 점에서 <장가르>와 <게사르>는 같다. 그러면서 장가르의 영역은 천하로 한정되어 있지만, 게사르는 천상에서 내려온 부처여서 천상과 천하를 아우른 점이 서로 다르다. <장가르>에도 불교의 요소나 관념이 들어와 있지만 일관된 의미를 지니는 것은 아닌데, <게사르>는 불교서사시라고 할 수 있는 내용을 잘 갖추었다.

(Alexandra David-Neel and Yondgen tr., *The Superhuman Life of Gesar of Ling*, London: Rider, 1933; R. -A. Stein, *Recherche sur le barde au Tibet*, Paris: Presses Universitaires de France, 1959: 王沂暖 外, 『格薩爾王本事』, 北京: 中國民間文藝出版社, 1985)

<게사르>에서는 중세보편주의의 원천을 인도에서 가져왔다. 산스크리트불교문명권에서 유래한 중세보편주의를 재창조해 한문유교문명권을 압도하는 구상을 펼쳐 보였다. <장가르>는 구비서사시이기만 한데 <게사르>는 구비서사시면서 또한 기록서사시이다. 중국의 문자문화에 대해서 구전으로 맞서는 데 그치지 않고 또 하나의 문자문화로 맞섰다.

창작연대는 12세기 전후로 보는 견해가 유력하다. 그때 티베트는 분열되어 안으로 내전이 계속되고, 밖으로는 외적의 침략을 물리칠 능력을 상실했다. 강력한 통일국가를 이룩해 자기네를 보호하고 나라를 지킬 영주가 나타나기를 갈망했다. 게사르는 가공적인 인물이지만, 티베트를 통일해 강력한 국가를 건설한 송찬감포(Songtsen Gampo) 같은 민족적 영웅을 정치적으로 분열된 시대에 회고하고 희구해서 설정했다고 할 수 있다.

티베트가 과거의 영광을 잃고 나약하게 된 것을 불만스럽게 여겨, 주변의 여러 민족을 정복하고 티베트민족의 기개를 드높이는 국왕의 모습을 작품에서 그려냈다. 부처이면서 또한 지상의 지배자인 게사르는 중국의 천자가 하늘의 아들이라는 권위를 내세워 지상의 지배자 노릇을 하는 데 대해서 두 가지 반론을 제기해서 우월성을 입증했다. 막연하게 하늘의 아들이라고 하는 천자보다 천상의 부처가 직접 하강한 게사르가 더욱 위대하다. 천자는 사람만, 게사르는 신·마귀·사람·동물을 모두 다스린다. 사람의 범위도 달라, 천자는 정착민만의 군주이고, 게사르는 정착민과 유목민이 함께 받든다.

게사르는 백성을 지켜주고, 풍요롭고 행복하게 살도록 하는 임무를 수행했다. 그 점에서 티베트의 건국서사시 또는 민족서사시의 주인공이다. 티베트인이 바라는 이상적인 통치자의 모습을 갖추고 있다. 게사르는 또한 주변의 여러 나라나 민족을 아울러 대제국을 건설한 황제라고 했다. 바라는 바를 넓혀 민족서사시에서 문명권서사시로 나아가고자 했다.

주변의 여러 나라가 동서남북에 배치되어 있다고 했다. 북쪽은 투르키스탄, 서쪽은 이란, 동쪽은 중국, 남쪽은 인도라고 해석할 수 있다. 동서남북 네 곳의 마왕을 제압하기 위해서 게사르가 이 세상에 왔다고 했다. 게사르가 정복한 지역은 이상적인 통치가 이루어지는 부처의 나라라고 했다. 게사르는 그 뒤 오랫동안 왕위에 있으면서, 불법의 교화를 펴다가, 87세 때에 하늘로 돌아갔다. 마지막으로 오랜 명상을 끝내면서 평등과 평화의 소망이 이루어져야 한다고 당부하는 말을 남겼다.

키르기스(Kirgiz)의 서사시 <마나스>(Manas) 또한 민족을 통일해서 국가를 창건해 외적의 침입을 물리치는 영웅의 시련과 투쟁을 그리고 있어, <장가르>나 <게사르>와 나란히 놓을 수 있다. <마나스>는 터키 민족군이 널리 전승하고 있지만, 키르기스인이 특히 큰 애착을 가지고 대단한 장편으로 발전시켜 민족문화의 소중한 자산으로 삼았다. (『馬納斯, 柯爾克孜族英雄史詩』 第1部 上下, 烏魯木齋: 新疆人民出版社, 1992; Artur Hatto tr., *The Manas of Wilhelm Radloff*, Wiesbaden: Otto Harrassowitz, 1990)

키르기스인도 터키민족군의 다른 집단처럼 돌궐의 후예이지만 제국을 세워 다른 여러 민족을 지배할 만큼 강성하지는 못했다. 키르기스의 역사는 외침에 맞서 싸워온 과정이다. 적대자는 중국인이기도 하고, 몽골인의 한 갈래인 칼무크(Kalmuck)인이기도 했다. 중국인은 대국의 위력을 멀리서부터 뻗쳐 침략을 일삼고, 가까이 있는 칼무크인은 신앙이 달라 충돌의 원인을 만들었다. 그런 적대자들과의 싸움을 어렵게 전개하면서 민족의 주체성을 인식하고 고양하기 위해, 마나스와 그 후손들을 주인공으로 한 거대한 규모의 서사시가 있어야 했다. 창작 시기는 확실하지 않으며, 기록에는 올리지 않고 구전하기만 했다. (G. M. H. Shoolbraid, *The Oral Epic of Siberia and Central Asia*, Bloomington: Indiana University Press, 1975, 46-48면)

키르기스국가가 여러 민족을 다스리는 제국이어야 한다는 생각은 작품에 나타나 있지 않다. 마나스가 황제 노릇을 하는 데 필요한 정치철학을 제시한 것도 아니다. 키르기스인은 터키민족군의 다른 갈래들과 함께 이슬람교를 믿고 아랍어를 공동문어로 사용하는 문명권의 일원이 되었으나, 편협하지 않고 융통성 있는 태도를 지녔다. 마나스를 따르는 마흔 명의 용사들 가운데 주위의 다른 민족 출신이 적지 않다고 해서, 여러 민족이 사이좋게 지내야 한다는 생각을 나타내는 데 더욱 힘썼다. 바로 그 점에서 고대서사시에서 벗어나 중세서사시가 되는 변화를 겪었다.

마나스는 자기 민족을 외침에서 구출하고 자기 나라 백성을 사랑하는 것을 임무로 삼았다. 자기 용맹을 뽐내기 위해서 싸우지 않고 민족의 삶을 지키고 백성에게 행복을 가져다주려고 분투한다고 칭송했다. 투쟁에서 승리한 다음 천상으로 복귀한다고 하지는 않았으며 지상에서 일생을 마쳤다. 싸우다가 부상당해서 죽었다. 영웅이 별난 존재라는 선입견을 부정하고 예사 사람과 그리 다르지 않다는 것을 보여주었다.

죽게 된 사연은 비통하다. 아버지가 적과 내통해서 아들 마나스를 죽음으로 몰아넣었다. 고대영웅의 아버지는 아들이 태어나자 죽이려고 한 것과 상이하게, 마나스의 아버지는 아들이 누리고 있는 최고 영광을 비극으로 역전시키는 구실을 했다. 마나스가 죽자 남은 가족은 권력 찬탈자에게 박해를 받아 쫓겨나는 신세가 되었으며 목숨을 부지할 수 없게 되었다.

영웅의 일생이 예사 사람처럼 끝난 것은 납득할 수 없는 일이다. 그런 원통한 일을 그냥 두고 볼 수 없다. 패배의 참상을 승리의 영광으로 되돌려놓아야 한다. 그래서 속편이 필요했다. 아들이 아버지의 원수를 갚고, 아버지가 못다 이룬 과업을 맡아야 하는 것이 당연한 일이었다. 제8부까지 이어져 엄청난 장편을 이루었다.

터키민족군의 다른 집단의 서사시에도 주목할 것들이 적지 않다. 우즈베크가 전승의 중심지인 <알파미슈>(Alphamysh)는 도술 싸움을 벌이는 영웅의 모습을 보여주고, 우구즈 쪽에서 풍부하게 구전하고 있는 <코르쿠트>(Quorqut, Korkut)는 통치자의 고문인 이슬람의 성자를 주인공으로 등장시켜 기독교와의 대결을 다루었다. <알파미슈>는 고대영웅서사시의 모습을 간직하고 있다고 하겠으며, <코르쿠트>는 중세에 이루어진 성자의 활약을 보여주는 중세서사시의 전형적인 예로 들 수 있다. (Geoffrey Lewis tr., with introduction, *The Book of Dede Korkut*, London: Penguin Books, 1974)

코르쿠트는 이슬람교의 성자이다. 서로 다른 여러 사건에 출현해서 개별적인 서사시를 연결시키는 구실을 한다. 코르쿠트를 주인공으로 한 서사시가 아니고, 코르쿠트가 관여하고 보고한 사건들로 이루어진 서사시라는 뜻으로 <코르쿠트>라는 표제를 내걸었다. 첫 번째 노래에서 군주의 아들이 황소를 죽이는 힘을 보이자, 아버지에게 요청해 제자로 삼겠다고 했다. 힘은 지혜와 만나야 하기 때문이었다.

코르쿠트는 군주에게 가르침을 베푸는 정신적 지도자이고 공인된 기록 담당자여서, 몇 백 살이 될 때까지 계속 출현한다. 이슬람교의 지혜가 일관성을 가지고 역사에 깊숙이 개입하는 것이 마땅하다고 하는 생각을 그런 방식으로 나타냈다. 영웅서사시 12편이 끝난 다음 부록처럼 첨부한 마지막 한 편에 교훈이 되는 말을 모아놓았다. 이슬람 신앙의 중요성을 역설하고 정치를 하는 원리를 종교에서 찾아야 한다고 했다.

한문문명권 중심부의 중국인에게는 없는 서사시를 변방의 다른 민족은 적극 전승하고 힘써 창작한 것과 같은 일이 아랍문명권에서도 나타났다. 아랍어를 공동문어로 받아들여 민족어와 함께 사용하면서, 서사시를 무시하는 아랍문학의 관습을 따르지 않고 민족의 전승을 소중하게 여긴 변방 여러 곳에서 중세의 민족서사시가 풍부하게 이룩되었다. 민족주체성을 옹호하면서 중세보편주의를 독자적으로 재창조하는 과업을 서사시를 통해 이룩했다.

터키계 여러 민족은 한문문명권과 아랍어문명권 사이에 널리 퍼져 있으면서 이중의 변방 노릇을 하고 양쪽의 위협에 맞서야 했으므로 다양한 서사시를 풍부하게 창조했다. <마나스>에서 중국인과 싸우고, <코르쿠트>에서는 이슬람사상을 지혜의 원천으로 삼았다. 한문문명과 아랍어문명권의 중심부 가운데 한쪽에서는 민족주의를 촉발하고, 또 한쪽에서는 보편주의를 제공하는 구실을 더 많이 한 차이점을 확인할 수 있다.

인도의 <마하브라타>(Mahabhrata)와 <라마야나>(Ramayana)는 원래 고대영웅서사시인데, 중세영웅서사시의 요소가 추가되어 힌두교의 이상을 나타냈다. 그 위세에 맞서서 다시 창작한 중세영웅서사시도 여기저기 있다. 라자스탄 지방의 <파부지>(Pabuji)를 좋은 예로 들 수 있다. 파부지는 초인간적인 존재를 어머니로 해서 태어난 왕자이다. 탁월한 능력을 지니고 외적을 물리치는 싸움을 계속 했다. 힘자랑을 능사로 삼지 않고, 백성의 생업을 보호하는 임무를 수행해야 했다. 싸워서 이기는 것을 능사로 삼지 않고 적과 타협을 해서라도 백성을 살리는 평화를 이룩하고자 했다. (John D. Smith, *The Epic of Pabuji, a Study, Transcription and Translation*, Cambridge: Cambridge University Press, 1991)

이집트를 비롯한 북아프리카 여러 곳의 아랍인들은 <힐라리>(Hilali)라는 영웅서사시를 전승하고 있다. 그런 이름을 가진 아랍인의 한 부족이 8세기부터 시작해 9세기까지, 아라비아반도를 떠나 이집트로 이주했다가 다시 튀니지까지 가면서 겪었던 모험과 투쟁을 다룬 내용이다. 14세기의 역사가 이븐 칼둔(Ibn Khaldun)이 기록에 올린 뒤에는 문헌과는 인연이 없이 구전되기만 하면서 대중적인 흥행물 노릇을 한다.

(Bridget Connelly, *Arab Folk Epic and Identity*, Berkeley: University of California Press, 1986; Susan Slyomovics, *The Merchant of Art, an Egyptian Hilali Oral Epic Poet in Performance* , Berkeley: University of California Press, 1987)

아프리카 말리에서 전승되고 있는 <순자타>(Sunjata, 또는 Sondiata, Son-Jara)라는 서사시 또한 아랍문명권의 외곽에서 자라난 것이고 이슬람교사상을 지니고 있다. 주인공이 어려서 겪은 시련과 투쟁은 아프리카에서 널리 발견되는 고대서사시의 모습을 그대로 지니고 있어 새삼스럽지 않다고 할 수 있으나, 작은 집단의 지배권을 장악하는 데 그치지 않고 이슬람교를 통치이념으로 삼은 말리(Mali)제국을 건설했다고 하는 데 이르러서는 중세서사시의 면모를 갖추었다. 그것은 13세기에 있었던 역사적 사실과 합치되는 내용이다.

(John William Johnson tr., *The Epic of Son-Jara, a West African Tradition*, Bloomington: Indiana University Press, 1986; Ralph A. Austen ed., *In Search of Sunjata*, Bloomington: Indiana University Press, 1999)

말리제국의 뒤를 이어 15세기에 등장한 송하이(Songhay)제국 또한 이슬람교를 공동의 이념으로 삼아 많은 민족을 통합했다. 새로운 제국의 걸출한 제왕을 주인공으로 한 서사시 <아스키아 모함메드>(Askia Mohammed) 또한 출생・성장・투쟁에서 고대의 전승을 이었으나, 이슬람교와 관련을 가지고 중세서사시의 면모를 지니게 되었다. 전승의 영웅이 메카를 순례하고서 성자의 과업을 수행하기로 작정하고, 무력에 의한 정복보다 신앙 전파에 더욱 힘써 평화를 이룩했다고 했다.

(Thomas A. Hale, *Scribe, Griot, and Novelist: Narrative Interpreters of the Songhay Empire Followed by the Epic of Askia Mohammed Recounted by Nouhou Malio*, Gaineville: University of Florida Press, 1990)

후손들이 통치자 노릇을 한 사실까지 연속해서 노래해 서사시가 역사시이게 했다. 사하라 이남의 아프리카에서도 중세보편주의를 구현하는 제국이 있었다는 것은 유럽인과 맞서서 자부심을 고취하는 데 크게 기여하므로, 그 내력을 다룬 서사시를 열심히 전승하면서 개작해왔다. 유럽인의 도전에 맞서서 아프리카를 옹호하는 데 고대서사시보다 중세서사시가 월등한 의의를 가진다.

유럽인의 서사시는 고대그리스에서 시작되었다고 하지만, 그것이 후대로 이어진 것은 아니다. 다른 여러 민족 집단이 각기 자기 나름대로 서사시의 전통을 이어오다가 중세서사시로 변모시켰다. 그렇게 하는 데 외부의 도전이 커다란 구실을 했다. 아시아에서 닥쳐오는 위협을 견디면서 주체성을 옹호하기 위해서 민족서사시를 힘써 전승하고 창작했다. 아르메니아, 비잔틴, 러시아, 세르보-크로티아에서 좋은 본보기를 찾을 수 있다.

아르메니아인은 7세기에 침공한 아랍인과의 싸움을 소재로 해서 10세기경에 짓고, 터키, 페르시아 등에게 수난을 당하는 기간 동안에 거듭 개작한 민족서사시를 오늘날까지 구전하고 있다. 가혹한 시련 때문에 혈통이 가까스로 이어진 4대의 주인공을 등장시킨 연작 가운데 제3대째에 관한 <다비드>(David)가 가장 장편이고 인기가 높다. 다비드는 이슬람교도의 위협을 제거하고 아르메니아의 민중이 편안한 삶을 누리도록 하기 위해서 분투한 영웅이어서, 뜨거운 지지와 깊은 공감을 얻었다. (Frédéric Feydit tr. avec une introduction, *David de Sassoun: Épopée en vers*, Paris: Gallimard, 1964)

그런데 싸워서 죽인 적대자, 이슬람의 영웅이 혈육이었다. 아버지의 피를 함께 나눈 이복동생을 알아보지 못하고 무찔러 승리를 구가했다. 다비드 자신도 혈육에게 살해되었다. 여성 술탄에게 유혹되어 낳은 딸이 그런 관계를 모르는 채 아버지인 다비드를 죽였다. 영웅의 투쟁이나 죽음이 모두 비극이라고 했다.

왜 그렇게 말했는가 생각해볼 일이다. 역사적 사실의 반영이라는 관점에서 살피면, 아르메니아인과 그 주위의 이슬람교도는 혈통에서 상당한 관련을 가졌으면서도 종교가 달라서 불화하고 정치적인 이해가 엇갈려 충돌하지 않을 수 없었던 사정을 나타냈다고 할 수 있다. 아랍인의 지배에서 벗어나기 위한 자유화 투쟁을 전개했다고 해도 좋다. (Акдемия Наук СССР, *История Всемирной Литературы 2*, Москва: Издательство Наука, 1984, 284-285면) 그러나 투쟁을 넘어선 화합의 이상에 대해서 말한 것도 주목할 필요가 있다. 서로 싸우고 죽이고 하는 사람들이 인류 공동체의 혈육임을 말하려고 했다고 볼 수 있다.

세르비아를 위시한 발칸 반도 슬라브족의 여러 갈래는 서사시 <마르코>(Marko)를 자랑스럽게 전승하면서 민족의 자존심을 지키고자 했다. 오스만터키의 침공을 이겨내지 못하고 복속되어 통치를 받는 처지에 있으면서, 침략자와 싸운 민족의 영웅을 칭송하는 노래를 부르면서 불운을 한탄하기도 하고, 용기를 가지자고 다짐하기도 했다. 마르코는 죽지 않고 잠자고 있어 민중이 원할 때에는 다시 깨어난다는 신념을 가지고, 지난날의 패배를 안타까워하고 영광스러운 미래에 대한 희망을 나타냈다.

마르코의 행적을 장엄하게 노래해 비장한 느낌을 자아내기만 한 것은 아니다. 여러 지역에서 오래 두고 전승하면서 많은 변이가 생기고, 광대마다 자기 기량을 자랑하면서 개작을 첨부하는 과정에서 시대변화에 호응하는 변화를 보였다. 영웅의 모습을 범인과 가깝게 그리면서, 아버지와의 갈등을 심각하게 다루고, 아내를 얻기까지 있었던 사건을 다양하게 꾸며 흥미를 끌었다. 터키인에게 사로잡혔다가 탈출해 집으로 돌아가니 아내가 다른 사람과 결혼식을 거행하고 있더라고 한 것도 있다.

(Svetozar Koljevic, *The Epic in the Making*, Oxford: Clarendon, 1980; Tatyna Popovic, *Prince Marko, the Hero of South Slavic Epics*, Syracuse, New York: Syracuse University Press, 1988)

멀리 동쪽에 자리 잡고 중국인에게 시달린 터키민족군의 한 갈래인 키르기스인이 <마나스>를 창조했듯이, 서쪽으로 진출한 터키민족군의 다른 갈래 때문에 시달린 세르보-크로아티아인도 민족서사시 <마르코>를 마련해 대응방법으로 삼았다. 세르보-크로아티아인을 복속한 오스만터키는 서사시를 갖추지 못했다. 유라시아대륙에 광범위하게 분포되어 있는 터키민족군의 어느 갈래든지 풍부하게 지닌 서사시를 군사적이고 정치적인 성공의 대가로 상실했다.

유럽의 서사시에는 중세에 기록되어 전하지만 고대서사시의 모습을 많이 지닌 것들도 있다. 아이슬란드의 <에다>(Edda), 아일랜드의 <쿨리의 가축 약탈>(Tain Bo Cuailne)을 먼저 주목하자. (뒤의 것은 Thomas Kinsella, *The Tain, from the Irish epic Tain Bo Cuailnage*, Oxford: Oxford University Press, 1969로 출간되어 있는데 널리 알려지지 않았다.) 영국의 <베오울프>(Beowulf), 독일의 <힐데브란트의 노래>(Hildebrandslied) 또한 고대영웅의 활약상을 보인 오랜 전승을 기독교 시대의 글쓰기 방법을 이용해 기록에 올리면서 중세의 사고방식을 어느 정도 덧보탰다. 중세화의 초기 단계에 들어섰다고 할 수 있다.

독일의 <니벨룽겐 노래>(Nibelungenlied)도 고대서사시에서 유래했으나 중세화된 측면이 크다. 구비문학의 유산을 받아들여 기록문학으로 창작한 서사시의 대표적인 사례로 인정할 수 있다. 용맹과 의리, 영웅 개개인의 활약상과 주종관계, 독일민족 내부 문제와 이민족과의 관계를 함께 보여주면서 고대에서 중세로 나아갔다. 13세기 초에 형성되고 16세기까지 거듭 필사되었으며, 전후가 다른 내용이다. (Ursula Schulze, "Niebelungenlied", Horst Albert Glaser her., *Deutche Literatur, eine Sozialgeschichte 1*, Hamburg: Rowohlt, 1988; 허창운 역, 『니벨룽겐 노래』, 서울: 서울대학교출판부, 1996 해설)

지그프리트(Sigfried)의 죽음을 다룬 전반부에서는 게르만민족 영웅들끼리의 쟁패에 관한 오랜 전승을 이었다. 지그프리트의 아내 크림힐트(Kriemhild)가 훈족왕의 왕비가 되어 훈족의 힘을 빌려 남편 살해자를 죽이고 자기도 죽어 민족의 멸망을 초래했다고 하는 후반부는 성격이 다르다. 아시아에서 진출한 이교도와의 싸움을 임무로 삼아 문명권서사시의 특성을 보이고 있다. 용맹이 뛰어난 것만으로는 부족하다고 하고, "영웅은 혼돈을 정복하고, 안정과 법, 질서와 자제를 유지하는 과업을 맡아야 한다"고 하는 시대가 도래했다. (Brian Murdoch, *The German Hero, Politics and Pragmatism in Early Medieval Poetry*, London: Hambledon, 1996, 4면)

중세영웅기록서사시

중세영웅기록서사시에는 공동문어를 사용한 것도 있고, 민족어를 사용한 것도 있다. 공동문어서사시부터 살피기로 하면, <붓다차리타>(Buddhacarita)부터 들어야 한다. 2세기경에 아스바고사(Asvaghosa)라는 승려가 불타의 생애를 노래한 이 작품은 표현과 내용 양면에서 중세서사시의 본보기를 마련했다. 산스크리트문학의 언어구사와 시작법을 훌륭하게 구현하는 것이 불교를 드높이는 길이라고 판단해서 최고도로 세련된 작품을 내놓았다. (J. K. Nariman, *Literary History of Sanskrit Buddhism*, Delhi: Motilal Banarsidass, 1992, 31면)

불타는 과거 서사시의 주인공들이 지녔던 자기중심주의의 편견을 넘어서서 인류 전체의 보편적 이상을 실현하는 길을 무력 과시가 아닌 깊은 깨달음을 통해 제시했다고 했다. 표현 또한 격조 높고 세련되어, 중세이념 정립 작업을 명실상부하게 추진했다. 불교문명권 전체에서 대단한 호응을 얻고, 티베트어로도, 한문으로도 번역되어 널리 읽혔다. 작자는 馬鳴이라고 하고 작품 이름은 <佛所行讚>이라고 한 한문본이 한문문명권 불교문학의 중심에 자리 잡고 많은 영향을 끼쳤다.

산스크리트 중세서사시의 또 한 가지 형태는 제왕서사시이다. 12세기 시인 빌하나(Bilhana)가, 카슈미르 지방의 군주가 거듭되는 전쟁에서 이겨 통치권을 확보한 과정을 그리면서 이상적인 군주의 모습을 보여준 <비르크라마 임금의 행적>(Virkramkadevacarita)이 그런 것이다. 찬양을 과도하게 하고, 신의 개입이 지나쳐 진실성을 잃었다고 하지만, 크고 작은 사건이 복잡하게 얽힌 이야기를 흥미롭게 펼쳐 관심을 끌고 구전되어 인기를 확대했다.

(Franklin Edgerton tr., *Virama's Adventures or the Thirty Two Tales* of *the Throne*, New Delhi: Cosmos Publications, 2000; K. Ayyappa Paniker ed., *Medieval Indian Literature, an Anthology Volume Four*, New Delhi:

Sahitya Akademi, 2000)

공동문어를 사용해 창작한 중세영웅서사시에 독일의 <발타리우스>(Waltharius)도 있다. 유럽의 서사시는 민족어를 사용하는 것이 예사인데, 이것만은 문명권 전체의 공동문어 라틴어로 지었다. 유럽을 공포의 도가니로 몰아넣은 훈족의 통치자 아틸라(Attila)에게 납치되었던 왕자들과 공주가 탈출해 서로 싸우기도 하고 결혼하기도 한 것이 기본 줄거리이다. 이교도 야만인의 도전을 물리치고 기독교문명을 수호하고 재정립하고자 하는 소망을 구체화했다.

민족어로 창작한 중세영웅서사시는 훨씬 많고 널리 분포되어 있다. 인도의 타밀민족은 아리안족에게 밀려 남쪽으로 내려간 드라비다 계통 선주민의 후예 가운데 특히 주체성이 강하고 문화 수준이 높은 민족이어서, 산스크리트 고전에 대응이 되는 문학을 수준 높게 이룩하는 데 남다른 열의를 가지고 서사시를 중요한 종목으로 삼았다. 특히 주목할 만한 작품 <발찌의 노래>(Cilappatikaram)는 일란코 아티칼(Ilanko Atikal)이 450년경에 지었다고 알려져 있다. (R. Parthasarathy tr. with introduction, *The Tale of an Anklet, an Epic of South India, the Cilappatikaram of Ilanko Atikal*, New York: Columbia University Press, 1993)

타밀나라 군주가 북쪽을 정벌하고, 국가를 수호하는 여신을 섬기는 두 가지 훌륭한 공적을 이룩했다고 찬양한 내용이다. 그 여신의 내력을 설명한 전반부에는 왕비의 발찌를 훔쳤다는 누명을 쓰고 처형된 남편의 억울한 사정에 항변해서 아내가 자결한 사건이 자세하게 전개된다. 사건의 발단이 그렇게 되어 <발찌의 노래>라는 제목이 붙었다.

인도 아리안민족의 고대서사시 <라마야나>는 주인공 라마가 아내를 찾기 위해 남쪽을 정벌한 사건을 다루면서, 남쪽 사람들은 야만인으로 취급했다. 이에 대항하기 위해서는 남쪽의 자랑스러운 군주가 북쪽을 정벌해 세계가 하나가 되게 하는 위업을 이룩했다고 해야 했다. 그러나 이미 시효가 끝난 고대풍의 영웅서사시를 다시 지어 타밀의 영웅이 아리안의 영웅보다 용맹스러워 더욱 놀라운 승리를 이룩했다고 하지는 않았다. 영웅에게서 범인으로, 제왕에게서 백성으로, 남성에게서 여성으로 관심을 돌리는 새 시대의 서사시를 창조했다.

범속한 여인의 수난사를 말하고서 그 여신을 수호신으로 받들게 되었다고 한 또 한 가지 중요한 내용은 <라마야나>에 대한 간접적인 반론이라고 이해할 수 있다. <라마야나>에서는 여자는 남자의 소유물로만 여겨 라마의 아내가 납치되어 수난을 겪은 상황은 문제 삼지 않고 정절을 잃었던가 하는 의문을 크게 부각시키기만 했다. 타밀 서사시는 미친한 여자를 주인공으로 등장시켰다. 남편의 원통한 죽음 때문에 항변하다가 비참한 최후를 맞이한 여자에 대해 깊은 동정을 나타내고, 개인의 수난을 민족의 수난과 동일시해 그 여인을 민족 수호신으로 받들었다.

타밀 국왕이 북쪽을 정벌한 사건과 가련한 여인이 죽어서 수호신이 되었다는 사건은 서로 이질적이어서 따로 놀 수 있는데, 두 가지 방식으로 연결시켰다. 민족 수호신을 받든 것도 국왕의 과업이라고 하면서 결말이 하나로 모아지도록 했다. 아리안민족의 횡포에 대해 북쪽 정벌로 맞서야 한다는 반론보다 더 큰 의의를 가진 이면의 반론을 서사시 개조에서 전개해 표리가 상응하는 구조를 마련했다.

여인의 수난사는 범인서사시라고 할 수 있다. 범인서사시를 신령서사시로 만들고, 민족서사시로 받들었다. 신령서사시는 원시서사시의 층위이고, 민족서사시는 고대서사시라면, 범인서사시는 중세서사시이다. 그 셋을 합쳐서 중세민족서사시를 창조했다. 범속한 인물의 훌륭한 행실을 칭송하는 정치를 하는 중세군주의 모습을 부각시켜, 민족적 자부심의 근거로 삼고자 해서 그렇게 했다.

페르시아인들이 아랍문명권 안에서 주체성을 되찾고자 하는 의지를 집약해 페르도우시(Ferdowsi)는 11세기초에 <왕들의 책>(Shah-nama)이라는 이름의 방대한 서사시를 창작했다. 페르시아의 역사를 신화적인 기원에서 시작해서 이슬람 침공 이전까지 다루면서, 여러 영웅의 활약상을 중점적으로 부각시킨 가운데 로스탐(Rostam)이 이웃 나라 공주와의 사이에서 태어난 자기 아들 소흐라브(Sohrab)를 싸움터에서 만나 몰라보고 죽인 사건이 심각한 사연을 갖추었다.

(Jerome W. Clinton tr., *The Tragedy of Sohrab and Rostam, from the Persian Epic, the Shanama of Abol-Qasem Ferdowsi*, Seattle: University of Washington Press, 1987; Olga M. Davidson, *Poet and Hero in the Persian Books of Kings*, Ithaca: Cornell University Press, 1994)

로스탐은 자기와 싸워서 심하게 다친 아들의 몸을 수습하기만 하고 죽음은 차마 자기 눈으로 보지 못해서 외면하고서, 마지막의 소식은 다른 사람이 전했다. 아들을 죽인 비극적인 영웅 로스탐을 등장시켜 외적을 물리치고 나라를 지키기 위해서는 어떤 희생이라도 감수해야 한다고 했다. 어떤 민족이라도 평소의 친선을 파기하고 페르시아를 침공하는 것을 용납할 수 없는 만행이라고 단호하게 규탄했다. 자기 시대에 페르시아를 침공해 다스리는 아랍인들에 대한 저항의 의지를 이런 방식으로 암시했다고 볼 수 있다.

동아프리카 스와힐리어문학은 서사시가 풍부한 것이 특징이다. '행동'을 뜻하는 어원을 가진 '우텐지'(utenzi, utendi)라는 말로 서사시를 일컫는다. 이슬람교를 믿고 아랍어를 공동문어로 받아들여 자기 언어를 표기하고 기록문학을 이룩하면서, 구비문학으로 전승되고 창작되던 토착 서사시의 풍부한 전통을 이어받아 이슬람문학인 중세서사시를 창작했다. 중세화가 늦어서 17세기 이후에야 그렇게 할 수 있었다. (Jan Knappert, *Epic Poetry in Swahili and Other African Languages*, Leiden: E. J. Brill, 1983)

<리옹고 서사시>(Utendi wa Liongo)는 원래 고대서사시인데 중세서사시로 개작되었다고 생각된다. 구비서사시였던 것이 여러 형태로 기록되어 전하며, 창작이나 기록의 연대는 알 수 없다. 토착사회의 영웅 리옹고가 뛰어난 용맹으로 이슬람 세력과 맞서 싸우는 활약상을 그리면서, 전에 없던 술수 때문에 패배를 거듭하게 된 것을 안타깝게 여겼다. 이슬람 술탄과 한 편이 된 아들이 아버지를 살해하는 어처구니없는 일이 일어났다. 리옹고의 죽음을 어머니가 마을 사람들과 함께 확인하는 장면을 인상 깊게 그렸다. (Jan Knappert, *Four Centuries of Swahili Verse: a Literary History and Anthology*, London: Darf, 1988)

<헤라클리오스 서사시>(Utendi wa Heraklios)라는 것은 브와나 므웬고(Bwana Mwengo)가 18세기 초에 창작한 중세서사시이다. 독자적인 전통에서 가져온 창작방법을 가지고 이슬람군이 동로마군과 싸운 사건을 다루어, 아랍세계 다른 어느 곳에서도 볼 수 없는 문명권 전체의 서사시를 마련했다. 헤라클리오스는 629년의 전투에서 아랍군을 물리친 동로마제국의 황제였던 실제 인물이다. 그런데 작품에서는 예언자 무함마드의 사위 알리(Ali)가 장인의 분부를 받들고 아랍군을 이끌고 나가 대단한 용맹을 발휘해 헤라클리오스를 무찌르고 승리를 거두었

다고 했다.

처음에는 아랍군이 패배해 사상자가 늘어났다. 무함마드는 흐느껴 울면서 절망에 사로잡혔다가 천사가 하늘에서 내려와 분발하라고 하자, 단호한 결심을 하고 나가서 싸우라고 했다. 초인적인 능력보다는 인간다움을 더욱 소중하게 여겼다. 알리가 이기고 돌아오자 아내가 다정하게 맞이해 따뜻하게 포옹하고, 의자에 앉히고 갑옷을 끄르는 장면을 인상 깊게 서술했다. 아내가 싸움의 경과와 결과에 대해서 많은 것을 알고 싶어 묻자, 알리는 자기의 용맹을 자랑하지 않고 전투에서 죽은 사람은 소수라고 하고, 남아 있는 포로들은 이슬람으로 개종했다고 했다. (Jan Knappert, *Traditional Swahili Poetry*, Leiden: E. J. Brill, 1967)

비잔틴제국은 그리스어를 공동문어로 한 기독교문학을 이룩하는 데 힘쓰고 민간전승은 돌아보지 않았다. 그러나 중세후기가 되자 다른 종교와 관련된 소재를 구어로 노래하는 시가 나타나는 것을 막을 수 없었다. 그 가운데 서사시가 몇 편 있어 영웅서사시이면서 범인서사시의 면모도 어느 정도 갖추고 있으며, 비잔틴문명의 폐쇄성을 시정하고 다른 문명과의 교섭을 긍정하는 방향으로 나아갔다.

<디게니스 아크리타스>(Digenis Akritas)라고 하는 것은 기독교도와 이슬람교도 사이의 관계를 다룬 서사시이며, 12세기경에 이루어졌다고 추정된다. 비잔틴의 땅을 습격해서 기독교도 처녀를 사로잡은 이슬람 족장이 그 처녀와 결혼을 하고, 집단 전체가 기독교로 개종했다고 했다. 두 사람 사이에서 태어난 아이는 "두 피를 지닌, 변방 사람"이라는 뜻의 '디게니스 아크리타스'라고 이름 지었다. 아들이 용맹스러운 젊은이로 자라나 펼치는 투쟁과 사랑의 이야기가 그 뒤에 전개되었다. 사랑

을 성취하기 위해서 싸우고, 나라를 위협하는 도적을 물리쳐서 큰 공을 세웠다. 황제가 벼슬을 내려도 거절하고, 아내와 함께 조용하게 살겠다고 했다. (Corinne Jouanno tr., *Digénis Akritas, le héros des frontières, une épopée byzantine*, Bruxelles: Brepolis, 1998)

러시아인은 이민족의 압력에 시달리는 동안 자기 민족의 독자적인 전통인 구비서사시를 소중하게 지키고, <이고리 원정기>(Slovo o polkou Igorievie) 같은 기록서사시를 12세기 말에 창작하기도 했다. (Акдемия Наук СССР, 위의 책, 425-430면) 북쪽 노브고로드의 공후 이고리가 사촌이자 주군인 키에프대공의 뜻을 거스르면서 터키-몽골군과 싸우러 나가서 패배한 사건을 침통한 어조로 노래한 내용이다. 예사 영웅서사시와 상당한 차이가 있고, 길이도 그리 길지 않다. 적대자로 등장한 터키민족과 교섭을 가지고 그쪽 서사시의 영향을 받아 이루어진 작품이라고 하니, 서사시 창작에서도 러시아는 열세에 있었음을 입증해준다 하겠다.

키에프러시아의 통제력이 현저하게 약화되고, 지방의 공후들은 분열의 조짐을 나타내고 있는 상황에서 터키민족의 군대를 앞세운 몽골인이 막강한 힘을 가지고 밀어닥치는 상황을 타개하기 위해 단결을 호소하는 것이 창작의 의도라고 할 수 있다. 승리의 영광을 노래하는 대신에 지고한 이상과 비참한 현실 사이의 괴리를 보여주는 비극적 정서 때문에 관심을 끈다. 러시아 사람들은 이 작품을 대단하게 여긴다. 기록서사시의 출현을 알려준 의의가 있다 하고, 애국정신을 고취하는 점을 높이 평가한다.

프랑스의 중세서사시 <롤랑의 노래>(Chanson de Roland)는 12세기에서 14세기 사이에 이루어진 새로운 창작품이며, 기독교문명의 수호를 정면에서 내세운 점도 위에서 든 여러 작품과 다르다. 유럽을 통일해 로마제국의 영광을 재현하면서 기독교 세계가 하나가 되게 한 샤를마뉴가 778년에 피레네산맥을 넘어오는 아랍인의 침공을 물리친 공적을 기리면서 그 때 있었다는 사건 하나를 자세하게 다루었다. 샤를마뉴의 조카이며 부하장수인 롤랑이 별도의 임무를 수행하기 위해 한 계곡에 이르렀을 때 적군의 공격을 받고 거느린 군대와 함께 전멸했다.

전세가 불리해지자 지혜로운 올리비에(Olivier)는 이미 약속해둔 대로 뿔피리를 불어 구원을 청하자고 했는데, 롤랑은 자부심이 강한 기사여서 용기 없는 소리 하지 말라고 하면서 용맹스럽게 싸우다가 마침내 패배했다. 롤랑이 부상을 당해 숨을 거두는 장면을 거듭 묘사하면서 죽음이 헛되지 않았다고 했다. 롤랑이 죽는 데서 작품이 끝난 것은 아니다. 신이 천사를 보내 롤랑을 천국으로 인도했다. 최후의 순간에 뿔피리를 불어 구원을 요청하는 소리를 듣고 샤를마뉴의 대군이 돌아와 최후의 승리를 거두었다고 했다. 롤랑의 죽음은 신에 대한 신앙, 군주에 대한 충성, 조국에 대한 사랑을 최대로 이룩했다고 칭송되면서 길이 기억에 남게 했다.

이 작품은 고대서사시의 전승을 이용하지 않고 이루어진 중세서사시이다. 민족의 영웅이면서 문명의 수호자인 영웅을 주인공으로 등장시켜 민족서사시가 문명권서사시임을 보편종교의 원리를 갖추어 구현한 서사시의 좋은 본보기이다. 이슬람문명의 대결에서 기독교문명이 열세에 있어 그런 비약적인 창조력을 보여야 했다.

스페인의 <시드의 노래>(El poema del Cid) 또한 당대에 창작된 서사시이다. 주인공이 역사상의 인물이고 환상을 배제한 현실생활 속에서 작품이 진행되는 점이 <롤랑의 노래>와 다르다. 왕의 명령을 받고 공물을 받으러 간 무장 시드가 공물을 가로챘다는 모함을 받고 추방되었다가 아랍인과의 싸움에서 이겨 전리품을 왕에게 바치고 신임을 다시 얻어 모함꾼을 물리친 사건을 다루었다. 군인이 아닌 예사 사람들이 다수 등장하고 사회생활의 여러 면모가 나타나 있어 범인서사시에 가까워졌다. (Thomas Montgomery, *Medieval Spanish Epic*, University Park, Pennsylvania: The Pennsylvania State University Press, 1998)

범인구비서사시

아이누인의 서사시는 '가무이 유카르'(kamui-yukar)라고 하는 원시신령서사시, '아이누 유카르'(ainu-yukar)라는 고대영웅서사시 외에, '메노코 유카르'(menoko-yukar)라고 하는 것이 하나 더 있다. 일본어로는 '婦女詞曲'이라고 일컫는 그 서사시의 주인공은 신도 영웅도 아니고 범인이며, 그 가운데 여성이다. 여성이 겪는 일을 다루는 생활서사시이며, 그 가운데 애정서사시라고 할 것들이 있다.

(久保寺逸彦, アイヌ叙事詩, 神謠 · 聖典の硏究, 東京: 岩波書店, 1977; Donald L. Philippi, *Songs of Gods, Songs of Humans*, Tokyo: University of Tokyo Press, 1979)

경제나 정치에서 아이누사회는 고대에 머물렀지만, 생활방식에서는 상당한 변화가 일어났다. 서사시를 사제자가 아닌 예사 사람들이 노래하고 부녀자도 전승과 창작에 참여하고, 영웅서사시와는 다른 애정서사시를 만들어내면서 남녀가 만나고 헤어지는 이유를 현세를 넘어선 영역을 개입시켜 설명하는 내세관을 마련한 것이 함께 일어난 변화이다. 예사 사람들의 일상생활을 소중하게 여겨 마땅하다는 요구가 사회

저변에서 대두해 중세화의 시발점을 마련했다고 할 수 있다.

중국 서남부 민족군은 범인을 주인공으로 한 생활서사시도 풍성하게 창조했다. 가장 긴요한 관심사는 애정이고, 사랑하는 남녀의 결연이 최상의 소재이다. 애정의 시련이나 파탄을 다루는 것이 예사이다. 그렇게 하면서 여성 쪽의 발언을 많이 나타냈다. 영웅서사시에서는 남성서사시가 우세했지만, 생활서사시에서는 여성서사시라고 할 수 있는 것이 더 큰 비중을 차지했다.

納西族의 <魯般魯饒>에서는 사랑하는 남자가 다른 여자와 결혼한 파탄을 그렸다. 白族의 <靑姑娘>과 彝族의 <阿詩瑪>는 강압적으로 이루어지는 혼인의 비극을 다루었다. <梁山伯과 祝英臺>는 白族과 侗族의 공동의 애정서사시이며, 중국에서는 설화로 전하는 내용이다. 한국에도 같은 이야기를 다룬 서사시와 소설이 있다.

중국의 漢族은 잃어버린 구비서사시가 양자강 유역의 吳歌에는 남아 있다. 영웅서사시의 흔적을 지닌 것도 있고 범인서사시이기만 한 것도 있다. <沈七哥>의 주인공은 나쁜 선녀에게 납치되어 괴로움을 겪었는데, 착한 선녀가 구출해 노래와 농사를 가르쳐주었다. <薛六郎>에서는 가난한 뱃사공이 부자의 딸과 부부가 되었다. (姜彬主 編, 『江南十大民間敍事詩』, 上海: 上海文藝出版社, 1989)

타이 민족의 여러 갈래도 애정을 주제로 한 범인서사시를 다채롭게 구전하고 있다. 중국 傣族의 <에빙(娥并)과 상글로우(桑洛)>는 이루지 못한 사랑의 비극을 다루었다. 타이 동북부 이산(Isan)에서 전승되는 <파댕 낭 아이>(Phadaeng Nang Ai)도 그런 것의 하나인데 왕자와 공주를 주인공으로 하고 초자연적인 세계를 넘나드는 사건을 다루었다. (Wajuppa Tossa, *Phadaeng Nang Ai, a Translation of a Thai Isan Folk*

Epic in Verse, London: Associated University Press, 1990)

아랍세계, 페르시아, 그 영향을 받은 인도나 말레이반도 등지에는 '데스탄'(destan), '다스탄'(dastan), '키사'(qissa), '히카야트'(hikayat) 등의 다양한 이름을 가진 서사문학이 있다. 영웅의 이야기를 범인처럼 하는 것이 예사이다. 노래로 불러 서사시라고 할 수 있고, 산문이기도 했다. 구전되기도 하고 기록되어 유통되기도 했다. 중세에서 근대로의 이행기문학으로서 큰 인기를 누리다가 근대문학으로 이어지기도 했다.

러시아의 경우에는 기독교교회의 탄압 때문에 광대들이 동북쪽 변방으로 밀려나고 농민들에게 환영받는 노래를 즐겨 부르게 되었다. 그 때문에 기록서사시는 발달하지 않고, '브일리니'(byliny)라고 하는 구비서사시가 면면히 이어지면서 다채롭게 재창조되었다. 전체적인 성격은 영웅서사시이지만, 영웅의 성격이 의적으로 바뀌기도 하고, 범인처럼 된 것도 있다. 교회나 귀족들에 대한 반감을 나타낸 노래가 적지 않다. (Y. M. Sokolov, Catherine Ruth Smith tr., *Russian Folklore*, Hatboro, Pennsylvania: Folklore Associates, 1966, 298-300면)

그 비슷한 것이 서유럽에서는 '밸러드'(ballad)이다. 내용이 다양해 반역의 영웅도 등장시키고, 범인의 일상생활에서 생기는 문제도 다루었다. '로망'(roman) 또는 '로맨스'(romance)라고 하는 것은 상상의 세계에서 전개되는 기사모험담인데 사랑을 기본관심사로 삼아 범인서사시라고 할 수 있는 성격을 지녔다.

아일랜드나 스코트랜드에 갤릭어로 전승되고 있는 '단'(dan) 또는 '두안'(duan)도 그런 것들 가운데 하나이다. 무언지 확실하지 않지만 영웅서사시의 흔적을 간직한 범인서사시이다. 영어 때문에 침해된 갤릭어를 되찾고 문학의 유산을 계승할 수 있는 소중한 유산으로 평가해 얼마 남지 않은 자료를 열심히 채록한다. (Donald Meek, "Development and Degeneration in Gaelic Ballad Texts", Bo Almqvist et al. ed., *The Heroic Process, Form, Function and Fantasy in Folk Epic*, Dublin: Glendale, 1987)

한국의 경우 재검토

세계를 두루 돌아보고 한국에 돌아와 한국의 서사시는 어떤지 되돌아보기로 하자. 한국에만 머물러 있으면 알 수 없는 사실을 비교연구를 통해 밝혀낼 수 있다. 이미 잘 알고 있는 작품이라도 새롭게 살피면 미처 모르고 있던 특징과 가치가 나타난다.

한국은 세계 전체에서 구비서사시가 특히 풍부한 곳 가운데 하나이다. 원시신령서사시가 아직도 구전되고, 창세서사시가 특히 선명한 모습을 유지한다. 고대영웅서사시도 다양하게 전승되며, 제주도의 당본풀이는 이른 시기에 비롯한 전승을 간직하고 있다. 생활공동체가 큰 타격을 받지 않고 유지되었기 때문이라고 할 수 있다. 재창조가 활발하지 않고 기억에 손상이 생겨 전승되는 내용이 단순해지고 길이가 줄어든다.

이들 구비서사시는 그 어느 것도 기록되지 않고, 평가를 얻지 못했다. 문자문명이 구비전승을 수용하는 대상에 구비서사시는 포함되지 않았다. 공인된 인식의 범위 밖에 있어 침해를 받지 않았다. 그래서 문자문명이 발달되었으면서 구비전승이 원래의 모습을 간직하고 있는 특이한 현상을 빚어냈다. 함께 거론할 만한 것이 다른 나라에 있는 것 같지 않다.

그렇지만 고대구비영웅서사시가 중세구비영웅서사시로 재창조된 사례는 찾기 어렵다. <바리공주>를 후보로 들 수 있으나 결격 사유가 있다. 영웅의 일생을 보여주고 있어 원래 고대여성영웅서사시였던 것으로 생각되지만 중세의 가치관을 나타내면서 영웅다움을 버렸다. 커다란 투쟁은 버려두고, 딸에 대한 차별을 문제로 삼아 순종하는 자세로 해결책을 제시한다. 딸이라는 이유로 자기를 버린 부모를, 새로운 시련을 자청하면서 극진한 효도로 섬겨 어떤 조건에서도 자식의 도리를 다하는 전범을 보인다.

제주도의 서사무가에서 마을 수호신을 섬기는 당본풀이와는 별도로 어디서나 받드는 신의 내력을 말하는 일반본풀이를 만들어낸 것이 커다란 변화이다. 중세의 창조물로 출현한 것으로 생각되는 일반본풀이가 중세에서 근대로의 이행기 동안의 변화를 거치면서 무속의 사고방식을 넘어섰다. 지방 관아의 아전이 원님의 명령을 받고 저승의 염라대왕을 불러왔다고 하는 <차사본풀이>에서는 이승에 대한 저승의 우위를 그 내부에서 부정해 신앙비판서사시라고 할 것을 이룩했다. <이공본풀이>는 저승에 가서 벼슬하는 사람의 아들이 아버지를 찾고 어머니를 구출하기까지 겪은 고난을 이야기한 생활서사시이다.

<세경본풀이>에서 애정서사시를 창조한 것은 더욱 적극적인 변화이다. 다른 나라 애정서사시에는 나무꾼과 선녀 유형의 地男天女의 관계를 다루는 것이 예사인데, 그 반대인 天男地女의 관계를 설정해 천상에서 하강한 남성의 사랑을 지상의 미천한 여인이 열의에 찬 노력으로 획득하는 과정을 그렸다. 그 점에서 판소리 <춘향가>와 상통한다.

이런 것들은 모두 고대영웅서사시의 흔적을 간직한 점에서 영웅서사시라고 할 수 있지만, 중세영웅서사시로 재창조되었다고 하기는 어

렵다. 중세화되면서 영웅서사시가 범인서사시로 바뀌었다. 그 이유는 무엇인가? 한국의 중세는 중세구비영웅서사시를 필요로 하지 않았기 때문이라고 할 수 있다. 한국의 중세영웅서사시는 구비서사시와는 별개인 기록서사시로 창조되었다.

문명권의 중심부에서 벗어나 있는 변방의 여러 민족은 중세문명의 위세에 맞서서 민족의 전통을 수호하고 주체성을 확립하는 근거를 서사시에서 찾았다. 고대 이래의 전승보다 더 큰 규모로 다시 만든 구비서사시 가운데 가장 우뚝한 것을 민족서사시의 대표작으로 삼아, 시대 변화에 대응하는 논리를 구현하는 중세문학의 자랑스러운 창조물로 삼았다. 한국은 그렇게 하지 않았다. 중세영웅기록서사시는 이룩했지만 역사를 이해하고 주체성을 선양하는 데 그리 큰 구실을 하지 않았다. 한국에서는 그 과업을 정통적인 문자문명에서 맡았기 때문이라고 할 수 있다.

그러면서 중세영웅기록서사시 창작은 어느 정도의 적극성을 보였다. 13세기에 李奎報는 <東明王篇>에서 이른 시기 건국의 시조를 칭송하는 영웅서사시를 한시로 지어, 공동문어문학을 민족문학의 새로운 창조를 위해 활용했다. 15세기의 <龍飛御天歌>에서는 조선왕조를 새롭게 창건한 위업을 민족어서사시로 노래해 칭송하면서, 중국 고전에 나타난 사례와 대비하는 방법을 써서 평가의 기준을 문명권 전체의 보편적인 이념에 두고자 했다.

불교서사시를 공동문어문학으로도, 민족어문학으로도 창작했다. 14세기 승려 雲默의 <釋迦如來行蹟頌>은 천지 창조, 인도의 역사, 석가의 생애와 득도, 불교의 전래 등의 내용을 두루 갖추었다. 15세기에 왕실에서 민족어로 창작한 <月印千江之曲>에서는 석가의 생애와 득도에 관심을 모았다. 중국을 위시한 한문문명권의 다른 나라에서는 번역본 <佛所行讚>으로 만족했는데, 한국에서 이처럼 불교서사시를 거듭 창작한 것은 구비서사시의 전통이 살아 있어 기록문학의 영역으로 치밀어 올라왔기 때문이라고 보아 마땅하다.

<龍飛御天歌>와 <月印千江之曲>은 고유문자를 창제하고 사용을 시험하면서 거의 같은 시기에 창작했다. 서사시를 민족어 기록문학으로 내놓아야 하겠다는 잠재적인 요구가 커서 그렇게 했다고 생각된다. 양쪽에서 사용한 유사한 형식은 원시 또는 고대서사시의 유산인 서사무가에서 가져온 것으로 이해된다. 한쪽에서는 여러 대에 걸쳐 건국의 시조들이 영웅적인 투쟁을 벌인 결과 마침내 새로운 왕조를 창건한 내력을, 다른 쪽에서는 여러 생을 거치면서 시련을 겪고 도를 닦다가 마침내 궁극적인 깨달음을 이룬 위업을 칭송한 점도 상통한다.

서사시의 중세화를 구비서사시보다 기록서사시에서 한층 분명하게 이룩했다. 그 점이 타밀이나 페르시아의 경우와 상통한다. 중국과 맞서는 한국인의 자세가 아리안족에 대한 타밀인, 아랍에 맞서는 페르시아인의 대응과 유사했기 때문이라고 할 수 있다. 공동문어서사시와 민족어서사시를 둘 다 갖추고, 제왕서사시와 불교서사시를 공존시킨 것은 다른 곳에 없던 일이다. 구비서사시의 저류를 문자문명에서 살려내 새롭게 활용했다. 작품이 많지 않고 길이가 짧은 편이지만, 특성과 언어의 다양성을 주목할 만하다.

한국의 구비범인서사시는 서사민요와 판소리로 나누어져 있다. 다른 곳에도 있는 둘 사이의 구분이 한국에서 특히 뚜렷하다. 서사민요는 유사한 것들보다 내용이 더욱 단순하다. 판소리는 복합적인 구성, 다양한 문체, 풍부한 내용, 논란을 불러일으키는 주제를 다른 곳들의 장형범인서사시보다 더욱 두드러지게 갖추고 있다.

<춘향가>나 <심청가>는 주인공 수난의 일대기여서 영웅서사시의 흔적을 간직했다고 할 수 있다. 원시 · 고대서사시인 서사무가가 자기 부정의 비약적인 발전을 거쳐 새 시대의 공연물이 되었다고 할 수 있다. <흥보가>나 <수궁가> 같은 것들은 독자적으로 마련한 흥미로운 사건이다. 그 어느 쪽이든지 소재의 차이를 넘어서는 공통점을 지니고 중세에서 근대로의 이행기문학의 대단한 성취물이 되고, 기록되어 읽히면서 최대의 인기를 모으는 소설이 되었다.

도달점

여러 단계를 거쳐 전개된 구비서사시의 오랜 역사 가운데 시초와 결말이 상대적으로 두드러지고 중간은 흐릿한 것이 한국의 특징이다. 시초인 원시 · 고대구비서사시는 방치되어 있다가 소중한 자료가 되었다. 결말에 해당하는 판소리는 민족예술의 자랑스러운 유산으로 받들어지는 영광을 차지했다.

시초와 결말이 연결된다는 것을 양쪽에 대해 전문적인 연구를 하는 사람들도 모르고 있다. 이 논문에서 서사시의 중세화를 고찰하는 작업은 시초와 결말 사이의 중간을 찾자는 것이다. 흐릿해진 것이 잘 보이도록 하려고 광범위한 비교연구를 했다. 얻은 결과를 이제 유형화할 수 있다.

서두가 분명하고 그 뒤는 흐릿한 유형은 아이누인이나 필리핀인이 보여준다. 한국은 서두에서 그런 쪽과 상통한다. 결말만 두드러진 유형은 한국에서만 발견된다. 구비서사시가 풍부하게 구전되고 있는 많은 곳은 중간이 두드러지고 시초와 결말은 흐릿한 유형을 보여주고 있다. 그 여러 곳에서는 구비서사시가 민족 전체가 힘 기울여 육성한 중세 최대의 창조물이다. 한국이 그 반대인 것은 유교를 주된 내용으로 한 상층의 문자문명이 구비서사시보다 월등하게 우세했기 때문이다.

상층 문자문명의 위세가 하층의 구비서사시를 침해하지 못해 역전이 가능했다. 억압에 대한 반발로 역동적인 창조력을 키웠다. 상층의 이념이 설득력을 잃고 민중의식이 각성될 때 구비서사시가 새롭게 창조되어 오랜 역사의 결말을 화려하게 장식했다. 복합적인 구성, 다양한 문체, 풍부한 내용, 논란을 불러일으키는 주제라고 한 것이 기존의 권위를 무너뜨리고 하층의 활력을 사회 전체로 확대하는 투쟁 방식이다.

토론

❑ 문: '서사시'라는 말은 'epic'의 번역어인데 다른 뜻으로 써도 되는가?

❑ 답: 처음에는 번역어였지만 이제는 독자적인 용어가 되고, 세계문학의 보편적인 양상을 이해하기에 적합하게 정비되었다. 신령서사시와 영웅서사시와 범인서사시, 고대서사시와 중세서사시와 근대서사시를 다 합친 것이 서사시이다. 서사시가 한자어여서 가능한 일이다. 유럽의 언어는 이럴 수 없어 일반이론을 전개하기에 부적당하다. 한자어를 원본으로 삼는 용어를 유럽의 언어로 옮겨 우리가 이룩한 일반이론을 전달하는 것은 어려운 일이지만 힘써 해야 한다.

❑ 문: 왜 이번에는 한국 서사시에 관한 논의를 뒤로 돌렸는가?

❑ 답: 그릇된 선입견을 시정하는 작업을 세계 전역에서 한 다음에야 한국 서사시를 제대로 이해할 수 있을 만큼 병의 증세가 심각하기 때문이다. 병을 보고 약을 쓰는 것이 당연하다. 연구방법이란 약을 쓰는 요령이라고 할 수 있다.

❑ 문: 너무 많은 사례를 들어 지나치게 길게 말하지 않았는가?

❑ 답: 검사가 기소장을 쓸 때 피고의 죄를 있는 대로 다 든다. 아직 모르는 것들이 있고, 되도록 줄이려고 해서 기소장이라고 하기에는 미흡하다.

❑ 문: 서사시에 대한 그릇된 이해가 왜 시정되지 않는가?

❑ 답: 속이기를 그만두지 않고, 속고 있는 줄 모르기 때문이다. 속이기를 그만두지 않는다는 것은 유럽문명권 학계에 해당하는 말이다. 속고 있는 줄 모른다는 것은 제3세계 논자들에 해당하는 말이다. 양자가 암묵적인 합작을 하면서 구시대의 의식형태를 지속시킨다.

정치와 전혀 무관한 것 같은 서사시론이 제국주의 식민지통치를 합리화하는 구실을 계속 수행하고 있는 것이 그릇된 견해가 시정되지 않는 더 큰 이유이다. 제국주의를 공격하는 투사들은 서사시론의 허위를 무너뜨려야 한다는 것을 알지 못한다. 서사시를 문제 삼는 논자들은 제국주의와의 연관을 눈치 챌 능력이 없다.

교과서나 개론서에서 행세하고 있는 서사시론은 달라지지 않는다. 제3세계 도처에서 발견된 구비서사시의 생생한 전승은 계속 무시된다. 영웅서사시의 전범과는 거리가 먼 작품은 서사시일 수 없다는 주장이 아직도 행세한다. 속이고 있는 것만 죄가 아니고 속고 있는 것도 죄이다. 학자의 무지는 용서받을 수 없다.

❑ 문: 아메리칸 인디언의 구비서사시는 거론할 것이 없는가?

❑ 답: 아메리칸 인디언은 잘못된 말이므로 쓰지 않는 것이 좋다. 미주대륙원주민(native American)이라고 하는 것이 좋다. 미주대륙원주민의 구비서사시는 조사되지 않았으며 없었던 것이 아닌지 의심된다. 다만 오늘날 멕시코에 있었던 끼체(Quiché) 왕국의 유산인 <뽀뽈부>(Popol Vuh)가 산문 설화로 기록되어 있지만 원래 서사시가 아니었던가 한다. 서사시라면 원시서사시가 고대서사시로 전환된 과정을 보여준다고 할 수 있다. 하와이의 <쿠무리포>(Kumulipo)는 율문으로 기록되어 남아 있는 서사시이다. 신의 노래인 원시서사시에 영웅의 노래인 고대서사시가 첨가되었다. 왕들의 계보를 말한 마지막 대목에서는 중세화의 조짐까지 보인다고 할 수 있으나 중세서사시라고 할 것은 아니다.

❑ 문: 서사시가 달라지는 것은 시대 변화의 결과인가?

❑ 답: 그렇기는 하지만, 어떤 시대 변화가 있어서 서사시가 달라졌는지 지적해서 말하기 어렵다. 다른 자료로는 알 수 없는 시대 변화를 서사시가 말해주기도 해서 역사 이해의 소중한 자료가 된다. 아이누인이나 필리핀이나 하와이 사람들은 중세화하지 못한 것이 분명한 사실인데 중세서사시를 지향하는 움직임을 보여주었다. 중세화를 위한 내적 요구는 있었으나 중세문명을 밖에서 받아들이지 못해 고대에 머물렀다고 할 수 있다.

❑ 문: 서사시와 소설은 어떤 관련을 가지는가?

❑ 답: 구비문학이고 율문인 서사시가 기록문학이고 산문인 소설로 바뀌었다고 할 수 있다. 서사시만 있던 시기, 서사시와 소설이 공존하면서 밀접한 관련을 가진 시기, 소설이 독립한 시기가 나누어진다. 판소리 <춘향가>와 소설 <춘향전>이 복잡하게 얽힌 데 공존 시기의 특성이 잘 나타난다. 한국이나 다른 제3세계의 근대소설이 유럽소설의 이식으로 생겨났다는 것은 잘못된 견해이다. 비평가는 알지 못하고, 작가도 드러내 설명하지 못하는 저층에서 전통적인 서사문학 특히 구비서사시와 관련을 가지고 소설을 썼다. 관련을 깊게 하면서 뒤집으면 좋은 작품을 이룩한다. 터키의 야사르 케말(Yasar Kemal)과 한국의 채만식을 이런 관점에서 비교해 논한 적 있다. (『한국문학과 세계문학』, 서울: 지식산업사, 1991을 보기 바란다.)

❑ 문: 한국학의 한 분야를 그 자체로 탐구하는 것도 힘든데 어느 겨를에 광범위한 비교연구를 하는가?

❑ 답: 자기 전공분야를 잘 다지고 연구 영역을 단계적으로 확대하는 것이 마땅하다. 처음부터 멀리 나다니려고 하면 건달이 되고 말 수 있다. 깊이 공부하면 멀리까지 내다보는 능력이 생긴다. 그러면서 또한 넓은 안목을 가져야 오래 다루던 대상을 새롭게 인식할 수 있다. 집중과 확장은 서로 필요로 한다.

제5강 국사를 넘어서는 역사 이해

무엇을 하려는가?

비교연구를 바람직하게 하지 못하게 하는 장애요인이 앞의 강의에서 거론한 편향성만은 아니다. 폐쇄성이 또한 심각하게 문제된다. 편향성이 지배하는 수입학을 배격하고 독자적인 학문을 하고자 하는 자립학이 폐쇄성을 키운다. 편향성과 폐쇄성은 비교연구를 방해하는 구실을 함께 하므로 둘 다 극복해야 한다.

비교연구는 비교문학에서만 하지 않고 다른 분야에서도 모두 한다. 비교사학은 비교문학과 밀접한 관련을 가진다. 비교문학의 편향성이 조작된 역사관에 기인한다는 것을 앞의 강의에서 밝혀 논했다. 여기서는 비교사학의 작업을 본격적으로 전개하고자 한다. 역사 이해의 기본 관점에 존재하는 폐쇄성을 검토하고 극복하는 작업을 비교사학의 방법으로 진행한다.

폐쇄성은 국학 또는 한국학의 여러 분야에 존재하지만 국사에서 특히 심각해 집중적인 검토가 필요하다. 한국의 국사만 잘못하고 있는 것은 아니다. 국사라고 하는 한 시대의 학문이 어느 나라에서나 공통된 결함을 지녔다. 국사를 넘어서서 역사 이해의 열린 시야를 확보하는 것이 어디서든지 해야 하는 세계적인 과제이다.

국사의 결함을 비판하고 시정하는 작업을 몇 나라의 사례를 들어 비교해 고찰하는 방법으로 진행해 비교사학으로 나아가는 길을 열어야 한다. 『인문학문의 사명』(서울: 서울대학교출판부, 1997)의 <국사를 넘어서는 역사 이해의 열린 시야>에서 이미 한 작업이 있어 가져와서 재론한다. 번다한 내용은 줄이고 보충논의를 한 주는 모두 삭제한다. 생각이 달라진 부분은 수정한다.

국사에 대한 비판은 근래 유행이 되다시피 했다. 임지현·이성시 편, 『국사의 신화를 넘어서』(서울: 휴머니스트, 2004) 같은 책에서 그 동향을 파악할 수 있다. 국사의 문제점을 막연하게 거론하는 데 그치고, 각국의 사례를 구체적으로 들어 명확한 논의를 하지 않았으며 대안 제시와는 더욱 거리가 멀다. 국사를 넘어서자고 하면서 역사의 의의를 부정하기까지 하고 있다. 학문연구를 인상비평으로 후퇴시키고 가치 허무주의를 부추기기까지 하고 있다.

국사를 넘어서자는 것은 더 큰 역사를 이해하자는 말이 되어야 한다. 국사에서 바로 세계사로 나아가, 민족주의를 세계주의로 대치하는 것은 바람직하지 않다. 제국주의가 세계주의로 위장해 세계사 인식의 편향된 관점에 따르도록 하는 책동에 투항하고 말 수 있다. 폐쇄성을 편향성으로 시정하자는 것은 전혀 부당한 주장이다. 폐쇄성과 편향성, 편향성과 폐쇄성은 함께 극복해야 한다.

국사를 넘어서는 바람직한 방향은 국사를 확대하는 것이다. 여러 나라의 국사에서 발견되는 원리를 가지고 더 큰 역사를 이해하는 작업을 가까운 데서 시작해 단계적으로 확대하는 것이 마땅하다. 편향성을 극복하고 진정으로 보편적인 세계사를 찾아내야 한다. 이에 관해 여러 해 전에 한 작업이 새삼스러운 의의가 있다고 여겨 다시 내놓는다.

자료 선택

근래 한국사학사에 관한 논의가 풍성하게 이루어지고 있다. 국사개설서 다음으로 일반 독자와 가장 폭넓게 만나고 있는 국사학계의 업적이 사학사이다. 국사를 하는 태도와 관점 또는 이론과 방법이 중대한 관심사이기 때문이다. 우리 학문을 선도하고, 민족의 진로를 제시하리라고 기대하기도 한다.

그러나 기대를 충족시켜준다고 하기는 어렵다. 사학사는 지금까지 이루어진 연구 경향에 대한 평면적인 고찰을 하는 데 그친다. 학파를 몇 가지로 나누어 살피면서 그것들이 각기 그 나름대로의 의의와 한계를 가졌다고 한다. 국사라는 학문 영역을 정해서 역사를 연구하는 작업 자체는 재검토의 대상으로 삼지 않는다.

국사를 지배해온 실증주의 방법이 걸림돌이 되어 진전이 어렵고 성과가 빈약하게 한다. 연구의 경과를 정리하는 데 머무르고, 이론과 방법의 문제점을 깊이 파고들지 않는다. 여러 업적이 각기 그것대로의 의의와 한계를 가진다는 말을 되풀이한다. 기존의 작업을 골라서 평가하는 시각에서 다소 차이가 있어도, 어차피 집안싸움이니 사태가 그리 심각하지 않다.

집안싸움이라고 하는 말을 쓰는 이유는 둘이다. 국사학의 문제를 다른 학문과 연관 지어 함께 논하지 않는다. 문학에서, 어학에서, 철학에서, 또는 사회학이나 정치학 등의 여러 분야에서 벌어지는 논란에 관심을 두지 않는다. 또 하나는 국사학의 문제를 다른 나라 사학에 관한 논란과 연관 짓지 않는다. 서양사학에서 무어라고 하든 국사학은 반응을 보이지 않을 뿐만 아니라, 중국사학에 관한 논란도 국사학과와는 무관하다. 국사학의 문제는 국사학이 홀로 감당하는 것이 자랑스럽다는 고립노선을 견지한다.

그 고립이 불만이어서, 나는 문학에서 출발해서 우리 학문의 전반적인 문제와 방향을 논하면서 국사의 문제를 계속 거론하고, 비판을 일삼아왔다. 그래도 응답도 반론도 없다. 이번에는 또 다른 측면, 한국사학이 한국사학에 국한되어 있다고 하는 것을 건드려 고립을 무너뜨리고자 한다. 국사란 도대체 무엇이며, 지금과 같이 계속해서 할 것인가 하는 문제를 다른 나라의 경우와 비교해서 고찰하기로 한다. 비교대상을 타이와 월남에서 가져온다.

중국과 일본의 경우를 고찰하는 것이 마땅하다고 할 수 있으므로 해명이 필요하다. 중국사는 다루는 범위가 너무 넓어 국사라고 하기 어렵기 때문이다. 일본사는 한국사와 유사한 성격을 지녔지만, 다수의 인원이 공저해 여러 권으로 늘인 것이 예사이고 한 사람이 일관되게 서술한 단행본이 보이지 않아 비교대상이 마땅하지 않다.

타이와 월남은 비교대상으로 삼기에 적절한 크기의 민족국가이다. 우리와 직접적인 교류는 별반 없었으면서, 그리 멀지 않은 곳에서 상당한 공통점을 가진 문화를 공유하고, 역사 전개의 과정을 비슷하게 겪었다. 한 민족이 주도자가 되어 오랫동안 민족국가를 지녀온 점도 서로 같다. 타이·월남과 함께 우리 한국은 국사를 중요시하는 나라의 대표적인 본보기로 나란히 설 만하다. 한 개인이 일관되게 서술한 그 나라 국사서를 대표할 만한 책이 각기 하나씩 비슷한 시기에 나와 있어,

비교논의의 주자료로 삼을 수 있다.

타이 국사서는 영어로, 월남 국사서는 불어로 출간된 것이 있어 손쉽게 이용할 수 있다. 외국어를 사용했지만, 자국에서 저술해서 자국에서 출판했다. 타이 것은 방콕에서 사왔다. 월남 것은 파리에 있는 월남서점에서 사왔다. 한국 것은 많이 읽히는 개설서 최근판을 택한다. 세 책의 약호와 서지 사항을 밝힌다. 앞으로는 서두에 든 약호로 지칭한다.

『타이사』 Rong Syamananda, *A History of Thailand* (Bangkok: Thai Watana Panich, Fourth edition 1981)

『월남사』 Nguyen Khac Vien, *Vietnam, une longue histoire* (Hanoi: Éditions en langues étrangèrs, 1987)

『한국사』 李基白, 『韓國史新論』 (서울: 일조각, 신수판 1990)

타이의 국사

『타이사』의 저자 롱 시아마난다는 출라롱콘(Chulalongkorn)대학의 사학교수라고 소개되어 있다. 초판 머리말에서 자기는 영국에서 공부할 때부터 타이의 관점에서 쓴 타이역사서를 영어로 내서 외국인에게 읽혀야 하겠다고 생각하고, 이 책을 내놓게 되었다고 했다. 타이에는 흔히 있는 책을 영어로 옮기기나 한 것 같지는 않고, 저자의 견해를 일관되게 제시한 노작으로 보인다.

권말의 참고문헌에서 타이어로 된 타이역사 개설서는 1927 · 1938 · 1943년에 나온 것들을 들었다. 이 책이 처음 나온 1981년 가까운 시기에는 그런 것이 없으니, 저자 나름대로 새로운 작업을 해야만 되었다고 보아 마땅하다. 영어로 된 참고문헌에서 든 타이역사 개설서는, 타이인이 짓고 타이에서 출판한 것이 1954년에 하나 있고, 1966과 1967년에 미국에서 나온 두 권짜리가 있다.

타이민족의 기원을 찾는 것을 긴요한 과제로 삼았다. 타이민족이 중국 땅에서 타이 땅으로 이주하는 과정이 여러 시대에 걸쳐 계속되는 가운데 가장 큰 사건이 南詔(Nanchao)의 멸망이라고 했다. 중국 운남성에 7세기에 등장한 南詔의 지배민족에 관해서는 논란이 있다는 것을 인정하고, 언어나 민족 구성이 타이민족 위주로 이루어졌다고 하기 어렵다고 했다. 그렇지만 南詔의 국왕은 타이민족이므로 南詔는 타이민족의 나라라고 했다. 766년의 <德化碑>를 국왕의 통치를 찬양하는 자료로 삼았다. 1253년에 元이 南詔를 침공해서 멸망시키자, 타이민족이 대거 남쪽으로 이주했다고 했다.

(이에 관해 중국의 반론이 있다. 陳呂範, <南詔不是泰族建立的國家>, 楊仲錄 外 主編, 『南詔文化論』, 昆明: 雲南民族出版社, 1991같은 글을 거듭 써서 南詔가 타이민족의 국가가 아님을 거듭 주장하고 있다. 陳呂範은 南詔의 국왕은 彝族이고, 관원 다수는 白族이라고 했으며, 南詔를 이은 새로운 왕국 大理는 白族의 나라였다고 했다.)

타이역사는 타이민족국가가 그 자체의 독자적인 삶을 이룩해온 고립된 역사이고, 이웃의 다른 민족 또는 다른 민족국가와 함께 이룩해온 공동의 역사는 아니라고 했다. 다른 민족국가는 타이민족국가의 경쟁자이기 때문에 논의의 대상이 될 따름이고, 동남아시아 또는 아시아의 문명을 함께 이룩해온 협력자라는 사실은 인정하지 않았다. 국사와 국사의 관계를 타이인의 관점에서 다루기만 하고 국사보다 큰 단위의 역사에 문명사나 세계사가 있다고 생각하지 않았다.

민족국가의 역사인 국사를 정치사의 관점에서 서술했다. 타이국가가 생겨나고 교체되고, 다른 민족국가와의 다툼에서 승리하기도 하고 패배하기도 한 과정을 타이국민의 자부심을 고취하는 방식으로 다루었다. 타이는 지금도 왕국이어서 자랑스럽다고 하고, 타이 역대 왕조의 여러 뛰어난 국왕이 민족국가를 대외적으로 확장하고 대내적으로 발전시킨 공적을 찾아 설명하는 것을 가장 긴요한 과제로 삼았다. 타이 국기 해설에서 시작하고, 지금의 국왕을 찬양하는 말로 마무리를 삼았다.

민족국가의 범위를 넘어서 있는 문명권 공유의 문명을 받아들인 사실을 민족국가의 역사를 정치사의 관점에서 서술하는 방식으로는 이해하고 설명하지 못한다. 문명권 공유의 문화를 외래문화라고 해야 하고, 외래문화를 받아들이는 것은 다른 민족에게 굴종하는 떳떳하지 못한 역사라고 하는 관점을 불식하기 어렵다. 외래문화의 주체적인 수용 및 수용후의 독자적인 발전을 들어 굴종을 줄이는 것을 능사로 삼게 마련인데, 이 일이라도 제대로 했는지 의문이다.

문명의 역사에서 보면, 오늘날 중국 땅이 된 곳에 있을 때는 타이민족이 동아시아문명 세계의 일원으로서 한문을 공동문어로 하고, 한문 경전을 사용하는 대승불교를 믿다가 타이 땅으로 옮겨가서 동남아시아 문명에 편입되면서 팔리어를 경전어로 한 소승불교 또는 상좌불교를 받아들인 것이 커다란 변화이다. 그 과정에서 타이역사의 중세전기가 끝나고 중세후기가 시작되었다. 문명권 소속을 바꾸면서 중세전기에서 중세후기로 나아간 점에서 타이역사는 크게 주목할 만하고, 세계사 이해를 새롭게 하는 데 긴요한 사례를 제공한다.

타이역사를 국사로만 다루는 협소한 관점에 사로잡혀 있어, 이런 생각을 하지 못했다. 문명권의 소속을 바꾸고 소승불교를 받아들인 과정을 사실의 차원에서 설명하는 데 그치고, 그 일을 한 제왕의 공적을 평가하기만 했다. 서술의 실상을 알아보기 위해서 몇 대목을 인용해본다.

> (가) 타이인은 인도차이나반도로 이주하자 소승불교를 신봉하는 사람들과 접촉하게 되었다. 대승불교 대신에 소승불교에 대해서 깊은 신앙을 가지고, 브라만교도 받아들였다.(25면)

> (나) 람캄행(Ramkhamhaeng)왕이 말레이반도를 돌아볼 때 세일론학파(소승불교)의 순수한 가르침이 이루어지는 도시를 방문하고 그것을 믿게 되었다. 왕이 도와서 일단의 승려가 수도 수코타이에 가서, 란카불교(소승불교)를 정착시켰다. 왕은 세일론에 사자를 파견했다.(25면)

> (다) 람캄행왕은 백성을 단합시키고, 민족 독립의 상징으로 삼는 데 국어가 소중한 구실을 한다는 것을 인식하고 1283년에 타이 문자를 만들었다.(26면)

(가)에서는 변화의 대세에 관해 설명하고, (나)에서 구체적인 사실을 들었으며, (다)에서는 람캄행왕(재위 1279-1300)이 타이 문자를 제정해 타이 글쓰기를 할 수 있게 한 것을 높이 평가했다. (다)의 근거는 왕이 1292년에 타이말로 쓰게 한 비문이다. (가)·(나)·(다)에서 모두 근거 있는 사실을 들어, 실증적으로 결함이 없는 서술을 했다. 그러나 (가)·(나)·(다)가 어떤 관계를 가지는지 해명하지 않았다. 그런 내면적인 관계는 드러나 있지 않으니 말하지 않아야 한다고 하는 것은 역사연구

를 포기하는 처사이다.

그 임무를 대신 맡아 몇 가지 가능한 논의를 전개해본다. 중세는 보편주의의 시대이나, 중세전기와 중세후기에서 보편주의를 구현하는 방식이 서로 달랐다. 중세전기에는 문명권 전체의 보편주의를 문명의 중심지와 대등하게 구현하기 위해서 노력했다. 중세후기에는 문명권 전체의 보편주의를 여러 민족이 각기 독자적으로 구현하기 위해서 경쟁했다. 766년에 한문으로 쓴 南詔의 <德化碑>가 중세전기의 사고를, 1292년에 타이말로 문자 제정의 취지를 밝힌 비문은 중세후기의 사고를 각기 극명하게 나타내서 서로 좋은 대조를 이룬다.

1292년의 비문은 한국에서 국문을 창제한 취지를 밝힌 <訓民正音序>와 비슷한데, 150년쯤 먼저 이루어지고 처음부터 자국 문자로 쓰고 말이 더 길고 자세하다. 그런데 『타이사』에서 자세하게 다루지 않고 간략하게 언급하기만 한 것은 적절하지 못하다. 두 가지 자료를 함께 살펴야 중세후기로의 전환에 대한 명확한 이해를 할 수 있는데, 그런 일을 타이에서도 한국에서도 하지 못하고 있다.

타이민족은 중국 땅에서 동남아시아로 이주하고 문명권 소속을 바꾸면서 중세전기에서 중세후기로의 이행을 이룩했다. 시대 변화의 경계를 명확하게 이해할 수 있게 하는 좋은 사례를 제공해 세계사 서술에서 널리 이용할 수 있게 한다. 이주를 하고 문명권의 소속을 바꾼 것이 새로운 시대에 들어선 이유는 아니고 계기였다. 그렇게 하지 않은 다른 민족들도 기본적으로 공통된 전환을 겪었다. 어디서나 있었던 일이 타이역사에서 특히 선명하게 나타났다.

중세후기로의 전환은 많은 곳에서 일제히 일어났다. 한문문명권의 여러 민족 또한 대승불교 대신에 신유학을 지배이념으로 삼고, 동남아시아의 다른 나라는 대승불교를 상좌불교(소승불교)로 바꾸었다. 신유학과 상좌불교는 이질적인 이념체계이면서, 공허한 관념을 버리고 현실을 중요시하면서 통치자가 피치자를 존중하는 애민 또는 훈민의 사상을 제공하는 점에서 서로 같았다. 중세후기 사상은 이런 공통점을 다른 어디에서도 함께 지녔다고 할 수 있다.

애민의 이상을 내세웠다고 해도 평등한 사회가 이루어지지 않았음은 물론이다. 타이사회에 귀족 · 상민 · 노비가 나누어져 있었던 사실은 여기 저기 흩어져 있는 단편적인 언급을 통해서 알 수 있다. 신분제도에 대해서 정리해서 논하는 일은 한 번도 하지 않았다. 국왕의 통치를 중심으로 해서 정치사를 서술하고, 한국의 『國朝寶鑑』에서처럼 왕가의 가계, 국왕 등극의 경위, 국왕의 성품 등에 특별한 의미를 부여해서 사회사와는 거리가 멀다.

수코타이왕조의 람캄행, 아유타야(Ayuthaya)왕조를 재흥시킨 나레수안(Naresuan), 방콕에 수도를 둔 현재의 차크리(Chakri)왕조의 출라롱콘(Chulalongkorn)은 대왕이라고 일컬으면서 대단하게 여겼다. 출라롱콘의 치적을 설명할 때에는 노비 해방을 크게 다루었다. 그 대목 앞뒤에서 한 말을 들어본다.

> 백성을 사회적으로 고무시키는 과정에서, 출라롱콘은 노비를 결코 잊지 않았다. 왕위에 오른 초기에, 당신이 다스리는 나라에서 노비를 결국 없애야 한다고 결정해, 자기 나라에 태어난 모든 사람은 자유로워야 한다는 칙령을 반포했다… 왕은 계속해서 많은 노비를 줄여나가다가, 1905년에는 노비제도를 폐지하는 법을 내놓았다. 그래서 타이 국민은 투쟁하지 않고서 자유를 얻었다.(126면)

노비가 해방을 이룩하려고 투쟁하지 않는데, 국왕이 어느 시기에 갑자기 노비 해방을 선언하는 혜택을 베풀었다는 이런 방식의 설명은 납득하기 어렵고, 타이가 훌륭한 나라라고 자랑하는 데 도움이 되지 않는다. 타이는 국왕은 위대하지만 국민은 못난 나라라고 하는 것 외에 다른 결과를 가져오지 못한다. 국민은 못났다고 하는 증거에 국사를 서술하는 학자의 안목 부족이 한몫을 한다.

국왕의 처사는 중세의 신분제를 폐지하고 근대의 평등사회를 이룩하는 당연한 전환의 일단이다. 그 비슷한 일이 아시아의 다른 나라에서도 일어났으므로 서로 비교해서 이해해야 한다. 노비 해방은 1894년 한국의 甲午更張에서도 선포하고 다른 여러 나라에서도 했으므로, 1905년 타이에서 한 일이 홀로 훌륭하거나 특별히 앞선 것은 아니다. 법을 제정해서 선포한 노비 해방이 실제로 어떻게 이루어졌는지 비교하는 것이 긴요한 과제이다.

귀족을 없애는 것은 더욱 어려운 일이다. 한국의 갑오경장에서는 귀족과 상민의 구분을 철폐했는데, 타이에서는 그렇게 하지 않았으며, 일본에서는 귀족제도를 재확립한 점이 서로 다르다. 노비뿐만 아니라 귀족 또한 법으로 없애는 것과 실제로 없어지는 것이 일치하지 않으므로 사회경제적인 측면에서의 비교론을 전개하는 데 이르러야 하는데, 타이뿐만 아니라 다른 어느 나라의 국사학도 거기까지 나아가지 못했다.

월남의 국사

『월남사』의 저자 응우엔 칵 비엔은 누구라고 소개되어 있지 않다. 외국어로 책을 내는 국립출판사의 출판물이다. 월남을 외국에 알리는 데 최상의 서적이라고 생각하는 것만 내놓는 곳이다. 이 책이 월남에서 내놓은 최상의 월남사라고 보아 잘못이 없다.

서문이나 참고문헌이 없고, 주도 달지 않았다. 그래서 기존의 논저와 어떤 관계를 가지는지 확인할 수 없다. 구석기시대에 관한 서술을 앞세우고 1975년에 남북통일을 이룬 데서 끝을 냈다. 그러면서 "오랜 역사"라는 부제를 달았다. 월남의 오랜 역사를 월남 민족의 주체적인 관점에서 서술하겠다는 것이 기본 관점임을 어렵지 않게 알아낼 수 있다.

구석기에서 신석기 시대까지의 문화는 오스트랄로-네그로이드 인종이, 그 다음 단계의 청동기시대 문화는 말레이-폴리네시아 인종이 이룩했다 하고, 북쪽에서 이주한 몽골인종이 그런 선주민과 혼혈되어 월남인이 형성되었다고 했다. 고고학에서 얻을 수 있는 증거를 적극 활용해서 월남인이 단일민족이 아니고 혼합민족이라고 한 것은 주목할 만한 일이다. 그렇게 해서 국사 서술에서는 드물게 볼 수 있는 선진적이고 개방적인 자세를 보여주었다. 타이나 한국에서는 하지 못하고 있는 일이다.

그런데 월남민족으로 혼합되고 동화되지 못한 소수민족에 관한 사항을 다룰 때에는 그렇지 못하다. 소수민족의 존재는 인정하면서, 구실이나 기여에 대한 평가는 하지 않았다. 모든 민족이 각기 그 나름대로 독자적인 역사를 이룩해 월남역사란 그 모든 역사의 복합이라는 사실을 인정하지 않았다. 11세기에서 14세기까지의 역사를 다룰 때 <소수민족의 문제>를 한 번 거론하고 말았다. 월남문학의 형성에 관해서 말할 때, 월남민족에게는 없는 신화적인 내용의 서사시를 소수민족은 갖추고 있다고 해서 보완책을 삼으려고 하지도 않았다.

주변의 다른 민족과의 관계를 다룬 항목에서, 오늘날의 중부 월남에 자리 잡고 있으면서 월남과 오랫동안 싸운 참파(Champa)국과의 관계를 사실 그대로 서술하려고 노력한 것은 인정할 만하다. 그러나 월남관계를 떠나서도 존재한 참파국의 역사를 되돌아본 것은 아니다. 참파인이 소수민족으로 살아가더라도 자기 민족의 오랜 역사를 독자적으로 이해하고 서술하는 것이 마땅하고, 그 성과를 월남인의 역사 이해와 합쳐 월남 국사를 마련해야 한다는 생각은 하지 않았다.

국가를 상실한 민족은 국가의 역사인 국사를 서술할 수 없고, 국사가 아닌 역사는 역사가 아니라고 하는 것이 월남에서뿐만 아니라 다른 나라에서도 일제히 확인되는 기본 강령이다. 패배한 자는 말이 없어야 한다고 한다. 월남인은 중국 · 프랑스 · 미국의 침략에 맞서서 항전한 것은 승리를 거두었으니 자랑스럽다. 만약 패배했다면 침묵해야 하는가? 수난, 항전, 승리 가운데 승리만 값진가? 이런 의문이 끊임없이 제기되게 한다.

월남은 오랫동안 중국의 통치를 받았다. 그 기간 동안의 중국과 월남의 관계에 대해서 다음과 같이 말했다.

> 한편으로는 경제적인 착취를 하는 통치와 문화적인 동화가 있었고, 다른 한편으로는 외래 침략자에 대한 무장봉기로 점철된 끈덕진 저항이 있었다. 그 저항이 여러 세기를 거친 다음에, 월남 민족의 자부심을 간직하고, 민족의식을 일으키고, 독립국을 창건하도록 하는 데 이르렀다. 민족문화가 독창성을 온전하게 간직하고서 모든 영역에 걸쳐 중국문화의 여러 요소를 동화시켰다.(23-24면)

월남민족과 소수민족의 관계에 대해서는 다음과 같이 말했다.

> 월남의 다수민족과 소수민족 사이의 역사적 관계에서는 동화와 대립이 동시에 나타났다. 한편으로는 삼각주와 고지대는 경제적인 면에서 상보적이고, 서로 없어서는 안 될 관계를 가졌다. 또한 외래 침략자를 함께 방어할 필요가 있어 아주 가까운 사이가 되었다. 그래서 여러 민족이 차츰 단일 국민으로 용해되어갔다. 다른 한편으로는, 봉건월남 특히 전제왕조와 그 관리들은 소수민족 출신의 국민을 수탈하고 억압하려고 해서, 반란이 자주 일어나고 원정과 처벌이 뒤따랐다.(47면)

중국인과 월남인, 월남인과 월남의 소수민족 사이에 양쪽 다 (가) 동화, (나) 투쟁의 양면이 있었던 것은 동일하다. 그런데 양쪽의 (가)와 (나)에 대해서 상반된 평가를 했다. 중국인이 월남을 동화시킨 것은 부정적으로, 월남인이 중국인과 투쟁한 것은 긍정적으로 평가했다. 월남인이 소수민족을 동화시킨 것은 긍정적으로, 소수민족이 월남인과 투쟁한 것은 부정적으로 평가했다. 이처럼 상반된 평가를 하는 이유는 월남인은 중국인의 지배로부터 독립하는 것이 정당하고, 소수민족은 월남인에게 동화되는 것이 정당하다고 보기 때문이다.

그처럼 상반된 평가를 한 이유가 무엇인가? 논자가 스스로 밝히지 않았기 때문에 추정해볼 수 있다. 추정 가능한 이유는 다음 넷이다. 이 넷 외의 다른 이유는 생각하기 어렵다.

(가) 월남인이 월남역사를 자기네 관점에서 자기네에게 유리하게 서술했기 때문이다.

(나) 월남은 독립을 하고 소수민족은 독립을 하지 못한 결과가 차등 평가의 정당한 근거이기 때문이다.

(다) 민족국가를 형성하고 성장시키는 것이 역사발전의 당연한 결과이므로 민족국가를 이룰 수 있는 월남인은 독립하는 것이 정당하고, 민족국가를 이룩할 자격을 갖추지 못한 소수민족은 월남인에게 동화되는 것이 정당하다.

(라) 원시사회에서 노예제사회로, 노예제사회에서 봉건사회로 발전하는 과정을 월남인은 스스로 성취할 수 있으므로 독립해야 하고, 소수민족은 스스로 성취할 수 없으므로 독립할 수 없다.

(가)가 이유라면, 중국인은 중국인의 관점에 서서 월남의 독립은 불행이었다고 할 수 있다. 월남의 소수민족은 자기 관점에서 월남 때문에 독립을 상실한 것이 불행이었다고 하는 것이 정당하다. 각자의 관점에서 역사를 일방적으로 서술하는 것을 논리적으로 공박할 수는 없고 물리적인 힘으로 막는 것만 가능하다. 역사 서술은 학문이 아니고, 물리적인 힘을 발휘할 수 있게 하는 구실에 지나지 않는다. 힘이 있는 쪽만 역사를 가지고 힘이 없으면 침묵하지 않을 수 없다.

(나)가 이유라면, 역사 서술은 언제나 승리자의 편에서 승리를 합리화하는 구실을 당연하게 수행한다. 패배자를 옹호하는 역사 서술은 사실판단과 가치판단을 분리시키는 과오를 저지르거나 실현가능하지 않은 가정을 논거로 삼기 때문에 논리적으로 부당하다고 하게 된다. 그런 이론을 거창하게 전개하면서 역사가는 집권자의 하수인 노릇을 하고, 한번 이루어진 승리에 대해 앞으로 있을 수 있는 도전을 막는다.

(다)가 이유라면, 민족국가를 만들어낸 것이 역사발전의 최종결과이므로 인류 역사는 진행을 멈추어야 한다. 민족국가에 민족과 국가 사이

의 모순이 있어 언제나 유동적이고 불안한 사정은, 민족이 부인되고 국가가 긍정되어, 민족국가가 해체되지 않고 강화되는 방향으로 해결해야 한다. 이것은 자기모순이다. 민족국가가 과거의 다른 국가보다 우월하다는 근거를 민족의 국가이기 때문이라고 하는 것을 스스로 부인해야 한다. 과거의 다른 국가는 모두 해체되었으나 민족국가는 영원하리라고 할 수 있는 근거가 없어진다.

(라)가 이유라면, 월남이 중국 한나라 통치에 힘입어 봉건사회로 이행했다고 하면서 "한나라의 정복과 더불어 월남사회는 차차 봉건사회로 바뀌었다"(29면)고 지적한 사실을 무시하는 잘못을 저지른다. 월남이 중국의 일부로 남아 있었더라면 봉건사회로의 이행과 봉건사회의 발전을 이룩하는 데 유리했을 것이다. 월남이 또한 프랑스 식민지가 되어 자본주의 사회로 발전한 것을 평가해야 하고, 독립전쟁을 하느라고 자본주의 발전을 스스로 저해하고, 지금도 산업화가 부진한 형편을 나무라야 한다.

(가)는 단순 소박한 일차원적 민족주의이고, 고대자기중심주의 수준에 머무르는 사고이다. (나)는 민족의 지도자라는 이유를 들어 집권자를 칭송하고, 현재의 통치 행위를 합리화하는 수준의 어용사관이다. 타이의 국사에서는 이 두 가지 관점이 뚜렷하게 나타나 있고, 다른 생각은 별반 나타나지 않는다. (다)는 제1세계 자본주의 사회 시민계급의 역사관이다. 헤겔이 정립한 역사철학이 그 수준에 머무른다. (라)는 제2세계 사회주의권의 역사관이고, 마르크스주의를 그 논거로 하고 있다.

그런데 마르크스가 말한 세계사의 단일한 발전의 법칙만 말해서는 민족국가 또는 민족의 주체성은 말할 수 없기 때문에 (가)에서 (다)까지도 어느 정도 가미해서 절충을 했다. 월남의 국사에서는 표면에 내세우지는 않았으나 (라)를 기본으로 하고 다른 세 가지 관점도 가미한 그런 절충론으로 국사를 서술했다. 그러나 월남사 이해의 가장 중요한 문제점은 해명하지 못했다.

명나라가 월남을 강점해서 통치하던 시기의 시련을 다음과 같이 서술했다.

> 월남인은 중국의 의복, 풍속, 도덕을 받아들이도록 강요받았다. 명나라 군대는 민족문화의 유산을 파괴하고, 민족적 특색이 뚜렷한 책은 태우거나 가져가려고 했다. 그것은 진정으로 문화의 파국이었다. 15세기 이전의 문학 작품이 거의 다 파괴되었다.(81면)

그래서 명나라에 대한 항전을 일으키고, 독립을 쟁취한 것은 당연한 일이다. 그러면 독립 후의 월남문화는 어떻게 전개되었는가? 중국문화는 물리치고 월남 고유의 문화만 발전시키고, 한문학은 버리고 월남어 문학만 육성했는가? 그렇지는 않았다. 그 다음의 상황을 여러 장에 걸쳐서 서술한 각 단락의 첫 문장 또는 가장 긴요한 대목을 차례대로 옮겨보자.

> (가) 朱熹가 주해한 유교경전으로 과거를 보게 되었다.(92면)
>
> (나) 유교가 국왕의 권위와 신분의 구분을 근거로 한 통치체제를 위해 아주 유용한 구실을 했다.(93면)
>
> (다) 국가 통치를 위한 유교와 사람의 도리를 찾는 유교가 나누어져 있었다.(93-94면)

(라) 유교 정신을 갖춘 문학을 국왕이 주도해서 일으켰다.(98면)

(마) 역사서 편찬이 여럿 이루어졌다.(98면)

(바) 은거해서 심성의 도리를 닦는 문학도 일어났다.(99면)

(사) 한문학과 월남어문학이 병행해서 발전했다.(100면)

이 가운데 (가)·(나)·(다)·(라)·(마)는 신유학을 이념으로 하는 새로운 시대가 시작되었다는 말이다. (마)·(사)에서는 민족문화에 대한 자각이 일어났다고 했다. 명나라의 통치를 물리쳐 독립을 이룩하고서 민족정신을 드높이려고 하지 않고 중국의 유교를 국가 이념으로 삼고, 중국문학인 한문학을 버리지 못한 것이 잘못이라고 나무란다면 역사를 이해하지 못하는 단견이라고 하지 않을 수 없다. 민족문화에 대한 자각이 일어난 (마)·(사)의 사항에 관해서만 긍정적 평가를 하는 것은 부당하다. 신유학의 등장과 민족문화 자각은 동일 현상의 양면이다. (가)에서 (사)까지는 중세후기가 시작된 증거이다. 그 점에서 한국과 동일하고 타이와 다르지 않다.

중세후기는 중세보편주의를 문명권의 변두리에서 독자적으로 이룩하고자 하는 시대였다. 명나라의 침공과 지배, 그리고 동화정책은 중세보편주의의 독자적인 구현을 방해하는 처사이며, 월남이 중세후기로 나아가지 못하게 막는 횡포였다. 거기 대항해서 싸우기 위해 중세보편주의를 중국 것이라고 해서 배격해야 하는 것은 아니다. 그렇게 해서 자기 역량을 스스로 약화시켜서는 이길 수 없다. 중세보편주의를 중국에 맡겨두지 않고 독자적으로 구현해서 그 가치를 더욱 높이는 것이 중국과 맞서서 월남민족사를 발전시키는 유일한 방안이었다.

월남인이 중세보편주의의 구현에 제대로 참여하지 못했다면 중국의 지배를 받는 소수민족으로 전락할 수밖에 없었다. 중세보편주의를 독자적으로 구현하지 않고 중국의 전례를 그대로 따르기만 했다면 중국에 동화되어 결국 중국인이 되고 말았을 것이다. 그 둘을 다 배격하고 중세보편주의를 민족 고유의 문화와 융합해서 독자적으로 발전시킨 덕분에 월남인은 중국의 침공을 물리칠 수 있는 역량을 갖추고, 민족사를 바람직하게 이끌 수 있었다. 그런데 『월남사』 서술에서 이러한 사실에 관한 이해를 찾아볼 수 없다.

중세보편주의의 독자적인 구현은 나라마다 특수한 사정이 있으면서도 또한 공통되게 이루어졌다. 이러한 사실을 비교해서 검토하고 종합적으로 고찰해서 새로운 역사관을 정립해야 한다. 여기서 나의 견해를 제시해야 논의를 진전시킬 수 있다. 새로운 역사관을 정립하기 위해서는 먼저 문명권 전체의 공동문명과 민족문화를 구분하는 것이 긴요하다. 중세의 여러 민족은 민족문화를 가지고 공동문명에 동참했다. 공동문명은 세계종교와 공동문어를 근간으로 삼았다. 세계종교의 신앙·철학·정치이념이 보편주의의 내용이고, 공동문어가 보편주의를 표현하고 전달하는 방법이다.

공동문명과 민족문화를 함께 지닌 점에서 타이·월남·한국인뿐만 아니라 중국인도 마찬가지이고, 월남 안의 여러 소수민족도 다르지 않다. 어느 문명권에 소속되는가를 가려 민족들의 친연관계를 밝힐 수 있다. 시대에 따른 변화가 문명권 전체에서 일제히 일어나기도 하고, 시대가 바뀌면서 문명권 소속이 달라진 민족도 있다. 그러한 사실을 두루 파악해 커다란 역사지도를 그려야, 개별 민족사의 위치를 알아낼 수 있다.

월남의 소수민족이 되고 만 참파인은 이웃의 캄보디아·타이·버마

인과 함께 남아시아문명권에 속했다. 중세전기에는 힌두교 · 대승불교-산스크리트문명을 누리다가, 중세후기에 이르러서는 그것을 상좌불교-팔리어문명으로 바꾸었다. 타이인은 중세전기까지 동아시아문명의 일원이었다가, 인도차이나 반도로 이주한 다음 중세후기에는 상좌불교-팔리어문명으로 소속을 옮겼다. 월남은 중국 · 한국 · 일본과 함께 동아시아의 유교 · 대승불교-한문문명의 일원이었다. 중세후기에 이르러서는, 신유학으로 바뀐 유교가 불교를 약화시키는 변화를 함께 겪었다.

공동문명을 자기 민족문화와 융합시켜 재창조하고 민족문화를 혁신하는 작업을 함께 하는 것이 역사발전의 핵심 과제이다. 공동문명을 그 자체로 숭상하고 민족문화와 결합되지 못하게 하는 것은 퇴보이다. 명나라가 월남에게 그런 부당한 요구를 했기 때문에 거부해야 했다.

월남은 공동문명과 민족문화를 융합하는 모범사례를 이룩할 수 있어, 명나라의 침공을 물리치고 민족사를 빛냈다. 명나라에 대한 항전을 주도한 阮廌가 그 일을 훌륭하게 해낸 성과를 문학작품에서 분명하게 확인할 수 있다. 阮廌는 한자를 이용한 월남어시인 國音詩를 한시와 대등한 수준으로 창작하고, 한시를 통해 민족의식을 고취했다. 중국의 침공을 물리치고 월남의 독립을 되찾은 사실을 천하에 널리 알린 <平吳大誥>는 대단한 명문이다.

『월남사』에서 <위대한 인물 阮廌>라는 항목을 두어 정치적 항전 활동과 문학 창작을 고찰하고, <平吳大誥> 전문을 번역해서 실은 것은 당연하다. 그러나 공동문명과 민족문화의 관계에 대해서는 관심을 두지 않고, 일회적인 사건에서 홀로 위대한 인물이 어떤 일을 했는지 칭송하기만 했다. 阮廌가 어떤 의미에서 세계사적 인물인가 밝혀야 평가가 더 높아진다고 생각하지는 않았다.

세계사의 阮鷹를 월남사의 阮鷹로 이해하는 데 그치는 자기중심의 사고방식이 그 자체로는 그리 잘못이 아니지만, 누구에게든지 대등하게 적용될 수 있는 보편적인 이론을 수반하지 않기 때문에 월남인과 월남 안의 소수민족의 관계를 다룰 때에는 심각한 파탄을 일으킬 수 있다. 중국인과 월남인의 관계에서 무엇이 비정상이고 무엇이 정상인가 하는 판단은 월남인과 월남 안의 소수민족에게도 그대로 적용되어야 하는데, 그렇지 못해 문제이다. 월남이 소수민족에게 명나라와 같은 횡포를 저지르는 것은 부당하다.

어떤 민족이든 자기네 민족문화만 지키고 공동문명을 받아들여 둘을 결합시키지 못하면 역사 발전을 이룩하지 못해 소수민족의 신세가 되고 만다. 월남의 많은 소수민족이 이에 해당한다. 공동문명을 받아들여 민족문화와 결합시키는 한 단계의 과업을 잘 했다 하더라도, 공동문명을 쇄신하고, 민족문화와의 결합을 새롭게 하는 다음 단계의 과업을 소홀하게 하면 다른 민족과의 경쟁에서 패배해서 소수민족이 될 수 있다. 타이의 선주민 몬족이나 월남의 참파민족이 중세전기 문명을 훌륭하게 이룩했으면서도 침입자와의 싸움에서 패배한 것은 중세후기로의 전환을 제대로 하지 못한 탓이라고 생각된다.

새로 나타난 야만인은 중세후기로 쉽사리 들어서는데, 오랜 역사와 빛나는 전통을 가진 선주민은 과거의 무게 때문에 중세전기에 머무르다가 큰 타격을 보았다. 몬족이나 참파인뿐만 아니라, 중세전기에 인도차이나반도를 뒤흔들던 크메르제국의 위광을 지닌 크메르인이 타이인과 월남인 사이에 끼여 힘을 쓰지 못하는 것도 같은 현상이다. 인도차이나반도 전체의 역사가 이렇게 전개되고, 중세전기에서 중세후기로의 이행이 아시아사 또는 세계사에서 이렇게 전개된 것을 알아야 한 나라 역사의 의문도 풀 수 있다. 한 나라 역사만 다루는 국사학은 제대로 된 학문일 수 없다.

어느 쪽은 지배민족이 되고 어느 쪽은 소수민족이 된 이유를 이렇게 말하고 마는 것은 결과를 합리화하고 오늘날의 강자에게 봉사하는 사학이라고 비난받아 마땅하다. 현상 서술에서 더 나아가 승리와 패배의 표면과 이면의 관계를 말해야 한다. 정치적인 승패와 문화적인 승패의 관계, 한 시대의 승패와 다른 시대의 승패의 관계를 말해야 새로운 역사철학의 전모가 드러난다.

『월남사』는 줄곧 민중의 관점에 서고 있다. 월남민족의 주체는 민중이다. 지배계급은 민중에 근접해서 민중과 힘을 합칠 때 큰 힘을 발휘할 수 있었다. 외래 침략을 물리치고 월남의 독립을 지킨 모든 위대한 투쟁은 그렇게 해서 승리를 거둘 수 있었다. 이것이 책 전체를 관류하는 기본적인 주장이다.

월남사회의 계급 구성을 시대마다 분명하게 밝혀 민중이 누구이며 어떤 위치에 있었던지 납득할 수 있게 설명한 것은 아니다. 다만 한 번 <李朝와 陳朝의 사회생활>이라고 한 대목에서 계급 구성의 실상을 다루었다. 특권지배계급에 대해서 더 길게 말하고, 소작농, 상인, 자작농민, 수공업자, 공사의 노비 등으로 이루어진 민중이 사회생활에서 많은 제약을 겪어야 했다고 했다. 그렇다면 민중의 힘은 어디서 나오는지 의문이다.

계급 구성에 대해서 다시 설명한 대목은 프랑스 식민지 시대의 <봉건영주와 농민>에 관한 서술에서 찾을 수 있다. (235-239면) “봉건영주”란 실제로 지주를 말한다. 신분이 아니고 계급이다. 전 인구의 3%

내지 5%에 불과한 지주가 농경지의 50% 가까이를 차지하고, 50%에 이르는 소작료를 요구해 전 인구의 90%가 넘는 농민은 빈곤에 시달렸다고 했다. 그런데 식민지 통치자는 지주를 옹호하고 농민을 괴롭혔으므로 농민이 혁명세력이 되지 않을 수 없었다고 했다.

이처럼 통계 숫자까지 들어 말한 것은 특기할 만한 일이다. 농민의 궁핍화를 설명하는 다른 자료도 설득력이 있다. 그러나 중세의 지배자와 피지배자 사이의 신분적인 관계가 어떻게 변천해 지주와 소작인 사이의 계급관계로 바뀌었는지 해명하지 않았다. 식민지 통치자가 봉건영주를 옹호했다는 막연한 설명으로는 사회모순의 실상이 제대로 드러나지 않는다.

더구나 민중은 시달리면 일어난다고 하는 일반론으로 역사를 설명하고 마는 것은 미흡하다. 계급해방이 아닌 민족해방을 이룩하는 데 민중이 주동적인 구실을 해왔다는 월남역사의 오랜 과정을 단순 논리로 설명할 수 없다. 민중과 지식인의 연합을 해명해야 문제가 해결되는데, 그 점에 관해서는 당위론만 있고 실제 작업의 방법은 마련되어 있지 않다. 마르크스주의의 계급투쟁 사관으로 민족사를 쓰려고 하니 근본적인 차질이 있다고 하지 않을 수 없다.

지식인과 민중이 어떻게 연합했던가 하는 문제는 정치 투쟁에 관한 논의에서는 해명하지 못하고, 문학을 거론할 때 고찰할 수 있었다. 阮攸(Nguyen Du)의 『金雲翹』(*Kim Van Kieu*)를 다룬 대목은 그 점에서 특히 주목할 만하다.(167-171면) 阮攸는 西山운동의 민중 항거가 실패한 시기에 본의 아니게 벼슬살이를 하면서 고도의 문학적 수련을 민중의 삶을 직접 나타내는 표현과 함께 활용해 두 가지 문체의 결합을 보인 작품을 썼다.

동아시아문명과 월남민족문화가 서로 배타적인 관계를 가지지 않고 바람직하게 융합되게 해서 월남역사가 주체적으로 발전할 수 있었던 사실을 阮攸의 문학 활동을 통해서 검증할 수 있다. 지식인과 민중의 유대를 파악하는 데 『金雲翹』가 최상의 증거를 제공한다. 문학작품을 기본 자료로 삼고 문학사에서 출발해서 총체적인 역사의 이해를 시도하는 것이 바람직한 방법임을 월남역사에서 분명하게 확인할 수 있다.

그러나 『월남사』 또한 정치사를 역사 이해의 근간으로 삼고, 문학사는 그 부수영역이라고 여기기만 했다. 외래문명과 월남문화, 지배층과 민중 사이의 관계를 대립과 투쟁으로 보는 데 치우치는 정치사의 잘못을 문학사에서 시정해줄 수 있는 줄 모르고, 그 둘을 함께 파악하는 총괄적인 이론을 마련하려고 하지 않았다.

월남과 미국의 전쟁에 관해서 책 전체의 4분의 1이 넘는 분량을 배정해 자세하게 다루었다. 미국의 침략을 월남 민족이 격퇴해 주권을 지키고 통일을 이룩한 것이 자랑스럽다고 강조해서 말하는 데 동의하게 한다. 그렇지만 월남전이 진행되는 동안에 월남을 배신했다는 이유에서 중국을 미국 못지않게 비난하고 있는 것은 납득하기 어렵다.

한국의 국사

『한국사신론』의 저자 이기백은 한국 국사학계를 대표할 수 있는 학자이다. 한국사 개설서를 낸 사람들이 그 전에도 있고 같은 시기에도 있지만, 이 책만큼 널리 읽히고 높이 평가된 것이 더 없다. 한국이 일본의 식민지 통치에서 해방되어 식민지주의 사관에서 벗어나 민족사의 전개를 주체적으로 이해한 성과를 이 책에서 가장 잘 집약하고 있기 때문이다. 이 책이 여러 외국어로 번역된 것은 대외적인 평가 또한 높다는 증거이다.

책을 처음 낸 해는 1961년이다. 지금 이용하는 것은 1990년의 수정본이다. 그 동안 저자는 수정하고 보완하는 작업을 꾸준히 했다. 참고문헌을 충실하게 갖춘 것도 커다란 장점이다. 유럽문명권의 연구, 일본인의 연구도 있는 대로 제시했다. 연구 성과를 널리 받아들여 자기 관점에서 정리하고자 했다. 극단적인 견해를 배제하고 온건한 타협을 하고자 했다. 특별한 사관을 내세우지 않고, 절충적인 태도를 취하겠다고 했다.

<한국사의 새로운 이해>라는 서장에서는, 식민주의 사관을 청산하고, 민족주의사관·사회경제사관·실증사학이 각기 지닌 의의를 인정하고 받아들이겠다고 했다. 인간 중심의 역사 이해를 하겠다는 것이 저자의 대안인데, 사학의 이론으로 다듬어지지 않은 소박한 주장에 머물렀다. 보편성과 특수성을 함께 파악하고자 했으나, 시대구분의 실제 작업에서 유럽사의 기준을 따르지 않겠다고 했을 따름이고 한국사를 아시아 이웃의 역사와 함께 다루는 비교사학의 관점을 갖추지 않았다.

타이의 왕조사학, 월남의 인민공화국사학, 한국의 민주공화국사학은 서로 다르다. 위대한 역사를 창조해온 주체가 타이에서는 국왕이고, 월남에서는 인민이고, 한국에서는 민족 전체라고 한다. 타이에서는 우파의 견해를, 월남에서는 좌파의 견해를, 한국에서는 중간파의 노선을 택하고 있다고 할 수 있다.

한국에서도 왕조시대에는 타이국사와 같은 관점을 지녔다. 북한에서는 월남에서와 같은 인민의 역사를 서술하고, 남한에서도 그렇게 해야 한다고 주장하는 사람들이 있다. 인민의 역사를 서술한다 하고서 수령의 지도를 크게 존중하는 점은 타이역사의 서술 방식과 상통한다. 그러나 그런 차이가 있으면서도, 국사는 공통점을 가진다. 어떤 국사이든 국사 일반의 문제점을 공유하고 있다.

국사의 경계가 언제나 분명했다고 생각하는 국사학계의 견해를 잘 나타내고 있다. 그래서 국경 개념을 소급해서 올리는 관례를 따르고 있다. 한국사를 동아시아사에서 엄격하게 분리하고, 한국사와 다른 나라 역사의 공유지대가 있었다는 것은 인정하지 않는다. 이런 폐쇄적인 견해 탓에 동아시아문명과 한국사의 관계를 말할 때 어려움이 생긴다.

한문·불교·유교를 받아들인 것이 한국사의 전개에서 어떤 의의를 가지는가 하는 문제를 적극적으로 다루지 않았다. 그런 것들이 한국문화의 바람직한 발전을 저해했는가 아니면 촉진했는가 하는 문제를 놓고 오랫동안 논란을 벌여왔으므로, 한국사를 통괄해서 서술하려면 저자의 해답을 제시해야 한다. 그런데 그 셋을 분산시켜 관련 사실 위주로 간략하게 언급하기만 하고 총괄적인 논의를 시도하지 않았다.

한문에 관해서는 한자를 받아들여 문자로 사용한 내력을 들고(87-88면), 신라 한문학의 작품 몇 가지를 제시하는 정도에 그쳤다.(122면) 불교 수용에 관해서는 그 이유와 과정에 관한 논의를 하고서 "왕권을 중심으로 한 중앙집권적 귀족국가의 사상체계"로 받아들여졌다고 결론지어 말했다.(90면) 유교는 "신라에서 전제왕권이 강화되면서, 유교가 불교에 대항하는 독립된 사상으로서 대두하기 시작한 것은 새로운 경향이었다"(118면)고 한 데서 처음 거론했다. 고려 말의 성리학 전파에 대해서만 말하고(225-226면), 조선왕조가 성리학을 이념으로 한 유교국가로 창건된 데 대해서는 논의하지 않았다.

각론만 산만하게 흩어져 있고 총론은 없다. 당면한 정치적인 상황을 미세하게 살피는 실증사학의 작업을 했을 따름이고, 동아시아문명과 한국문화의 관계에 관한 일반론을 마련하려고 하지 않았다. 역사에 대한 총괄적인 논의를 하는 역사철학은 관심을 가질 필요가 없거나 역사학자의 소관사가 아니라고 여긴 것 같다.

한문·불교·유교의 경우를 각기 따로 다루지 말고 함께 거론해야 하는 것이 역사철학 정립의 필수적인 과제이다. 그렇게 하면서 그런 것들이 (가) 한민족의 고유한 문화와 어떤 관계를 가지고 한국문화 발전을 위해서 어떤 구실을 했는지, (나) 동아시아문명의 다른 나라에서와 어떻게 같고 다르게 활용되었는지, (다) 동아시아문명의 공통된 창조물로서 이웃의 다른 문명권의 공동문어 및 세계종교와 어떻게 같고 다른 양상을 지녔는지 고찰해야 한다. 그런 작업을 어디에든지 해당하는 일관된 논리를 갖추어 전개해야 한다.

이 가운데 (가)만 국사학의 필수적인 과제로 삼는다. 그러나 (나)와 (다)에 관한 문제의식과 거시적인 견해를 갖추지 않고서는 (가)의 작업을 제대로 할 수 없다. 비교사학을 배제하고, 역사철학을 멀리하면서 국사학만 충실하게 하겠다는 것은 이루기 어려운 소망이다. 위에서 이미 다룬 타이나 월남의 경우와 연관시켜 한국사의 경험을 되돌아보기만 해도 (나)와 (다)에 관한 소중한 착상을 다채롭게 얻을 수 있다. 그 말은 타이사학이나 월남사학에도 그대로 해당된다.

한민족이 주위의 다른 민족과 어떤 관계를 가져왔는지 살피는 데는 관심을 가지지 않는다. 그 점에서는 타이역사나 월남역사보다 더욱 협소한 관점을 가지고 있다. 한민족의 유래나 형성에 관해서도 말이 없다. 구석기시대에서 신석기시대로, 다시 청동기시대로 넘어온 과정을 말하면서 구석기인이나 신석기인이 후대의 한민족과 어떤 관계를 가지는가 말하지 않았다. 한민족 형성에 다른 민족이 어떻게 끼어들었는가 하는 당연한 의문을 배제했다. 역사가 시작될 대부터 한국사의 영역은 다른 민족의 역사와 분명하게 구별되어 미분화되거나 중복되는 영역은 없었던 것처럼 말끔히 정리해놓았다. 한국인은 다른 민족과 아무런 관련을 가지지 않고 지금의 강토에 처음부터 홀로 살아오다가 이따금 뜻하지 않게, 또한 전혀 부당하게 국경을 넘어오는 다른 민족의 침공을 받았다는 생각이 들게 한다.

다른 민족과 어울려서 살아온 사실은 되도록 무시했다. 『삼국사기』에는 빈번하게 등장하는 靺鞨이 이 책에는 보이지 않아 그 정체에 관한 의문을 해결하지 못하게 했다. 말갈이라고 지칭되던 사람들이 고구려는 물론 백제나 신라와도 가까운 위치 또는 그 세 나라 판도 안에도 있어서, 반드시 적대적이지만 않고 우호적이기도 한 관계를 가졌으며 상당수가 한민족으로 흡수되었다고 생각되는데, 과연 그랬던가 말해주지 않았다.

발해에 관해서 서술할 때 말갈이 비로소 등장했다. 고구려의 주민 노릇을 하던 말갈에 관해서는 아무 말도 하지 않았기 때문에 말갈의 출현이 기이하게 생각되게 한다. 발해를 세운 민족이 한민족인가 말갈인가 이분법으로 가려 결판을 내려고 하고, 그 둘이 하나로 얽힌 관계는 인정하지 않는다. 고구려는 단일민족국가이고, 발해만 다민족국가였던가? 다민족국가는 비정상적인 나라인가? 발해의 역사에 관해서 자세하게 검토하기 전에 이런 의문을 해결하는 일관된 견해를 마련해야 한다.

그 뒤에도 말갈의 후예라고 생각되는 女眞人은 한민족과 오랫동안 섞여 살면서 한민족에 동화되기도 하고, 소수민족으로 취급되어 천민 노릇을 하기도 했는데, 그런 내력을 다루지 않았다. 마지막 남은 여진인 소수민족을 在家僧이라고 일컬은 사실을 언급하지 않았다. 한민족이 다른 민족과 함께 살아온 내력을 애써 무시해서 고립과 독존의 의식을 고취하려고 했다고 비판하지 않을 수 없다.

한민족의 역사도 되도록 단일체로 만들어 한 가닥으로 서술하기 위해서, 서로 쟁패하다가 승리한 쪽만 특별히 중요시했다. 후대의 승리가 그 전에 이미 마련되어 있었던 것으로 이해되게 했다. 삼국의 역사 서술에서 어느 정도 균형을 취했으나, 삼국과 공존한 다른 여러 나라의 역사는 돌보지 않았다.

伽倻는 신라보다 더 넓은 판도에서 먼저 발전했는데 신라의 팽창을 살필 때 비로소 논의의 대상으로 삼았다. 耽羅國에 관해서는 전혀 말이 없다가, 원나라가 제주도를 점거한 사건을 들 때 비로소 이름을 등장시켰다. 그러고는 다시 거론하지 않았다. 색인을 보아도, 耽羅·耽羅國·濟州島라는 말은 하나도 없고 오직 耽羅摠管府만 있다. 탐라는 원나라의 식민지가 되면서 비로소 출생신고 했다고 말한 셈이다.

식민지 사관 청산을 서두에서부터 크게 표방하는 책을 쓰면서 탐라국의 역사를 말살한 것이 어느 정도 악랄한 식민지사관이 될 수 있는지 생각해보지 않은 것 같다. 지금 민족국가를 이루고 있거나 민족국가의 지배세력 노릇을 하는 집단만 식민지사관을 거부할 자격이 있고, 그렇지 못한 쪽은 무시되어도 그만이라고 하는 사고방식이 그 근저에서 작용하고 있다고 보아도 잘못이 아니다. 지금 민족국가를 이루고 있는 민족의 역사라야 국사이고, 역사를 이해하는 최상의 방안이 국사라는 관점 때문에, 민족국가 내부에는 독자적인 역사가 있을 수 없다고 하는 횡포가 용인된다. 그렇다면 식민지주의사관을 비판해야 할 일반론적인 이유는 없어진다.

민족국가의 역사인 국사를 서술할 때 민족의 단일성을 중요시한 나머지 민족이 계급으로 나누어져 있다는 사실을 경시하는 것을 흔히 볼 수 있다. 『타이사』는 그렇게 쓴 역사의 대표적인 예가 된다. 『월남사』에서는 민족사의 관점과 계급사의 관점을 합치려고 한 것을 이미 살핀 바 있다. 그래서 타이역사는 국왕이 만든 역사이고, 월남역사는 민중이 만든 역사라고 했다. 『한국사』에서는 그 두 가지 관점을 절충했다고 할 수 있다. 한국역사는 지배세력과 민중이 함께 이룩해왔다는 것을 책 전체의 결론으로 삼았다.

그렇다면 지배세력과 민중이 실제로 어떤 관계를 가졌는지 밝혀 논하는 것이 긴요한 과제이다. 신분 또는 계급 구성의 원리를 밝히고, 시대에 따른 변천을 논해야 그 일을 할 수 있다. 신라·고려·조선의 신분제는 비교적 충실하게 설명하기는 했으나, 그것들이 서로 어떤 관련을 가지고 어떤 변화를 겪었는가 하는 문제를 다루지는 않아 개별적인 지식을 제공하는 데 치중했다고 할 수 있다. 그러다가 1894년의 갑오경장에 관한 논의에서는 다음과 같은 말로 변화 양상을 설명했다.

> 갑오경장에서 중요한 내용의 하나를 이루는 것은 사회적인 개혁이었다. 여기에는 우선 身分 제도의 철폐가 포함되어 있다. 즉 양반과 상민의 계급을 타파하여 귀천을 가리지 않고 인재를 등용케 한다든가, 같은 양반에서도 文武尊卑의 제도를 없앤다든가, 公私奴婢의 法典을 혁파하고 인신의 매매를 금한다든가, 驛丁, 廣大, 白丁 등은 모두 면천케 한다든지 하는 것이었다. 이것은 양반체제하의 신분제도의 붕괴를 의미하는 것으로 사회적인 대개

혁이었다.(378면)

이렇게 해서 사실 설명을 충실하게 한 것 같지만, 미흡한 점이 적지 않다. 우선 사용한 용어를 보면, 신분과 계급이 혼용되어 있다. 여러 가지 신분을 열거하고, 그것들이 어떤 구조적인 관계를 가지는지 설명하지 않았다. 신분의 구분을 법제적으로 철폐한 것이 사회경제사에서 계급 구성의 실질적인 변화가 이루어진 것과 어떻게 관련되는지 파악하려는 노력이 보이지 않는다. 앞뒤 시기와의 연관을 밝히지 않았으며, 다른 나라의 경우와 비교해서 논하는 안목이 없는 것은 물론이다.

한국에서는 신분제가 법제적으로 유지되던 마지막 시기에 특권 신분인 양반이 매매의 대상이 되어 대폭적으로 늘어났다. 갑오경장의 시책과는 상반되게 왕조가 망한 시기 이후에 거의 모든 사람이 양반이 되어 반상의 구분이 무의미하게 되었으므로 신분제가 철폐되지 않을 수 없었다. 일제는 일본의 신분제도를 한국에 정착시키려고 했으나, 한국사회 변화의 자연적인 추세를 막을 수 없었다.

왕정이 유지되는 타이나 일본에서는 귀족제를 버릴 수 없으나, 식민지가 되어 왕정이 폐지된 한국에서는 신분 차별의 이념적인 근거가 없어졌다. 양반의 자격이나 수를 제한하는 아무런 제도적 장치도 없어, 한국사회에서 신분제가 철폐되고 말았다. 신분제를 철폐하고 근대화를 하는 과정이 이렇게 진행된 데 나타나 있는 한국사의 특수성과 세계사의 보편성을 밝혀 논하지 않은 것은 커다란 미비사항이다.

이런 미비사항이 있는 이유는 국사를 국사로 다루는 데 그치는 제한된 시야에서 벗어나지 못했기 때문이다. 책 서두에서 역사의 보편성과 특수성을 이해하기 위해서 비교사학을 해야 한다고 스스로 주장하고서 실행하지는 않아, 한국사에서 일어난 변화를 세계사적 변화의 보편적인 과정이 특수한 방식으로 실현된 것으로 고찰하는 길이 막혀 있다. 한국사에서 일어난 일회적인 변화만 다루어서는 이론적인 일반화를 할 수도 없다.

<한국사의 발전과 지배세력>이라는 마지막 장에서는 한국사의 전개에 일관되게 보이는 법칙을 찾아내서 결론을 삼는다고 하고, "지배세력 바로 밑 계층이 새로운 지배세력으로 등장하곤 하여 점점 지배세력의 사회적 기반이 확대되어 가는" 과정을 찾아냈다.(490면) "양반의 신분적 특권은 무너지고 중인이나 서리나 상공업자의 사회적 참여가 증대되어" 간 것을 그런 과정의 하나로 들었다.(489면)

그렇게 말한 데 두 가지 근본적인 의문점이 있다. '지배세력', '계층', '신분' 등이 어떻게 구별되며 어떤 관계를 가지는지 의문이다. 한국사에서 확인되는 지배세력 교체가 한국사 특유의 현상인지 다른 여러 나라의 역사에서도 널리 확인되는 세계사 전개의 보편적인 과정인지 밝혀야 한다. 이 두 가지 의문을 해결해야 법칙을 발견했다고 할 수 있다.

앞의 의문 해결은 사회학에 미루고, 뒤의 의문 해결은 세계사에 넘긴다면, 한국사학은 학문이라고 할 수 없다. 모든 학문은 법칙을 발견해 이론을 정립하는 것을 목표로 하는데 한국사학이라고 해서 예외라고 할 수는 없다. 한국사를 서술하면서 법칙을 제시하는 데 이르려고 한 것은 그 동안의 관례를 고려해보면 평가할 일이다.

그러나 한국사에서 확인되는 지배세력 교체의 현상이 아직 법칙은 아니다. "이 사실은 곧 법칙과 같은 것으로 주장할 수 있는 것인지 어떤지 잘 모르겠다"고(490-491면) 말해서 미비사항이 있음을 인정한 것은 학문 이전의 성실성이라고 하겠고, 법칙인지 아닌지 적극적으로 따지는 것이 학문하는 성실성이다. 법칙이란 내부 구성요소들의 논리적인 상관관계가 분명하고 적용의 전체적인 범위나 적용 영역에 따른 변이가 뚜렷해야 인정될 수 있다.

그 두 가지 사항에 대해서 나의 견해를 제시할 수 있어야 의문을 제기한 것이 공연한 트집이 아님을 입증할 수 있다. 비판을 하면 대안을 제시해야 하는 것이 학문하는 마땅한 자세이다. 그러나 길고 복잡한 논의를 펼 수 있는 자리가 아니어서 간단하게 줄여 말하기로 하자.

내부 구성요소들의 논리적인 상관관계는 신분과 계급을 구분하는 데서 명확하게 될 수 있다. 신분은 타고난 지위에 따라 구분되고, 계급은 당대에서 바꿀 수 있는 생업에 따라 구분된다. 신분이 계급으로 대치된 것이 한국사에서 확인되는 커다란 변화이다. 지배세력의 교체라고 한 것을 그렇게 이해해서 그 단계를 구분해 논할 수 있다.

(가) 신분사회가 유지되면서 제2위자가 제1위자로 올라선 단계, (나) 신분과 계급이 공존해 신분의 제1위자에게 계급의 제1위자가 타격을 주는 단계, (다) 계급사회로 넘어와 내부 대립과 변화가 나타나는 단계가 구분된다. 저자는 이 가운데 (가)를 드러내 논하는 데 그쳐 한국사 전개의 전반적인 양상을 제대로 파악하지 못하고 있다. (가)는 중세까지, (나)는 중세에서 근대로의 이행기, (다)는 근대의 변화이므로, 그 셋을 나누어 보아야 시대구분이 명확해질 수 있다.

적용의 전체적인 범위나 적용 영역에 따른 변이는 한국사를 다른 여러 나라 역사와 비교해서 고찰하면서 민족사의 특수성과 세계사의 보편성을 함께 고찰해야 밝혀질 수 있다. 그렇게 하려면 많은 노력이 필요하지만, 우선 드러난 바를 정리해서 앞으로의 작업을 위한 가설로 삼을 수 있다.

신분이 계급으로 바뀐 것은 어디서나 공통된 세계사 전개의 보편적인 과정이다. 그러면서 그 과정이 신분 구분의 유동성 정도와 새로운 생업이 나타나는 양상에 따라서 상이하게 구현되었다. 이에 관한 비교 고찰을 하면 한국사의 특성을 살필 수 있다. 한국에서는 상공업의 발달은 늦었으나 신분 구분의 유동성이 원래부터 컸다. 특권신분인 양반의 수가 제한 없이 늘어나 신분제를 무력화하는 상향평등화가 이루어진 점이 다른 여러 곳에서 특권신분이 철폐되면서 하향평등화가 실현된 것과 다르다.

과연 그런지 확실하게 검증하기 위해서 앞으로 많은 일을 해야 한다. 이런 이론이 어느 정도 타당한지 확인하고 검증하기 위해서 국사를 넘어서는 사학을 하지 않을 수 없다. 전환의 필요성을 명확하게 할 수 있다면, 여기서 뜻한 바는 달성했다.

새로운 역사학을 위하여

타이 · 월남 · 한국의 국사학은 서로 아주 다른 것 같지만, 공통된 결함을 지니고 있어 함께 시정해야 한다. 자기 결함을 스스로 알아내기 어렵고 시인하려면 상당한 용단이 필요하므로, 남의 것에 비추어 자기를 되돌아보는 것이 바람직한 방법이다.

국사는 우리 민족을 옹호하는 민족의 학문이므로 독자적인 전통을 이어 남다른 생각을 펼친다고 착각하기 쉬우나, 국사 서술 자체가 유럽 문명권의 근대에 만들어진 이념인 줄 알아야 한다. 다른 민족의 국사는 자기 민족의 역사를 과장되게 칭송해 남에게 피해를 끼치는 잘못이 있지만 자기네 국사는 민족의 영광을 사실대로 말해서 훌륭하다고 생각하는 것은 더욱 어리석다.

비교연구에 구원의 길이 있다. 자국 국사의 결함은 전혀 알아차리지 못하는 편협한 애국주의자라도 다른 나라 국사에서 보이는 잘못이 국사 서술의 공통적인 특성임을 인정할 수 있으면 문제를 새롭게 검토하는 것을 방해하지 않을 수 있다. 유럽문명권 근대학문에서 저지른 과오를 시정하는 일을 다른 문명권에서 앞장서는 것이 마땅하다는 데 동의한다면 학문의 역사를 새롭게 창조하는 데 동참하는 것도 가능하다.

타이의 국사서에서는 다른 민족과의 관계는 투쟁의 역사로, 자기 역사 내부는 국왕을 중심으로 한 단합의 역사로 이해해서, 투쟁과 단합을 분리시켰다. 타이민족과 다른 민족과의 관계에서도 화합이 있었다. 공동의 문명을 창조하는 과업을 다른 민족과 함께 수행한 것이 최대의 화합이었다. 타이 사회에도 투쟁이 있었다. 다른 나라에서도 가능한 역사전개의 보편적인 과정이 타이의 방식대로 구체화되었던 사실을 고찰해, 보편성과 특수성의 관계를 해명할 수 있어야 한다.

월남의 국사 서술에서 외래문명과 월남문화, 지배층과 민중 사이의 관계를 대립과 투쟁으로 보는 쪽으로 치우쳐 있는 잘못도 시정해야 한다. 중국의 침공을 물리치면서 동아시아문명의 보편주의를 독자적으로 구현해 민족문화의 역량을 키운 사실을 더욱 분명하게 밝혀내야 한다. 지배층과 민중이 투쟁하면서 합작해온 양상을 한층 다면적으로 파악해야 한다.

역사관을 바로잡기 위해서는 문학의 역사를 중요시할 필요가 있다. 동아시아문명과 민족문화의 상보적인 관계, 지배층과 민중의 합작을 이해하는 데 문학이 최상의 자료를 제공한다. 정치사에서 나타나는 싸움과 문학사에서 해명되는 화합의 양면이 합쳐져 있는 것이 역사의 실상이다. 양면의 역사를 통괄해서 이해하면서 역사의 실상을 입체적으로 해명하는 작업을 적극 시도해야 새로운 역사관을 마련할 수 있다.

한국역사를 서술할 때에는 사회 내의 대립과 투쟁 가운데 어느 한쪽에 쏠리지 않고, 둘 다 있는 사실 그대로 소개하려고 한다. 그러나 대립과 투쟁이 어떤 관계를 가지는가 하는 문제를 역사철학의 관점에서 해명하려고 하는 시도는 없다. 지배세력의 교체를 정리해서 말한 데서도 사실의 열거를 넘어서지 못하고 있는 것이 그 때문이다. 사회가 움직여지고 역사가 전개되는 역동적인 과정이 어째서 생겨나는가 하는 문제가 의식되지 않고 있다.

타이의 왕조사관, 월남의 계급투쟁사관, 한국의 실증사관은 서로 아주 다른 것 같지만, 자기 나라만의 역사를 각기 그 나름대로 특수하게 조성되어 있는 관점에서 살피는 데 그치고 역사전개의 공통된 양상을 납득할 수 있게 해명해주는 포괄적인 이론을 결여하고 있는 점이 서로 같다. 그렇기 때문에 역사의 어느 국면에 대해서 단편적인 이해를 한 편린들을 늘어놓기만 한다. 생성과 극복, 화합과 투쟁을 분리시켜 놓는다.

이런 잘못을 시정하기 위해서는, 생성과 극복, 화합과 투쟁이 둘이 아니고 하나이며, 하나가 아니고 둘인 총체를 파악하는 생극론의 역사철학을 마련해야 한다. 생극론은 모든 이치를 한꺼번에 밝히는 총체적인 철학이지만 역사철학으로 이해하고 적용할 때 그 의의가 특히 선명하게 나타난다. 철학을 철학으로 제시하는 데 그쳐서는 절실한 의미를 잃어 공허하다는 느낌을 주기 쉽다.

생극론 일반을 생극론의 역사철학으로 좁히고, 생극론의 역사철학을 국사학의 실제적인 문제를 검토하면서 구체화해서 논하는 것이 긴요한 과제이다. 하나가 여럿이고 여럿이 하나인 것이 생극론의 근본 이치이므로, 이렇게 하는 것이 임시방편이 아니고 필수적인 작업이다. 생극론은 철학의 독존을 부정하면서 철학의 논란을 활성화한다. 철학은 부정해야 살아난다.

생극론의 관점에서 역사의 전개를 크게 논하면, 문명권과 문명권, 민족과 민족, 계급과 계급은 화합과 투쟁의 양면적인 관계가 둘인 것은 하나로 만들고 하나인 것은 둘로 만들면서 역사를 창조해왔다. 역사를 문명권·민족·계급의 단위에서 이해하는 데 생극론이 일관되게 적용될 수 있다. 그런데 그 세 가지 역사를 각기 독립시켜 다루고 별개의 원리로 파악하려고 한 것이 지금까지 사학의 결정적인 잘못이다.

그 세 가지 역사 가운데 문명권 단위의 역사에 관해서는 논의가 충분히 구체화되지 못했다. 문명과 문명의 관계를 이해해 세계사를 서술하는 작업은 시도 단계에 머무르고 있다. 문명과 문명의 충돌이 필연적이라는 주장과 문명들 사이의 화해가 바람직하다는 소망이 제대로 검증되지 않은 채 각기 따로 표명되고 있다. 그런 문제를 다 모아서 결판내면서 명실상부한 세계사를 서술하고, 인류의 미래를 슬기롭게 예견하는 것이 생극론 역사철학의 긴요한 과제이다.

생극론에 입각해서 살피면, 타이의 왕조사관, 월남의 계급사관, 한국의 실증사관은 역사 전개의 총체적인 과정 가운데 어느 일부를 임의로 선택해서 부각시킨 것에 지나지 않는다. 그런 편향성을 넘어서야 역사 전개의 동질성을 확인할 수 있어 국사를 넘어서서 세계사로 나아갈 수 있고, 사실 해명의 사학을 새로운 역사철학으로 바꾸어놓을 수 있다. 정치사에 치우치고 경제사에 의거하는 편향성을 시정하고 역사 창조의 모든 국면을 포괄해서 다루는 총체적인 사학으로 나아갈 수 있다.

국사를 넘어서기 위해서는 각국의 역사에 함께 적용되는 공통된 시대구분이 있어야 한다. 마르크스주의의 유물사관에서 그런 것을 내놓은 것은 커다란 의의가 있으나, 미완성의 이론이 수정 불가능한 이념으로 숭앙되어 난관이 생겼다. 유물사관이 등장해서 학문 발전에 기여한 공적이 마르크스주의를 경직되게 해석해 새로운 탐구를 막은 탓에 크게 훼손되었다.

그렇다고 해서 세계사의 공통된 시대구분을 찾지 말고 거대이론을 불신하는 것이 적절한 대응책일 수는 없다. 국사는 각기 그 나라 역사의 실상에 맞게 독자적인 시대구분을 해서 쓰면 그만이라고 하면 문제가 해결되는 것은 아니다. 이론과 사실이 맞지 않으면 이론을 버려야 한다는 것은 소극적이고 무책임한 대책이다. 사실과 합치되는 이론을 다시 만드는 것이 학문의 임무를 제대로 수행하는 적극적인 해결책이다.

어디서나 적용될 수 있는 새로운 세계사 시대구분의 보편적인 이론을 인정하고 찾아내기 위해서 계속 노력해야 한다. 새르운 시대구분의 이론을 마련하는 작업은 기존의 이론 가운데 가장 큰 도전으로 남아 있는 유물사관과 생극론의 관계를 가지고 이루어져야 한다. 유물사관을 받아들여 극복하는 작업을 생극론에 입각해서 성취해야 한다. 유물사관에서 내세우는 극복의 사관을 받아들이고 생성의 사관을 거기다 보태는 것이 기본 작전이다.

유물사관에 대해서 세 가지 국사서가 서로 다른 반응을 보였다. 『타이사』는 유물사관에 대해서 전혀 아무런 관심도 가지지 않았다. 『월남사』는 유물사관을 융통성 있게 적용하고 표면에 내세우지 않았다. 시대구분을 대체로 그런 방식으로 했으면서 시대구분을 문제로 삼지는 않았다. 『한국사』에서는 유물사관의 시대구분을 따르지 않고 독자적인 시대구분을 하겠다고 했다. 그런데 결과가 그리 선명하지 않으며, 유물사관에 대한 이론적인 대안을 마련했다고 할 수 있는 데까지 이르지는 못했다.

생극론에 입각한 시대구분은 앞의 논의에서도 상당한 정도로 제시했다. 이제 그 성과를 모아서 정리해보기로 한다. 문명권 전체의 공동문어와 세계종교를 공유하면서 그것을 민족문화와 함께 가꾸어온 보편주의의 시대가 중세이며, 중세는 신분에 의한 계급으로 사회가 구성되어, 특권지배신분은 문명권 전체의 보편주의와, 피지배민중은 민족문화의 특수성과 더욱 밀접한 관련을 가지고 서로 대립되면서 융합되는 관계를 가지고 살았다.

국사는 민족감정과 깊이 연결되고 국가 정책에 매여 있다. 방법이나 내용이 보편적일 수 없는 운명을 가진 것 같다. 유용성이 크다고 인정되는 것만큼 낙후했다. 많은 폐해를 자아내므로 수술하고 혁신해야 한다. 민족감정을 누그러뜨리고 국가 정책에서 벗어나려고 한다고 해서 해결책이 생기지는 않는다. 국사의 신화를 넘어서자고 하는 말도 효력이 없다.

국사를 넘어서는 열린 시야를 가지고 역사를 이해하는 새로운 길을 열어야 한다. 국사를 그냥 넘어설 수는 없다. 비교사학을 하는 것이 필수적인 방법이다. 여러 나라 국사가 각기 다르다고 하지만 한 자리에 놓고 살피면 주목할 만한 공통점이 있다는 것을 밝혀야 한다. 공통점을 근거로 문명권의 역사로, 다시 세계사로 나아가야 한다.

국사학은 자기 나라의 역사는 그 자체로 이해해야 한다고 한다. 보편주의를 거부하고 특수성을 옹호해야 한다고 한다. 그러나 자국사는 특수하다고 주장하는 것이 보편적인 현상이다. 특수성의 내용이라고 하는 것들도 서로 견주어보면 상당한 정도의 공통점이 있다. 차이점이 공통점 실현의 구체적인 방법에 있으므로 공통점을 매개로 이해해야 한다. 국사에 관한 비교연구는 국사의 장벽을 넘어서서 보편적인 역사학에 이르도록 한다. 비교연구가 편견 극복의 방법이다.

비교연구는 공통점과 차이점을 밝힌다. 어느 것을 출발점으로 하고 어느 것을 도달점으로 하는가에 따라 비교연구가 달라진다. 차이점을 출발점으로 하고 공통점을 도달점으로 하는 비교연구도 있다. 공통점을 출발점으로 하고 차이점을 도달점으로 하는 공동연구도 있다. 지금까지 한 작업은 차이점을 출발점으로 하고 공통점을 도달점으로 한 비교연구이다. 이런 작업을 발전시켜 각기 자기네 국사는 특수하다고 하는 편견을 시정하고 보편적인 역사학에 이르는 연구를 더욱 힘써 해야 한다.

토론

❑ 문: 역사학에 관심이 많은 이유는 무엇인가?

❑ 답: 두 가지 이유를 들어 대답할 수 있다. 문학사를 하려면 문학과 역사를 함께 공부해야 한다. 역사학은 학계의 범위를 넘어서서 광범위한 일반 독자에게 많은 영향을 끼친다. 역사학이 제대로 되지 않으면 모두 손해를 본다. 눈이 먼 것처럼 된다고 해도 지나친 말이 아니다. 국사학자들이 담을 쌓고 들어앉아 내부 점검을 하는 데 그치는 잘못을 나무라고 공개토론을 벌이지 않을 수 없다.

❑ 문: 국사는 내용에서 무엇이 잘못 되었단 말인가?

❑ 답: 지금의 국사학은 학문이 아니다. 한 번만 일어난 일을 다루고 마니 일반화되는 원리를 찾을 수 없다.

❑ 문: 국문학은 어떤가?

❑ 답: 한 번 일어난 일만 다루고 마는 국문학 또한 학문이 아닌 줄 알고 잘못을 고치고 있다. 비교연구를 하면서 일반이론을 이룩하려고 한다. 역사학에서도 국사·동양사·서양사를, 또는 한국사·세계사를 별개의 영역으로 삼지 말고 비교사학에 힘써야 한다.

❑ 문: 역사 교과서는 어떻게 되어야 하는가?

❑ 답: 한국사·동아시아사·세계사를 통괄해 서술하면서 긴요한 관심사를 중점적으로 다루는 것이 마땅하다. 앞에서 든 국사·동양사·서양사 또는 한국사·세계사는 각기 별개의 것이지만, 한국사는 동아시아사에, 동아시아사는 세계사에 포함된다. 한국사에서 일어난 중요한 전환이 동아시아사에서는, 세계사에서는 어떻게 일어났는지 여러 사례를 들어 비교해 고찰하자는 말이다. 선주민과 이주민의 관계, 공동문명과 민족문화의 이중구조, 신분제의 형성과 철폐 같은 것은 우선적으로 다룰 만하다.

❑ 문: 『한국사신론』의 식민지사관 극복을 과소평가하는 것이 아닌가?

❑ 답: 의도는 평가할 수 있으나 결과는 미흡하다. 일제 식민지사관의 한국사 폄하를 실증주의 방법의 정치사로 시정하려고 한 것이 무리이다. 실증주의 방법의 정치사는 일본 학문의 특징이다. 그 학풍을

가져와서 반론을 제기하려고 하니 볼 만한 결과가 없다. 문화사와 사상사를 합친 문화사상사라고 할 것으로 대안을 삼아야 한다. 한국이 동아시아문명을 재창조하면서, 민족의 삶에서 보편적 가치를 추구하면서 무엇을 이룩했는지 밝혀 논해야 한다.

❑ 문: 다루어야 할 것을 다루지 않았다는 말인가?

❑ 답: 사상을 정치의 부속물로 다루는 데 그쳤다. 불교 수용은 왕권 강화의 수단이다. 理氣論에 관한 논란은 당쟁을 위한 구실이다. 이런 수준의 논의에 머무르는 단순하고 평면적인 역사학을 했다. 월남에서 중국의 침공을 물리치면서 동아시아문명을 받아들여 민족문화를 발전시킨 양면의 관계를 깊은 관심을 가지고 논하는 것과 많이 다르다.

❑ 문: 왜 그렇게 되었는가?

❑ 답: 다면적이고 총체적인 인식론을 갖추는 것이 조상 전래의 장기인데 일제 식민지 통치를 받는 동안에 상실했다. 공허하다고 여긴 사상은 버리고 개별적 사실을 존중하는 일본인의 사고형태가 근대학문의 방법을 갖추고 위세를 떨치는 데 압도되어 눈이 멀었다.

❑ 문: 월남의 경우는 어쨌는가?

❑ 답: 월남은 프랑스 식민지가 되어 프랑스의 학풍으로 프랑스와 맞서려고 했다. 프랑스 학풍에서 사상을 중요시하므로 조상 전래의 노력을 적극 이으려고 했다. 식민지가 된 것은 어느 경우이든 불행이지만, 불행 중 불행인 경우와 불행 중 다행인 경우가 다르다.

❑ 문: 프랑스의 영향은 긍정적인 작용을 했다는 말인가?

❑ 답: 일본의 영향에 비하면 그렇다고 할 수 있다. 세계 인식의 수

단을 어느 말로 삼는가 하는 것도 상당한 차이가 있다. 월남 시인들은 프랑스 상징주의 시를 원문으로 읽고 자기네 정형시를 더 잘 만들고자 했다. 일본에서는 번역본 독자를 속이는 "근대시는 자유시이다"라는 거짓말로 창작의 지침을 삼았다. 유럽문명권문학의 충격에 어떻게 대처했는가에 관한 광범위한 비교연구를 해야 한다. 이 연구에서 문명권 비교론이 다시 이루어진다.

❑ 문: 문명을 나누기만 하고 겹치는 것은 연구하지 않아도 되는가?

❑ 답: 지난 시기 서역 또는 내륙아시아에서 한문·산스크리트·아랍문명권이 만난 양상 연구에서 많은 것을 얻을 수 있다. 오늘날 세계 도처에서 이루어지고 있는 문명의 복합에 관한 연구도 힘써 해야 한다. 역량도 시간도 모자라 안타깝다.

제6강 우리말로 창조하는 철학

무엇이 문제인가?

비교연구의 방법을 비교문학에서 먼저 다루고 비교사학에 이르렀다가 이제 비교철학에 들어선다. 비교문학·비교사학·비교철학은 인문학문에서 하는 비교연구의 세 가지 기본영역이라고 할 수 있다. 이미 많은 작업을 한 것에서 시작해 개척의 여지가 더 많은 쪽으로 나아가면서 셋을 함께 문제 삼는다. 현상 연구에서 이론 연구로 진행하는 과정이라고도 할 수 있다.

이론의 탐구라는 점에서 비교철학이 가장 긴요하다. 이론 탐구를 현상 비교로는 하기 어려워 비교철학 개척이 늦었다. 비교문학·비교사학·비교철학을 함께 진행하는 것이 마땅한 대책이라고 여겨 두 가지 작업을 시도한 바 있다. (『한국의 문학사와 철학사』, 서울: 지식산업사, 1996; 『철학사와 문학사 둘인가 하나인가』, 서울: 지식산업사, 2000) 여기서는 비교철학을 그 자체로 다루면서 철학사는 버려두고 철학창조를 문제 삼는다.

출발점을 확인하면서 무엇이 문제인지 밝힌다. 학문의 이론은 철학을 근거로 삼아 마련되기 때문이다. 자기 말로 자기 철학을 해야 독자적이고 독창적인 이론을 갖춘 학문을 할 수 있다. 우리 학문이 이렇게 하지 못해 고민인 것은 우리말로 우리 철학을 하는 기본 과업 수행에 차질이 있기 때문이다.

중세에는 어디서나 철학을 할 때에는 공동문어를 사용했다. 우리도 한문으로 철학을 한 것이 당연한 일이다. 중세의 공동문어 철학을 새로운 공용어가 된 자국의 민족어로 이어받아 재창조하면서 근대학문이 이루어졌다. 유럽에서는 이미 이룩한 이 전환이 우리뿐만 아니라 아시아에서는 제대로 이루어지지 않아 어려움을 겪는다.

그 양상을 비교해 고찰한다. 인도·일본·중국의 경우를 대표적인 철학자의 작업을 들어 살피고 우리는 어떤지 되돌아본다. 네 나라에서 하고 있는 철학의 실상에 상당한 차이점이 있어 상호조명에 의한 이해가 필요하다. 각기 다른 길로 갈 수밖에 없다고 하려는 것은 아니다. 미완의 과제를 바람직하게 수행하려면 무엇을 어떻게 해야 하는지 알아내는 것이 최종 목표이다.

이번에도 이미 한 작업을 이용한다. 『인문학문의 사명』(서울: 서울대학교출판부, 1997)의 한 대목 <우리말로 철학하기의 세계사적 사명>을 간추려 옮기면서 순서를 바꾸고 논의를 가다듬는다. 거론하는 저작의 원문을 길게 인용하고 자세하게 분석한 대목을 생략하고 논의 결과만 소개한다.

남의 말로 자기 철학을 하는 인도

라다크리슈난(Radhakrishnan, 1888-1975)은 인도의 석학이다. 산스크리트로 이루어진 인도철학을 영어를 학문의 언어로 삼아 재평가하면서 근대사상으로 만드는 작업을 크게 성취해 높이 평가되고 널리 알려졌다. 남의 말인 영어로 자기 철학을 한 것이 어떤 의의와 문제점을 지니는지 살피려면 라다크리슈난을 주목해야 한다.

라다크리슈난은 안드라 프라데쉬(Andra Pradesh) 지방에서 태어났으며, 그곳의 언어는 드라비다어의 한 갈래인 텔레구(Telegu)어이다. 그 말을 사용했더라면 한 지역의 학자에 지나지 않았을 것인데, 영어를 학문의 언어로 삼아 인도 여러 곳의 대학 및 영국의 대학에서 교수를 하고, 인도의 대통령이 되기도 했다. 1918년부터 식민지하 인도의 대학에서 철학교수를 하다가, 1936년부터 1952년까지는 영국 옥스포드대학에서 "동양종교 및 윤리" 교수를 했다. 1953년부터 1962년까지는 델리대학 총장을 하고, 1962년부터 1967년까지는 인도의 대통령이었다.

라다크리슈난은 영어로 『인도철학』을 써서 영국에서 출판했다. (S. Radhakrishnan, *Indian Philosophy*, London: George Allen and Unwin, New York: Macmillan, 1923) 그때 저자는 30대의 젊은 나이로 캘커타대학 교수였다. 식민지통치하의 인도에 대학이 서고, 대학에서 철학 강의를 하고, 인도인이 철학 교수 노릇을 하고, 인도인이라도 식민지 본국 영국대학의 교수가 되기까지 했다. 이런 점이 모두 일본 식민지 통치하의 한국과 많이 달랐다.

라다크리슈난이 영국의 식민지 통치에 순응해서 그렇게 되었던 것은 아니다. 영국에 항거하고 인도인의 각성을 촉구하는 과업을 적극 수행하면서, 그 방법을 학문에서 찾았다. 논리를 존중하면서 이치를 따지려는 사람이라면 누구나 납득하고 동의할 수 있는 논의를 전개해서 지난 시기의 인도철학을 평가하고 현대사상으로 계승하고 재창조해 억압과 불평등에서 벗어나 자유와 평등을 이룩하는 길을 제시하고자 했다.

『인도철학』의 서두에서 "인도사상은 인류정신사의 한 장을 이루고, 우리에게서 생동하고 충만한 의의를 가진다"고 했다.(1권 7면) "우리"가 인도인만은 아니다. 인도철학사를 읽고 이해하고 공감을 나누는 모든 인류가 "우리"가 되어, 인류 공유의 재산을 재평가해야 마땅하다고 생각해서 이렇게 말했다.

인도에는 종교만 있고 철학은 없다는 영국인의 비방에 맞서는 것이 무엇보다도 긴요한 일이라고 여겨 정면에서 거론했다. 인도에는 독단적인 교리를 가진 종교가 없으며, 종교와 철학이 합리적인 사고를 함께 개척해왔다고 했다. "철학에서 추구하는 진실이 언제나 많은 사람의 일상생활에서 살아 있게 하는 것이 인도에서 종교가 하는 구실이다"라고 말했다.(1권 26면) 또한 종교에서 제기되는 문제가 철학의 탐구를 촉진하는 작용을 해왔다고 했다.

인도의 보수주의자들은 과거의 영광을 상실한 당대의 불운을 개탄하기만 하고, 급진주의자들은 과거의 유산을 버리고 합리주의로 무장해야 한다고 하는 것이 둘 다 마땅하지 않다고 했다. 양극단의 과오를 시정하고, 인도에서 철학을 어떻게 이룩해왔는지 살피면서 무엇을 어떻게 계승해야 하는지 밝히는 작업을 해야 한다고 했다. 인도 고전에 정통한 전문가가 아니라도 읽어서 이해할 수 있는 철학사를 써내야 그렇게 할 수 있었다.

책 말미에서는 자기가 한 작업의 의의를 한층 분명하게 했다. 영국인은 식민지통치를 합리화하기 위해 "인도는 철학이 우스꽝스럽고, 예술이 유치하고, 시는 영감이 없고, 종교는 괴이하고, 도덕은 야만적이다"

라는 견해를 인도인에게 주입시키려 했다고 했다. 무엇이 어떻게 잘못 되었는지 밝혀 논하려고 인도철학사를 썼다고 했다.(2권 779면)

산스크리트나 인도의 다른 언어가 아닌 영어로 책을 써서 뜻한 바를 널리 알렸다. 계몽을 위해서 투쟁을 위해서 해야 할 일을 했다. 원전 인용은 하지 않고 직역도 피하면서 영어에 있는 말을 이용해서 논의를 전개했다. 인도철학에 대해 이해가 없는 독자도 읽고 깊은 공감을 가질 수 있게 했다.

그러나 인도철학의 진면목을 제대로 찾아내 평가했는지 의심스럽다. 산스크리트 원전을 영어로 옮겨 전달하느라고 이해의 수준이 낮아지고 논의가 빗나가기도 하지 않을 수 없었던 차질을 염려하는 것만은 아니다. 인도철학의 전통에서 무엇을 특히 높이 평가하고 계승하고자 했는가 하는 데 더 큰 문제가 있다.

인도 철학의 두 거봉은 8세기의 상카라(Sankara)와 13세기의 라마누자(Ramanuja)이다. 『베다』(*Veda*)에 근원을 두었다는 베단타(Vedanta) 철학을 서로 다르게 전개해 많은 논란거리를 남겼다. 상카라는 경험하는 세계는 환영이고 오직 브라흐만(Brahman) 神만이 실재한다고 했는데, 라마누자는 신이 실재하면 세계도 실재한다고 했다. 신과 세계가 둘이 따로 놀아서 그런 것은 아니고, 세계는 신의 모습이 밖으로 드러난 것이어서 실재한다고 했다. 신의 실재와 세계의 실재는 물질이 아닌 정신으로 연관되어 있지만, 그렇다고 해서 물질은 헛것이라고 할 수는 없다고 했다.

라마누자가 한 말을 인용한 것을 보자. 라마누자는 신과 세계가 어떤 관계를 가졌는지 논하면서, "신은 참으로 진실하고 독립되어" 있을 뿐만 아니라, "세계의 정신 또한 그 실체가 신의 실체에 의존하고 있기는 하지만 진실하다”고 하고, “세계의 근거가 되는 정신적 원리가 환영으로 취급될 수 없다고 믿었다”고 했다.(2권 660면) 우리가 세계를 경험하면서 착각을 하고 오판을 하는 것은 세계가 환영이라는 증거라고 상카라가 말한 데 대해서, 착각을 하더라도 실제로 있는 사물과 부딪힌 것이고 오판을 한 데도 그럴 만한 이유가 있었을 것이니, 그 때문에 세계가 환영이라고 보는 것은 잘못이라고 했다. 이것을 저것이라고 하고, 저것을 이것이라고 하는 오판은 서로 연관되어 있어 종합적인 작용을 하기 때문에 온통 환영이라고 여기는 것은 더욱 부당하다고 했다.

상카라는 자세하게, 라마누자는 간략하게 다룬 것은 상카라의 견해가 타당하기 때문인가? 라마누자의 견해가 부당하다고 논증하지 않았다. 사상을 있는 그대로 정리해서 전달하는 데 충실하고 타당성 여부는 논의의 대상으로 삼지 않았다. 차등 평가의 이유는 밝히지 않았으므로 추리해내야 한다. 상카라의 견해가 라마누자의 반론보다 전통적으로 더욱 높이 평가되었다는 사실을 재확인하려고 한 것만은 아니다. 당대의 인도를 위해 상카라가 더욱 소중하다고 여겨 논의에 차등을 두었다.

영국인이 내세우는 유럽의 물질주의에 대한 확고한 반론이 상카라의 정신주의라고 판단했다. 라마누자는 물질과 정신을 함께 인정했으므로 가치가 반감된다고 여겼다. 중세사상을 스스로 근대화하고, 동서의 대립을 넘어서는 길을 모색하는 데 라마누자가 상카라보다 더 큰 기여를 할 수 있다고 평가하지는 않았다.

라다크리슈난은 철학사 서술의 복잡한 작업에서 벗어나서 무엇이 문제인가 핵심을 찾아 논한 저술을 여러 차례 내놓았다. 그 가운데 『힌두교의 인생관』(*The Hindu View of Life*, London: George Allen and

Unwin, 1949)이 특히 중요하다. 이 책에서는 상카라와 라마누자의 비교 평가를 어느 정도 구체화했다.

"신이 세계로 바뀌었다고 하면, 바뀐 것이 신의 전체인가 아니면 부분인가 하는 의문이 제기된다"고 하고, "전체라고 하면, 우주를 떠나서 신이 따로 없다고 하게 되어, 저급한 범신론에 빠진다", "부분이라고 하는 것은 신이 분할할 수 있다고 하는 뜻이다"라고 했다.(67면) 이런 말로 비판한 대상은 라마누자의 견해이다. 신의 모습이 드러나서 경험할 수 있는 세계가 이루어졌다고 하는 라마누자의 견해가 부당하다고 이렇게 지적하고, 라마누자가 부정한 상카라의 견해를 다시 긍정했다.

그러나 두 사람을 대등한 자리에 두고 비교한 것은 아니다. 라마누자는 깊은 관심을 가지지 않은 채 비판하는 데 치중하고, 상카라의 견해는 자세하게 살피고 다각도로 옹호했다. 상카라가 최상의 견해를 제시했다고 하면서 "브라흐만을 떠나서 주관이든 객관이든 존재하지 않는다"고 말했다.(65-66면) 이런 견해에서 자기 철학의 기본노선을 마련했다.

주관과 객관의 구분이나 대립을 넘어선다고 하는 것은 언제나 바람직한 일이다. 그렇게 하겠다는 데 대해서 반대할 이유는 없다. 그러나 주관과 객관이 모두 브라흐만을 떠나서는 존재하지 않는다고 하는 것은 논리의 비약이다. 주관과 객관의 대립을 그렇게 해야 넘어설 수 있다든가, 그렇기 때문에 주관과 객관의 대립이 있을 수 없다든가 하는 것은 납득하기 어려운 주장이다.

철학사의 논란은 시비를 가려야 한다. 신의 모습이 세계로 나타나 있다고 하는 라마누자의 견해와 신의 모습만 있고 신을 떠나서는 아무것도 없다고 하는 상카라의 견해를 비교하면서 앞의 것이 틀렸으므로 뒤의 것이 맞다고 한 것은 부당하다. 앞의 것이 틀렸다는 것이 증명되어도, 뒤의 것이 맞다고 증명된 것은 아니다. 두 가지 증명은 각기 따로 해야 한다.

앞의 것에 관한 라다크리슈난의 비판을 다시 살피면, 신은 전체로든지 부분으로든지 자기 모습을 세계에 드러낸다고 보면 부당할 것이 없다. 하나는 하나이고 여럿은 여럿이라고 하면 소견이 막히고, 하나가 여럿이고 여럿이 하나인 줄, "一卽多"이고 "多卽一"인 줄 알아야 진실에 이른다. 이것을 알면 신의 모습이 전체로 드러나는가 아니면 부분으로 드러나는가 하는 것은 시빗거리가 될 수 없다. 경험할 수 있는 세계의 다양성이 그 자체로 절대적인 실체라고 한다면, 그 둘의 관계에 관해 불가해한 비밀이 없고, 절대적 실체를 신에게서 찾아야 할 이유가 없어진다. 라마누자의 사상에서 한 걸음 더 나아가, 동아시아 理氣철학의 용어를 사용하면, 氣는 하나이면서 여럿이라고 하는 氣一分殊인 줄 알아야 한다.

상카라의 베단타철학에 입각해서 유럽의 사상을 비판하는 것은 가능하다. 그러나 물질주의와 맞선 정신주의가, 현실주의와는 다른 이상주의가 인도인의 자랑이라고 하는 논법에서 벗어나지 못한다. 다투어 결판을 낼 것이 아니고, 서로 다르다는 점을 인정하고, 상대방의 장점을 받아들여 조화를 이룩하자고 해도 말만 달라질 뿐이다. 유럽과 인도 양쪽의 철학사가 같은 방향으로 전개되어 세계철학사의 공동영역이 인정된다고 생각하거나 양쪽의 철학을 합칠 수 있는 방안이 있다고 믿지 않았으므로, 싸워야 한다는 것과 화해를 해야 한다는 것은 태도의 차이일 따름이다. 목청을 돋우어 싸운다고 해서 승패가 나누어질 것도 아니고, 태도를 부드럽게 해서 화해를 청한다고 해서 시비가 끝날 것도 아니다.

자기 문명권 특유의 주장을 일방적으로 펴려고 하지 말고 인류 전체의 문제를 해결하는 보편적인 철학이 있어야 싸움이든 화해이든 철학의 논의 안에서 실제로 전개될 수 있다. 기독교냐 힌두교냐 하고 논쟁을 하는 데서는 그럴 수 없다. 힌두교철학이 진정으로 보편적인 철학이라는 것과 같은 주장을 기독교에서도 꼭 같이 할 수 있다는 것을 인정해야 한다. 철학의 문제를 종교에서 분리해내지 않고서는 보편적인 철학을 향해 나아갈 수 없다.

동아시아 한문문명권에서는 氣철학을 마련하면서 그 일을 해냈다. 유럽문명권 근대철학의 자랑 또한 같은 과업을 수행한 것이라고 할 수 있다. 인도에서도 철학을 종교에서 분리시키고 상응하는 과업을 수행해야 했는데 그렇지 못했다. 중세후기까지는 잘 나가던 인도철학이 중세에서 근대로의 이행기에는 침체기에 들어섰다. 미진하게 남겨둔 그 과업을 수행하면서 다음 시대의 철학을 이룩하려고 하지 않고, 종교와 철학이 하나였던 중세전기로 되돌아가고자 했다.

라다크리슈난이 인도철학의 이상주의를 널리 알리려고 노력한 것을 평가할 만하다. 그러나 언어와 독자 선택에 문제가 있었다. 영어권 독자의 편견을 공격하고 시정하는 방안을 과거로 돌아가는 데서 찾아 인도문명 예찬론을 전개하기나 하고, 미완으로 남아 있는 과제에는 관심을 가지지 않았다. 세계철학사를 혁신하는 인도의 과업에 스스로 제동을 걸었다.

자기 말로 남의 철학을 하는 일본

책 두 권을 들어 논의를 계속하는 단서로 삼자. 인도에서 하는 철학을

총괄한 『인도에서의 철학』과 일본에서 하는 철학을 점검한 『철학은 일본에서 지금』이 좋은 대조를 이룬다. 누가 인도는 후진국이고 일본은 선진국이라고 하는가? 경제적인 빈부와 학문의 우열이 반비례할 수 있다는 것을 명확하게 확인할 수 있다. (K. Satchidananda Murty, *Philosophy in India, Tradition, Teaching and Research*, Delhi: Motilal Banarsidass, 1985; 廣松涉 外, 『哲學は日本ではいま』, 東京: 理想社, 1992)

인도에서 낸 그 책에서는 인도철학의 의의, 인도철학사의 전개, 근대철학의 성립, 철학연구와 철학교육을 체계적으로 다루고, 철학의 전통을 오늘날의 철학에서 계승하는 방향과 방법을 힘써 고찰했다. 일본의 경우에는 간략한 서장에 이어 철학의 영역별 현황을 서로 다른 필자가 분담해서 고찰하면서 일본철학이 유럽철학을 받아들인 양상을 살피는 데 치중했다. 철학을 생산하는 나라와 수입하는 나라의 차이점을 책의 체제와 문체에서까지 명확하게 드러냈다.

일본철학의 현황을 개관하는 서장을 집필한 廣松涉은 일본철학은 외국철학의 "輸入加工品"이라고 전제하고, 수입하고 가공한 두드러진 성과를 열거한 다음에, 이제 일본철학은 수입한 것을 소화하고 재창조해서, 수입을 수출로 전환하는 국산품 생산을 할 날이 멀지 않았다고 했다. 그런데 본론 구성을 보면, 일본사상, 서양철학사, 그리스철학, 대륙합리론, 영국경험론, 독일관념론, 칸트, 헤겔, 현상학, 실존철학, 프랑스현대사상, 현대영미철학, 유물론철학 등을 다룬 항목이 하나씩 있다. 유럽철학과의 관계를 그렇게 나누어 고찰하면서, 수입가공도 개별분야에서 각기 해야 할 일로 돌렸다.

일본 것은 '일본철학'이라고 하지 않고 '일본사상'이라고 했으며,

중국철학이나 인도철학에 관한 항목은 없다. 일본에는 '철학'의 단계까지 나아가지 못한 '사상'이나 있으며 중국이나 인도의 철학은 철학이라고 하더라도 중국학이나 인도학에서 다룰 것이지 철학과에서 연구하고 강의할 대상이 아니라고 여겨 그렇게 했다. 유럽문명권철학이라야 철학이라는 것은 의심의 여지가 없다고 여기고, 일본에서 철학을 하는 과업이 유럽문명권철학을 수입해서 가공하는 것 외에 다른 무엇일 수 없다고 확신하고 있다.

앞에서 말한 라다크리슈난이 인도철학사를, 뒤에서 살필 馮友蘭이 중국철학사를 쓰는 것과 같은 작업을 일본에서는 하지 않았다. 일본철학사라는 저술 자체가 본격적으로 이루어진 것이 없다. 그 대신에 일본사상사는 여러 가지 거듭 나왔는데, 여럿이 분담해서 집필한 것이 대부분이고, 있었던 사실을 정리하는 데 치중하는 실증사학의 작업을 하기나 하고, 사상 계승의 문제를 두고 고심하지는 않는다.

일본철학뿐만 아니라 동아시아철학을 온통 버린 일본에서 유럽철학을 수입하는 것으로 새 시대의 철학을 삼는 열의는 대단했다. 수많은 철학도가 유럽에 유학하고 돌아와 유럽철학을 소개·번역·재조립하는 일에 종사했다. 그런 작업을 잘 해서 수입학에서는 세계제일의 모범생임을 분명하게 입증했다.

유럽철학 가운데 칸트와 헤겔을 중심으로 한 독일관념론을 수입하는 데 특히 힘써 일본근대 국가와 사회를 구성하는 원리를 찾고자 했다. 칸트에게서는 도덕철학의 원리를 받아들이고, 헤겔에서는 국가철학을 마련하는 근거를 얻으려고 했다. 지성적인 사고를 하고, 철학을 정립하는 자유롭고 창조적인 활동에는 관심이 없으며, 이미 이룩되어 있는 사고의 규범을 이해하고 적용하는 것을 긴요한 일거리로 삼았다.

유럽문명권철학을 받아들이면서 번역을 하는 것을 큰 일거리로 삼았다. 용어를 번역하면서 한자어를 사용한 것이 문제이다. 한 예를 들면, 'Vernunft'를 '理性'이라고 번역한 것은 '理'와 '性'이 각기 그것대로의 의미를 가진 철학용어로 쓰인 역사를 완전히 무시한 횡포이다. 그 때문에 자기 철학도 죽이고 남의 철학도 제대로 받아들일 수 없게 하는 이중의 차질을 빚어냈다.

일본에는 자기철학이 없으니 그처럼 무리를 해서라도 남의 철학을 수입하는 것이 불가피했다고 할 것은 아니다. 과거에 일본인이 이룩한 철학만 자기철학이라고 하는 것이 부당하기 때문이다. 福澤諭吉이 가치가 없으니 버려야 한다고 역설한 仁義禮智의 전통이 모두 자기철학임을 인정해야 한다. 한문으로 이룩한 동아시아철학은 동아시아 공유의 재산이므로 일본이 자기 유산으로 삼아 계승하고 발전시키는 것이 당연하다.

그런데 유럽문명권철학을 번역해서 받아들이는 과정에서 그쪽의 용어를 자기철학에서 쓰던 한자어를 함부로 변조해 번역한 탓에 사고를 혼란시키고 단절시켰다. 脫亞入歐를 하겠다고 나서서, 남의 집인 유럽으로 이사 가지도 못하고 자기 집인 아시아만 어지럽히고 말았다. 이제 방향을 돌려 脫歐入亞해야 한다는 주장이 일어나고 있는데, 아시아를 망쳐놓아 돌아갈 집을 없앴으니 이러지도 저러지도 못한다.

일본이 자기네가 계승해야 할 전통만 망치고 만 것은 아니다. 일본의 전례에 따라 유럽문명권철학을 받아들인 한국에서도 일본에서 번역한 한자 용어를 그대로 가져다 써서 한문철학의 전통을 훼손했다. 한국은 脫亞를 생각하지도 못하고 있는 처지이면서 일본이 저지른 죄과를 함께 뒤집어쓰기만 했다.

유럽문명권철학을 받아들여서 무엇을 했는가 묻는다면, 도덕을 정립하고 국가관을 심어주는 데 썼다는 대답을 한다. 그러나 자유롭고 진취적인 사상은 버리고 전체주의적인 질서와 복종심 함양의 도덕을 이룩하기 위해서 가져다 쓴 유럽문명권철학은 외면적인 장식이거나 합리화의 구실에 지나지 않는다.

개념을 정확하게 분별하고 논리를 가다듬는 데 유럽문명권철학을 통한 훈련이 큰 성과를 거두었다고 하는 것은 더욱 설득력 있는 대답으로 보인다. 그러나 일본어를 사용하는 철학글쓰기는 개념이 불분명하고 논리가 엉성하다. 유럽문명권철학에서 빌려온 개념이나 논리가 글의 소재일 따름이고 글쓰는 방식은 아니다.

유럽문명권철학에서 얻은 방법은 일본문화의 전통을 해명하는 데 유익하게 쓰여 가치를 발휘한다고 하는 주장도 있다. 그러나 일본문화는 언제나 특수성을 중요시하므로 보편적인 이치를 캐는 철학으로 해명하기 어렵다. 특수성 인식을 위해 쓰이는 철학은 이미 철학이 아니므로 철학의 장기를 발휘할 수 없다.

일본에서 유럽문명권철학을 받아들여 독창적인 철학을 다시 만들어 내는 데 쓰는 것이 그 효용을 극대화하는 방안이라고 할 수 있다. 그런 사례가 실제로 있는가 묻는다면, 西田幾多郎(1870-1945)은 그렇게 했다고 하면서 대표적인 저술『善의 硏究』(善の硏究)(1911)를 내보이는 것이 상례이다. (서석연 역,『善의 연구』, 서울: 범우사, 1990으로 번역되어 있다.) 이 책을 검토하지 않고서는 논의를 더 진전시킬 수 없다. 핵심을 이루는 대목을 들어보자.

우리가 아직 사유의 세공을 보태지 않은 직접의 實在는 어떠한

> 것일까? 즉 참으로 純粹經驗의 사실이라고 하는 것은 어떤 것일까? 이때에는 또한 主客의 대립이 없고, 知情意의 분리가 없고, 다만 獨立自全의 純活動인 것만 있다. (西田幾多郎,『善の硏究』, 東京: 岩波書店, 1963, 63면)

(가) '實在'·'純粹經驗'이 한쪽이고, (나) '思惟'·'主客'의 대립, '知情意'의 분리가 다른 한쪽이다. (나)가 나타나기 전의 (가)를 파악하는 것을 논의의 핵심 과제로 삼아서 책을 썼다. 주객의 대립이 없고, 知情意의 구분이 없는 상태에서 실재 그 자체를 전혀 손상되지 않게 파악하는 순수경험이란 무엇이고 어떻게 가능한가 하는 과제를 해결하고자 했다. 그런 과제를 설정한 것은 바람직한 일이다. 그러나 의도가 좋았다고 해서 결과가 타당한 것은 아니다.

西田幾多郎이 (가)를 소중하게 여긴 것은 참선의 체험과 연관된다고 한다. 불교 사원에서 조상 전래의 수행을 하고 깨달은 바를 내용으로 삼아 독창적인 철학을 이룩했으니 평가할 만하다고 한다. 그런데 불교에서 체험해서 깨달은 바를 글로 써서 논할 때에는 유럽문명권철학에서 가져와서 일본어로 번역한 용어나 개념에 전적으로 의지했다.

'純粹經驗', '思惟', '意志', '知的直觀', '實在', '自然', '精神', '善', '宗敎' 등의 용어를 순차적으로 등장시켰다. 그것은 헤겔이 'Bewußtsein', 'Vernunft', 'Geist', 'Religion', 'absolute Wissen' 등의 상관관계에 관한 논의로 사상을 전개한 방식과 상통한다. 西田幾多郎이 헤겔과 대등한 과업을 이룩한 것처럼 보여, 두 사람이 자주 비교된다.

그러나 그 둘 사이에는 모조품과 진품의 차이가 있다. 헤겔의 용어는 유럽문명권철학에서 오랫동안 축적한 유산을 이은 것들이다. 오랜 용어를 새롭게 정의해 사용하면서 과거의 사상과 토론을 벌여 철학의 역사를 어떻게 바꾸어놓는가 명확하게 나타냈다. 독자 또한 그 토론에 참여해 헤겔과 논란을 벌리면서 책을 읽게 된다. 철학사를 기본용어의 개념변천사로 이해하면서 헤겔이 한 개념 재규정 작업을 비판하고, 독자 스스로 철학사 전개의 새로운 방향을 구상할 수 있다.

헤겔의 용어를 '意識', '理性', '精神', '宗敎', '絶對知' 등으로 번역해서 이해하면, 모두 상식적인 말로 바뀌어 원래의 긴장된 의미를 파악할 수 있는 길이 막힌다. 개념변천사에서 이탈하고 말아 논란거리가 없어진다. 번역어에다 괄호를 치고 원어를 적어놓지 않았어도 독자가 알고 읽어야 비로소 무엇을 말하는지 이해할 수 있다. 겉보기에는 일본어이지만 사실은 독일어인 말을 사용하면서 헤겔을 따라가면, 헤겔의 사상에 관해서 알고 해설할 수는 있으나 자기 나름대로의 독자적인 사고를 하지는 못한다. 번역서를 통해서 헤겔과 대결해 자기 철학을 마련하는 것은 기대하기 어려운 일이다.

西田幾多郎은 번역을 하지 않고 자기 생각을 폈다고 하지만 사용한 말이 유럽문명권 철학용어의 번역어이다. 모두 한자어이지만 한자가 나타내는 뜻에 따라 이해하고 말면 크게 잘못된다. 번역 이전 원래의 말을 알고, 원래의 뜻에 따라서 이해해야 한다. 헤겔 저술의 번역판과 비슷한 것을 만들어 헤겔과 동격의 작업을 했다고 평가하는 것은 부당하다. 헤겔의 저술과 유사한 것을 헤겔이 사용한 원래의 언어 독일어로 만들어냈으면 진품과 근접된 관계를 가진다고 할 것인데, 헤겔 저술의 번역판을 흉내 내 도착되게 모방한 모조품이라 진품에서 아주 멀어졌다.

西田幾多郎이 쓴 글을 읽으면서 유럽문명권철학의 어떤 용어를 가져다 썼는가 알아내서 한자어를 한자의 뜻에 구애되지 않고 원래의 의미로 되돌려 이해하는 것은 어렵고 성가신 일이다. 극소수만 그렇게 할 수 있다. 그렇게 할 수 있다 해도, 수고한 만큼 소득이 있는 것은 아니다. 책을 대강 읽고 어느 정도 이해할 독자야 많겠지만, 그 정도의 전문적인 독해를 수고를 아끼지 않고 해낼 사람은 실제로 거의 없을 것이다. 그런 특별한 능력을 가진 독자가 유럽문명권철학의 저작 대신에 구태여 西田幾多郎의 책을 읽어야 할 필요가 있을까 의문이다.

西田幾多郎이 사용한 용어는 본적지인 유럽문명권철학에서 현주소지인 일본어로 이주하느라고 철학사의 맥락에서 벗어나고 개념사에서 차지하는 위치가 없어졌다. 무국적의 고아가 되었다. 개념사의 관점에서 비판의 대상으로 삼아, 철학사에서 새로운 의의를 가진 작업을 구상하는 발판으로 삼을 수 없다. 자기 철학을 하기 위해 필요한 토론의 대상이 되지 않은 남의 철학서를 읽고 있을 만큼 한가로운 철학자는 이미 철학자가 아니다.

그런데도 『善의 硏究』가 계속 출판되고 널리 읽히는 것은 그 책이 일본에도 대단한 철학자가 있다는 자부심을 고취하는 구실을 했기 때문이 아니었던가 한다. 일본학문에 대한 열등의식을 씻어줄 수 있는 명저가 나왔다고 다투어 읽었다. 그렇지만 이런 정도의 생각에서 철학책을 읽어서는 새로운 철학을 다시 만들어내는 창조적인 작업을 할 수 없다.

西田幾多郎의 철학이 대단하다고 칭송하는 책은 여럿 나왔어도, 문제점을 비판하고 자기 대안을 내면서 새로운 철학을 전개하는 작업은 발견하기 어렵다. 철학자를 칭송하는 책은 철학서가 아니다. 철학자를 칭송하는 철학서는 철학하는 작업을 철학사의 맥락에서 분리시켜 신기한 구경거리로 만든다. 西田幾多郎이 철학사에서 이탈한 잘못을 비판하고 바로잡는 일을 일본에서는 할 수 없는 것 같아, 다른 데서 맡아 나서지 않을 수 없다.

西田幾多郎은 깨달아서 알게 된 바가 재래의 철학에서는 다루지 않은 새로운 경지이므로 부득이 새 판을 차린 것은 아니다. 그런 줄 알면 철학사에서 이탈한 잘못을 바로잡을 길이 열린다. 위에서 (가) '實在'·'純粹經驗'이 한쪽이고, (나) '思惟'·'主客'의 대립, '知情意'의 분리가 다른 한쪽이라고 한 말을 다시 보자. (가)에서 (나)로 나아가는 과정을 동아시아 철학에서 여러 가지로 논의해왔으므로 그 맥락을 찾을 수 있다.

불교에서는 모든 것을 아우르는 본체가 心이고 心이 또한 空이라고 해서 (가)에 관해 해명하고, (가)에서 (나)로 나아가면서 분별과 망상이 생기는 양상에 대해서 많은 논의를 전개했으며, (나)에서 (가)로 되돌아가는 것을 깨달음에 이르는 수행의 과정이라고 했다. 아무 것도 나타나지 않은 상태에서 분별이 생기는 과정을 아주 포괄적이면서 치밀하게 밝혀서 논한 불교철학이 이미 다채롭게 마련되어 있다. 유학에서는 사람이 天理를 갖춘 性을 마음의 바탕이라고 하고, 性이 작용하는 양상을 情이라고 하는 견해를 전개했다. 未發의 상태에 있다가 旣發로 나아가는 과정에 관해서도 많은 논의를 전개했다.

용어와 개념을 모두 남의 철학에서 가져온 것으로 바꾸어 쓰다가 자기 철학을 자기 말로 할 수 있는 길을 막았다. 용어를 이어받아 오랜 논쟁에 참여하지 않고서 생판 새로운 철학을 하려고 하다가 철학의 의의를 부정했다. 자기가 한 작업이 철학사에서 비판되고 극복되는 길도 막아 철학하는 일이 헛되게 했다.

> 불교의 근본사상에 있듯이, 자기와 우주는 동일의 근저를 가지고 있어, 간접적으로 동일물이다. 그런 까닭에 우리가 자기의 내심에서, 지식에서는 무한한 眞理에 관해, 감정에서는 무한한 美에 관해, 의지에서는 무한한 善에 관해, 모두 진실로 무한한 의의를 지니는 것이 가능하다. 우리가 실재를 안다고 하는 것은 자기 밖의 사물을 아는 것이 아니고, 자기 자신을 아는 것이다. 실재의 眞善美는 곧 자기의 眞善美가 아닐 수 없다. 그렇다면 어째서 이 세상에 僞醜惡이 있는가 하는 의문이 생긴다. 깊이 생각해서 살피면, 세상에 절대적 眞善美라고 하는 것이 없으면, 절대적 僞醜惡도 없다.(176-177면)

이런 말은 자기 철학의 전통과 이어져 있는 것 같지만 전혀 그렇지 않다. 불교의 깨달은 경지에서 우주의 구별이 없다고 하고, 좋은 것과 나쁜 것이 따로 없다고 한 말을 가져와서 자기 생각을 그것과는 다르게 전개하는 데 썼다. 우선 眞·善·美라고 하는 것을 등장시켜 문제를 일으켰다. 그 세 단어 모두 남의 말의 번역이어서 전에 쓰던 것과 뜻이 달라졌다.

眞·善·美는 모두 전에는 관형사나 부사로 쓰던 말인데 명사로 바꾸어놓고 남의 철학을 받아들이는 통로로 삼은 것이 원천적인 혼란이다. 진·선·미의 구분은 불교는 물론 유학과도 무관한 남의 철학인데, 재론의 여지가 없이 자명한 것처럼 여기게 했다. 사람의 마음을 구분해서 논할 때 다른 개념은 있을 수 없는 듯이 생각되게 해서, 사고의 혼란을 일으켰다. 그래서 동아시아에서 철학을 하는 전통을 단절시키는 작용을 했다.

사람의 마음을 불교에서는 覺과 迷로, 유학에서는 性과 情으로 구분했다. 근본과 말단이 다르다고 보고, 말단에 머무르지 말고 근본으로 돌아가자고 해서 그렇게 한 것이다. 迷나 情에서는 대립도 있고 시비도 있지만, 覺이나 性은 그렇지 않다고 했다. 그러면서 覺은 선악의 구분을 넘어선 경지이고, 性은 純善하다고 한 점이 서로 달랐다.

사람의 마음을 知·情·意로 나누고, 知·情·意에서 각기 眞·善·美를 추구한다고 하는 것은 覺과 迷의 차이를 논하는 것과는 관련이 없는데 무리하게 가져다 붙였다. 사람의 마음을 知·情·意로 나누면, 그 셋을 합친 개념도 있을 수 없고, 그 셋이 아직 나타나지 않은 단계도 생각할 수 없다. 實在에 대해서 純粹經驗을 한다고 말한 것과 知·情·意說을 연결시키는 것도 무리이다.

유럽에서 칸트가 앞장서서 知·情·意를 말한 것은 意의 善을 관장하고 있는 기독교교회의 구속에서 벗어나서 知에서 眞을, 情에서 美를 자유롭게 추구하고자 하는 길을 연 긍정적인 의의가 있다. 그런데 추구의 방향을 밖으로 돌리는 대신에 내면으로 가져가서, 자아와 우주의 근원적인 일치를 확인하고자 했으므로 眞·善·美는 장애가 되고 파탄의 원인이 되었다. 절대적인 眞·善·美도 없고 절대적 僞·醜·惡도 없다는 말을 보태서 파탄을 줄이고자 한 것은 무리이다.

그 점을 깊이 생각하지 않고, 善을 추구하는 것이 가장 보람 있는 일이라고 여겨, 책 제목에도 "善"이라는 말을 내세웠으니 실망스럽다고 하지 않을 수 없다. 그렇게 한 의도를 짐작하지 못하는 것은 아니다. 근대일본에서 정신적 지주로 삼아 마땅한 善의 근거를 분명하게 하는 것이 철학자의 임무라고 생각하고, 일본 재래의 불교 수행에서 그 근거를 찾고자 했다고 볼 수 있다.

그러나 목적이 좋으면 결과도 좋은 것은 아니다. 방법을 잘못 택해서 논의의 타당성을 저버리고, 철학을 망치기까지 했다. 자기 말로 남의 철학하기가 얼마나 허망한지 입증한 역설적인 의의 외에 다른 무엇이 있을 것 같지 않은 저술이 대단하다고 거듭 칭송한다. 모두 한 목소리를 내기만 하고, 지금까지 분석한 바와 같은 문제점은 아무도 거론하지 않는 것을 이해할 수 없다.

지금 말로 옛날 철학을 하는 중국

중국은 유럽문명권의 침략을 받았으나 반식민지에 그치고 식민지가 되지 않았으며, 문화적으로도 대국의 체통을 잃지 않으려고 했다. 유럽문명권의 근대문화를 받아들이는 선구자들이 그쪽에 가서 유학했으면서도 자기 전통에 대해서 대단한 자부심을 가졌다. 유럽문명권에 가서 공부할 때에나, 귀국한 다음에나 그쪽의 철학을 수입하는 것 못지않게 자기 철학을 이어 빛내는 것을 소중한 과업으로 삼았다.

중국문화를 근대화하는 데 다방면에 걸쳐 큰 기여를 한 胡適(1891-1962)은 철학 분야에서도 선구적인 업적을 남겼다. 미국 컬럼비아대학에 유학하고, 墨子의 사상을 논리학의 관점에서 연구한 <고대 중국에서의 논리적 방법의 발전>(A Study of Logical Method in Ancient China)라고 하는 박사학위논문을 1917년에 냈다. 귀국한 다음에 1919년에는 『中國哲學史大綱 上』을 내놓아, 이른 시기 철학사를 정리하는 데 착수했다. 그러나 그 책은 철학에 대한 본격적인 논의가 결여되어 있는 "諸子雜考"에 지나지 않는다고, 그 제자이고 다음 연구자인 馮友蘭(1895-1990)이 폄하했다.

馮友蘭은 북경대학에서 호적의 지도로 철학을 공부하고, 胡適과 마찬가지로 컬럼비아대학에 유학해 박사학위를 얻고 귀국해서 중국철학사 서술의 본격적인 업적인 『中國哲學史』 상하를 1934년에 저술했다. 미국에 있던 1947년에 『중국철학소사』(*A Short History of Chinese Philosophy*)를 영어로 냈다. 『中國哲學史』를 여러 차례 개고하다가 수정본 『中國哲學史新編』을 모두 6권으로 이룩했다. (北京: 人民出版社에서 제1권을 1982년에, 제6권은 1989년에 냈다.) 그 책 제7권은 『中國現代哲學史』라는 이름으로 별도로 간행되었다. (香港: 中華書局, 1992) 거기 자기 철학에 대해서 스스로 논한 <馮友蘭的哲學體系>와 철학사 저술을 마무리하는 <中國哲學史新編總結>이 수록되어 있다.

중국에서 근대철학을 이룩한 작업은 철학사를 서술하는 데 집중되어 있다. 그렇게 된 첫째 이유는 중국철학의 유산을 정리해 이해하는 것이 우선 벅찬 과제이므로, 철학사 저술 이외의 다른 일을 힘써 하지 못한 데 있다. 그러나 더 중요한 둘째 이유는 근대철학을 다양하게 창조하는 겨를을 가지지 못하고 있다가 毛澤東이 확립한 마르크스주의 철학을 정통이념으로 삼고, 철학의 근본문제에 대해서 다른 견해를 제시할 수는 없게 했던 데 있다. 당의 이론가가 아닌 대학의 철학교수가 할 수 있는 일은 철학사를 쓰는 것밖에 없었다. (宋志明 外, 『馮友蘭學術思想評傳』, 北京: 北京圖書館出版社, 1999에서 마르크스주의와 상치되는 철학을 한다고 비판을 받고 중국철학사를 다시 쓴 경위를 설명했다.)

중국철학사를 마르크스주의 철학에 맞추어 서술하는 것은 쉬운 일이 아니었다. 중국철학의 유산을 마르크스주의에 입각해서 재평가해 새롭게 계승하면서 마르크스주의를 더욱 풍부하게 하는 것이 마땅하다고 중국공산당에서 방침을 세웠다. 그렇게 하는 것은 지시하기 쉽고 실행하기는 어렵다. 중국철학사 서술을 지시대로 하는 데는 근본적인 난관이 있었다. 중국철학의 전통을 적극적으로 계승해서 자기 철학을 이룩하려고 하면 마르크스주의에서 벗어날 염려가 있고, 마르크스주의 철학을 충실하게 지키려고 하면 지난 시기 철학의 유산을 이해하고 평가하는 데 차질이 생길 수 있었다.

철학사는 관념론과 유물론, 형이상학과 변증법이 투쟁해온 역사라고 하는 마르크스주의 철학사의 관점은 받아들이지 않았다. 제1권 앞머리의 <全書緖論>에도, 본문 서술에서도 그런 관점을 내세우지 않았다. 그 대신에 철학은 어떻게 생겨나고 변천하는가 하는 문제를 자기 나름대로 제기하고 해결하려고 노력하지도 않았다. 새로운 철학을 이룩하려고 하는 사람이 자기주장을 명확하게 하면 마르크스주의철학과 충돌하지 않을 수 없어 철학 유산을 정리하는 데 치중할 수밖에 없었다고 생각된다.

『中國哲學史新編』 제7권은 『中國現代哲學史』라는 별도의 이름을 붙여 북경이 아닌 홍콩에서 별도로 출판했는데, 제약에서 벗어나기 위한 조처였다고 생각된다. 제1권 서두에서 "이 책은 7권으로 나누어진다", "근대편과 현대편이 제6책과 제7책에 들어간다"(本書分爲七冊, 近代和現代, 本書歸入第六冊和第七冊, 47면)고 밝혀두었으니 제7권이 나중에 생긴 것은 아니다. 『中國現代哲學史』 서두의 <出版說明>에서는 "선생의 유작인 이 책은 출판되지 않았으므로, 가족에게서 저작권을 얻어 우리 출판사에서 낸다"고 했다.(是先生的最後遺作, 從未印行. 現徵得其家屬的受權, 先由我局作單行本出版) 내용을 고려해서 제목을 별도로 붙인다고 했다. 마지막 권에서는 미약하게나마 자기 철학을 제시했으므로 북경에서는 출판할 수 없었다.

풍우란은 宋代 理學을 이어서 新理學을 한다고 표방했다. 선택한 것은 각기 다르지만, 철학의 유산 가운데 어떤 것을 재인식하면서 자기 철학을 전개한다고 한 점에서 金岳霖이나 熊十力과 같은 태도를 취했다. 그 두 사람이 내세운 新心學이나 新唯識學뿐만 아니라 풍우란의 新理學도 마르크스주의와는 어긋나 비판을 받았다. 송대 이학을 제대로 이해했는가, 유럽문명권의 철학에서 얻은 선입견 때문에 그 본질을 놓친 것은 아닌가 하는 의문도 거듭 제기되었다.

<馮友蘭的哲學體系> 말미 <新理學的理論矛盾>에서 자기비판을 하고, "西方的新實在論"을 따라 '有'를 '存在'로 인식한 데 근본적인 과오가 있다고 지적했다.(宋志明 外, 위의 책, 222면) 新實在論이란 유럽 중세시기의 보편 논쟁에서 보편은 이름에 지나지 않는다고 하는 有名論에 반대하고 보편이 실재한다는 주장을 이은 견해이며, 그 근원은 플라톤까지 소급된다. 풍우란이 그 견해를 받아들인 것은 理氣論에서 말하는 理가 실재한다고 보았기 때문이다. 이것이 심각한 논란거리이다.

이기론 자체에서는 모호하던 문제가 신실재론에 입각해서 다시 보니 명료해졌다고 판단해서 그런 생각을 폈다. 理와 氣는 아리스토텔레스가 말한 '형상'과 '질료'에 해당하는 것이라고 이해했다. 그래서 理氣이원론과 氣일원론의 차이점이 무엇이고, 그 둘이 왜 서로 다투는지 심각하게 생각할 여지가 없게 했다. 그렇게 해서 이기철학의 의의를 부정해 중국철학사의 전통을 공허하게 만들었을 뿐만 아니라, 철학을 해서 무얼 하는가 하는 의문이 들게 했다.

풍우란이 理와 氣에 관한 시비를 심각하게 생각하지 않은 이유를 세 가지로 생각해볼 수 있다. 첫째 중국에서는 理가 다른 무엇이 아니고 氣 자체의 원리일 뿐이라고 하는 氣일원론이 상고시대에 이미 나타났다고 인정되어 당연시되었기 때문이라고 할 수 있다. 둘째 중국철학의 의의나 중국철학사의 전개를 그 자체로 깊이 따져서 이해하려고 하지 않고, 유럽문명권의 철학에 의존하면서 철학사 서술을 안일하게 했기 때문이라고 할 수 있다. 셋째 철학논쟁을 개념시비라고나 여기고 세계관의 싸움으로 받아들이지 않아 자기는 방관자 노릇을 했기 때문이라고 할 수 있다.

이 가운데 첫째 이유가 타당하다면, 중국철학사의 전개를 제대로 알지 못하면서 철학사를 쓰는 잘못을 저질렀다. 둘째 이유가 타당하다면, 유럽문명권의 철학을 추종하는 자세에서 중국철학사를 피상적으로 서술했다. 셋째 이유가 타당하다면, 철학이 무엇인가- 모르면서 철학자 노릇을 했다. 그 어느 쪽이든지 변명의 여지가 없이 잘못되었다.

그런데 그 세 가지 이유는 따로 놀지 않는다. 어느 하나가 타당하면 다른 것들은 부당하다고 할 수 있는 관계에 있는 것은 아니다. 셋째 이유가 근본이 되어, 둘째 이유를 가져오고, 그 때문에 첫째 이유가 표면화되었다고 보는 것이 적절하다. 그 가운데 첫째 이유 때문에 빚어낸 차질은 가시적인 증거를 들어 시비하기 쉬우므로 구체적인 검토를 하는 단서로 삼는다.

중세후기철학의 꼭짓점을 보여준 朱熹와 그 다음 시기 중세에서 근대로의 이행기철학 전개의 주역 노릇을 한 王夫之를 다룬 대목을 견주어보면, 무엇이 문제인가 쉽사리 드러난다. 처음 낸 철학사에서는 왕부지를 전혀 취급하지도 않다가 수정본에서는 등장시키기는 했으나 <後期道學的高峰>이라는 표제를 내걸어 주희와 왕부지의 차이점이 무엇인지 알기 어렵게 했다. 왕부지의 이기론이 주희의 경우와 어떻게 달라졌는가 하는 문제는 제기하지 않았다.

철학사의 자료 정리에 힘써 원문을 많이 인용하고, 계보를 밝히는 것을 긴요한 일거리로 삼았다. 철학에서 주장한 바에 대한 분석은 이따금 삽입하면서 서양의 경우와 비교를 산발적으로 했다. 왕부지의 사상의 여러 면모를 12절로 나누어 고찰한 것 가운데 한 절인 <第10節 王夫之的辨證法思想>에서 변증법적 사고를 찾으려고 한 것이 그 한 예이다. 변증법에 상응하는 중국 철학의 논란이 어떻게 전개되어왔는지 고찰하지 않아 긴장된 서술이 없다. 철학사 서술에서 자기 철학을 도출하려고 하지 않았다.

『中國現代哲學史』의 마지막 대목 <中國哲學史新編總結>에서도 철학사 서술에서 얻은 바가 결국 무엇인지 말하지 않고, 毛澤東의 矛盾論에 대해서 의문을 제기하는 것을 도달점으로 삼았다. 張載의 말에서 가져온 "仇必和而解"라는 원리를 들어, 모택동사상에서 모순만 일방적으로 긴요하게 여기고 화해는 도외시하는 것이 한쪽에 치우친 생각이라고 비판하려고 하는 의도를 보였다.(256면 이하) 만년에 가서 가까스로 꺼낸 그런 논의를 더 전진시키지 못했다. 생성이 극복이고, 갈등이 조화라고 하는 생극론의 철학에서 제기하고 해결한 문제를 거론하다가 말았다.

풍우란이 멈춘 데서 더 나아가, 생극론의 이치를 펼쳐보자. '仇'와 '和'의 관계를 더욱 포괄적으로 지칭한 말이 '生'과 '克'이다. 徐敬德이 사용한 그런 용어를 이어받아 生克論을 전개했다. 生은 생성이라면, 克은 극복이다. 生은 조화로운 관계이고, 克은 갈등관계이다. 生이 克이고, 克이 生인 생극론의 양면 가운데 모택동의 모순론은 生은 버려두고 克만 택했다. 이런 편파성을 시정하기 위해 克이 生이고 生이 克임을 명시해야 한다.

풍우란을 위시한 중국의 철학자들은 자기 말로 자기 철학을 했다. 논의의 대상으로 삼은 철학이 자기 철학이다. 유럽철학에 관해서도 논하고, 그것을 중국철학과 비교하기도 했으나 중국철학만큼 소중하게 다루지는 않았다. 중국대학의 철학과에는 중국철학 전공자들이 단연 수가 많고, 위세가 높고, 업적을 많이 내놓으며, 철학의 일반적인 문제를 다루는 것을 중국철학 전공자들의 소관사로 삼고 있다.

중국 철학자들이 쓰는 말은 백화로 적는 오늘날의 중국말이다. 공동문어인 한문으로 하던 과거의 철학을 오늘날의 말인 백화로 옮겨놓는다. 유럽문명권에서 전에는 라틴어로 전개하던 철학을 오늘날은 각국어에서 하는 것과 같은 일을 중국에서도 한다. 그러나 내용을 보면 상당한 차이가 있다. 중국에서는 지난 시기 한문으로 이룩한 철학을 오늘날의 백화로 옮겨놓기나 하고 새로운 창조는 하지 않는다.

원문을 그대로 인용하고, 해설에서도 원문에 있는 말을 써서 동어반복을 하는 데 머무르고 있다. 한문을 백화로 옮겨 어법은 알기 쉽게 바꾸었지만, 내용은 그대로 두는 것이 상례이다. 오늘날의 관점에서 다시 생각해서 자기 사상을 전개하지 않고, 옛 사람의 말을 그대로 전하는 것을 학문을 하는 마땅한 태도라고 여긴다. 철학이란 학문은 철학사 서술을 임무로 삼아 마땅하다고 여기고, 철학사는 원전학이라고 이해하면서, 고증을 최상의 연구방법으로 삼아 철학하기를 포기하게 하고 금지하기까지 한다.

왕부지에 관해서 서술한 대목의 하나 <第4節 關于"形上"·"形下"問題>를 들어 구체적인 검토를 해보자. (가) 形而上과 形而下를 구별한 道學, (나) 形而上과 形而下를 구별한 것을 반대하는 쪽 특히 心學이라고도 일컬어지는 陽明學, (다) 形而上과 形而下를 다시 구별한 왕부지가 서로 다른 주장을 편 것이 논의의 대상이다. 이 셋의 차이점이 어떻고, 어째서 생겼으며, 어떤 의의가 있는지 이해하는 것이 긴요한 과제이다. 철학의 근본문제에 관한 심각한 논란이 바로 여기에 있다. 고찰한 내용을 들어보자. (제5권 279면)

王夫之認爲, 形而上者是一類事物的"當然之道", 形而下者是一類事物的具體形態, 這和理學是一致的. 所不同的是一類的"當然之道"必依附一類的具體事物, 不能離開具體事物 而單獨存在. 這是第一點. 第二點是"形上"和"形下的分別必須從"形"開始. 如果沒有"形", 就無所謂"形上"和"形下".

(王夫之는 形而上者는 어떤 사물의 "當然之道"라고 하고, 形而下者는 어떤 사물의 구체적인 형태라고 했다. 그 점에서는 理學과 일치했다. 다른 점은 "當然之道"가 반드시 구체적인 사물에 붙어 있고, 구체적인 사물을 떠나서 단독으로 있을 수는 없다고 한 것이다. 그것이 첫째 사항이다. 둘째 사항은 形而上과 形而下의 분별이 반드시 "形"을 따라서 생기고, "形"이 없으면 形而上도 形而下도 없다고 한 것이다.)

앞에서는 (가)·(나)·(다)를 다 들고, 비교론을 전개할 때에는 (가)와 (다)의 공통점과 차이점을 설명하는 데 그쳤다. 논란의 전폭을 문제 삼지 않고, 어느 쪽이 옳은지 따지지 않았다. 공통점과 차이점은 사실에 대한 지식이다. 객관적이고 중립적인 위치에서 사실에 대한 지식을 제공하는 것이 철학의 임무는 아니다. 어느 쪽이 맞는지 따져 결론을 내는 것이 철학의 임무이다. 지난날의 논란에 논자 자신의 견해를 가지고 참여해야 철학사 서술이 오늘날 철학하는 작업과 연결된다. 이 작업을 내가 맡아 논의를 진전시키고자 한다.

(가)와 (다)에서 형이상과 형이하를 구별해야 한다 하고, (나)에서는 구별하지 말아야 한다는 것은 일면적인 차이점이다. (가)에서는 형이상과 형이하를 구별해서 한쪽은 道(또는 理)라고 하고, 한쪽은 器(또는 氣)라고 하는 것을 理氣이원론의 논거로 삼았으며, (나)와 (다)에서는 그런 이원론에 반대하면서 일원론을 주장했다. (나)에서는 형이상과 형이하의 구별에 반대하고 일원론을 주장하면서 心이 모든 것이 하나이게 해서 일원의 근거가 된다고 했다. (다)의 견해를 제시한 왕부지는 일원의 근거가 心이 아니고 氣라고 하고, 形이라고도 일컬어지는 氣가 잠재되어 있는 단계인 형이상과 나타나 있는 단계인 형이하가 서로 다르다고 했다.

일원론과 이원론, 體와 用이라는 용어를 함께 사용하면서 다시 정리해보자. 형이상과 형이하의 관계를 (가)에서는 體와 用의 이원론으로, (나)에서는 體와 用의 구분이 불필요하다고 하는 일원론으로 파악했다. (다)에서는 일원론으로 파악하면서 體와 用은 구분된다고 했다. 간략하게 정리되는 명제에 많은 사항이 함축되어 심각한 논란을 벌인다.

형이상의 理는 형이하의 氣와 구분되고 우월하다고 하는 理氣이원론 (가)가 군림하고 있는 데 대해서, (나)에서 일차적인 반론을 제기하고, (다)에서 이차적인 반론을 제기했다. 형이상과 형이하가 구별되지 않는다고 하는 (나)는 (가)를 부정하는 의의를 가지기는 했지만, 理를 막연한 의미의 心으로 바꾸어놓는 데 그쳐 문제를 모호하게 만들었다. (다)에서 理는 氣의 원리일 따름이라고 하는 氣일원론에서 대안을 갖춘 반론을 마련했다.

이기이원론에서는 理는 하나이므로 體이고 氣는 여럿이므로 用이라고 하는데, 기일원론에서는 氣는 하나이면서 여럿이므로 하나인 體이기도 하고 여럿인 用이기도 하다고 했다. 氣가 여럿인 用이면서 하나인 體이기도 하다면 하나이어서 체인 理에 근거를 둔 가치관이 무너진다. 이것은 공연한 시비가 아니고, 사상 대혁명의 시발점이다.

왕부지는 자기가 어떤 구상을 가지고 무엇을 하는지 드러내놓고 말하지 않아 성현의 도리를 함부로 어긴다는 비난을 피했다. 반대 진영에서 쉽사리 반론을 제기할 수 없게 하면서, 설득효과를 크게 높일 수 있는 논증방법을 택했다. 풍우란은 드러내서 한 말만 알고 속뜻을 깊이 헤아리지 못해 왕부지가 '當然之道'는 반드시 구체적인 사물에 붙어 있다고 한 점이 특이하다고 말하는 데 그쳤다.

왕부지가 한 말을 더 들어 무엇을 말하려고 했는지 밝혀 논하자. 부자나 군신의 '當然之道'가 잠재되어 있다가 발현되는 것이 수레나 그릇 따위에 '當然之能'이 잠재되어 있다가 발현되는 것과 동일하다고 했다. 양쪽의 용도 차이를 가치관의 우열로 갈라놓은 것은 억지라고 하는 주장을 교묘하게 폈다. 父子의 孝慈나 君臣의 忠禮가 수레나 그릇의 쓰임새와 다를 바 없고, 당연지도라는 것은 당연지능에 지나지 않다고 했다. 허용될 수 있는 한계를 넘어서서까지 대담한 반론을 폈다.

같은 주장을 한국에서는 더욱 진전시켰으므로 연결시켜 이해할 필요가 있다. 任聖周와 洪大容의 뒤를 이어, 崔漢綺는 心의 體는 性이고 用은 情임을 분명히 하고서, 性은 선하고 情은 악할 수 있다는 이원론을 거부했다. 그러면서 生之理인 性과 그 發用인 情을 사람뿐만 아니라 사물도 다 지니고 있다고 하고, 드러나 보이지 않은 性을 그 작용인 情을 미루어 알아낼 수 있다고 하는 推情測性의 인식방법을 제시했다.

사람의 情인 喜怒哀樂을 미루어 그 性인 仁義禮智를 알아내듯이, 금석이나 초목이 旱焦雨潤하는 情으로 미루어 그 性인 堅剛柔靭을 알아낼 수 있는 것이 서로 같다고 했다. (『推測錄』 권3 <推情測性> 서두의 <人物性情>)

최한기는 이처럼 情으로 드러난 것과 性으로 감추어져 있는 것이 윤리적 가치의 등급에서 차이가 있지 않고, 인식하기 쉽고 어려운 차이만 있다고 했다. 性情의 구분이 가치론이 아닌 인식론 정립을 위해서 긴요하다고 하는 획기적인 전환을 마련했다. 그렇기 때문에 사람은 사람의 性情을, 사물은 사물의 性情을 지닌 것이 당연하고, 양쪽이 가치의 등급에서 차이가 있다고 하지는 않았다.

왕부지가 형이상과 형이하를 形이 잠재되어 있는 단계와 形이 나타난 단계로 구분하고서, 사람의 당연지도와 사물의 당연지능을 가치의 등급으로 구분하는 사고방식을 시정하려고 한 것과 같은 작업을 최한기는 더욱 명확하고 철저하게 전개했다. 최한기가 어디까지 나아갔는가 알아야 왕부지가 미완으로 남겨둔 작업의 정체를 소상하게 파악할 수 있다. 왕부지를 이해에서 풍우란보다 한 걸음 더 나아갈 수 있는 것은 최한기가 이룩한 완성형에서 출발해 왕부지가 남긴 미완형을 고찰하기 때문이다. 나는 내 철학을 하면서 그 일을 하는 것이 더욱 중요한 이유이다. 기본적으로 같은 발상이 왕부지에서 최한기로, 최한기에서 나에게로 이어지면서 한층 발전된 모습을 갖춘다. 생극론은 왕부지에서 최한기까지의 기철학의 유산을 변증법과의 토론을 전개하면서 더욱 풍부하게 만들어 재창조한다.

풍우란은 철학사가이고 철학자는 아니었다. 중국철학사를 통괄해 서술하기 위해 심혈을 기울여 노력한 성과가 중국철학의 유산을 이어

빛내면서 새로운 철학을 창조한 데 있지 않다. 자료를 찾아 정리하고, 사실에 관해서 알려준 것으로 기여해 높이 평가되고 많이 읽힌다. 지금 말로 옛날 철학을 하는 述而不作의 기풍을 지속시키면서 창조를 막는 구실을 했다. 체제의 제약 때문에 그럴 수밖에 없었다고 변호하고 말 수는 없는 심각한 한계이다.

한국에서는 무엇을 했는가?

한국에서도 근대학문을 시작할 때 철학사 서술에 착수했다. 張志淵의 『朝鮮儒教淵源』이 1922년에 나왔으니, 중국이나 인도에 비해 뒤떨어졌다고 할 수 없다. 그러나 그 책은 유학을 신념의 근간으로 삼는 전통학문의 마지막 세대가 한문으로 쓴 것이며, 근대학문의 방법을 갖춘 철학사는 아니다. 한국철학사를 제대로 서술하는 과업을 수행하기 위해서 그때부터 오늘날까지 많은 진통을 겪어오고 있다.

그런데 철학에 관한 논의는 전반적인 상황 검토에 머무를 수 없다. 철학은 양보다는 질이 더욱 중요시되고, 대중의 기여보다 창조자의 역량이 더욱 큰 힘이 되는 영역이다. 그래서 뛰어난 철학자의 대단한 작업이 특별한 의의를 가진다. 인도의 라다크리슈난, 일본의 西田幾多郎, 중국의 馮友蘭과 상응하는 위치에 있는 한국의 철학자를 찾아내서 집중해서 다루는 것이 마땅하다. 朴鍾鴻(1903-1976)이 가장 유력한 후보자이다.

박종홍은 오랫동안 유럽철학을 받아들이는 일에 힘썼다. 그 점에서는 일본철학자들과 같은 길을 걸었다고 할 수 있다. 용어 사용이나 논술 방식에서도, 동시대 한국의 다른 철학자들이 으레 그렇듯이 일본의 선례와 밀접한 관련을 가졌다. 그러다가 한국철학사에 대한 탐구를 시작한 것이 일본의 철학자들과 다르고, 동시대 한국의 다른 철학자들과도 달랐다. <한국사상 연구에 관한 서론적 구상>을 1958년에 내고, 『한국사상사 불교사상편』을 1972년에 출판하면서 전환을 선언했다. (둘 다 『박종홍전집』 4, 서울: 형설출판사, 1980에 수록되어 있다.)

전환을 선언하면서 내세운 주장을 간추리면, 세계적인 진리를 지향하는 사상이라도 삶에 뿌리를 내려야 하므로 민족적 특색을 지니지 않을 수 없다 하고, 우리 선조는 불교나 유교를 받아들여 수준 높게 발전시켰으며 거기서 더 나아가 人乃天의 독창적 사상을 이룩한 선례를 이어야 하고, 유럽철학을 한국어로 소화해서 재창조하기 위해서도 과거를 돌아보아야 한다고 했다. 그런데 탐구의 대상을 한국사상으로 삼았으며 한국철학사를 쓰겠다고 하지 않았다.

한국사상에 관한 여러 가지 논저를 두 권 분량으로 남기기만 하고, 체계적인 저술을 완결 짓지 않았다. 여러 사상가가 이룬 바를 찾아 다루면서 내용 소개를 충실하게 하려고 하면서, 수준 높고, 우수하고, 독창적이라는 평가가 타당하다고 입증하는 논의 전개에 힘썼다. 한국사상의 여러 갈래가 모두 한국사상으로서 각기 그것대로 의의가 있다 하고, 결국 東學에 이르러 하나로 모아진다고 보고, 서로 대립되어 논란을 벌인 양상과 이유에 대해서는 관심을 가지지 않았다.

박종홍이 가장 힘들여 이룩한 업적은 1959년에 쓴 <否定에 관한 연구>라고 할 수 있다. 이 논문은 누구의 어떤 철학을 연구한다 하지 않고, 논리학 및 철학 일반의 기본적인 문제의 하나인 '否定'을 문제 삼았다. 否定에 관한 동서고금의 견해를 두루 살피면서 새로운 견해를 마련하려고 했다. 유럽철학과 동아시아철학을 합쳐서 한국철학을 만들고 자기 사상을 이룩하고자 하는 의욕적인 시도를 했다. 스스로 철학하는 작업의 좋은 본보기를 보여주었다.

그런데 자기 견해 제시는 계속 미루고, 기존 논의를 너무나도 많이 들어 긴장이 와해되게 한다. 기존의 견해에서 나타난 논란을 단계적으로 문제 삼아 자기 견해 도출에 이용하려고 하지 않고, 그 모든 것이 각기 그것대로 의의가 있음을 알려주려고 했다. 각기 그것대로 의의가 있는 것들이 모여서 하나를 이룬다는 것을 否定에 관한 논의를 통해 입증하려고 했다 하겠는데, 각기 그것대로의 다양성을 부각시키는 일이 너무 벅차 다양성이 하나로 모아진다는 점은 미처 밝혀내지 못했다.

고대그리스 · 영미 · 독일 · 프랑스 · 불교 · 유가철학에서 부정을 어떻게 논했는지 널리 찾아내서 두루 거론한 것을 보면 누구나 감탄하지 않을 수 없다. 열심히 공부하는 대단한 학자가 있다는 것을 알고 존경하지 않을 수 없다. 그러나 학문이란 무엇인가 하는 문제를 새삼스럽게 생각하게 한다. 학문은 지식인가? 또한 철학을 하기 위해서는 그렇게 많이 알아야 하는지 의문도 생기게 한다. 그렇게까지 멀리 돌지 않고서는 자기 말을 할 수 없는가?

서로 다른 수많은 견해가 결국 하나로 모아진다고 하는 것이 박종홍 사상의 도달점이라고 할 수 있는데, 거기까지 나아가지 못해서 남들이 하는 말을 잔뜩 옮겨놓기나 하고 말았다. 부정에 관한 제가의 설을 긍정의 관점에서 집성해서 부정이 무엇이며 어떤 의의가 있는가 하는 근본문제를 모호하게 만들고 말았다. 결론 부분 마지막에서 한 말을 들어보자.

人間은 歷史的 現實의 所産인 同時에 그 歷史的 現實의 形成에

> 參與한다. 이것이 다름 아닌 우리 人間에 있어서의 創造다. 自己否定의 能動性은 虛無일 수 없다. 否定性이야말로 虛無를 突破克服하는 힘이다. 否定性이 곧 創造性인 所以다. 그리하여 否定性으로서의 歷史的 現實을 把握한다고 함은 否定性自體의 實現인 것이요, 동시에 創造性의 發現인 것이다.
>
> 이러한 否定性은 곧 東洋의 이른바 天命之性이요 곧 天理다. 否定性을 自覺함은 곧 天賦本然의 性을 自覺함이요, 또한 天理를 自覺함이다. 否定性에 卽한 生活이 곧 天命之性을 따르는 率性의 生活이요, 또 天理에 卽한 生活이다.(『박종홍전집』 2, 680면)

읽으니 의문이 잇따른다. 자기 부정과 대상 부정, 자기 부정에 의한 허무의 극복과 대상 부정에 의한 역사적 현실 형성에의 참여가 같은 것인가? 같지 않으면 어떻게 연결되는가? 부정의 양면이 둘이면서 하나라고 할 수 있는 논리가 마련되었는가?

부정과 천리, 부정하면서 창조하는 과정과 천리를 따르는 솔성이 같은 것인가 ? 같지 않으면 어떻게 연결되는가? 부정에 관한 서양의 생각이 동양사상에 그대로 적용되는가? 무리하게 적용시킨 것이 아닌가? 동양에서도 부정에 관한 사상이 있었다고 하려면 天理를 내세우는 理學이 아닌 陰陽을 중요시하는 氣學에서 찾아야 할 것이 아닌가?

그런 의문을 제기해서 논의를 다시 시작해야 하는 데서 글이 끝났다. 거기까지 이르는 긴 여정에서는 부정에 관한 제가의 학설을 열거했다. 기존의 논의가 어떻게 이루어졌는가 알아보고 자기 논의를 시작하는 단서를 거기서 찾는 것은 논문 작법에 당연히 있는 서론 일부의 기존연구 검토이다. 그런데 기존연구검토가 논문의 도달점이다.

기존의 견해는 모두 대등하며 각기 그것대로의 타당성이 있다고 여겨 있는 대로 열거하고 말았다. 특별한 쟁점이나 미해결의 문제를 찾지 않았으니, 새삼스럽게 할 일이 없다. 논문 맨 끝에서도 남들이 한 이야기를 다시 열거하고 있다. 과거의 누구도 말하지 않은 자기주장을 새롭게 펴려고 하지 않았다.

박종홍은 동서철학을 하나로 아우르는 것을 라다크리슈난·西田幾多郎·馮友蘭보다 더욱 간절하게 바랐다. 그러나 잡다한 철학을 동거하게 만드는 데 그치고 결합될 수 있게 한 것은 아니다. 서양철학은 西田幾多郎이 한 것처럼 자기 말로 남의 철학하기 방식으로 가져다 놓고, 동양철학은 馮友蘭에게서 볼 수 있는 바와 같은 자기 말로 자기 철학하기 방식으로 등장시켜, 양쪽의 작업을 함께 했다. 그래서 많은 것을 담고 있는 내용에 일관성이 없어, 무엇을 말하는지 알기 어렵게 했다. 인용구가 너무 많아 읽기 힘든 글을 썼다.

자기가 하고자 하는 일이 없었던 것은 아니다. 부정에 관한 연구를 하겠다고 하는 것은 기존의 모든 견해를 부정하고 자기 견해를 수립하고자 하는 의도가 있었기 때문이다. 동서철학을 모두 받아들여 넘어서는 거대한 작업을 구상했다. 그러나 너무 조심하고, 예비적인 작업을 지나치게 하고, 남들의 견해를 탐구하는 데 필요 이상의 시간을 소비한 탓에 김이 새고 흥이 식었다.

그러나 부정에 관한 제가의 견해를 긍정의 관점에서 다루는 동안에 부정이 왜 문제가 되어야 하는가 하는 기본적인 문제의식이 둔화되었다. 얻은 결과를 다시 간추리면 "부정은 역사적 현실이고 또한 天理이다"라는 것인데, 그런 명제는 그 자체로 말이 되지 않는다. 긍정의 언술로는 입증되지 않으므로, 부정의 언술을 마련하는 특별한 방법을 마련해야 하는데, 그렇게 하지 못했다.

일생의 학문에서도 형식논리, 인식논리, 변증법적 논리를 차례대로 공부하고, 易의 논리를 거쳐 창조의 논리에 이르겠다고 했는데, 중간에서 지쳐 쓰러졌다. 남들의 학문을 너무나도 오랫동안 기웃거리고 자기 일은 미루다가 뜻한 바를 성취하지 못했다. 성실하게 공부하는 자세로 험한 세상을 살고자 하는 자세가 거기 나타나 있다. 서양철학을 모두 공부하겠다고 작정하고, 그리스 · 독일 · 영국 · 프랑스의 철학을 모두 읽고 익히려는 모범생의 훌륭한 행실을 나무랄 수 없다. 그 성실한 자세는 귀감으로 삼아야 한다.

그러나 분노와 정열을 감추다가 없애고 말아 지난 시기의 철학을 뒤집어엎고 새 작업을 할 수 있게 하는 원동력을 상실한 것이 문제이다. 남들의 철학을 잔뜩 가져다놓고 열거하고 절충하는 데 그쳐 자기 창조는 하지 못한 것은 결코 잘한 일이라고 할 수 없다. 기존철학에 매여 있는 열거주의와 절충주의가 철학하는 자세일 수 없다. 근면하고 성실한 모범생이 바로 그런 태도 때문에 파멸에 이르고 마는 좋은 본보기를 볼 수 있어서, 커다란 교훈이 된다.

일제의 식민지 통치, 이승만 독재, 박정희 정권의 횡포에 바로 대결하려고 하지 않고, 학문을 통한 간접적인 대응책을 멀리서 마련하려고 한 것은 바람직한 일일 수 있으나, 그렇게 하다가 학문을 하는 가장 중요한 이유인 문제의식과 대결정신, 그리고 자기 스스로 가장 강조해 평가한 창조를 잃어버렸다. 학문을 열심히 한다는 것이 개인적으로는 미덕이지만, 그렇게 하면 세상에 기여하는 공적을 이룩할 수 있는 것은 아니다.

박종홍에 대한 평가는 이룬 성과를 근거로 하는가 아니면 이루려고 한 목표를 근거로 하는가에 따라서 달라진다. 박종홍이 목표로 한 "창조의 논리"는 전통을 계승해서 "혁신적 비약"을 이루는 방법이며, "도의의 참"인 誠과 "과학의 참"인 眞을 하나로 합치는 것을 지향점으로 삼았다고 했다. (이남영, <열암의 철학: 향내적 철학과 향외적 철학의 집합으로서의 한국철학>, 『해방 50년의 한국철학』, 서울: 철학과 현실사, 1996) 그런 목표가 훌륭해서 박종홍은 최대의 찬사를 받아 마땅하다고 하는 데 대해서 동의해야 할 것인가 크게 의문이다.

박종홍에 대한 평가가 이렇게 이루어지고 있는 것은 한국철학의 현황에 대한 철학계의 진단이 거의 긍정적으로 이루어지고 있는 것과 밀접한 관계가 있다. 인도철학이나 일본철학을 그쪽 학계에서 각기 스스로 점검한 것과 마찬가지로 한국철학에 대한 자체 평가가 더러 있으나, 참여한 논자들이 한국철학에는 특별한 문제가 없다고 하는 것이 예사이다. 한국은 철학을 잘하고 있는 나라라는 인상을 준다.

오늘날 철학을 하는 자세나 방법에 심각하게 비판하고 반성해야 할 과오가 있는 것은 아니고, 방향 재정립을 위한 진통이 필요하지 않다고 여긴다. 유럽철학에 의존하고 있는 형편에 대한 반성을 박종홍만큼 심각하게 하지 않고 있으며, 유럽철학을 넘어서고자 하는 박종홍의 과업을 완수하는 길이 무엇인가 따지려고도 하지 않는다. 그러면서 철학에 대한 사회적인 인식이 부족하고, 철학교육이 잘 이루어지지 않는다고 하는 것과 같은 주변의 일이나 염려한다.

박종홍이 난해한 인용으로 가득 찬 길고 복잡한 논저를 줄기차게 써낸 것과 다르게 오늘날 철학한다는 사람들은 전문적인 지식이 없어도 쉽게 읽을 수 있는 가벼운 글을 짧게 써서 철학을 부담스럽지 않게 생각하도록 한다. 박종홍의 <不定에 관한 연구> 같은 저작이 대학논문

집에만 실려 있다가 널리 보급되지 않는 전집으로 직행하고, 일반 독자가 널리 읽을 수 있는 단행본이 되지는 못한 것을 생각하면, 그런 대안을 찾는 것이 당연하다고 할 수 있을 듯하다.

라다크리슈난·西田幾多郎·馮友蘭의 기본저작이 자기 나라에서 많이 팔리고 널리 읽혀 그 가치를 입증한 것과 달리, 박종홍의 저서는 서점에서 찾을 수 없다. 그 이유가 글이 지나치게 전문적이고 난삽한 데 있다고 한다면 문체를 바꾸어야 한다. 그러나 자기 철학을 하는 과업은 멀리하고 남들이 하는 말을 소개하는 데 머무르면 누구나 읽어서 이해할 수 있는 쉬운 글을 써도 도움이 되지 않는다. 창조 작업이 놀라운 경지에 이르러 학문하고자 하는 마음을 일깨워주는 책은 어려워도 읽는다.

지금 우리 주위에서 흔히 볼 수 있는 철학서는 대부분 가벼운 읽을거리이다. 철학에 대해서 누구나 관심을 가지도록 하려고 하다가, 학문을 하는 현장에서 철학을 가장 절실하게 요망하고 있는 사람들을 실망시키는 것들이다. 잘 팔리는 책이나 만들려고 감언이설을 늘어놓다가 돈은 벌지 못하고 학문을 망치기나 하는 풍조가 만연하고 있다. 먼 훗날 철학사를 쓰는 사람이 우리가 살고 있는 이 시대에는 무엇이 있었다고 할 것인가? 바보의 시대였다고 할 것인가?

어떻게 해야 하는가?

제기된 문제를 다 감당할 수는 없다. 생극론은 다른 기회에 많이 다루므로 말을 줄인다. 논의가 너무 복잡해진 것을 경계하고 널리 활용할 수 있는 성과를 마무리로 삼자. 표제로 내세웠듯이 우리말로 철학을 창조하는 작업을 다루는 것이 오늘의 주제이다. 어떤 말을 어떻게 써야 하는지 정리하자.

국제 경쟁력을 갖춘 세계화 시대의 학문을 하려면 우리말을 버리고 영어를 사용해야 한다는 주장이 있다. 가능성과 득실을 가리기 위해 다른 나라의 선례를 참고로 삼자. 인도학자들은 영어로 학문을 하면서 잘 나가는 것 같다. 우리도 인도처럼 해야 할 것인가? 잘 알아보고 판단할 일이다.

인도 학문의 실상을 들여다보면, 산스크리트를 사용해 축적해온 사고를 영어로 옮기려고 하다가 긴요한 내용이 빠진다. 소중한 유산을 자부심의 근거로 삼으면서 선조보다 못한 후손 노릇을 한다. 고전과 바로 이어지는 자기네 언어로 논란을 전개하지 않아 오늘날 필요한 가치를 공동의 경험을 살려 재창조하는 데 차질이 있다. 사태가 더욱 악화되어 인도 학자들이 산스크리트는 모르고 영어만 알게 되면 함량 미달의 저작이나 내고 말아 경쟁력을 상실한다. 모국어가 영어인 곳들에서 오랜 내력을 살려 내놓는 업적을 서투르게 흉내 내다가 패퇴되고 말 것이다. 우리는 영어로 하는 학문을 더 잘해 실패하지 않을 수 있는가? 근거 없는 망상은 버리자.

학문의 언어를 순수한 우리말로 하고 한자어는 버려야 한다는 정반대의 주장도 있다. 서양철학을 번역해서 받아들이는 방법부터 바꾸어 일본식 한자어를 고유어로 대치해야 한다고 한다. 고유어는 주체성을 살리고 창조력이 발현되게 한다고 한다. 이것은 일본과의 결별인 것 같지만 사실은 새삼스러운 추종이다.

일본은 수입학을 일삼으면서 번역을 가장 중요한 과제로 삼아왔다. 일본식 한자어라고 우리가 지적하는 것들은 가능한 최상의 일본어이다. 서양학문을 일본어로 옮기기 위해 대단한 노력을 기울인 것을 평가해야 한다. 전에 없던 말을 만들어내면서 한자에 의거하고 순수한 일본어를 사용하지 않은 것이 잘못 되었다고 나무랄 수는 없다.

순수한 일본어로 조어를 하면 이해하기 어렵고, 일본특유의 신비적 사고가 끼어들어 보편적 개념을 나타내는 데 지장이 있다. 순수한 일본어가 지닌 결함이 순수한 한국어에는 있을 수 없다고 여기는 것은 무리이다. 일본의 국수주의가 지닌 폐해를 시정하는 대안이 한국의 국수주의에 있다는 착각은 버려야 한다.

문제는 다른 곳에 있다. 수입학에 몰두해 창조학은 하지 않아 일본학문은 어느 수준을 넘어서지 못한다. 일본식 한자어 배격이 대단한 일거리라고 집착하지 말고, 일본 방식의 수입학에서 벗어나 독자 노선의 창조학을 이룩해야 한다. 산스크리트와 대등한 공동문어인 한문으로 이룩하고 축적해온 학문의 풍부한 유산을 오늘날의 말로 옮겨놓는 것이 그 출발점이다.

중국에서 하고 있는 작업을 함께 하면 된다고 할 수 있을 것 같으나 그렇지 않다. 중국학자들은 述而不作을 이념과 체제의 제약과 충돌하지 않는 소극적인 방책으로 삼고 있다. 한문과 백화는 거의 같아 자료와 논술이 동어반복의 관계를 가지는 것이 예사이다. 우리는 자유롭게 생각하면서 각자 다른 말을 얼마든지 할 수 있다. 한문과 한국어는 거리가 멀어 한문의 유산을 다시 고찰하는 것이 창조의 시발이다.

우리말 글쓰기를 어떻게 해야 하는가? 주요 용어는 한문에서 가져온 것을 그냥 쓰면서 누구나 이해하는 일상어가 되도록 하자. '生克'·'相生'·'相克'을 고유어로 바꿀 수 없다. 얼마 동안은 한자를 노출시키다가 '생극'·'상생'·'상극'으로 적으면 된다. 명사 용어가 아닌 서술어는 생동하는 구어에서 받아들이는 것이 마땅하다.

"상생이 상극이고 상극이 상생이다." "상생은 상생이면서 상극이고, 상극은 상극이면서 상생이다." "상생은 상생이므로 상극이고, 상극은 상극이므로 상생이다." 서로 관련되면서 다른 명제를 이렇게 구분할 수 있다. 오랜 내력을 가진 한자어가 널리 쓰이는 고유어와 만나 이치 따지기를 정확하고 정밀하게 할 수 있다.

이런 말을 써서 이룩한 연구 성과를 영어로 옮기는 것은 아주 어렵다. '생극'을 'becoming-overcoming'이라고 하고 있으나 전달 가능성이 의심스럽다. 일본어나 중국어에서는 '生克'·'相生'·'相克'을 그대로 사용할 수 있어 다행이지만 서술어 부분까지 그대로 전달하려면 상당한 고심이 필요하다.

외국어로 말해도 이해 가능한 학문만 하자고 할 수는 없다. 우리 기술로 만든 국산품은 아무리 우수해도 세계화 시대가 요구하는 국제 경쟁력을 갖추지 못한다고 우길 사람은 없다. 상품뿐만 아니라 학문도 수출에 힘써야 하지만, 독자적인 발상과 남다른 창조력으로 세계 최상품을 만드는 것이 선결 과제이다.

생극론이라는 이름의 철학을 이렇게 만들어나가는 작업은 새로우면서도 새롭지 않다. 氣일원론을 직접적인 원천으로 삼고, 다른 여러 철학과 광범위한 대화를 진행하고 있기 때문이다. 그뿐만 아니라, 앞에서 살핀 라다크리슈난·馮友蘭·西田幾多郎·박종홍이 각기 하려고 한 일을 받아들여 내 작업을 하는 데 이용한다.

라다크리슈난이 목표로 한 이상적이고 조화로운 세계를 구현하기 위해서 갈등을 배제한 조화를 찾지 말아야 하고, 갈등이 곧 조화임을 알아야 한다고 한다. 그래서 이상주의가 현실주의를 떠나서 따로 설정되지 않도록 한다. 상카라로 돌아가는 것을 유일한 해결책으로 삼는 협소한 생각에서 벗어나 라마누자를 또한 계승하고, 유럽문명권의 현실주의도 받아들여 넘어서는 길을 찾아 커다란 진전을 이룩했다.

馮友蘭이 張載의 말에서 가져온 "仇必和而解"라는 원리를 들어 새로운 철학의 원리로 삼으려고 한 최후의 노력을 높이 평가한다. 그렇게 해서 毛澤東사상에서 모순만 일방적으로 긴요하게 여기고 화해는 도외시한 잘못을 시정하려고 한 작업을 생극론에서 맡아 실현할 수 있다. 西田幾多郎이 '實在'에 대한 '純粹經驗'이라는 부적절한 용어로 지칭하던 갈등을 넘어선 화합의 영역을, 둘이 하나인 경지를 별도로 설정하는 것은 무리임을 지적하고, 갈등이 화합이며 둘이 하나임을 밝혀냈다. 일본인의 각성을 유럽철학에서 가져온 용어와 개념으로 파악하려고 해서 생기는 파탄을 막을 수 있어 전환이 가능하다.

박종홍이 부정과 天理를 합치려고 한 작업도 해야 한다. 부정하면서 창조하는 과정과 천리를 따르는 率性이 둘이 아님을 생극론에서 입증할 수 있다. 열거주의와 절충주의에 빠지고 마는 폐단을 시정하고, 기존 철학의 여러 유산을 뒤집어엎으면서 이용하는 방법을 써서 그렇게 하는 길을 연다.

생극론은 기존 철학에서 주장하고 모색한 바를 많이 모아놓은 잡탕같이 보이고, 남들의 착상을 있는 대로 가져다가 놓은 전시장처럼 보이기도 한다. 하나가 여럿이므로 여럿 가운데 그 모든 것이 포함될 수 있다. 언제 어디서 누구에게나 타당한 보편적인 원리를 찾는 작업이 서로 비슷하게 마련이다.

그러나 비슷한 것이 같은 것은 아니다. 용어를 선택하고 논리를 전개하는 방법을 새롭게 가다듬어 기존 작업의 실패를 되풀이하지 않을 수 있다. 자기 말로 철학하기의 오랜 소원을 이룩해 유럽이 아닌 다른 문명권에서 근대철학을 창조하는 본보기를 보이면서, 유럽근대 철학의 한계를 극복하고 다음 시대의 사상을 만드는 지침을 마련하고 있다.

토론

❑ 문: 비교연구는 왜 하는가?

❑ 답: 긴요한 질문이어서 명확하게 대답한다. 비교연구를 하는 이유는 둘이다. 자기의 특수성 인식이 소극적 이유이다. 남들과 함께 지닌 보편성 발견이 적극적 이유이다. 보편성을 확대하고 발전시키기 위해 어떤 특수한 노력을 해야 하는지 판단하는 데서 두 작업이 하나로 합쳐진다.

❑ 문: 西田幾多郎이 말한 '善'이 통찰과 같은 것이 아닌가?

❑ 답: '善'은 미분화된 의식이라면, 통찰은 분화된 의식을 합치는 활동이다. '善'은 원초적인 상생에 머무른다면, 통찰은 상생이 상극이고 상극이 상생이게 한다. 미분화된 의식 또는 원초적인 상생이라고 할 것은 가정에 지나지 않고 인정할 가치가 없는데, '善'이라고 그릇되게 일컬어 실제로 있는 것처럼 윤리의 규범이 되는 것처럼 오해하게 했다. 그런 '善'의 철학을 번역된 용어를 조립해 꾸며내는 것보다 통찰의 철학을 동아시아철학의 전통 재창조에서 이룩하는 것이 더욱 바람직하다. 중국이나 일본에서도 할 수 있는 일을 한국에서 한 걸음

앞서 하고 있다.

❑ 문: 철학용어를 번역해 사용하면 어떤 폐단이 있는지 분명하게 말하라.

❑ 답: 원래의 뜻에 매여 독자성이 없고, 원래의 뜻에서 이탈하지 못해 창조력이 없다. 독자적인 사고를 창조적으로 해야 하는 철학의 근본을 훼손한다.

❑ 문: 번역용어는 모두 다 그런가?

❑ 답: 지칭하는 대상의 실체를 직접 파악할 수 있는 경우에는 번역용어가 독자성을 가지고 대상에 맞게 재창조될 수 있다. 고대와 중세, 서정과 서사 등의 역사나 문학의 용어는 이런 쪽이다. 철학용어는 대상과의 호응이 확인되지 않고 그 자체가 실체이므로 사정이 다르다.

❑ 문: 토박이 우리말로 철학용어를 만들어야 독자적인 사고를 창조적으로 할 수 있지 않는가?

❑ 답: 지어낼 수 있는 용어가 얼마 되지 않아 사고가 옹졸해진다. 애써 지어낸 용어가 공감을 얻지 못해 보급이 되지 않으며, 암호처럼 되고 말아 가장 난해해진다. 철학은 기존의 철학과 토론해 계승·수정·변혁의 과정을 거치면서 창조되는데, 토박이 우리말로 지어낸 용어로 철학을 하려고 하면 토론 상대를 찾지 못하고 고립된다. 서양철학의 용어를 토박이말로 번역해 쓰면 모든 문제가 해결된다고 여기지만, 번역된 용어가 원래의 용어에서 이탈하지 못하는 한계를 벗어날 수 없다. 우리가 한 작업을 서양말로 번역해 알리고자 한다면 보탠 것이 없다는 사실이 바로 드러난다.

❑ 문: 그러면 어떻게 해야 한단 말인가?

❑ 답: 이미 말한 원칙을 다시 분명하게 한다. 라틴어 철학용어와 계승·수정·변혁의 관계를 가지고 독일어 철학용어를 여러 단계에 걸쳐 만들었듯이 한문 철학용어와 계승·수정·변혁의 관계를 가지고 한국어 철학용어를 여러 단계에 걸쳐 만드는 것 외에 다른 길은 없다. 토박이말은 변혁의 단계에서 사용해야 한다.

❑ 문: 王夫之나 崔漢綺의 氣철학은 유물론이 아닌가?

❑ 답: 북경이나 평양에서는 그렇게 말한다. 결격사유가 있기는 하지만 유물론이라는 이유에서 칭송한다. 그러나 유물론과 같은 것이 氣철학의 일면이다. 氣는 물질의 기이면서 정신의 기여서 물질과 정신을 합친다. 물질과 정신을 합쳐 결격사유가 있다고 할 것이 아니고, 유물론의 한계를 넘어서는 의의가 있다. 유물변증법이 상극에 치우친 잘못을 음양생극론은 상극이 상생이고 상생이 상극임을 밝혀 시정한다.

❑ 문: 생극론을 발전시키는 방안은 무엇인가?

❑ 답: 개별학문 연구에 적용해 다채롭고 풍부하게 하는 것이 마땅한 방안이다. 내가 문학연구에 적용한 것과 같은 일을 다른 학문에서도 하기 바란다. 사회학, 정치학, 교육학 등에서 할 일이 많을 것 같다.

❑ 문: 생극론 자체의 발전은 기대하지 않는가?

❑ 답: 생극론을 그 자체로 발전시키는 것은 철학에서 해야 할 일인데, 철학이 정신을 차리지 못하고 있다. 위에서 밝혔듯이 우리뿐만 아니라 인도, 일본, 중국 등지에서도 철학이 정신을 차리지 못하고

있다. 유럽에서 철학을 고유한 대상과 방법이 있는 별개의 학문으로 만든 데서 커다란 잘못이 시작되었는데, 이에 관해서는 미처 고찰하지 못했다. 진단을 더 하지 않고도 치료법은 말할 수 있다. 철학은 학문학이어야 한다. 철학이 학문학이 되면 살 길을 찾고 기여하는 바가 커진다. 여러 학문에서 생극론을 발전시키는 성과를 모아들여 정리하면 학문학 노릇을 제대로 한다.

근래에 철학하는 사람들이 논술이라는 이름의 글쓰기를 가르쳐 생업으로 삼으려고 한다. 다행이라고 하면서 격려하고 말고 할 것은 아니다. 글읽기나 하고 글쓰기는 하지 않았으면서 가르치려고 하니 잘 되지 않는다. 남들이 이미 하고 있는 일에 끼어들어 작은 벌이를 하려고 하지 말고, 크고 보람 있는 벌이를 당당하게 하면서 존경받는 것이 마땅하다. 학문학에서 얻은 성과를 활용해 글쓰기로 나아가면 인정할 만한 지도력을 갖춘다.

제7강 『대월사기전서』와 『동국통감』

무엇을 비교하는가?

월남과 한국은 멀리 떨어져 있어 직접적인 교섭이 없었지만 거의 같은 일을 유사한 시기에 했다. 월남의 『大越史記全書』는 1479년에, 한국의 『東國通鑑』은 1485년에 이루어진 자국사 개설서이다. 월남에서는 黎朝가, 한국에서는 朝鮮王朝가 들어서서 이념을 정비하고 문화를 창달하는 작업의 하나로 이 작업을 했다. (陳荊和 編校, 『大越史記全書』, 東京: 東京大學東洋文化研究所 附設 東洋學資料センタ-, 1984를 자료로 이용한다.)

두 책은 또한 서술 체계가 유사하다. 양쪽 다 이른 시기의 역사는 "外紀"라고 하고, 정통왕조가 확립된 다음의 역사는 왕조명에 "紀"자를 붙여 지칭했다. 『大越史記全書』에는 外紀 다음에 丁紀 · 黎紀 · 李紀 · 陳紀가 있다. 『東國通鑑』에는 外紀 다음에 三國紀 · 新羅紀 · 高麗紀가 있다. 신유학의 가치관에 입각한 史臣의 評이 많이 들어가 있는 점도 서로 같다.

이제부터 두 사서를 비교하면서, 서술의 균형은 돌보지 않고 요긴한 사항을 적절한 순서로 다루고자 한다. 『대월사기전서』는 국내 학계에 잘 알려져 있지 않으므로 자세하게 논의하기로 한다. 그 결과를 가지고 『동국통감』을 재검토하는 작업은 간략하게 하고서 논의를 확대하고 비교방법을 점검한다. 미지수를 풀어 기지수를 재검하면서 둘이 뒤바뀌어 있음을 밝히는 것이 방법의 요체이다.

두 역사서 비교에서 고찰하고자 하는 핵심사항은 중국과의 관계이다. 한국에서 조선왕조가 중국 명나라의 책봉국이 되어 事大의 관계를 가진 것은 잘못된 일이고 무력을 써서라도 주권을 수호하지 못한 것이 한탄스럽다는 견해가 널리 유포되어 있다. 조선왕조를 창건한 것과 비슷한 시기에 월남에서는 명나라의 침공을 무력으로 격퇴해 빛나는 승리를 거두고 黎朝가 들어섰다. 그렇다면 조선왕조의 굴종과는 다른 주체적인 자세로 명나라와의 관계를 가지고 국사를 서술했을 만한데 그렇지 않았다.

중국과 월남의 관계와 중국과 조선의 관계는 사실에서나 사실에 대한 인식과 평가에서나 기본적인 일치점이 있었다. 구체적인 사정이 상이해도 바뀌지 않는 지속상이 확인된다. 왜 그랬던지 알아내려면 사실의 표면에 머무르는 실증사학에서 벗어나 역사의 저층과 만나는 심화된 논의를 해야 한다.

한국사에 대한 의문을 해명하기 위해 다른 나라 역사와의 비교고찰이 필요하다. 월남이 가장 좋은 비교 대상이다. 월남사와 한국사가 각기 전개되면서 보여준 일치점은 한국사를 되돌아보는 거울이 되고, 동아시아사에서 출발해 세계사를 새롭게 이해하는 지침을 제공한다.

『대월사기전서』에 나타난 월남사의 전개

『대월사기전서』가 이루어진 경과를 살피자. 黎文休가 1272년에 편찬한 기존의 국사서 『大越史記』와 潘孚先이 1455년에 저술한 그 속편을 축소하고 개작해 吳士連이 1479년에 『대월사기전서』를 내놓았다. 그 일은 『三國史』를 『三國史記』로 고친 한국의 선례와 유사해서, 중세전기의 과업을 중세후기에 뒤늦게 수행한 것처럼 보인다.

『삼국사기』와 『대월사기전서』의 서문이 유사한 문구로 이루어진 것이 그 증거라고 할 수 있다. 金富軾의 <進三國史記表>와 吳士連의 <大越史記外紀全書序> 양쪽에서 모두 "列國各有史"의 전례에 따라서 자국의 역사를 갖추어야 한다고 했다. 역사 서술을 바로잡아 善惡鑑戒의 구실을 분명하게 해야 한다고 했다. (<한문화권 역사서 개작의 문학사적 의의>, 『한국문학과 세계문학』, 서울: 지식산업사, 1991에서 둘을 비교해 고찰했다.)

월남에는 『嶺南摭怪』라는 비정통의 역사서도 있다. 건국신화가 길게 나와 있는 것을 간추려 보자. 炎帝神農氏의 3세손 帝明이 월남 땅에 이르러 월남 여자와 관계해 낳은 아들이 건국시조인 涇陽王이라고 했다. 물속에 들어가 데려온 洞庭龍王女를 아내로 삼아 후계자를 낳았다고 했다. 『대월사기전서』에서는 같은 내력을 수록하면서 불합리하다고 생각되는 대목을 조금씩 수정했다. 사람이 용궁에 가서 용왕의 딸을 배필로 삼을 수 없다고 여겨 洞庭龍王女를 洞庭君女로 고쳤다. 吳士連의 논평에서는 한 걸음 더 나아가 다음과 같이 말했다.

> 史臣吳士連曰 天地開肇之時 有以氣化者 盤古氏是也 有氣化然後爲形化 莫非陰陽二氣也 易曰 天地絪縕 萬物化醇 男女媾精 萬

物化生 故有夫婦 然後 有父子 有父子 然後 有君臣 然而 聖賢之生 必異乎常 乃天所命 (陳荊和 編校, 『大越史記全書』, 97면)

(사신 오사련은 말한다. 천지가 처음 열릴 때 氣化가 있었으니 반고씨가 바로 그것이었다. 氣化 뒤에 形化가 이루어져 음양 두 氣가 아님이 없었다. 易에서 말하기를 '천지가 생겨나고 만물이 변화하며 남녀가 정을 나누어 만물이 생겨난다'고 했다. 그러므로 부부가 있는 다음 부자가 있고, 부자가 있은 다음 군신이 있다. 성인이 태어날 때에는 예사롭지 않은 일이 반드시 있나니, 하늘이 명한 바이기 때문이다.)

陰陽의 작용에 의한 氣化로 천지만물이 생성되었다고 하는 理氣철학의 이치는 김부식 시대 이후에 정립되었다. 중세전기를 넘어선 중세후기의 사고여서 대단한 발전이라고 하지 않을 수 없다. 고대와 중세, 월남과 중국의 관계를 통괄해서 파악하는 철학을 중세후기에 이르러서 비로소 마련했다. 중세보편주의를 독자적으로 구현하기 위해서 민족문화의 전통이 지니는 의의를 인정하고 계승해야 한다는 원리도 함께 정립했다.

월남에서 한문문명을 받아들이기 시작한 군주는 趙佗이다. 趙佗는 중국인이며 秦나라에서 파견한 관원이었는데 스스로 南越國을 세워 武帝라고 칭한 것이 기원전 207년의 일이다. 월남인을 다스리면서 중국의 秦과 漢에 대항하는 주권의식을 가졌다. 한나라 사신 陸賈가 와서 漢나라가 南越을 정벌하려고 하다가 백성을 괴롭히지 않으려고 해서 그만두었다고 하자, 자기가 漢高祖보다 못할 것이 없다고 자부하는 말을 했다. 趙佗에 관해서 『대월사기』를 저술하면서 黎文休가 쓴 논평과 『대월사기전서』의 저자 吳士連이 쓴 논평이 『대월사기전서』에 나란히 실려 있다. 각기 한 대목씩 인용한다.

黎文休曰 遼東微箕子不能成衣冠之俗 吳會非泰伯不能躋王霸之强… 趙武帝能開拓我越 而自帝其國 與漢抗衡 書稱老夫 爲我越倡始帝王之基業 其功可謂大矣 (같은 책, 113-114면)

(黎文休가 말한다. 遼東은 箕子가 아니면 의관의 풍속을 이루지 못했으며, 吳나라 회계 땅에서는 泰伯이 아니면 강력한 임금이 패권을 장악하는 경지에 이르지 못했을 것이다… 趙武帝는 우리 월남을 능히 개척해서 스스로 국가를 통치하면서 한나라에 대항해서 균형을 이루었고, 글에서는 老夫라고 칭했다. 우리 월남을 위해 제왕 통치의 터전을 마련한 공이 크도다.)

吳士連曰 傳曰 有大德 必得其位 必得其名 必得其壽 帝何修而得此哉 亦曰德而已矣 觀其答陸賈語 則英武之威 豈讓漢高 (같은 책, 114면)

(吳士連이 말한다. 傳에 이르기를, 큰 덕이 있으면 반드시 그 지위를 얻고, 그 이름을 얻고, 그 수명을 얻는다고 했다. 임금님은 어떻게 덕을 닦아 그런 것들을 얻었겠는가. 오직 덕일 따름이라고 다시 말해야 하겠다. 육가에게 대답하는 말을 보니, 빼어난 무력의 위엄이 어찌 한나라 高祖보다 못하겠는가.)

趙佗가 월남의 군주라고 한 것은 중국인과 월남인 사이에서 태어난 인물이 월남의 건국시조가 되었다고 한 신화와 연관을 가진 견해이다.

혈통보다 문화를 더욱 중요시하면서 중국과의 관계를 월남에 유리하게 이해하는 사고의 틀을 다시 마련했다. 중국인이라도 월남에 와서 월남을 위해서 일하면 월남인이 되고, 월남에 가져온 중국문화는 월남문화라고 하는 것이 그 뒤에 계속 나타나는 일관된 사고방식이다.

중국 것이 그 자체로 소중하다고 생각하지는 않았다. 월남문화의 발전을 위해서 중국문화가 필요해서 가져다 써야 했다. 중국이 침공해서 월남을 지배하면서 월남을 중국화하는 것은 용납할 수 없었다. 중국의 침공에 맞서서 월남의 주권을 지키기 위해서 중국에서 가진 능력을 월남에서도 갖추어야 했다. 중국문화를 배격하지 않고 받아들여 포용한 것은 그 때문이다.

중국이 침공해서 월남을 지배하는 불행한 역사가 漢나라가 南越國을 멸망시키자 시작되었다. 漢나라가 南越 땅에 南海・蒼梧・鬱林・合浦・交趾・九眞・日南의 7군을 설치한 것이 한국에 四郡을 설치하기 3년 전인 기원전 111년의 일이다. 7군 가운데 처음 든 4군은 오늘날의 중국 땅에 있었고, 나중에 든 3군은 오늘날의 월남 땅에 있었다. 한나라가 남월을 치고 7군을 설치한 대목에 이르러서는 黎文休와 吳士連 두 사람 모두 통탄하는 논평을 했다.

呂嘉라는 재상이 임금을 폐립하는 횡포를 저지르다가 나라를 망친 죄를 나무랐다. 예문휴는 "今乃弑其君以逞私怨 又不能以死守國 使越分裂 而入臣漢人 則呂嘉之罪 不容誅者矣"(이제 그 임금을 시해하고 사사로운 원한을 풀었으며, 또한 죽음으로 나라를 지키지 않아, 월남이 찢어지게 하고, 중국인의 신하 노릇을 하게 했으니, 여가의 죄는 죽어도 용서될 수 없는 것이다.)라고 했다.(같은 책, 120면) 吳士連은 "國亡統絶"을 통탄했다.(같은 책, 120면)

두 여성 영웅 徵側, 徵貳 자매를 지도자로 하는 독립운동을 일으켰다가 실패한 사건에 대해서 黎文休는 논평을 하고, "惜乎繼趙之後 以至吳氏之前 千餘年間 男子徒自低頭束手 爲北人臣僕"(애석하게도, 조씨 이후 오씨 이전 천여 년 동안, 남자는 다만 스스로 머리 숙이고 손 묶어 북인의 종이 되었다)라고 했다. (같은 책, 126면) 吳權이 939년에 왕위에 오른 시기에 월남이 비로소 독립했으므로, 중국에 복속된 기간이 기원전 111년에서 그 해까지 천년이 넘는다. 그 기간 동안의 역사를 회고하면서 월남의 사가들은 독립운동의 영웅들을 깊이 흠모하고, 중국의 통치를 계속 받은 것을 큰 치욕으로 여겼다.

그러나 중국에 복속되어 있던 천여 년 동안이 암흑시대이기만 한 것은 아니었다. 187년에 日南郡의 통치자가 된 士燮은 월남에서 여러 대 살아온 중국인이며, 월남에서 한문문명을 일으키는 데 크게 공헌했다고 평가된다. 오사련은 사섭에 대해서 "我國通詩書 習禮樂 爲文獻之邦 自士王始 其功德豈特施於當時 而有之及於後代"(우리나라가 詩書가 통하고, 예악을 익혀 문헌의 나라가 된 것은 士王에서 비롯한 일이니, 그 공덕이 어찌 당시에만 특별하게 베풀어졌다고 하리오, 멀리 후대에까지 미친다)고 했다.(같은 책, 133면) 중국인이기도 하고 월남인이기도 한 인물은 월남인이라고 하면서, 그런 인물의 활약에 힘입어 중국문화를 받아들여 월남 것을 만들어야 마땅하다는 개방적인 자세에 근거를 둔다.

월남이 중국에서 독립해서 세운 왕조 가운데 李朝가 처음으로 장기간 1009년부터 1225년까지 지속되었다. 李朝의 둘째 임금 聖宗은 한문문명을 확립하는 것이 국가발전의 길이라고 판단해, 1070년에는 文廟를 세우고, 1075년에는 科擧制를 실시했으며, 1076년에는 國子監을 설치했다. 바로 그해 1076년에 중국 宋나라가 침공해 오자, 李常傑이 맞아 물리치면서, 다음과 같은 시를 지어 군사들의 사기를 돋우었다. 그 시가 유래 설명과 함께 『대월사기전서』에 수록되어 있다. (본기 권3, 같은 책, 249면)

南國山河南帝居　　남국의 산하에는 남쪽 황제가 계신다고,
截然分定在天書　　분명하게 갈라놓은 말이 천서에 있도다.
如何逆虜來侵犯　　어째서 반역의 도당이 침범해 왔는가.
汝等行看取敗虛　　너희들은 허망한 패배를 보고 말 것이다.

여기서 중국과 월남의 두 가지 상이한 관계를 확인할 수 있다. 중국과 월남은 한문문명을 공유해야 한다. 월남에서 중국의 전례에 따라 문묘를 세우고, 과거제를 실시하고, 국자감을 설치하는 것은 당연한 일이다. 그래야만 월남이 문명세계의 일원일 수 있고, 나라를 지킬 힘을 얻는다. 그렇지만 중국과 월남은 정치적으로 분리되어 있는 별개의 나라이다. 중국은 北帝가 월남은 南帝가 다스린다. 그런 구분을 무시하고 중국이 월남을 침공해서 지배하고자 하는 것은 반역의 도당인 逆虜의 짓이므로 용납할 수 없다.

『대월사기전서』에 나타난 책봉 인식

중국과의 정치적인 관계에서는 양국이 대등하다는 원칙만 있었던 것은 아니다. 송나라의 침공을 격퇴하고 평화가 이룩되자 두 나라는 국교관계를 가지게 되었다. 중국과 월남의 국교는 중국 통치자가 월

남 통치자의 통치권을 공인해 冊封하는 절차를 취하고, 월남 통치자는 중국 통치자에게 朝貢을 하는 관계이다. 그것 외의 다른 관계는 없었다.

『대월사기전서』 1087년의 기사에 "宋封帝爲南平王"이라고 기록한 말이 보인다. (본기 권3, 같은 책, 251면) "송나라가 (월남의) 帝를 南平王에 봉했다"는 말이다. 그 뒤 1226년에 李朝는 陳朝로 바뀌었다. 陳의 시조인 太宗에 관해서 1229년에 "宋封帝爲安南國王"이라고 한 기사가 『대월사기전서』에 있다. (본기 권5, 같은 책, 324면) "송나라가 (월남의) 帝를 安南國王에 봉했다"는 말이다.

월남의 통치자를 월남 자체에서는 '帝'라고 해도 책봉관계에서는 '王'이다. 책봉관계는 '天子'가 '王'의 통치권을 공인하는 관계이다. 하늘을 대신해서 지상의 권력을 공인하는 구실을 천자라야 수행할 수 있다고 인정했다. 월남의 '帝'는 천자일 수 없어 책봉을 받아야 했다.

天子가 통치권을 공인해서 王을 冊封하는 범위가 한문문명권이다. 책봉을 받아야 한문문명권의 일원일 수 있다. 책봉은 한문문명권의 동일성을 입증하는 상징적이고 종교적인 행사이고, 정치적인 지배권을 입증하는 것은 아니다. 그렇기 때문에 중국의 침공을 물리치고 승리를 거둔 월남에서 그 절차를 받아들였다. 월남에서 문묘, 과거제, 국자감을 갖추고서 천자의 책봉을 거부하는 것은 있을 수 없다. 우주적인 질서에서 개인의 행실까지 일관되게 규정하는 禮를 갖추어야 유교국가일 수 있기 때문이다.

천자의 책봉에 종교적인 의미를 부여하는 근거는 유교에서 제공했다. 유교에서 천자만 하늘에 제사지내고 하늘의 뜻을 받아 지상에 편다고 했다. 문명권의 동질성을 상징적으로 나타내는 근거는 종교가 아니고서는 제공할 수 없으므로 유교가 그 일을 담당했다. 월남의 통치자는 '帝'라고 일컬었어도 천자는 아니다. 천자는 하나만 있어야 유교문명권의 단일성이 보장되었다.

월남은 내부적으로 皇帝國이고자 했지만 대외적으로는 冊封國이었다. 책봉국 노릇을 거부하고 天子國이 되기 위해서는 중국의 중원을 정벌해서 통치할 수밖에 없었는데, 그렇게 해야 할 필요가 전혀 없었다. 元나라를 세운 몽골인이나 淸나라를 세운 만주족이 그 일을 맡아 해서 무슨 소득이 있었던지 진지하게 물어야 한다. 동아시아문명의 전통을 지키고 한족 지배층의 안전을 보장하는 두 가지 임무를 수행하느라고 너무 수고해서 자기 민족을 크게 약화시키기나 했다. 冊封이라는 제도 자체를 폐지하고 어느 나라든지 王이 곧 皇帝라고 하는 것은 중세를 넘어서서 근대에 이르러야 가능한 일이고, 중세인은 생각을 할 수 없었다.

1400년에 胡季犛가 陳왕조를 무너뜨리자, 중국의 명나라가 찬탈을 징벌한다는 이유로 1406년 월남을 침공해서 복속시켜 다스렸다. 월남의 독자적인 풍속을 금하고, 월남의 식자층을 북경의 극자감에 데려가 중국인으로 교육해서 자기 민족에서 이탈하게 했다. 그렇게 해서 중국과 월남이 둘임을 부인했다.

陳朝의 왕족이 독립운동을 일으켰다가 실패해 명나라로 잡혀가 처형된 다음, 黎利를 지도자로 한 거사가 성공해서 월남의 주권을 되찾고 黎朝를 창건한 것이 1427년의 일이다. 그해에 阮廌가 <平吳大誥>에서, 명나라를 春秋시대의 吳에다 견주어 越이 吳와 싸워 이긴 위업을 천하에 알린 글 서두에서 다음과 같이 말했다. (본기 권10, 같은 책, 546-547

면, 지준모·조동일, 『베트남의 최고시인 阮廌』, 서울: 지식산업사, 1992, 65-66면에 원문과 번역이 있다.) 탈락된 말을 보충해서 괄호 안에 적는다.

> 仁義之擧 要在安民 弔伐之師 莫先去暴 惟我大越之國 實爲文獻之邦 山川之封域旣殊 南北之風俗亦異 自趙丁李陳之肇造 我國與漢唐宋元 而各帝(一)方
>
> (어질고 정의로운 거사는 백성을 편안하게 하는 것을 요체로 삼고,. 위로하고 징벌하는 군사는 먼저 포악함을 제거한다. 우리 월남은 오직 文獻之邦이다. 산천의 경계가 이미 구분되고, 남북의 풍속이 또한 다르며, 趙·丁·李·陳朝 이래로 우리는 漢·唐·宋·元과 더불어 각기 한쪽을 다스렸다.)

앞에서는 명나라의 침공을 물리친 전승을 기렸다. "포악한" 명나라를 제거하는 정의로운 전쟁을 했다고 했다. 글 마지막 대목에서는 "雪千古無窮之恥"(천고의 무궁한 수치를 씻었다)라고 했다. 이런 과정을 거쳐 두 나라의 관계가 정상화되자 월남은 높은 수준의 한문문명을 이룩한다고 했다. 그 점에서는 중국과 하나이다. 뒤에서는 월남과 중국은 남북으로 구분되며 각기 독립왕조의 역사를 이룩해왔다고 했다. 그 점에서는 월남과 중국이 둘이라고 했다.

월남과 중국이 둘인 이치를 무시한 중국의 횡포를 물리치기 위해서 싸워야 했다. 그런데 중국과 싸워 이길 수 있었던 것은 대등한 수준의 문명을 갖추었기 때문이다. 한문문명의 일원으로서 월남은 중국과 하나인 대등한 역량을 지녔으므로 월남과 중국이 둘임을 분명하게 할 수 있었다.

전쟁이 끝나고 평화가 찾아와 월남이 중국과 국교를 재개할 때에는 월남과 중국이 하나라고 하는 원리를 구현했다. 1431년에 "命帝權署安南國事"라고 했다는 말이 『대월사기전서』에 있다. (본기 권10, 같은 책, 563면) 명나라에서 월남의 새 왕조의 太祖 黎利를 안남국의 일을 임시로 맡아보는 '權署安南國事'로 인정했다는 말이다.

명나라에서는 黎朝의 창업을 인정하지 않고 이미 책봉한 왕조 陳朝를 이으라고 했다. 이에 응답해 진조의 후손을 찾아보아도 발견되지 않고 나라를 다스리는 사람이 없을 수 없어 임시조처를 바란다고 한 데 대한 회답이다. 그것은 고려를 무너뜨리고 새로운 왕조를 창건한 조선왕국의 태조 李成桂를 명나라에서 '權知高麗國事'라고 한 것과 같은 조처이다. 국호를 조선이라고 하는 조처가 먼저 있어 '권고려지국사'가 '權朝鮮知國事'로 되었다가 '朝鮮國王'으로 바뀐 것은 제3대 임금 태종이 즉위한 해인 1401년의 일이다. (<태종실록』 원년 6월 12일 己巳)

'權署安南國事'라고 일컬었더라도 그것으로 책봉이 이루어져, 중국과의 관계가 정상화되었다. 그 뒤에 월남은 명나라에 자주 사신을 보내 조공했다. 명나라에 사신을 파견한 횟수를 보면 유구가 첫째이고, 월남이 둘째이고, 조선은 열째이며, 일본은 열셋째였다. 중국에게 책봉을 받고 조공을 하는 나라는 모두 한문문명권의 일원이어서 서로 동질적인 위치에 있고, 대등한 관계를 가졌다. 서로 국교를 맺는 절차를 별도로 갖출 필요는 없었다.

조선태조 李成桂가 權知高麗國事가 된 것은 명나라의 간섭을 물리칠 힘이 없어 부득이 수락한 치욕이라고 여기는 이들이 많다. 그러나 黎太祖 黎利는 원나라와 싸워 이겼다. 黎太祖가 세상을 떠났다고 한 기사에서는 北擊明寇의 공적을 세웠다고 칭송했다. (같은 책, 564면) 그런데도 權署安南國事로 책봉된 것은 이해할 수 없는 일이라고 할 수 있으나 그렇지 않다. 월남이 한문문명권의 일원으로 복귀해서 중국뿐만 아니라 한문문명권의 다른 여러 나라와도 국교를 가지는 데 그렇게 하는 것 외에 다른 방법이 없었다. 중세인이 근대인이 아니라는 이유에서 나무라는 것은 부당하다.

중세인은 국가 차원에서 중국과 월남이 하나가 아니므로 北擊明寇한 월남의 군주가 문명권 차원에서는 중국과 월남이 둘이 아니므로 權署安南國事에 책봉된 것이 당연하다고 여기는 것을 근대인은 이해하지 못한다. 근대인의 생각으로는 중국과 월남은 어떤 경우에든 하나일 수 없고 둘이기만 하다고 여기기 때문에 北擊明寇는 자랑스럽고, 權署安南國事에 책봉된 것은 치욕이라고 한다. "雪千古無窮之恥"라고 하고서 다시 그런 치욕을 받아들인 것이 정신 나간 짓이라고 여긴다. 근대의 역사가도 근대인의 한계를 벗어나지 못하므로 그런 주장에 쉽사리 동의한다. 그러나 중세는 근대와 다른 시대였음을 인정하는 것이 역사학의 첫걸음이다.

중국과 월남이 문명권 차원에서 하나인 것은 중국이 강요하는 사항이 아니고 월남이 적극적으로 희망하고 획득해야 할 자격이다. 월남에서 한문문명을 수준 높게 이룩하고 적극 재창조해야 주권을 수호해서 국가 차원에서 중국과 월남이 하나라고 중국에서 강요하지 못하게 할 수 있다. 黎朝의 통치자들은 그렇게 하는 데 선행 왕조들보다 더욱 힘을 써서, 가치관을 바로잡고 문장을 가다듬어 국사를 다시 쓰고, 科擧를 보여 인재를 선발하는 데 더욱 힘썼다.

文廟에다 1442년에 세운 비 <大寶三年壬戌科進士題名記>에 과거 급

제자를 기리고 그 명단을 적었다. (그 비문의 한문 원문과 영어 번역을 근래 『進士題名記 *The Stone Stele at the Temple of Literature*』, Hanoi: Gioi, 1993으로 출간한 책을 1996년 12월 29일 하노이 현지에서 구입했다.) 거기서 태조가 "武功既定 文德誕敷"(무공을 확고하게 하고 문덕을 폈다)고 하는 말을 핵심으로 한 찬사를 늘어놓으면서, 무력으로 나라를 구하는 공을 세운 다음에는 문치의 덕을 이어서 폈다고 했다. 과거제를 재확립해서 "萬世太平之基"(만세가 태평하게 하는 기틀)를 마련했다고 했다. "人文化成"(인문으로 교화를 이룩하고), "隆儒爲首務"(유학을 융성하게 하는 것을 으뜸가는 일로 삼는다)는 방침을 천명했다. 월남이 그런 전통을 이은 문명국임을 오늘날 사람들도 자랑하고 있다.

(월남의 유교를 개관한 Kguyen Khac Vien, "Le confucianisme", Alain Ruscio ed., *Vietnam, l'histoire, la terre, les hommes*, Paris: L'Harmattan, 1989에서 "월남에서는 언제나 기사, 사무라이 등의 칼잡이들을 존중하지 않았으며, 국가 통치에서 문인이 무인보다 우위에 있었다"는 것이 큰 자랑이라고 했다.[82면] 근래에 프랑스와 미국을 물리치는 전쟁을 할 때에도 胡志明을 위시한 최고지도자들은 문인이었다. 정치투쟁을 군사투쟁보다 앞세워, 군사력이 불리해도 승리할 수 있었다.)

黎朝가 들어선 시기에 월남문화 전반에서 커다란 변화가 일어났다. 불교를 대신해서 유학을 국가의 최고이념으로 삼는 역사적인 전환을 겪고, 애민의 정치철학을 제시했으며, 한시와 병행해서 國音詩를 발전시켰다. 阮廌가 그런 변화를 선도했다. 『대월사기전서』가 이룩된 것도 그 때문이다. 중세전기에서 중세후기로 이행하기 위해 반드시 필요한 과업을 일제히 수행해서 국력을 거듭 쇄신했다.

『동국통감』에 대한 평가

한국의 조선왕조는 월남의 黎朝와 같은 시기에 들어섰으나, 중국과 싸워서 주권을 되찾는 과정을 거치지 않았다. 월남에서 <平吳大誥>를 쓴 것과 같은 일이 한국에서는 벌어지지 않았다. 그러나 <平吳大誥>에서 월남은 '文獻之邦'이어서 중국과 대등하다고 자부한 말을 한국에서는 <進東國通鑑箋>에서 했다. 거기서 다음과 같이 말했다.

> 我朝鮮有國 古稱文獻之邦 檀君並立於唐堯 民自淳 而俗自朴 箕子受封於周武 (서울: 경인문화사, 1974, 1면)
>
> (우리 조선은 예로부터 文獻之邦이다. 단군은 요임금과 나란히 일어났다. 백성은 스스로 순후하고, 풍속은 저절로 질박했다. 箕子는 周武王의 책봉을 받았다.)

文獻之邦이라는 말은 한문문명권의 일원이라는 뜻이고, 중국과 한국이 하나임을 일컫는 데 쓰는 말이다. 그 내력을 두 단계로 설명했다. 檀君이 중국 堯임금과 나란히 일어났다는 것은 중국과 한국이 처음부터 대등했다는 말이다. 백성이 순후하고, 풍속이 질박한 것은 단군시대 이래의 전통이고 밖에서 들어온 풍조가 아니라고 했다. 그런 기반 위에 箕子가 등장해 周武王의 책봉을 받고 한문문명을 받아들여 나라의 품격을 높였다고 했다.

독자적인 전통이 유교문명의 이상과 합치되어 스스로 이룩한 文獻之邦의 기풍을 중국의 영향을 받아 더욱 발전시켰다는 말이다. 한국은 단군의 통치를 이은 나라이므로 중국과 대등하지만, 군주가 기자의 후계자이기도 하므로 중국 천자의 책봉을 받는 것이 당연하다고 했다.

중국과 한국은 둘이면서 하나이고, 하나이면서 둘이라고 여긴 것이다.

『대월사기전서』에서 월남이 중국의 침공을 물리치고 승리했다고 자랑한 것과 같은 기록이 『동국통감』에는 없다. 이런 이유에서 『동국통감』을 낮게 평가하는 것은 부적절하다. 차이가 생긴 이유가 사고방식이 아닌 사실에 있기 때문이다. 중국과 전면전을 한 한국의 왕조가 백제와 고구려 둘 있었는데 모두 패배했다. 이 사실에 관한 『동국통감』의 서술이 『대월사기전서』와 같을 수 없었다.

백제와 고구려의 패망에 대해서 어떻게 생각해야 하는가? 패배해서 원통하다고 길이 탄식하고, 한때 위대한 승리를 했었던 것을 두고두고 칭송해야 하는가? 아니다. 『동국통감』의 史臣評을 보자. 백제가 망한 대목에서는 "不能禮事中國"(중국을 예의로 섬기지 못한)의 잘못을 나무라고 (같은 책, 191면), 고구려 패망은 "可謂保小國之永鑑"(작은 나라를 보존하는 영원한 지침이라고 할 것)을 남겼다고 했다. (같은 책, 197면) 중국이 침공할 수 있는 구실을 제공한 것이 잘못이라고 했다.

백제와 고구려의 실패에서 신라는 벗어났다. 중국을 큰 나라로 인정하고 잘 지내는 것이 작은 나라가 할 일임을 알았다. 그래서 국가를 보존하고 평화를 누린 전례를 후대의 왕조가 이었다. 중국과 하나일 수 없다고 하는 나라는 망해 하나가 되는 몰락을 강요당하고, 중국과 하나라고 하는 나라는 둘일 수 있는 여유를 누리면서 번영을 이룩한다. 이것이 『동국통감』을 저술해 국사를 정리하면서 재확인한 조선왕조의 이념이고 지혜이다.

『대월사기전서』와의 차이점을 들어 『동국통감』의 사대주의를 일방적으로 나무랄 수는 없다. 월남에서는 중국과 월남이 둘임을, 한국에서는 중국과 한국이 하나임을 더 강조했다고 해도, 양쪽 다 중국과 자국은 하나이면서 둘임을 공통되게 인정하는 원칙이 실제 상황에 적용될 때 편차가 생긴 것이다. 동질성에 관한 이해가 이질성에 관한 이해보다 더욱 긴요하다.

한국의 箕子는 월남의 趙佗나 士燮과 흡사하다. 월남의 기자는 둘이라고 할 수 있다. 중국인이 조선이나 월남에 와서 문명을 전해준 것을 양국의 사서에서 적극 평가했다. 기자는 중국을 버리고 한국에 왔는데, 조타나 사섭은 월남을 다스리는 임무를 띠고 임명된 중국의 관원이다. 이런 사실을 오늘날 재론하면서, 한국에서는 기자가 온 것을 환영하고, 월남에서는 조타나 사섭에 대해 반감을 가져야 마땅할 것 같은데 사실은 반대이다.

한국에서는 기자가 중국에서 왔다는 사실이 한국의 자존심을 해친다고 여겨 원래 기자는 역사적 인물이 아니라고 하기도 하고 원래 한국인이었다고 하기도 한다. 그런데 월남에서는 조타나 사섭이 중국의 관원이었다고 시비하지 않는다. 움직일 수 없는 사실이어서 재론이 불가능한 것만 이유가 아니다. 중국인이기도 하고 월남인이기도 한 이중소속자는 월남인이라고 하는 것이 건국신화 이래의 일관된 관점이다. 그런데 한국에서는 중국인이기도 하지 않고 오직 한국인이기만 해야 한국인이라고 한다.

오늘날 월남과 한국은 민족주의 사관을 함께 내세운다. 그러면서 월남에서는 『대월사기전서』를 자부심 확인의 원천으로 평가하고, 한국에서는 『동국통감』이 주체성을 상실한 역사서라고 나무란다. 중국과 자국이 하나가 아니고 둘이라는 사실을 『대월사기전서』에서는 더 분명하게, 『동국통감』에서는 덜 분명하게 한 차이점을 지나치게 확대한 결과라고 하고 말 것은 아니다. 월남에서는 『대월사기전서』를 자랑스럽게 여기면서 개방적인 관점을 계승하고, 한국에서는 『동국통감』을 부끄럽게 여기면서 폐쇄되고 고립된 민족주의를 택한 것이 더 큰 이유이다. 그래서 중국과 자국이 하나여서 문명을 함께 이룩한 내력을 이해하는 데 월남이 앞서고 한국은 뒤떨어진다.

왜 이런지 고찰하려면 식민지 통치를 겪고 해방 투쟁을 하는 조건의 차이를 주목할 필요가 있다. 월남인은 프랑스의 지배에서 벗어나기 위해 유럽문명에 굴복할 수 없는 동아시아문명의 전통을 적극 활용해 문화 투쟁의 무기로 삼았다. 한국에서는 일본과 싸우려면 일본의 고유문화론에 한국의 고유문화론으로 맞서야 한다는 주장을 펴는 논자들이 있었다. 이제 잘못을 시정해야 한다.

논의의 확대

월남은 중국의 통치를 받는 천여 년 동안에 한문문명권에 소속되었다. 그 점은 한국이나 일본의 경우와 달랐다. 한국은 민족과 국토의 일부가 한사군의 통치를 받다가 곧 벗어났으며, 그 뒤에는 고구려·백제·신라에서 스스로 한문문명을 받아들였다. 한편 일본은 중국에 정복되어 통치를 받은 적이 없고, 중국인과는 직접적인 관련을 가지지 않으면서, 한국인을 통해서 한문문명을 수입했다.

월남·한국·일본이 한문문명권에 소속되게 된 내력에는 차이가 있었어도, 한문문명이 자국의 역사 발전을 위해서 긍정적인 기여를 한 점은 서로 다르지 않았다. 과연 그랬던지 월남의 경우를 들어 고찰하는 것이 유익하다. 월남은 한문문명의 역량을 획득해 중국과 맞서서 독립을 수호했을 뿐만 아니라, 경쟁관계에 있는 다른 민족보다 우세할 수 있었다.

월남은 오늘날의 중부월남에 자리 잡고 있던 참파(Champa)와 오랫동안 싸웠다. 참파는 산스크리트문명권에 속한다. 산스크리트문명권의 중심국가 인도는 다른 나라를 침공한 적이 없다. 참파는 인도의 침공을 받지 않고 스스로 선택해 산스크리트문명권에 소속되었으니 중국에 정복된 월남의 불운과 좋은 대조가 된다. 월남은 참파와 여러 세기 동안에 싸우다가 마침내 참파를 정복하고 참파인을 동화시켜 월남인으로 만들거나 소수민족의 처지로 전락시켰다. 불운과 행운을 완전히 역전시켰다.

중세전기에 월남은 중국의 지배를 받다가 가까스로 독립을 했지만 참파는 번성하는 나라였다. 982년의 전투에서 월남이 야만국이고 참파가 문명국인 차이점이 나타난다. 중세후기에는 둘이 대등한 위치에서 싸우면서 공존했다. 1301년에서 1312년에 이르기까지 있었던 일련의 사건이 그런 관계를 잘 나타내준다. 중세에서 근대로의 이행기의 싸움에서는 월남이 이기고 참파가 졌다. 1697년에 참파가 월남에 복속되어 두 나라 사이의 대립관계가 끝났다.

월남과 참파의 관계가 그렇게 된 것은 한문문명권은 시대에 따른 혁신을 적극적으로 하고 산스크리트문명은 그렇지 못한 데 이유가 있다고 할 수 있다. 월남은 중국의 침공을 거듭 격퇴하면서 민족사의 발전을 이룩하기 위해서 한문문명의 혁신을 적극 수행하지 않을 수 없었는데, 산스크리트문명권의 중심국가와 싸울 기회가 없는 참파는 그렇게 하지 못한 것이 불운의 이유라고 할 수 있다.

한문문명권 내부에서 중국과 다른 나라가 불평등한 관계를 가졌던가 아니면 평등한 관계를 가졌던가는 오늘날 와서 크게 중요하지 않다.

문명권 내부의 이질성보다 동질성이, 갈등보다 화합이 재평가되어야 할 시기에 이르렀기 때문이다. 국가와 국가 사이의 대립보다 문명권과 문명권 사이의 대립이 더 커지고 있어서, 중세시기에 이룩된 문명권의 동질성을 재인식하고 계승해야 한다.

요즈음 문명의 충돌에 관한 논의가 파문을 일으킨다. 문명의 충돌이라는 말이 과연 적합한가, 그런 말을 해서 무엇을 얻으려고 하는지 의심스럽지만, 이론에서든 실제에서든 싸움을 제대로 하기 위해서 우선 자기 점검을 해야 한다. 동아시아 한문문명권 각국은 문명의 동질성을 배격해서 상실한 탓에 산스크리트문명권이나 아랍어문명권에서와 같은 수준의 정신적 각성을 하지 못하고 있으며, 라틴어문명권과의 경쟁에서 경제나 기술의 능력만으로 이기려고 하고 있다.

그런 잘못을 시정하기 위해서 동아시아 한문문명권의 역사를 통괄해서 서술하는 것이 시급한 일이다. 민족사, 문명권사, 세계사 가운데 문명권사의 의의를 특히 강조해야 한다. 그 길로 나아가기 위해서 필요한 작업의 일단을 여기서 시도하고, 더 많은 논의를 장차 다시 하기로 한다.

방법 성찰

지금까지 한 작업은 하나와 다른 하나의 비교이다. 또한 한국 것과 외국 것의 비교이다. 외국 것은 잘 모르고 있어 길고 자세하게, 한국 것은 잘 알고 있어 짧고 간략하게 다루는 서술의 불균형으로 인식상의 균형을 얻고자 했다. 비교의 형태로 보면 초보이고, 얻은 성과에서는 상당한 수준이다.

서두에서 미지수를 풀어 기지수를 재검하면서 둘이 뒤바뀌어 있음을 밝히는 것이 이번 작업에서 사용하는 방법의 요체라고 했다. 한국 것은 알고 있어 기지수이고 외국 것은 모르니 미지수라고 할 수 있다. 그러나 미지수를 풀어 재점검해보니 기지수로 여긴 것이 도리어 미지수이다. 한국 것을 제대로 알기 위해 남의 것과의 비교가 필요하다. 한국 것과 외국 것을 구별하지 않고 대등한 위치에 두고 상호조명을 해야 널리 타당한 결과를 얻을 수 있다는 것을 알았다.

같기도 하고 다르기도 한 것들은 모두 비교할 수 있다. 비교해서 같은 점과 다른 점을 밝힐 수 있다. 그러면 할 일을 다 한 것은 아니다. 같은 점과 다른 점에 관한 사실 판단은 연구의 결론일 수 없다. 결론을 도출하기 위한 자료에 지나지 않는다.

모든 연구가 다 그렇듯이, 비교에도 목표가 있어야 한다. 무엇을 위해 비교를 하는지 분명하게 해야 한다. 비교를 하는 이유의 하나는 문제가 되는 사항이 하나만인지 여럿인지 가리고자 하기 때문이다. 하나만인 것이 비정상이라고 의심될 때에는 같은 것이 있는지 확인하는 사실 판단이 반드시 필요하다. 비정상의 원인을 추정한 바 있으면 같은 것에도 동일한 이유가 해당되는지 알아내 타당성 여부를 검증해야 한다.

하나라고 생각하던 것이 더 있으면 하나여서 비정상이라는 판단은 잘못 되었다. 비정상의 원인이라고 여긴 사유가 다른 쪽에서는 확인되지 않으면, 더 많은 것을 반성해야 한다. 상이한 사유에서 동일한 결과가 나타났다고 보는 것은 무리이므로 인과관계가 성립되지 않는다. 동일한 결과가 나타난 원인을 고찰의 범위를 확대해 다시 찾아야 한다. 특정 사례에 관한 실증적인 연구가 막힌 것을 타개하기 위해 이론적인 연구로 나아가야 하는 경우가 적지 않다.

둘 사이의 비교에서는 다룬 사례가 부족해 일반이론 정립을 기대하기 어렵다. 그러나 가능성을 찾고 방향을 제시할 수는 있다. 많은 사례를 들어 더욱 확대된 비교를 하는 것이 바람직하다고 하겠으나, 대강의 추세를 확인하는 데 그치고 심화된 논의를 하지 못하면 얻었다고 내세울 것이 없다. 비교연구에서도 양보다 질이 더욱 소중하다.

한국과 월남의 비교는 동아시아문명권의 판도에서 중요한 의의를 가진다. 중국 · 한국 · 일본은 동아시아문명에서 차지하는 위치가 다르다. 중국은 중심부이고, 한국은 중간부이며, 일본은 주변부이다. 그래서 셋이 각기 다르다. 보편적인 것이 있는가 하는 의문이 생길 때가 많다. 또 하나의 중간부인 월남을 포함해 네 나라를 비교해야 사태가 제대로 파악된다.

책봉관계를 다시 보자. 중국은 책봉을 하는 쪽이고, 한국은 책봉을 계속 받고, 일본은 받다가 말았다. 일본은 명분을 버리고 이익을 취했으니 현명했는데 한국은 그렇지 못해 어리석었다고 할 수 있을 것 같다. 월남까지 살펴야 균형 잡힌 논의가 가능하다. 월남은 한국처럼 책봉을 계속 받으면서 주권을 수호하는 가장 큰 국가이익을 추구했다. 월남이 중국과 전쟁을 해서 얻은 성과를 한국은 평화롭게 획득했다고 나무랄 수는 없다. 책봉체제가 동아시아의 평화와 공존을 보장하는 국제관계였음을 문명권의 중간부인 한국과 월남이 함께 입증해준다.

책봉체제는 다른 여러 문명권에도 있었다. 한국과 월남의 비교에서 얻은 동아시아 문명권 책봉체제의 성격을 다른 문명권의 경우와 널리 비교해 세계적인 범위의 일반론을 이룩하는 출발점으로 삼을 수 있다. (<책봉체제>, 『문명권의 동질성과 이질성』, 서울: 지식산업사, 1999에서 이 작업을 시도했다.) 이것 또한 비교연구에서 일반이론으로 가는 길이다.

토론

❑ 문: 책봉체제가 元代에도 전과 다름없이 유지되었는가?

❑ 답: 아니다. 元代에는 달라졌다가 明代에 전형적인 모습을 갖추었다. 명나라 통치자의 호의가 아닌 역사의 대세가 그 이유이다. 월남이 책봉체제를 쟁취한 것을 거듭 평가해야 한다. 중국, 조선, 월남, 일본 등이 국제관계의 이상형을 보여주면서 동아시아가 가장 평화로울 때 『동국통감』을 썼다.

❑ 문: 왜 '베트남'이라고 하지 않고 '월남'이라고 하는가?

❑ 답: '중꾸어'라고 하고 않고 '중국'이라고, '니혼'(또는 '니뽄')이라고 하지 않고 '일본'이라고 하는 것과 같다. 동아시아 각국의 한자 국명을 한국음으로 읽는 것을 일관된 원칙으로 삼고 예외를 인정하지 말아야 동질성이 확인된다.

❑ 문: 월남에서 유학 온 월남인 학생이다. 월남의 역사를 소상하게 알고 자랑스럽다고 평가하는 것을 듣고 큰 감명을 받았다. 어떻게 해서 잘 아는가?

❑ 답: 한국을 알기 위해서는 월남을 알아야 한다고 생각하고 오랫동안 애쓴 결과인데, 월남어를 몰라 많이 모자란다. 『대월사기전서』처럼 한문으로 쓴 고전은 읽을 수 있어 큰 다행이다. 『대월사기전서』

월남어 번역본이 있을 터인데 읽었는가?

❑ 문: 전문은 읽지 못하고 몇 대목씩 교과서에 나온 것만 읽었다. 한국의 경우는 어떤가?

❑ 답: 한국의 사정도 마찬가지이다. 『동국통감』은 소수의 전공자만 찾는다. 『삼국사기』나 『삼국유사』는 많이 이야기하면서 제대로 읽지 않는다.

❑ 문: 대학원 박사과정에서 월남사를 전공하는 학생이다. 월남사 전공자를 다른 데서는 받아주지 않아 계명대학교에 왔다. 도움을 얻지 못해 공부하기 어려운 조건을 어떻게 극복해야 하는가?

❑ 답: 서울대학교 유인선 교수가 정년퇴임하고, 월남사 교수가 더 있는지 의문이다. 한국 대학이 부실하다는 것을 새삼스럽게 통감한다. 월남에 가서 공부하는 것이 최상책이다. 일본에 가는 것이 차선책일 수 있다. 오래 유학하지 못할 사정이면 가서 자료를 모아 와야 한다. 월남어를 알고 월남을 공부하는 학자들끼리 연구 모임을 만들면 좋을 것이다. 부산대학교 국문과 최귀묵 교수가 그런 사람이니 만나보기 바란다.

❑ 문: 월남에 가서 머물면서 자료를 구해오기는 했다. 潘佩珠를 힘써 연구하기로 작정하고 梁啓超나 福澤諭吉과 비교하고 있다. 이 여러 사람이 일제히 비판한 동아시아문명을 이제 와서 긍정적으로 평가하는 것은 부당하지 않는가?

❑ 답: 한국의 兪吉濬도 비교에 포함시킬 수 있다. 그런데 서양의 전례를 따라 개화를 해야 한다고 한 각국의 논자들이 이끈 한 시대가 끝나고 다음 시대가 시작되어야 하는 것이 지금의 시점이니 연구의

방향이 달라져야 한다. 서양을 따라가서는 앞설 수 없다. 발전이 극대화해서 서양은 쇠퇴기에 들어서고 다음 주자의 등장이 요망되는 상황이라 동아시아가 분발해야 하므로 계승하고 발전시킬 문명의 유산을 점검하는 데 힘써야 한다. 월남을 두고 말하면 阮廌의 유산이 동아시아 최고 수준에 이르러 특히 높이 평가할 만하다.

❑ 문: 箕子가 周武王의 책봉을 받았다는 것이 사실이겠는가?

❑ 답: 그 시절에는 아직 책봉이라는 것이 없었으니 사실이 아니다. 고대에 있었던 일을 중세인의 사고방식으로 윤색해서 기록했다.

❑ 문: 그렇다면 箕子를 부인하는 근대인의 견해도 타당하지 않는가?

❑ 답: 아니다. 사실을 밝히는 근대학문의 장기를 스스로 부인하고 가치관을 앞세우니 잘못이다. 중세보편주의를 근대민족주의로 극복한 것을 다시 극복하면서 근대를 넘어서는 다음 시대로 나아가고자 해야 감추어진 사실이 드러나고 가치관을 바로잡을 수 있다.

❑ 문: 외국인이 와서 나라를 세우고 문명을 전달했다는 것은 자존심 상하는 일이 아닌가?

❑ 답: 문명의 전달자를 식민지 통치자와 동일시하지 말아야 한다. 문명의 전달자는 이익을 얻어 본국에 보내지 않았으며, 이주한 곳에 평생 살다가 죽고 후손을 남겨 사람을 보탰다. 이주한 곳을 유익하게 했을 따름이다. 일본에서는 한문을 전한 王仁을 크게 숭앙하는데 우리는 외국인 이주자의 공적을 무시한다. 나도 잘못하고 있다가 『한국문학통사』 제4판에서 처음으로 <귀화인의 참여>라는 대목을 넣었다.

❑ 문: 귀화인의 기여를 평가하는 것이 오늘날 어떤 의미를 가지는가?

❑ 답: 외국에서 한국으로 이주해 한국인이 된 사람들을 존중해야 한다고 일깨우는 데 기여한다. 이런 사람들은 한국인이 아니라고 여겨 배격하고 한국인의 혈통을 지니고 외국인이 된 사람들은 한국인이라고 하면서 계속 애착을 가지는 잘못을 바로잡아야 한다. 한국인은 다른 어느 누구보다도 폐쇄적인 사고방식을 지녀 세계화에 역행하고 있다. 이것이 발전의 가장 큰 장애이므로 힘써 시정해야 한다. 오늘 강의에서 다룬 내용이 모두 방향 전환에 도움이 되기를 바란다.

제8강 『삼국유사』의 비교 대상을 찾아서

왜 『삼국유사』인가?

『삼국유사』 연구는 거듭 자세하게 이루어졌으나 아직 많이 모자란다. 세부에 매몰되어 기본 특징을 밝히는 크고 중요한 작업은 버려두었다. 협소한 안목에서 벗어나지 못한 탓에 거시적인 이해가 가능하지 않았다. 『삼국사기』와의 차이마저 명확하게 하지 못하고, 다른 나라 역사서와 비교하는 작업은 시도조차 없었다.

시대가 바뀌어 학문하는 자세도 달라져야 한다. 세계화의 피해자가 되지 않고 세계화를 바람직하게 이끌려면, 학문의 폐쇄성을 시정하고 과감하게 나서야 한다. 한국학을 그 자체로 하는 데 머무르지 말고, 한국학이 동아시아학이고, 동아시아학이 세계학이게 해야 한다. 『삼국유사』가 동아시아 역사서 가운데 어떤 것이고, 비교대상이 될 수 있는 다른 여러 문명권의 역사서와 얼마나 같고 다른지 밝혀 논해야 한다. 이해의 방법을 바꾸고 시야를 넓혀 『삼국유사』가 세계의 고전이게 자리매김을 하고 가치 평가를 해야 한다.

근래 『삼국유사』의 특징과 의의에 관한 발표를 두 차례 했다. 일연학

학술원 주최로 2005년 8월 8일에 서울 세종문화회관에서 열린 강연회에서 <삼국유사의 원리, 융합과 창조>를 말하면서 비교연구의 필요성을 역설하고 비교 대상을 일부 거론했다. 서울 역사박물관에서 2006년 2월 23일 열린 삼국유사 특별전 개막행사에서는 <代案史書 삼국유사, 8백년 뒤에 다시 보기>라는 제목으로 강연을 했다. 『삼국유사』의 기본 특징이 대안사서라고 했다.

두 차례 발표에서 막연하게 한 말을 구체적인 증거를 들어 상론하고자 한다. 광범위한 비교연구를 진행해 『삼국유사』의 특징과 가치를 밝히고자 한다. 『삼국사기』와의 비교를 다시 해서 논의의 출발점으로 삼는다. 동아시아 여러 나라의 대안사서, 불교국가의 국사서, 기독교문명권에서 이룩한 국사서 등과의 비교를 처음 시도한다. 하나씩 자세하게 다루는 작업은 장래의 과제로 삼고 우선 전반적인 양상을 살피기로 한다.

『삼국사기』와의 비교

『삼국사기』와 『삼국유사』를 어떤 생각을 가지고 썼는지 두 책의 저자가 스스로 밝혔다. <進三國史記表>에서는 "君后之善惡 臣子之忠邪 人民之理亂"(군후의 선하고 악함, 신자의 충성스럽고 사특함, 인민이 다스려지고 혼란스러움)을 기록해 勸誡해야 한다고 했다. 이것이 유교사관의 핵심이다. 一然은 『삼국유사』 <敍>에서 "大抵古之聖人 方其禮樂興邦 仁義說教 則怪力亂神 所在不語"(대저 옛적의 성인이 바야흐로 예악으로 나라를 흥하게 하고, 인의로 교훈을 베풀 때 괴력이나 난신은 말하지 않았다)라고 했다. 유교사관의 의의를 인정하고, 더 자세한 논의를 폈다. '善惡'·'忠邪'·'理亂'이라고 한 것들과 '禮樂'·'仁義'는 말이 달라도 뜻은 같아 '禮義'라고 통칭할 수 있다.

『삼국유사』 <敍> 그 다음 대목에서는 말을 바꾸었다. "然而 帝王之將興也 膺符命 受圖錄 必有以異於人者"(그러나 제왕이 장차 흥하려면 부명을 받고 도록을 얻어 반드시 예사 사람들과 다름이 있었다)라고 하고, "然則 三國之始祖 皆發乎神異 何足怪哉"(그러므로 삼국의 시조가 모두 신이한 데서 나온 것이 어찌 괴이하겠는가)라고 했다. 이른 시기 중국 제왕이 보인 신이한 행적은 공자 이래로 유교에서 공식적으로 인정하므로 유학자들도 존중했다. 그런데 한국에서 제왕이 일어날 때 신이함이 있는 것이 어찌 괴이하다고 할 수 있겠는가 하고 반문했다.

용어를 다시 살피자. "膺符命 受圖錄 必有以異於人者"라고 한 것을 "皆發乎神異"에서는 '神異'라고 줄여 말했다. '神異'는 '禮義'와 대비된다. 『삼국사기』는 禮義, 『삼국유사』는 神異를 기본개념으로 역사를 이해했다고 할 수 있다. 그 두 개념으로 중국과 한국을 연결시키고 비교해 평가한 견해가 서로 달랐다. 서두에서 각기 한 말을 다룬 내용과 연결시켜 정리하면 다음과 같다.

『삼국사기』는 말한다. (가1) 예의는 중국과 한국에서 다를 수 없으므로, 한국은 중국 성인의 가르침을 따라야 한다. (나1) 제왕도 예의를 지켜야 한다. (다1) 예의가 신이보다 선진의 가치이다. 『삼국유사』는 말한다. (가2) 중국의 제왕과 한국의 제왕은 신이하다는 점에서 동일하므로, 중국과 한국이 대등하다. (나2) 제왕은 신이하기에 숭앙되고, 예의는 예사 사람에게 소용된다. (다2) 신이가 예의보다 상위의 가치이다. (가2)는 민족의식이고, (다2)는 신이사상이며, (나2)가 그 둘을 매개한다.

다음 순서로 불교에 관한 견해를 보자. 『삼국사기』는 신라 본기 말미의 "論曰"에서 "奉浮屠之法 不知其弊 至使閭里 比其塔廟 齊民逃於緇褐 兵農侵小 而國家日衰"(부처 받드는 법의 폐해를 몰라, 마을에까지도 탑이나 절이 즐비하고, 백성들이 온통 승려 노릇을 하니 군사도 농사도 침해받아 줄어들고 나라가 날로 쇠퇴했다)라고 했다. 『삼국유사』는 법흥왕의 불교 공인을 다룬 <原宗興法 厭髑滅身> 말미의 "讚曰"에서 다음과 같이 노래했다.

聖智從來萬世謀
區區輿議謾秋毫
法輪解逐金輪轉
舜日方將佛日高

聖智는 이제부터 만세의 지략이고,
구구한 여론은 가을날의 터럭이로다.
法輪이 金輪을 좇아 구르게 되어,
舜日은 佛日과 더불어 높으리라.

법흥왕이 불교를 공인한 것은 이제부터 시작되는 오랜 시간을 위한 지략이라고 했다. 불교를 반대한 구구한 여론은 모두 헛되다고 했다. "金輪"은 金輪聖王이며, 轉輪聖王과 같다. 불교의 진리가 이 세상에서 실현되게 하는 위대한 통치자를 일컫는다. "法輪"이 굴러 불교의 진리를 펴도록 한 법흥왕은 전륜성왕이라고 칭송받아 마땅하다고 했다.

마지막 구절에서 "舜日"과 "佛日"은 서로 다른 상징적인 의미를 가진다. 舜日은 유교의 성군이 다스리는 태평성대를 뜻한다. "舜日堯年"이라고 병칭되기도 한다. 佛日은 부처의 가르침이 이어지는 시간이다. 舜日이 빛난다고 하지만 佛日은 더욱 높다고 했다. 유교만 섬기는 데서 더 나아가 이제 그 상위의 불교를 받들게 된 것이 큰 경사라고 했다. (이 구절을 강인구 외, 『역주 삼국유사』, 서울: 이회문화사, 2003, 제3권 75면에서는 "태평세월에 불일이 빛나도다"라고 번역하고 또한 아무 설명도 하지 않아 상징적인 의미가 무시되었다.)

『삼국사기』에서 신라가 망한 것이 불교 탓이라고 했다. 망했으니 변명의 여지가 없다 하겠으나, 불교의 책임은 입증되지 않는다. 고려에서도 계속 불교를 받들었으므로 불교가 망국과 직결된다고 할 수는 없다. 너무 많이 세웠다고 나무란 탑과 절이 소중한 문화재로 남아 있어 나라를 빛낸다. 유교 쪽에서는 백성들에게서 생산물을 거두어들여 어디다 썼는지 후대에 알려주지 않는다.

『삼국유사』는 불교의 시작을 말했다. 어떤 기대라도 걸 수 있는 시점에서 불교가 위대하다고 했다. 사회적 폐단을 말한 것과 정신적 가능성에 대한 기대를 나타낸 것은 관점의 차이이다. 폐단은 당대에 국한되지만, 가능성은 지속된다. 통상적인 역사서의 범위에서 벗어나야 지속되는 가능성을 말할 수 있다.

글쓰기 방식의 차이 또한 주목해야 한다. 『삼국사기』에서 "論曰"로 시작되는 비평문이 말하는 바는 명백하고 단순하다. 『삼국유사』의 "讚曰"은 시여서 함축하는 바가 깊고 다양해 독자가 힘써 알아내야 한다. 史評은 닫혀 있고, 讚詩는 열려 있다. 역사서가 열린 글이 된 것은 파격이다. 역사서가 아닌 역사서이므로 '史'라고 하지 않고 그 대신 '遺事'라고 일컬었다.

('遺事'는 세 가지 의미를 지닌다. (가) 글자 그대로 풀이하면 공식 기록에 오르지 못하고 남은 일이다. (나) 일정한 체계 없이 자료를 집성한 책을 일컫는다. 중국의 『開元天寶遺事』, 국내의 『壯節公遺事』, 『忠壯公遺事』 같은 것들이 좋은 예이다. (다) '史'를 대신해서 쓴 말이다. 『삼국유사』의 내용에 (가)라고 할 것들이 있다. 전편의 성격은 (나)라고 하는 것이 마땅하지만, 자료 집성 이상의 체계와 의미를 지니고 있다. '유사'라고 한 더 중요한 이유는 (다)라고 보는 것이 마땅하다. '史'는 史官이 아닌 사람이 사사로이 쓸 수 없어, 다른 말이 필요했다. '유사'는 (가)와 (나)의 의미를 지니고 있어 후보가 될 수 있는 여러 말 가운데 특히 유리하고, 역사관과 역사 서술방법에 관한 새로운 주장을 암시할 수 있었다.)

『삼국사기』는 正史이고, 『삼국유사』는 野史라는 진부한 구분을 되풀이할 것은 아니다. 왕조 시대에는 국가에서 편찬한 사서만 정사라고 하고, 그렇지 않은 것은 모두 야사라고 했다. 이제 왕조 시대가 끝났다. 생각을 바꾸고 용어를 고쳐야 한다.

『삼국사기』는 正統史書이고 『삼국유사』는 代案史書라고 하는 것이 마땅하다. 대안사서란 정통사서가 지닌 사관 또는 가치관을 비판하고 그 결함을 시정하고자 하는 역사서이다. 지위나 영향력에서는 정통사서에 미치지 못하지만, 주장하는 바에서 한 걸음 더 나아갔다고 인정된다.

(영어로 말하면 대안사서는 "alternative history"이다. 그 영역은 넓고 종류는 다양하지만, 대안사서는 "official history"[정통사서] 또는 "conventional history"[통상사서]의 고정된 틀에서 벗어나 진실을 다시 추구하는 새로운 시도를 하는 공통점이 있다. 근래에 나온 예를 몇 가지 들어본다. Peter R. Schmidt and Thomas C. Patterson ed., *Making*

Alternative Histories: the Practice of Archeology and History in Non-Western Society, New Mexico: School of American Research Press, 1995에서는 제1세계의 식민지 통치자들이 만든 정통사서의 허위를 시정하고 진정한 역사를 밝혀내는 대안사서 집필이 제3세계의 과제라고 했다. Richard Watts and Peter Trudgill ed., *Alternative Histories of the English Language*, London: Routledge, 2002에서는 영어가 세계 여러 곳에서 쓰이면서 규범에서 벗어나 변이하는 양상을 실상대로 파악하는 대안사서를 마련해야 한다고 했다. Susan Neiman, *Evil in Modern Thought: An Alternative History of Philosophy*, Princeton: Princeton University Press, 2002에서는 무고한 사람들을 희생시키는 악행을 어떻게 이해할 것인가 하는 문제를 두고 고민해온 과정에다 핵심을 두고 근대철학사 대안사서를 쓴다고 했다. Bryan Appleyard, *Understanding the Present: An Alternative History of Science*, New York: Tauris, 2004에서는 자연과학의 발달을 정신적이고 사회적인 폐해를 초래한 잘못과 함께 고찰하는 대안사서를 쓴다고 했다.)

『삼국사기』의 유교사관 대신에 『삼국유사』는 불교사관을 제시했다고 하고 말면 대안의 의의가 축소된다. 민족의식을 신이사상으로 나타내는 것을 핵심으로 삼았다고 보아 마땅하다. 신이를 제왕이나 승려뿐만 아니라 예사 사람도 보여주었다고 하면서 그 순서로 책을 써나갔다. 건국신화에서 보이던 제왕의 신이가 사라지자 불교가 신이를 제공해 승려뿐만 아니라 예사 사람도 각성되게 했다고 했다.

정사이고 정통사서인 『삼국사기』는 그 나름대로 소중한 역사적인 가치가 있다. 유교의 가치관을 확립하고 문장 표현을 가다듬은 것이 중세보편주의를 중국보다 뒤떨어지지 않게 갖추기 위해 반드시 해야 할 일이었다. 동아시아 여러 나라에서 일제히 하는 중세전기의 과업을 모범이 되게 수행한 공적을 평가해야 한다. 그러나 그것이 지속적인 의의를 가지지는 않는다.(이에 관해서 <한문학권 역사서 개작의 문학사적 의의>, 『한국문학과 세계문학』, 서울: 지식산업사, 1991에서 논했다.)

『삼국유사』는 중세후기에 이르러 중세보편주의를 독자적으로 구현하려고 한 새로운 시도의 산물이다. 정통이념에 대한 반론이 아직 설득력을 가지지 못하고, 내용이 미비하고 편차나 서술이 엉성하며 문장이 가다듬어져 있지 않아 평가받기 어려웠다. 그러나 결함이 장점이 되어 새로운 가치 발견을 유도한다. 논란의 대상으로 삼아 보태고 고쳐 읽으면 시대를 앞서나가는 통찰을 얻을 수 있다.

동아시아 각국 대안사서와의 비교

동아시아의 정통사서는 司馬遷의 『史記』에서 비롯하고, 班固의 『漢書』로 이어졌다. 그 뒤에 한 왕조 또는 시대가 끝날 때마다 역사를 정리하는 관습이 확립되어 25史라고 헤아리는 것들이 중국에서 이루어졌다. 중국에는 이런 정통사서만 있고 대안사서라고 할 것은 없었다. 정통사서가 역사서를 온통 지배해 대안사서가 출현할 수 없게 했다. (지금부터 다루는 여러 사례를 <역사서>, 『문명권의 동질성과 이질성』, 서울: 지식산업사, 1999에서 개관했다. 여기서 미비점을 보완한다.)

중국의 정통사서는 동아시아 다른 나라에 전달되어 이중의 분발을 촉구했다. 자국에도 역사서가 있어야 한다고 생각하게 하고 역사서 쓰는 방식을 받아들여 배우도록 했다. 자기네를 변방 오랑캐라고 멸시하면서 내력을 列傳의 한 대목에서 성글고 부정확하게 적어놓은 오만을 바로잡아야 했다. 자국의 역사서를 써서 주어진 과제를 해결하는 것은 쉬운 일이 아니어서 고심에 찬 노력이 필요했다.

중국 정통사서에 맞서서 자국을 옹호하면서 건국신화에서 시작된 독자적인 내력을 기록에 올렸다. 첫 단계의 대안사서라고 할 그런 저작은 민족의식을 거칠게 보여주고, 글쓰기가 서투르고 내용이 산만해 만족스러울 수 없었다. 다음에는 수준 높이기를 경쟁 방식으로 삼기로 하고, 중국의 정통사서가 지닌 선진 유교사관을 받아들이고 편차나 문장에서도 모범에 근접되었다고 자부하는 자국의 정통사서를 이룩했다. 그 정도에 머무르지 않고, 스스로 이룩한 내부의 성과를 비판의 대상으로 삼고 새로운 가치관을 추구하는 둘째 단계의 대안사서를 마련했다.

세 가지 역사서 (가) 첫 단계의 대안사서, (나) 자국의 정통사서, (다) 둘째 단계의 대안사서가 동아시아 각국에서 어떻게 나타나는지 정리해보자. 역사서의 범위를 넘어선다고 생각되는 것들까지 든다. 민족어 시가 작품까지 포함한다.

한국의 경우를 보자. (가) 고구려·백제·신라가 각기 편찬한 자국사에서 처음 만든 『三國史』까지가 이에 해당하지 않을까 한다. (나) 『삼국사기』, 『高麗史』, 『東國通鑑』 등이 있다. (다) 『삼국유사』가 가장 두드러지고, 『帝王韻紀』도 있다. 후대에는 『燃藜室記述』 등의 저술이 다수 이루어지고, <海東樂府> 등의 詠史樂府, 『海東漫話』, 『漢陽五百年歌』 등의 국문 역사시도 나타났다.

일본은 어떤가? (가) 『古事記』가 먼저 나타나고, (나) 『日本書紀』가 뒤를 이었다. 몇 가지 시대사를 편찬하고, 『大日本史』에서 총정리를 시도했다. (다) 『愚管抄』와 『神皇正統記』가 있다. 『日本靈異記』나 『今

昔物語集』도 고려할 수 있으나 역사서라고 하기 어려운 설화집이다. <日本樂府> 등의 영사악부도 나타났다.

월남 쪽도 살피자. (가)에 해당하는 이른 시기 역사서는 확인되지 않는다. (나) 『大越史記』가 이루어진 다음 (다) 『嶺南摭怪』가 나타났다. (나) 『大越史記』를 고쳐서 『大越史記全書』를 만든 것이 그 다음 일이다. (다) 『天南語錄』, 『大南國史演歌』 등 월남어 역사시도 있다.

유구도 함께 들어야 한다. (가) 『中山世鑑』을 일본어를 차용해 썼다가, (나) 『中山世譜』를 한문으로 이룩하고 더 정비해 『球陽』을 완성했다.

이 목록에 들어 있는 대안사서 가운데 적절한 것들을 택해 『삼국유사』와 비교하기로 하고 먼저 일본의 『愚管抄』와 『神皇正統記』를 들어 고찰한다. 이 둘은 저술 시기가 『삼국유사』와 비슷하다. 『삼국유사』는 1289년에 세상을 떠난 일연이 만년에 완성했다. 『우관초』는 1224년, 『신황정통기』는 1339년에 이루어졌다. 그 무렵에 두 나라에 공통된 역사의 변화가 있었다. 유교와는 다른 새로운 사고형태가 필요해 역사서를 다시 썼다.

(伊豆公夫, 『新版 日本史學史』(東京: 校倉書房, 1972); 坂本太郎, 박인호・임상선 역, 『일본사학사』, 서울: 첨성대, 1991; John S. Brownlee, *Political Thought in Japanese Historical Writing from* Kojiki[712] *to* Yokushi Yoron[1712], Waterloo, Canada: Wilfrid Laurier University Press, 1991)

『우관초』는 승려가 쓴 불교사서여서 『삼국유사』와 가까울 듯하다. 그러나 저자 慈圓은 정권을 담당하는 귀족 가문 출신이고 최고위의 승직에 올라 일연과 처지가 판이했으며 역사관이 많이 달랐다. 제왕 권력의 변천을 기본 관심사로 삼았다. 천황을 무력화하고 무신이 국권을 장악한 탓에 커다란 혼란이 일어나는 이유를 불교의 관점에서 해명했다.

제목에다 어리석은 견해를 간추려 적는다는 말을 내놓고 자기 생각에 관심을 가져달라고 하면서, 사실의 역사와는 다른 역사관에 관한 저술을 이룩했다. 누구나 읽고 이해할 수 있게 한문이 아닌 일본어로 글을 쓴다고 한 것도 평가할 만하다. 그런데 말하고자 한 바는 당대의 일본에서 가지는 비관주의이고 패배의식이며, 불교의 시공간을 그 근거로 삼았다.

일본은 천하의 중심 須彌山 주위 네 대륙 가운데 하나인 閻浮洲 동쪽 끝에 자리 잡고 있는 변방이어서 正法 시대에도 큰 혜택을 보지 못했다고 했다. 末法 시대에 들어서서 모든 것이 그릇되는 폐해가 일본에서 가장 극심하게 나타나 천황이 권력을 잃고 정치가 혼란스럽게 된다고 했다. 神佛이 제왕을 계속 보호하고 있어도 몰락의 추세를 막을 수 없다고 했다. 이것은 사람이 어떻게 할 수 없는 '道理'이니 받아들여야 한다고 했다. 그러면서 시운이 순환한다는 또 하나의 믿음에서 일말의 기대를 가졌다.

위기의 시대 역사서를 불교의 관점에서 쓴 것은 『삼국유사』와 상통하지만, 제왕이 불가피한 추세 탓에 권력을 잃지 않을 수 없게 되었다는 비관론과 민중은 시련을 이겨낼 가능성을 지니고 있다는 낙관론이 아주 달랐다. 일본은 閻浮洲의 가장 변방인 탓에 잘 될 수 없다고 한 견해는 『삼국유사』에서 자국이 佛國土여서 희망이 있다고 한 것과 커다란 거리가 있다. 역사 이해의 기본 원리를 사람의 능력이나 의지를 넘어선 초월적이고 신비적인 道理에서 찾은 것은, 누구나 지니고 있어 발현 가능한 神異를 발견해 역사의 이면을 알아내고자 한 것과 정반대가 되는 사상이다.

『신황정통기』의 저자 北畠親房은 천황의 측근이었다. 당면한 상황을 타개하고자 하는 정치적인 의도를 가지고 역사서를 썼다. 『우관초』에서 佛法이 으뜸이고 王法은 그 아래라고 한 것을 반대로 바꾸어놓았다. 무신정권에 맞서서 천황을 옹호하고, 남북으로 나누어진 두 천황 가운데 자기가 봉직하는 남조의 천황이 정통임을 밝히려고 했다. 신성한 천황의 바른 계통을 말한다고 한 표제에 맞게, 천황의 유래, 계보, 정통성 등을 분명하게 하는 것을 긴요한 과제로 삼았다.

"大日本은 神國이다. 天祖가 처음으로 터전을 열고, 日神의 오랜 계통을 이어, 我國에만 있는 일이며, 異朝에 비슷한 예가 없어, 그렇기 때문에 神國이라고 일컫는다."(山田孝雄, 『神皇正統記述義』, 東京: 民友社, 1932, 1면) 서두에서 이렇게 말했다. 건국신화는 어느 나라든지 있는데, 일본 것만 홀로 신성해 일본은 신의 나라라고 했다. 그 다음 대목에서는 '神代' 이래의 '正理'를 이어와 신성한 혈통을 지닌 천황을 받드는 일본은 홀로 위대하다고 했다. 검증 가능하지 않고, 보편타당성이 인정될 수 없는 비밀을 '정리'라고 일컬었다.

『우관초』는 불교에서 가져온 '道理'를 일본의 특수한 상황에 적용했다. 『신황정통기』에서 말한 '正理'는 신앙의 소관사가 철학적 타당성을 가진 듯이 꾸며대는 데 쓰였다. 일본 역사에 관한 이해가 일반론을 갖추어야 한다는 생각을 가지고 한쪽에서는 불교, 또 한쪽에서는 神道에 의거해 시도한 결과가 미흡해 유교의 보편주의에 맞서는 대안을 마련했다고 인정하기는 어렵다.

월남의 경우를 자세히 살펴보자. (나) 정통사서라고 인정되는 『大越史記』를 黎文休가 1272년에 편찬했다. 潘孚先이 1455년에 그 속편을 썼다. 그 둘을 합치고 고쳐 吳士連은 1479년에 『大越史記全書』를 내놓았다. 그 작업은 『三國史』를 『삼국사기』로 고친 한국의 선례와 상통한다. 『삼국사기』와 『대월사기전서』의 서문이 유사한 문구로 이루어졌다. 『대월사기』는 없어지고, 『대월사기전서』만 전한다.

(다)라고 할 수 있는 『嶺南摭怪』는 14세기 후반쯤 이루어졌으리라고 생각된다. “嶺南”은 월남이라는 말이다. “摭怪”는 기이한 이야기를 모았다는 뜻이다. 武瓊(1452?- 1516)이라는 문인이 흥미롭게 읽고 오자를 수정하고 체제를 정비하고 서문을 붙여 『嶺南摭怪列傳』이라고 일컬은 것이 현존 최고본이다. 여러 사람의 전기가 수록되었다고 알리려고 “列傳”이라는 말을 추가했다. 그 뒤에 喬富(1446-?)라는 사람이 수정하고 보충하는 작업을 하고 서문을 다시 썼으며, 여러 형태의 증보판이 생겨났다. (무경 엮음, 박희병 옮김, 『베트남의 신화와 전설』(서울: 돌베개, 2000) 소재 원문・번역・해설을 이용한다.)

『삼국사기』와 『삼국유사』처럼 『대월사기』와 『영남척괴』는 정통사서와 대안사서의 관계를 가졌다. 현재 전하는 자료를 들어 말하면 『大越史記全書』와 『嶺南摭怪列傳』이 정통사서와 대안사서의 관계를 가졌다. 이런 이유에서 『삼국유사』와 『영남척괴열전』을 가까이 두고 비교해 고찰할 수 있다.

『삼국유사』와 『영남척괴열전』은 글쓰기의 수준과 방법이 유사하다. 변체한문을 사용한 일본의 『신황정통기』보다 문장력이 앞서 정격한문이라고 인정할 수 있다. 본문은 내용 전달에 치중하고 명문을 만들려고 하지 않았으나, 수록한 시는 다듬어 지은 것들이다. 『삼국유사』의 시는 본문 말미에 붙인 찬시여서 저자의 작품이다. 『영남척괴열전』에서는 등장인물인 승려들이 지었다는 시를 옮겨놓았다.

내용이나 편차 또한 근접되어 있다. 서두에 건국의 시조에 관한 전승을 수록했다. 제왕을 앞세우고, 그 뒤에다 승려와 일반 사람들의 이야기를 수록한 점도 같다. 둘 다 역사서이면서 고승전이고 또한 설화집이라고 할 수 있다. 고승전을 써서 불교사를 정리하는 전통을 수용하고, 설화를 모아 역사를 이해하는 작업을 함께 했다. 『삼국유사』에서는 그 셋이 대등한 비중을 가지고 융합되어 있다고 할 수 있는데, 『영남척괴열전』은 설화집이라고 할 수 있는 특성이 두드러진다.

서문에서 당시의 관념으로 가치를 인정할 수 없는 내용이 필요하고 소중하다고 한 것은 서로 같지만, 그 다음의 논의에서는 상당한 차이가 있다. 『영남척괴열전』은 수록 내용에 관해 "其說雖涉於荒唐不經 而蹤迹有可據 無非勸善懲惡"(그 이야기가 비록 황당하고 불경스러우나 종적에 또한 근거가 있고, 권선징악하지 않음이 없다)고 했다. 황당하다고 하는 것들이 사실은 신이하다고 하는 반론을 펴서 기존의 통념을 수정하려고 하지는 않았다. 이 점에서 『삼국유사』와 사뭇 다르다. (<시조도래건국신화의 중세 인식>, 『하나이면서 여럿인 동아시아문학』, 서울: 지식산업사, 1999에서 이에 관해 고찰했다.)

> 炎帝神農氏三世孫帝明 生帝宜 旣而南巡至五嶺 接得婺仙之女 悅之 納而歸 生綠續 容貌端正 聰敏夙成 帝明奇之 使嗣位 (염제 신농씨 삼세손 제명이 제의를 낳은 뒤에, 남쪽을 순행하다가 오령에 이르러 무선의 딸을 만나 기뻐하며 데리고 돌아가 녹속을 낳았는데, 용모가 단정하며 총명하고 숙성했기에 제명이 기특하게 여겨 후계자로 삼았다.)

건국의 내력을 말하는 서두의 기록이 이렇게 시작된다. 건국의 시조가 중국 신농씨의 혈통을 받았다고 하고, 용모가 단정하고 총명하며, 민첩하고 숙성했다는 것이 훌륭한 점이라고 했다. 모계의 혈통은 용신과 관련된다고 하면서 복잡한 이야기를 늘어놓은 것이 부차적인 사항이다.

『삼국사기』는 단군의 내력 같은 것은 말하지 않았으나, 『대월사기전서』는 위에서 든 기록을 다듬어 실었다. 그렇지만 사실이라고 인정한 것은 아니다. 천지만물이 생겨난 내력과 이치에 관한 유교의 주장을 펴서 독자적인 전승을 부인했다. 본격적인 유교철학을 갖추어 역사의 시발점을 설명했다. 『삼국사기』가 미치지 못한 수준이다. 그런데 『영남척괴열전』은 『삼국유사』 수준의 관점을 지니지 못하고 범속한 설화집에 머물렀다. 역사를 이해하는 일관된 관점을 유교와는 다르게 마련해 반론을 제기해야 한다고 여기지 않아 대안사서 노릇을 할 수 없었다.

중국과 싸울 때 신령의 도움을 얻어 승리를 거두었다고 거듭 말했다. 사실이 그렇다고 하고, 무슨 원리가 있다고 하지 않았다. 개개의 사건이 다 우연히 잘 된 일이라고 여길 따름이고 월남의 제왕이 신이하다고 하지는 않았다. 자연물의 정령, 예사롭지 않은 동물 등이 거듭 등장해서 빚어낸 기이한 일을 거듭 이야기해 흥미를 가지게 하는 것 가운데 외침을 막아낸 것도 포함되었다. 奇異는 神異와 다르다. 기이는 밖에서 닥쳐온 사태이고, 신이는 스스로 지닌 능력이다. 기이를 말해서는 정통사서의 역사관과 맞서는 대응논리를 마련할 수 없다.

이른 시기의 제왕 雄王이 하늘에서 내려온 아이 장수의 도움으로 중국의 침공을 물리치자 절을 세우고 불교를 믿기 시작했다고 했다. 전환 과정이 너무 단순하고, 부처를 호국신령과 동일시하는 데 그쳤다. 그 뒤에 나타나는 몇몇 승려의 행적은 예사롭지 않아 기이할 따름이다.

유교사관과 맞서는 불교사관을 갖추었다고 하기 어렵다.

蠻娘이라는 여인이 어렵게 지내면서 불법을 힘써 섬겨 기이한 행적을 보였다는 것은 『삼국유사』의 郁面婢 이야기와 상통한다. 여든 살이 넘을 때까지의 행적을 다루어 이야깃거리가 풍부하다. 흥미를 끌 수 있어 수록했다고 하겠으며, 캐보아야 할 의미가 있는 것은 아니다. 하층민이 지닌 가능성에 대해 관심을 가졌다고 하기는 어렵다. 더욱 영험한 스님이 상대역으로 등장해 만랑이 보인 기이함을 신이로 이해할 수 있는 가능성을 차단했다.

『영남척괴열전』은 기이한 것에 대한 관심에 치우쳐 유교사관에 반론을 제기하는 대안사서 노릇을 하지 못했다. 『삼국유사』에도 <孫順埋兒> 같은 기이한 사건이 있으나 방계적인 관심거리에 지나지 않는다. 신이 찾기를 일관된 주제로 삼아 유교사관를 넘어서려고 한 『삼국유사』는 『영남척괴열전』과 상당한 차이가 있다.

스리랑카 · 티베트 · 몽골 불교사서와의 비교

『삼국유사』가 불교사서로서 어떤 특징이 있는가는 동아시아 다른 나라 대안사서와의 비교에서 밝혀지지 않았다. 불교사서 비교론은 이제부터 해야 한다. 각국의 불교사서는 모두 정통사서이다. 유교와 불교를 공유하지 않고 불교를 정통이념으로 받들었으며, 불교사서를 정통사서로 했다. 불교의 관점에서 역사를 쓰는 것이 국가의 과업이었다. 사용한 언어는 팔리어, 티베트어, 몽골어 등이다. 앞의 둘은 불교의 언어이고, 나중 것은 민족어이다.

먼저 스리랑카의 경우를 살펴보자. '밤사'(vamsa)라고 하는 역사서는 상좌불교의 공동문어인 팔리어를 사용해 산문이 아닌 시로 쓰는 것을 관례로 삼았다. 5세기에 마하나마(Mahanama)라고 하는 승려가 지은 『마하밤사』(*Mahavamsa*)를 대표작으로 인정하고 높이 받든다. '마하'는 크다는 뜻이어서, 책 이름을 『큰 역사』라고 번역할 수 있다. 자기 나라는 위대하다고 자부해 그런 말을 내세웠다. 위대한 이유가 불교의 정통을 이어오는 데 있다고 주장해 스리랑카가 상좌불교의 본고장임을 널리 인정하도록 했다.

서두에서 저술의 의도를 말했다. 선행 역사서가 너무 장황하고 중복이 많은 결함을 시정하고 "차분한 즐거움과 감동을 주겠으니 들어보라"고 했다.(Duglas Bullis tr., *The Mahavamsa, the Great Chronicle of Sri Lanka, Originally Written by Thera Mahanama Sthavira, 5th Century ACE*, Fremont, California: Asian Humanities Press, 1999, 45면) 자기가 지은 시를 읽어주면서 사실을 전달하겠으니 들어보라 했다. 선행 역사서는 『디파밤사』(*Dipavamsa*) 즉 『섬의 역사』라고 하는 것인데, 체제와 문장이 잘못되었으므로 바로잡고 격조를 높인다고 했다. 자국의 내력을 다시 정리해 정통사서를 만든 것은 『삼국사기』와 상통하지만, 기본 관점이 불교여서 『삼국유사』와 비교할 수 있다.

"우리의 구원자 고타마 불타는 전생의 어느 시기에 디판카라(Dipankara) 부처님을 만나 장차 성불해 세상을 고통에서 구하기로 결심했다"는 것이 본문 첫 문장이다. 그 뒤를 이어 여러 과거불을 하나씩 들어 먼 과거로부터 이어져온 장구한 시간을 말하고, 마침내 불타가 성불하고 초전법륜을 한 사실을 소개했다. 불타는 스리랑카에 세 번이나 와서 두려움과 고민을 없애주겠다고 했다. 세 차례의 결집에 관해 서술하고, 아쇼카 대왕이 아들을 스리랑카에 보내 불법을 전한 사실을 들었다. 인도를 중심으로 한 불교의 역사가 자기 나라로 직접 이어져 자기 나라는 신성하다고 했다.

인도에서 도래한 인물이 국왕이 되었다고 하는 또 하나의 역사를 이야기했다. 장황하게 기술되어 있어 간추려 이해하자. 음란하다는 이유로 부모의 미움을 받고 가출한 공주가 자기에게 덤벼들어 해치려고 하는 사자와 부부가 되었다. 그 둘 사이에서 태어난 아들이 아버지인 사자를 죽이고 누이와 부부가 되었다. 그 둘 사이에서 태어난 아들 비자야(Vijaya)는 행실이 나쁘다고 부모가 죽이려고 하자, 따르는 무리와 함께 스리랑카로 건너와 국왕이 되었다. 국왕이 사자의 혈통을 지녔기에 스리랑카는 사자의 나라라고 한다.

삼대에 걸친 내력이 야만의 연속이다. 극단에 이른 비정상과 불륜을 말해 야만이 무엇인지 알렸다. 그런데 그 모든 것을 불타가 씻어주었다고 했다. 불타가 삶을 끝내고 열반에 들려고 자리에 누웠을 때 천신 인드라(Indra)에게 말했다. "나의 가르침이 랑카에서 자리 잡을 것이다" 라고 예언하고, "비자야와 랑카를 잘 돌보아주기 바란다"라고 당부했다. (117면) 비자야는 불법을 받들어 "과거의 잘못을 버리고 38년 동안 평화와 정의를 실현하면서 나라를 다스렸다"고 했다.(121면) 그래서 야만의 시발점이었던 사자가 불법의 수호자로 바뀌었다고 이해한다.

『삼국유사』와 비교해보자. 불법의 역사와 세속의 역사는 서로 다르지만 합치된다는 것이 공통된 견해이다. 둘이 합치되는 과정을 서술하고 그래야 하는 이유를 밝히는 것을 임무로 삼았다. 『마하밤사』에서는 불법의 역사뿐만 아니라 세속의 역사도 인도에서 유래했다고 했지만, 『삼국유사』에서는 세속의 역사뿐만 아니라 불법의 역사도 독자적으로 형성되었다고 했다.

『마하밤사』에서는 비정상과 불륜이 극단에 이른 야만으로 이어진 세속의 역사가 불법의 역사와 만나 비로소 정상화되었다고 했다. 『삼국유사』에서는 세속의 역사도 긍정적으로 이해하면서 불법의 역사와 함께 신이한 역사라고 하는 공통의 원리를 지닌다고 했다. 『마하밤사』에서는 역사가 제왕의 내력이기만 하지만, 『삼국유사』에서는 하층의 민중도 역사의 주역으로 소중한 기여를 한다고 했다.

티베트 또한 불교의 나라여서 불교사서를 정통사서로 삼았다. 한자 표기로 索南堅贊(bSod-nams-rgyal-mtshan)이라는 승려가 14세기에 이룩한, 『王統記』(*rGyal-rabs*)라고 약칭하는 저작이 현존하는 최초의 불교 역사서이고 또한 대표작이다. 세계가 생겨나고, 인도의 역사가 시작되고, 불타가 불법을 편 내력을 서술하고, 불교가 중국, 탕구트(Tangut, 西夏), 몽골에 전래된 사실을 세 곳의 역사와 함께 설명했다. 거기까지는 세계사인 셈이고, 그 뒤가 티베트사이다.

(中央民族學院, 『藏族文學史』, 成都: 四川民族出版社, 1985; 佟錦華, 『藏族古典文學』, 長春: 吉林教育出版社, 1989; Leonard W. J. van der Kuijip, “Tibetan Historiography”, José Ignacio Cabezón and Roger R. Jackson ed., *Tibetan Literature, Studies in Genre,* Ithaca, New York: Snow Lion, 1996; 王堯 主編, 『西藏歷史文化辭典』, 杭州: 浙江西藏人民出版社, 1998에서 전반적 상황을 이해한다. Per K. Sørensen tr., *Tibetan Buddhist Historiography, the Mirror Illuminating the Royal Genealogies, an Annotated Translation of the XIVth Century Tibetan Chronicle: rGyal-rabs gsal-ba'i me-long*, Wiesbaden: Harrassowitz, 1994를 자료로 이용한다.).

수컷 원숭이 왕이 바위 귀신을 아내로 삼고 여러 자식을 낳아 티베트 사람들의 선조라고 했다. 불교 이전의 신화를 부인하지 않고 수록해야만의 역사가 있었음을 인정했다. 토착의 주민 가운데 누가 군주가 되어 나라를 세웠다는 것은 아니다. 창업주가 인도에서 왔다고 했다.

아쇼카(Ashoka) 대왕 후예의 셋째 아들이 인도에서 추방되어 신들이 예언한 바와 같이 티베트로 왔다. 아쇼카 대신 석가의 후원자 빔비사라(Bimbisara)를 내세우는 등의 다른 견해도 있다고 덧붙였다. 그 어느 쪽이든지 불교와 관련이 있는 이름난 군주이다. 티베트에 이르러 어떤 일이 있었는지 보자.

> 산에서 내려가니 가축 기르는 사람들이 물었다. "그대는 어디서 왔는가요?"라고 하니, 손가락으로 하늘을 가리켰다. 그 사람들은 하늘에서 내려온 신의 아들이라고 여기고, "당신이 우리의 임금으로 뽑혔다"고 했다. 끌어안고는 여러 사람이 목을 연결시켜 왕좌로 삼게 했다. "강력한 목 왕좌 임금"이라고 일컬었다. 이 분이 티베트 최초의 임금이다.(139면)

미지의 인물이 손으로 하늘을 가리키는 것만 보고 군주로 삼고, 목을 연결시켜 왕좌로 삼게 했다는 사건에 몇 가지 사고방식이 나타나 있다. 땅은 저열하고, 하늘은 신비하다. 하늘의 신비함을 외래자라야 지닐 수 있다. 신비한 능력을 지녔으면 군주일 수 있다. 군주는 백성 위에 군림하는 것이 마땅하다.

다음 단계에는 더욱 신성한 역사가 시작되었다고 했다. 송찬감포(Strong-brtsan-sgam-po) 대왕이 출현해 불교를 받아들여 티베트를 성숙하고 자유로운 나라로 만들었다고 했다. 어둡고 몽롱한 야만의 세계를 비추는 등불 노릇을 하도록 했다고 칭송했다. 전후의 사실을 길게 다루면서 출생을 특히 중요시했다.

관음보살의 몸에서 나온 빛을 받고 어머니가 임신해 태어났기 때문에 그럴 수 있었다고 하고, 그 사건을 세 가지 관점에서 이해할 수 있다고 했다.(161-162면) 관음보살이 간절한 기원을 받아들였다고 했을 수도 있다. 관음보살이 스스로 변신해 국왕으로 태어났다고 했을 수도 있다. 예사 사람들이 이해하듯이 훌륭한 임금이 태어났을 따름이라고 했을 수도 있다. 불교를 받아들이는 일을 함께 한 송찬감포를 신라에서 법흥왕을 높인 것보다 훨씬 더 높였다. 異次頓의 순교 같은 것이 필요하지 않았다.

야만의 상태에 머무르고 있던 티베트 사람들이 문명을 누리게 된 것은 밖에서 가져온 교화를 군주가 아래로 폈기 때문이라고 했다. 스스로 일으키는 변화가 밑에서부터 시작될 수는 없다고 했다. 백성은 이해하지 못하더라도 군주의 신성한 권능을 따르면 된다고 여겼다. 신라는 신하가 희생을 겪고 하층민이 참여해 문명을 누리게 되었다고 『삼국유사』에서 말한 것과 커다란 거리가 있다.

변화는 두 차례 일어났다고 했다. 불교와 관련을 가진 인도 군주의 아들이 티베트에 와서 나라를 세워 티베트는 신성한 나라일 수 있게 했다. 관음보살의 현신으로 태어난 위대한 군주가 불교를 받아들였다. 앞의 것은 스리랑카나 몽골과 공통된다. 뒤의 것은 티베트 특유의 신화이다. 주체성을 크게 선양했다고 평가할 수 있는 반면에, 군주와 백성의 거리를 더욱 넓히는 부작용을 낳았다.

몽골에서는 독자적인 역사서 『몽골비사』에서 "위에 계신 하늘이 점지하여 태어난 잿빛 푸른 이리"가 자기네 국왕의 선조였다고 하다가 (유원수 역주, 『몽골비사』, 서울: 혜안, 1994, 25면), 불교가 정착되자 생각을 바꾼 것이 티베트의 경우와 상통한다. 그래서 이루어진 여러 역사서 가운데 한역할 때 『蒙古源流』라고 일컬은 『몽골 諸汗 원류의 寶綱』*(Qad-un ündüsün-ü erdeni-yin tob□i)*이 특히 중요하다. 다행히 국역이 있어 쉽게 이용할 수 있다. (몽골어 원문과 만주어 번역본을 최학근, 『滿文大遼國史, 蒙古諸汗源流의 寶綱(蒙古源流)』, 서울: 보경문화사, 1989에서 국어로 대역했다.)

> 인도의 "민중에게서 추대된 임금"에서부터 시작해서 지금의 투쟁 시대에 이르기까지, 중생을 위해서 聖武諸汗이 출생해 천하를 평정하고, 유복한 보살들이 출현해서 중생을 인도하고, 불교가 列聖의 출생으로 叢生을 逸樂시킨 모든 것을 다 말할 수 없지만, 대개 요약해서 구둑다이 세첸 궁 다이지의 증손인 幼學 사낭 세첸 궁 다이지라 이름 하는 내가 이들 七史를 교정하고, 이와 같이 편찬된 것을 壬寅年 59세 때에 완성했다. (243-244면, 458면. 직역을 이해하기 쉽게 다듬었다. 이 책 인용은 모두 같다.)

서두를 보면 저술의 의도를 이렇게 말했다. 인도의 "민중에게서 추존된 임금"은 인류 전체를 다스린 최초의 황제이며, 불타의 선조가 된다고 여겼다. 천지가 생겨나고 生靈이 나타난 다음, 인류의 삶이 시작되자 최초의 황제가 나타났다고 하는 유래를 본문 서두에서 길게 서술했다. 황제의 후손이 티베트에 와서 건국시조가 되고, 그 후손이 몽골에 와서 또한 건국시조가 되었다고 하는 유래를 복잡한 계보를 만들어 설명했다.

"지금의 투쟁의 시대"는 몽골민족이 중국에게 밀려 고난을 겪고 있는 당시의 상황을 지적한 말이다. 위대한 과거는 가고 비참한 현재에 이르렀다고 한 것이다. 책을 쓴 시기는 명말·청초이다. 명나라 때문에 북쪽으로 밀려나 크게 위축된 몽골인이, 만주에서 일어나 중원으로 진출한 청나라에게 복속되어 더욱 심각한 사태에 직면했다. 정신을 차려 위기를 타개하기 위해서 위대한 과거를 재인식하는 역사서를 다시 써야 했다. "聖武諸汗"은 제왕이고, "보살"은 승려이고, "列聖"은 양쪽을 함께 이른 말이라고 할 수 있다. 종교와 정치가 서로 연결되어 많은 사람을 복되게 한 것이 몽골의 자랑스러운 역사라고 했다.

"七史"란 기존의 몽골역사서이다. 기존의 역사서를 개작해 새로운 역사서를 썼다. "구둑다이 세첸 궁 다이지"는 칭기스칸의 후예인 대귀족이다. "사낭 세첸 궁 다이지"(Sanang se□en gung tayiji)는 책의 저자이다. "壬寅年"은 1662년(청나라 康熙 원년)이다. 저자는 그 해에 59세였으니 1604년에 태어났다. 죽은 해는 확인되지 않고, 생애가 알려지지 않았다. (Antoine Mostaert, *Erdeni-yin Tob□i, Mongolian Chronicle*, Cambridge: Harvard University Press, 1956에서 다각도로 추정하는 논의를 폈어도 이 사람에 대해서 알 수 있는 자료는 발견되지 않아 "17세기 귀족지식인의 대표자 가운데 한 사람"으로 인정할 수 있을 따름이라고 했다.)

"梵(enedkeg), 티베트(tubet), 몽골(monggo), 세 나라의 연원을 옛 史書에 있는 바를 모두 모아 논의하겠다"고 하고, "外象界에서 일체의 因緣이 생겨나 生靈이 나타난" 내력부터 말한다고 했다.(253-254면) 천지만물의 역사에다 인도의 역사를 보태고, 거기다가 티베트의 역사를, 다시 거기다가 몽골의 역사를 연속시켜 이야기했다. 티베트의 건국시조는 인도에서, 몽골의 건국시조는 티베트에서 도래했다고 했다.

지금까지 고찰한 스리랑카·티베트·몽골의 역사서는 우주사·문명사·국가사를 연속시켰다. 그 점은 한국의 『釋迦如來行蹟頌』과 흡사하다. 그러나 『석가여래행적송』은 국가사를 갖추지 않아 논의의 대상에서 제외된다. 종교사와 정치사를 함께 다룬 것도 공통된 특징이다. 『삼국유사』 또한 그렇다고 할 수 있으면서, 구체적인 방식은 다르다.

이들 역사서는 종교사에다 정치사를 포함시켰다고 한다면, 『삼국유사』는 정치사에서 시작해서 종교사로 이행했다. 법흥왕이 불교를 공인하기 이전 시기에는 정치사만 있고, 그 이후 시기에는 정치사가 바로 종교사여서 그랬지만, 전후의 시기를 신이사관으로 파악한 점은 동일하다. 신이가 불교보다 상위의 개념이다. 제왕의 신이가 승려를 거쳐 일반 민중으로 이어진다.

이들 역사서는 인도에서 시작된 불교가 자기네 나라와 연결된다는 족보를 만들었다. 스리랑카에서는 석가여래가 자기 나라를 직접 찾고, 아쇼카 대왕이 사람을 보내 포교를 했다고 했다. 티베트에서는 아쇼카 대왕의 아들 가운데 하나가 와서 건국시조가 되었다고 했다. 몽골에서는 건국의 시조가 티베트에서 왔다고 했다. 직접에서 간접으로 바뀌었어도 관련은 반드시 있어 자기 나라가 신성한 곳임을 보장해준다고 했다. 나라가 온통 신성하다고 하는 데서 국왕이 신성한 혈통을 지닌 곳이라는 쪽으로 나아가면서, 신성이 필수 요건으로 유지된다. 신성을 보장하는 역사의 시초가 소중하고 그 뒤의 전개는 그리 긴요하지 않다고 했다.

『삼국유사』에서도 아쇼카 대왕과의 관련을 말했다. 아쇼카 대왕이 불교를 크게 뻗어나도록 만든 위업이 이어져 자기 나라가 자랑스럽다고 불교사서에서 일제히 말하는 관습을 받아들였다. 그러나 관련에 대해서 하는 말이 직설적이지 않고 상징적이다. 혈통의 연속이나 사람의 이주를 말해 신성하다는 증거로 삼지 않고, 숨은 비밀을 찾아내 신이한 것을 발견하게 하는 방식을 택했다.

<遼東城育王塔>에서는 고구려 요동성에 아쇼카 대왕이 세운 탑이 있다고 했다. 이것은 이중의 의미를 가진다고 이해할 수 있다. 아쇼카 대왕은 불교를 널리 전파하고 도처에 수많은 탑을 세웠으니 그럴 수 있다. 표면 층위에서는 이렇게 말했다. 불교 영역은 중국에 비할 바 없이 광대하므로 참여하고 있는 것이 자랑스럽다. 내면 층위에서는 이렇게 말했다.

<黃龍寺丈六>에서는 아쇼카 대왕이 불상을 만들다가 실패하고, 배에 실어 떠나보낸 자료가 도착한 신라에서 불상을 조성했다고 했다. 文殊菩薩이 慈藏에게 모습을 나타내고 "汝國黃龍寺 釋迦與迦葉佛講演之地 宴坐石猶在"(너의 나라 황룡사는 석가와 가섭이 강연을 한 땅이라, 연좌석이 지금도 있다)고 하는 인연이 있어 그렇게 되었다고 했다. 인도에서 시작된 불교가 한국에서 완성된 것은 원래 불국토였기 때문이었다고 했다.

자국이 불국토라고 거듭 말했다. 과거불이 활동하던 곳이라고 해서 불국토라고 하는 것만은 아니다. 부처나 보살이 국토 곳곳에 나타나고, 때로는 미천하고 남루한 모습을 하고 있다고 했다. 높은 경지에 이른 고승 또한 같은 거동을 보여, 신이한 것이 범속한 것과 둘이 아니라고 했다. 역사의 시초보다 후대의 전개가 더 소중하고, 새로운 가능성이 넓게 열려 있다고 했다.

앞에서는 기이와 신이를 구별했다. 기이는 예상에서 벗어나 흥미를 끄는 대상이 지닌 특징이고, 우리 자신에 관해서 하는 말이 아니다. 이제 神聖과 神異가 다른 점을 밝혀야 한다. 신성은 우리 자신과는 구별되는 위대한 존재만 지닌 초월적 우월성의 징표이다. 스스로 신성할 수는 없다. 최상의 신성과 연관을 가져야 신성을 나누어 가질 수 있다. 기이와도 다르고 신성과 구별되는 신이는 잠재되어 있는 능력이다. 신이해서 위대한 존재가 별도로 있다고 할 것은 아니다. 우리 자신도 신이한 능력을 지녔으므로 찾아 발현해야 한다. 신이한 능력에서 깨달음을 얻고 비약을 성취한다.

불교 역사서에서는 국왕의 혈통이 불교와 연관을 가지고 인도에서 유래해서 신성하다고 했다. 그것이 국왕이 예사 사람과 다른 특별한 점이다. 국왕이 신성하다고 해서 백성도 신성한 것은 아니다. 백성은 국왕을 섬기고 받들어 신성에 참여할 수 있을 따름이다. 신이는 그렇지 않아 누구든지 지닐 수 있다는 것을 거듭 보여주었다. 불교가 시작된 다음에는 국왕이 신이하다고 하지 않고, 신이는 승려가 민중과 가까워지면 발현되고, 민중의 삶 자체라고까지 말했다.

『몽골 諸汗 원류의 寶綱』 한 대목을 들어 『삼국유사』와 구체적인 비교를 해보자. 티베트 건국시조의 후손이 신하의 찬탈로 왕위를 잃자, 아들 삼형제 가운데 막내가 도망쳤다가 몽골에 이르러 몽골 여자와 결혼을 하고 몽골의 건국시조가 되었다고 했다. 번역문을 인용해보자.

> 서르치잠보 칸이 롱남이라고 하는 신하에게 시해당하고, 칸의 지위를 찬탈당해, 세 아들 보로자 · 지야치 · 부르데치가 흩어져 도주할 때, 막둥이 부르데치노는 궁보 지방으로 피신했다. 궁보 지방의 고와마랄이라는 여자를 처로 삼고, 덩기스 바다를 건너가서, 동방을 향해 가면서 바이갈 강변 쪽 부르간갈두나 산에 이르렀다. 비다 지방의 사람들이 어떻게 된 일인가 물으니, 옛 인도에서

> 모든 사람이 추대한 칸과 티베트의 나야친잠보 칸을 들추어내서 말했다. 그러자 비다 지방의 여러 사람이 의논해서, "이 사람은 뿌리 있는 자손이로다", "우리 임금으로 추대하는 것이 옳은 일이다"라고 말하고, 군주로 추대하고 그 뜻을 따랐다.(302면)

朱蒙이 부여에서 도망쳐 나와 고구려의 시조가 된 것과 유사한 사건이다. 주몽은 "天帝子"라고 했는데, 이 기록 속의 인물은 인도에서 티베트로 이어지는 왕통을 이었다고 했다. "인도에서 모든 사람이 추대한 칸과 티베트 지방의 나야친잠보 칸"은 두 나라에서 받드는 위대한 군주이다. 그 쪽을 들먹이는 것만으로도 혈통이 연결된다고 인정되어 몽골의 왕으로 추대되었다. 불교가 인도에서 생겨나 티베트로 전해지고, 몽골의 불교는 티베트에서 받아들인 계보를 잇는 혈통을 갖추어야 예사 사람과는 다른 신성한 왕일 수 있다고 여겼다.

『삼국유사』는 어떻게 다른지 단적으로 나타내는 사례로 <眞身供養>을 들 수 있다. 신라 효소왕이 望德寺라는 절을 창건했다고 했다. 덕을 바란다는 이름을 가진 그 절을 당나라를 위해 복을 빌고자 해서 지었다. 국왕이 당나라의 책봉을 받았으니 신라 사람들은 당나라를 몽골이나 티베트에서 인도를 대단하게 여기듯이 받들어야 했다. 그런데 나중에 경덕왕 때에 망덕사 탑이 흔들리더니 安史의 난이 일어났다고 했다. 당나라에 의존하려고 한 것은 어리석다. 백성을 믿고 나라를 다스려라. 이런 주장을 나타냈다.

절을 다 짓고 낙성연을 열 때 차림이 누추한 승려가 나타나 동참을 허락해달라고 했다. 효소왕은 비웃는 말로 거처를 묻고 "莫向人言 赴國王親供之齋"(사람들에게 말하지 말라, 국왕이 친히 베푸는 재에 참여했다고)라고 했다. 누추한 승려는 "莫與人言 供養眞身釋迦"(사람들에게 말하지 말라, 진신 석가를 공양했다고)라고 하면서 몸을 솟구쳐 공중에 떠서 갔다. 국왕이 멸시한 누추한 승려가 진신 석가여래라고 하는 충격적인 역설로 무지를 깨우쳤다. 국왕이 신성하다고 우러러볼 것은 아니다. 승려는 국왕의 부하가 아니고 스승이다. 국왕보다는 승려가, 승려보다는 백성이 더욱 훌륭하다고 일러주었다.

부처나 보살은 아득히 높은 곳에서 자취를 나타내 우러러 보아야 한다면 신성하기만 하다. 『삼국유사』에서는 다른 불교사서와 공유하고 있는 신성이 밖에서 유래하지 않고 자국 안에 마련되어 있다고 했다. 부처나 보살이 미천한 사람의 모습을 하고 있다고 한 다른 사례들을 들어 신비가 신이이게 했다. 누구나 자기 자신의 신이를 되돌아보고 각성의 주체가 될 수 있다고 했다.

<洛山二大聖...>에서는 관음보살이 벼를 베고 개짐을 빠는 여인이라고 했다. <廣德 嚴莊>에서는 "芬皇寺之婢"가 관음보살의 "十九應身之一"이라고 했다. 티베트에서 송찬감포 대왕이 관음보살의 화신이라고 한 것과 견주어보면 공통된 신앙을 아주 다르게 구현했다. 하층민이 보살이고 보살이 하층민이라고 하는 신이는 『삼국유사』가 독자적으로 갖춘 핵심 사상이다.

서방기독교문명권의 국사서

기독교문명권 역사서에는 종교사가 있고, 국가사가 있다. 공동문어를 사용한 것도, 민족어를 사용한 것도 있다. 그 가운데 국가사를 공동문어로 서술한 것은 바로 그 두 가지 공통점을 가져 『삼국유사』와 비교할 만하다.

공동문어는 기독교가 제공한 언어이다. 공동문어 국가사는 기독교의 관점을 갖추고 정치사와 종교사를 함께 다루었다. 기독교가 정통이념이어서 기독교 역사서는 정통사서였다. 대안사서를 민족어로 쓴 것이 더러 있으나 수준이 낮고 뚜렷한 예증이 보이지 않아 비교대상으로 삼기에 부적당하다. 공동문어로 책을 쓸 수 있는 사람은 모두 기독교의 성직자였다. 성직자가 국가를 위해 봉사하는 일도 하면서 기독교가 자기 나라를 영광스럽게 한다는 지론을 폈다. 그 둘을 연결시키는 방법이 관심의 대상이 된다.

서방기독교의 공동문어는 라틴어였다. 라틴어본 기독교사가 유럽 전역에서 일제히 통용되는 정통사서였다. 중심부에서 활동하는 민족들은 자기네 집단의 내력을 라틴어로 간략하게 적어 미비점을 보완하는 데 그쳤다. 주변부인 스칸디나비아 각국에서는 기독교를 받아들여 글쓰기를 할 줄 알게 되자 국가사를 민족어로 써서 대안사서라고 할 것들을 마련했다. 중간부, 또는 중간부에 가까운 주변부에서는 기독교사와 겹치는 국가사를 라틴어로 써서, 정통사서의 가치관을 받아들인 대안사서를 마련했다고 할 수 있다. 영국, 폴란드, 덴마크, 헝가리 등지의 사례가 있다.

(근래 사학사 이해의 폭을 넓히고자 하는 시도가 유럽문명권에서 있어 Ernest Braeisach, *Historiography, Ancient, Medieval and Modern*, Chicago: University of Chicago Press, 1983; Michael Bentley ed., *Companion to Historiography*, London: Routeldge, 2003 등이 나왔으나 많이 모자란다. 서방기독교문명권의 역사서를 거론하는 데 그치고, 헝가리의 것은 빼놓았다. 다른 문명권의 역사서는 논의의 대상으로

삼지 않았다. Francis Schmidt ed., *The Inconceivable Polytheism, Studies in Religious Historiography*, London: Harwood Academic Publishers, 1987에서는 종교와 역사학의 관계를 다루었으나 이 논문에서 거론하는 사례를 하나도 등장시키지 않았다.)

영국에서 그 일을 하는 데 앞서서, 『영국교회사』(*Historia ecclesiastica gentis Anglorum*)가 8세기에 이루어졌다. 저자 베데(Bede)는 서두의 헌정사에서 "가장 영광스러운"이라는 수식어를 붙인 국왕에게 "사제자이고 하인"인 저자가, 국왕의 분부를 받들고 쓴 "영국 교회와 인민의 역사"를 바친다고 했다. 역사 서술은 교훈을 얻기 위해서 필요하다고 다음과 같이 말했다.

> 역사서에다 선인들의 착한 행실을 기록하면, 사려 깊은 수용자가 선한 행실을 본뜨는 용기를 가진다. 악인들의 나쁜 행실을 기록하면, 경건하고 신앙심 깊은 수용자가 죄 짓는 일을 피하고, 선량하고 신을 즐겁게 하는 일을 보살피고 실행한다. (Bede, Leo Sherley-Price tr., *Ecclesiastical History of the English People*, Hammondworth, England: Penguin Books, 1990, 41면)

역사서는 예의를 밝히고 선악을 분별하기 위해서 필요하다는 말을 『삼국사기』에서처럼 했다. 국왕의 명을 받아 국가 통치에 필요한 역사서를 썼다고 한 것도 같다. 그러나 예의의 근거로 삼은 기독교는 유교보다 불교와 더 많은 공통점이 있어 『삼국유사』와의 비교가 가능하다.

불교나 기독교를 받아들이기 이전의 역사와 그 이후의 역사를 어떻게 연결시킬까 하는 것이 종교사의 관점에서 쓴 국사서의 공통된 고민이다. 그런데 기독교 전래 이전의 역사는 인정하지 않고 논의의 대상으로 삼지 않았다. 신앙의 역사가 곧 국가의 역사라고 하고, 신앙의 성장과 국가의 통일이 함께 이루어진다는 것을 증명하고자 했다. 로마가 영국을 침략했다고 하지 않고, 영국이 로마제국의 일부가 된 것은 당연한 일이라고 했다.

로마의 역사가 곧 영국의 역사라고 여겨 황제가 바뀐 내력을 서술했다. 로마황제를 받드는 동안에 영국인의 주체성이 손상되었다는 생각은 하지 않았다. 영국을 통치하는 로마의 파견관을 영국의 왕이라고 하고, 영국의 왕이 교황에게 편지를 보내 영국에 기독교를 전파하도록 요청한 사실을 크게 평가했다. 로마가 바로 영국이고, 로마의 기독교가 영국의 기독교라고 하면서, 기독교를 정착시키기 위한 영국인의 독자적인 노력을 크게 평가했다.

성서에 입각한 역사관을 지녀, 신의 뜻이 자기 나라에서 실현된 사항을 서술하고자 했다. 기독교 군주가 이교도 군주와 싸워 승리한 것이 신의 뜻이 땅 위에서 이루어졌기 때문이라고 했다. 초역사적이고 초인간적인 힘이 특정 시기에 특정 지역 사람들의 운명을 구체적으로 결정한다고 했다.

맨 뒤에 자기 자신에 관해 서술하면서 기독교 교회사를 본받아야 할 모범으로 삼았다고 밝혔다. 기존의 기록은 거의 없어, 구전에 많이 의존했다. 단편적인 증거를 연결시켜 전후의 사태를 알 수 있게 하려고 했다. 역사 서술 전체의 주제는 다양성에서 통일성으로 나아가는 변화를 밝히자는 것이었다. 영국에 기독교를 전파한 교황을 찬양하면서 그 뜻이 이루어져 영국 땅에 거주하는 원주민과 이주민의 여러 민족이 기독교 신앙을 통해서 단일체를 형성한 것이 크게 다행스러운 일이라고 했다.

폴란드의 국가사는 12세기 초에 갈루스 아노니무스(Gallus Anonymus)가 쓴 『폴란드 왕공들의 연대기와 위업』(*Cronicae et gesta ducum sive principum Polonorum*)에서 비롯했다. 저자 이름은 "무명의 프랑스 사람"이라는 뜻이다. 가톨릭의 본고장 사람이라고 자처하려고 그렇게 일컬었을 것으로 생각된다. 역사 이해에서 기독교의 관점을 강력하게 내세웠다.

(Edward Skibinski, "Identity and Difference: Polish Identity in the Historiography of the Twelfth and Thirteenth Century", Brian Pastrick McGuire ed., *The Birth of Identities, Denmark and Europe in the Middle Age*, Copenhagen: C. A. Reitzel, 1996에서 고찰하고; 라틴어와 영어 대역본 Paul W. Knoll and Frank Schaer translated and annotated, *Gesta principum Polonorum, the Deeds of the Princes of the Poles*, Budapest: Central European University Press, 2003이 출간되었다.)

'위업'이라고 한 말은 'gesta'의 번역이다. 영어로는 'deeds'로 옮기는 것이 상례이다. 앞으로 다룰 헝가리와 덴마크의 역사서도 이 말을 함께 사용하면서, 자국이 훌륭한 것은 통치자의 위업 덕분이라고 칭송하는 국가사를 일제히 이룩했다. 국가사를 통치자 중심으로 쓰는 것은 다른 여러 곳에서도 있는 일인데, 기독교문명권의 변방에서 특히 힘쓰면서 정치와 신앙의 관계를 문제 삼았다. 통치자 못지않게 무명의 승려나 하층 민중의 삶도 소중하다고 한 『삼국유사』와 거리가 멀다.

폴란드의 사제들에게 보내는 편지를 서문으로 삼고, 기독교 덕분에 통치자가 위업을 이룩할 수 있었다고 했다. "그대들의 시대에 그대들의 기도 덕분에 하느님이 플란드에 영광을 가져다주어", 뛰어난 군주가 대단한 업적을 이룩하게 되었다고 했다.(5면) 지난 시기에도 있던 그런 사실을 찾아 기록하는 것이 자기가 할 일이라고 했다. 존귀한 등급이 신 · 사제자 · 통치자라고 해서 통치자를 맨 뒤로 돌렸다.

미에쉬코(Mieszko) 1세가 10세기 말에 기독교를 받아들였다. 태어날 때부터 장님이었다가 일곱 살 되던 생일에 눈을 뜬 것이 하느님이 폴란드를 깨우칠 징조라고 했다. 육신의 눈을 뜨게 한 다음 정신의 눈을 뜨게 하는 사건이 일어났다. 전환 과정을 이렇게 말했다.

> 그 전에는 폴란드가 장님이었다. 진정한 하느님을 예배하지 못하고, 하느님의 가르침을 알지 못했다. 미에쉬코가 기적적으로 눈을 떴듯이, 폴란드도 눈을 떠서 신앙을 받아들여 불신앙의 죽음에서 벗어났다.(27-29면)

보헤미아의 처녀를 사랑해 아내로 맞이하려고 하니 이교도의 풍속을 버리고 하느님을 믿어야 한다고 했다. 그 말에 따라 기독교로 개종하자, "하늘 높은 곳에 구원의 태양이 뜨게 하시어"라고 한 일이 폴란드에 닥쳐왔다고 했다. (31면. 인용구는 『루가복음』 1장 78절에 있는 말이다. 『성서 공동번역 가톨릭용』, 서울: 대한성서공회, 1977, 106면의 번역을 든다.) 두 사람 사이에서 태어난 다음 군주가 주위의 여러 민족을 물리치고 국위를 크게 떨치게 되었다고 하고 그 내력을 자세하게 기록했다.(31-41면)

전환을 이룩한 군주를 찬양하면서 군주에 대한 지나친 평가를 경계했다. 신의 권력이 군주의 권력 위에 있다고 했다. "백성의 소리가 신의 소리이다"라는 말을 거듭 인용했다. 군주의 횡포를 경계하려고 이 말을 했으며, 백성을 존중해야 한다는 것은 아니었다. 국왕과 교회,

이 두 권위의 관계를 올바르게 하는 것 외에 다른 중요한 일은 없다고 여겼다.

군주는 '조국의 아버지'(pater patrie) 또는 '가족의 아버지'(pater familias)라고 했다. 아버지는 가족을 돌보는 것을 의무로 삼아야 한다고 했다. 거듭되는 외침을 막아내고 가족의 안전을 지키는 것이 가장 큰 임무임을 여러 사실을 들어 지적하면서 신앙의 힘이 있어야 그럴 수 있다고 했다. 행위의 전범이나 평가의 척도를 기독교 문헌에서 가져오고, 폴란드의 독자적인 전승은 돌보지 않았다.

덴마크에서는 삭소 그라마티쿠스(Saxo Gramaticus)가 13세기 초에 『덴마크의 위업』(*Gesta Danorum*)을 썼다. 그 내력을 서문에서 밝혔다. 덴마크 교회의 최고 성직자가 하위 성직자인 저자에게 조국을 빛내는 역사서를 쓰라고 해서 분에 넘치는 과업에 착수했다고 했다. 그래야 했던 이유는 덴마크가 처한 상황에 있었다. "우리 이웃들은 자기네 위업 기록을 즐기면서 전수하는데 우리 국민에 대한 평가는 기록된 역사서가 없어 망각에 빠지고 현재로 이어지지 않는 것을" 근심하고 분발해야 한다고 했다.(Peter Fisher tr., *Saxo Gramaticus, the History of the Danes Book I-IX*, Cambridge: D. S. Brewer, 2006, 4면)

아이슬란드와 노르웨이가 앞장서고 스웨덴이 뒤따르면서 독자적인 역사서를 민족어로 썼다. 뒤늦게 시작해서 같은 작업을 하는 것은 적절한 대응책은 아니라고 여기고 내용과 글쓰기 방식을 바꾸었다. 민족어 대신 라틴어를 사용하고 자국 역사의 전개를 기독교의 전래와 연결시키고 기독교의 관점에서 다루었다.

그 일을 학식 있는 성직자가 했다. 저자 이름에 첨가된 '그라마티구스'(Gramaticus)는 문법학자라는 말이다. 북방 이웃 나라의 역사가들은 갖추지 못한 라틴어 구사력을 보여주고, 야만의 역사에 문명의 역사로 대응하고자 했다. 덴마크인은 야만스러운 무용을 자랑으로 삼지 않고 문명 발전에 기여했다고 했다. 그것이 선진화의 길이었다.

그러나 『영국교회사』에서처럼 기독교를 받아들이기 전의 역사는 인정할 수 없다고 하지 않았다. 민족의 내력에 대한 인식을 『폴란드 왕공들의 연대기와 위업』에서보다 더욱 중요시했다. 자기네 문화의 뿌리를 소중하게 여기고 긴요한 자료로 삼는다고 했다.

> 모국어 노래를 통해 널리 알려진 조상들의 위업을 바위나 돌에 독자적인 문자로 새겨놓은 것들까지도 소중하게 여기고, 번역을 제대로 하기 위해 한 줄 한 줄 조심스럽게 다루었다. 내가 쓰는 역사서는 이런 자료에 근거를 두어 오늘날 사람의 조작이 아니고 옛적의 소리이며, 겉만 번지레한 명문이기를 거부하고 지난 시기에 관한 진실한 증언임이 인정되어야 한다.(5면)

민간전승을 소중하게 여기고, 모국어를 사용한 자료를 힘써 활용한 것이 『삼국유사』와 상통한다. 그 때문에 문장이 다듬어지지 않았다는 비난을 들을 각오를 하고, 진실을 전하려고 한 것도 같다. 머리말 말미에서는 "무덤이나 동굴 곁에 있는 巨石이 덴마크가 거인들의 나라였음을 말해준다"고 했다.(9면) 이것은 어느 나라에든 있는 예사로운 일이다. 특별하게 내세울 만한 위대한 조상이 있어야 주체성을 가질 수 있는 것은 아니다. 주체성의 근거로서 사실보다 의식이 더욱 중요하다. '조국'(patria)이라는 말을 자주 사용하면서 덴마크 역사의 독자적이고 주체적인 전개에 관심을 가지도록 했다.

덴마크인은 다른 데서 이주하지 않고 원래부터 덴마크 땅에서 살면서, 기독교가 들어오기 전에 8백년의 역사를 이룩했다고 했다. 로마의 역사와 덴마크의 역사가 함께 시작되고 나란히 전개되면서, '로마의 평화'(Pax Romana)와 대등한 '덴마크의 평화'(Pax Danica)를 자기 나라가 중심이 되어 이룩한 것이 자랑스럽다고 했다. 기독교가 덴마크에 들어온 것은 덴마크인이 뛰어나기 때문이라고 했다. 기독교가 덴마크인의 우월감을 더욱 높인다고 했다.

전반부에서는 기독교 이전의 역사를, 후반부에서는 기독교 이후의 역사를 다루어, 둘의 비중이 대등하게 했다. 기독교 이전의 역사는 구비전승을 적극 활용해서 서술하고, 기독교 이후의 역사를 쓸 때에는 종교 문헌을 널리 참고했다. 관심과 평가에서 양쪽이 균형을 이루도록 해서, 민족주의와 보편주의를 함께 구현하는 역사서술의 좋은 본보기를 보여주었다. 그 양면 가운데 어느 것을 더욱 중요시하는가에 따라 가치 평가가 달라져, 중세인은 보편주의 이해를 위한 독본으로 삼고, 근대인은 민족주의 선양의 원천으로 받아들였다. (Brian Pastrick McGuire ed., 위의 책에서 그 양면의 관계에 관한 많은 논의를 했다.)

헝가리에서도 자기 나라 역사를 라틴어로 썼다. 시몬(Simon)이 13세기말에 이룩한 『헝가리의 위업』(*Gesta Hungarorum*)이 소중한 업적이다. 서문에서 역사를 이해하고 서술하는 방법을 길게 서술하면서 늦게 한 일을 더 잘하겠다고 다짐했다. 헝가리인이 다른 민족과 싸워서 이기고 진 내력 가운데 어느 한쪽만 택하는 편파적인 태도를 버리고 사실 그대로 보여준다고 했다.

헝가리인은 주위의 다른 민족과 계통이나 문화가 다르다. 동쪽에서 이주해 와서 위세를 떨치다가 공격을 받고 수난을 경험하기도 하는 격동의 세월을 지냈으므로 그런 말이 필요했다. 수난에 관해서도 사실 그대로 알려야 하지만, 위세를 찾아내 자부심의 근거로 삼고자 하는 것이 국사서를 쓴 의도이다. 그 과업을 기독교의 관점에서 진행해야 한다고 서문 말미에서 강조해서 말했다.

> 헝가리인의 내력, 어디서 살고, 얼마나 많은 영역을 차지하고, 몇 번이나 새로운 땅으로 이주했는지 서술하면서, 태고부터 존재하고 창조된 이래로 삶을 즐기는 모든 것을 만들고 심판하고, "영광이 세세 무궁토록 있을" 하느님의 도움과 은혜를 언제나 받는다. (라틴어와 영어 대역본, Laszlo Veszpremy and Frank Schaer edited and translated, *Simonis de Keza, Gesta Hungarorum*, Budapest : Central European University Press, 1999, 9면)

헝가리인의 위업과 기독교의 영광은 상반될 수 있지만 합치된다고 했다. 기독교 이전의 역사와 기독교 이후의 역사를 같은 비중을 두고 다루면서 둘 사이에 이질성보다 동질성이 더욱 두드러진다고 했다. 기독교 이전과 이후에 일관되게 이어지는 헝가리인의 위업에 기독교의 영광이 추가되었다고 했다. 『삼국유사』에서 말한 신이와 같은 것으로 양자를 합치려고 하지 않고, 위업을 기본개념으로, 영광을 부차개념으로 삼았다.

본문 첫 장의 제목이 <훈족의 위업>이다. 동쪽에서 이주해 와서 유럽을 유린한 훈족이 헝가리의 선조라고 여겨 먼저 다루었다. 그 근거를 인종의 기원에 관한 설명에서 찾았다. 『구약성서』에 나오는 노아(Noah)의 세 아들 가운데 막내인 야페트(Japeth)의 후손인 거인 멘로트

(Menrot)의 두 아들이 훈족과 헝가리인의 시조라고 했다. 유럽을 공포의 도가니로 몰아넣은 훈족의 제왕 아틸라(Atilla)가 민족의 영웅이라고 하면서 활약상을 크게 다루었다.

훈족과 헝가리인의 연관관계는 당시에도 의문시되고 지금은 전적으로 부인되고 있다. (훈족과 아틸라가 헝가리인의 선조라는 견해는 오늘날 헝가리와 외국의 사학자들, 인류학자들, 민족학자들이 이용 가능한 모든 증거를 들어 부정하는 견해라고 Paul Lendvai, Ann Major tr., *The Hungarians, a Thousand Years of Victory in Defeat*, Princeton: Princeton University Press, 2003, 13면에서 힘주어 말했다.) 그런데 긍정하는 쪽을 택해 민족의 위업이 일찍 크게 떨치고 일관되게 이어진다고 했다. 기독교를 파괴하는 야만의 극치를 보여준다고 유럽인들이 일반적으로 이해한 아틸라를 선조로 두어 헝가리인은 위대하다고 했다. "아틸라는 모든 도시, 성곽, 마을의 주인이 되어 그 모두를 지배하겠다는 야망을 가졌으면서 그 속에서 사는 것은 경멸했다"고 했다.(43면) 그 행적을 자랑스럽게 기술해 찬탄하도록 했다.

아틸라가 유럽 대부분의 지역을 유린하고 이탈리아로 진군하자 교황이 저지하러 나섰다. 둘이 말을 타고 마주서서 담판을 할 때, "어떤 사람이 공중에서 칼을 휘두르면서 언제든지 머리를 내려칠 것 같은 위협을 하는 것이 보여" 요구하는 바를 교황이 받아들이게 했다고 했다.(63면) 자기 제국이 유럽 동서남북에 널리 뻗어 있는 것을 보고 만족스럽게 여기고 아시아와 아프리카까지 아우르려고 하다가 아틸라는 세상을 떠났다고 했다. 사람이어서 지닌 한계 때문에 기독교의 권위를 인정하고, 지나치게 큰 꿈은 이룰 수 없었다고 했다.

기독교 시대를 받아들인 군주는 스테픈(Stephen)이다. 스테픈이 고민을 하거나 결단을 내려야 할 이유가 있었다고 하지는 않았다. 아버지 꿈에 하느님이 나타나 기독교를 믿는 아들이 태어날 것이라고 예언을 했다고만 했다. 스테픈이 언제 어떻게 기독교를 믿게 되었는지 말하지 않았다. 여러 민족과 싸워 이기고 많은 땅을 차지했다고 한 것이 가장 중요한 치적이다. 하느님이 그런 혜택을 베풀었다고 여겼다. 불가리아인과 슬라브인의 통치자와 싸워 이기고 보물을 탈취해 자기가 세운 교회의 성모 마리아에게 바쳤다고 했다.

"하느님이 聖 스테픈에게 자비를 베풀어 많은 민족과 인민을 지배하게 한 다음에, 왕은 왕관을 벗고, 세속의 치장을 버리고, 다른 여러 근심에서도 벗어나, 오직 하느님만 섬기기로 결심했다"고 했다.(103면) 하느님을 믿어 많은 지배 영역을 크게 넓혔다고만 하고, 다른 말은 없다. 그런데도 왕이 기독교를 위해 기여한 바가 크다고 교회에서 평가해 성인으로 받들고 "聖 스테픈"이라고 일컬었다. "왕관을 벗고" 이하의 말에서 아들에게 왕위를 넘기려고 한 사건을 들었는데, 아들이 병들어 뜻을 이루지 못했다. 혼자 모든 일을 감당하다가 세상을 떠나자 온 국민이 일제히 애도했다고 했다.

지금까지 고찰한 기독교문명권 국사서 가운데 『덴마크의 위업』이 『삼국유사』와 가장 가깝다. 『덴마크의 위업』을 『삼국유사』와 비교해서 연구할 필요가 있다고 논한 바 있다. 둘 다 세계종교를 받아들이기 전에 신화적 전승에 의해 입증되는 민족사의 오랜 연원이 있었음을 말하고, 보편주의와 민족주의를 함께 존중하고 공존시켰다. 문명권 중심부에서 키운 보편주의와 주변부에서 내세우는 민족주의를 함께 보여준 것이 중간부의 특징이라고 할 수 있다.

(스칸디나비아 일본 및 한국학회[NAJAKS, Nordic Association of

Japanese and Korean Studies]가 스웨덴 예테보르[Göteborg]대학에서 2004년 8월 20일부터 22일까지 열렸을 때 초청되어 "The Medieval Age in Korean, East Asian, and World Literary Histories"라는 제목으로 한 기조발표에서 이런 지론을 폈다. 그 경과와 논문 전문이 제3권 제9강에 있다.)

자기 나라가 몽매한 상태에 있다가 새로운 사상을 만나 비로소 광명을 찾았다고 하지 않았다. 세계종교를 받아들이기 전의 역사와 그 이후의 역사를 대등하게 평가하고자 했다. 전후의 역사가 일관되게 자랑스럽게 하는 원리가 있다고 했다. 『덴마크의 위업』에서는 덴마크인의 우월성을 들고, 『삼국유사』에서는 신이사상을 제시했다. 역사 이해의 일반적인 원리 정립에서 『삼국유사』가 한 걸음 더 나아갔다고 할 수 있다. 그러나 '로마의 평화'와 대등한 '덴마크의 평화'를 말해 중심의 다원화를 지향하는 데서는 『덴마크의 위업』이 앞섰다.

공동문어로 글을 써서 민족문화의 유산에 관해 알리는 것은 어느 경우나 쉬운 일이 아니다. 『삼국사기』는 문장을 잘 다듬어 써서 높이 평가되고, 『삼국유사』는 기존의 자료를 그대로 수록하고, 우리말 노래는 번역하지 않았다. 『덴마크 위업』은 라틴어 문장을 잘 쓰려고 하다가 빗나가지 않도록 경계하고, 덴마크어 노래를 원래의 모습을 보여줄 수 있게 번역하려고 애썼다. 공동문어 사용의 문제점과 번역의 방법에 대해 고심하고 고찰하는 데서도 『삼국유사』보다 한 걸음 더 나아갔다.

동방기독교문명권의 국사서

동방기독교에서는 공동문어가 그리스어였다가 몇 개로 나누어졌다.

러시아에서는 네스토르(Nestor)라는 러시아의 기독교 승려가 자기네 기독교의 공동문어인 교회슬라브어를 사용해 『원초연대기』(*Povest' Vremennykh Let*)를 12세기 초에 이룩했다. 에티오피아에서는 14세기에 자국의 역사서 『왕들의 영광』(*Kebra Nagast*)을 에티오피아 기독교 교회의 공동문어인 게에즈(Ge'ez)로 썼다. 저자는 미상이라고 하기도 하고, 이삭(Yishak, Issac)이라고 추정되기도 한다.

러시아의 『원초연대기』는 천지창조 및 인류의 기원에서 시작해서 당대까지의 러시아 역사를 다룬 내용이다. 노아의 홍수, 바벨탑 등에 관해 기술한 성서에 의거해서 역사의 시발을 설명하고, 러시아 사람들이 다른 여러 민족 사이에서 살아온 내력을 말했다. 사도 안드레이가 찾아온 적이 있어 러시아 땅이 신성하게 되었다고 했다. 전개 방식과 다룬 내용이 『마하밤사』와 흡사하다.

그러나 기독교를 수동적으로 받아들인 것은 아니라고 했다. 키에프의 군주 블라지미르(Vladimir)가 비잔틴까지 가서 스스로 선택해 결단을 내리기까지 겪은 시련을 크게 다루었다. 비잔틴에 가서 눈병이 들어 고생하다가 기독교 신앙을 받아들이기로 하자 나았다고 하는 것이 절정을 이루는 사건이다.

"하느님의 섭리로 블라지미르는 그때 눈병으로 고통을 당하고 있었다"고 했다. 세례를 받기를 작정해 "주교가 눈 위에 손을 놓자마자 그는 즉시 보이게 되었다"고 했다. "이러한 기적적인 치료를 경험한 블라지미르는 '이제야 유일하고 진실한 신을 알게 되었다'고 말하면서 하느님을 찬양했다", "이 기적을 지켜본 그의 수행원들 중 많은 사람들이 세례를 받았다"고 했다. (조주관 역, 『러시아고대문학선집』 1. 서울: 열린 책들, 1995, 70면)

재래의 신앙을 버리고 보편종교를 받아들여야 했던 사정을 밝혀 서술하고, 전환의 의의를 높이 평가한 것이 『삼국유사』와 상통한다. 그러나 블라지미르의 눈병과 이차돈의 순교는 많이 다르다. 군주 개인의 사정과 내심의 변화에다 관심을 두고 신하들의 반대를 비롯한 제반 정치정세에 어려움이 있었다고 하지는 않았다.

에티오피아의 『왕들의 영광』의 저자로 추정되는 인물은 성직자가 아니고 세속인 공직자라고 하지만, 기독교의 전승에 근거를 두고 자기 나라 역사를 서술했다. 삼위일체를 찬양하는 말을 앞세우고, 인류의 창조에서 솔로몬(Solomon) 왕의 다스림에 이르기까지 『구약성서』에 있는 내용을 옮겨놓았다. <역대기 하> 제9장에서 "세바라는 곳에 한 여왕이 있었는데, 솔로몬 왕의 명성을 듣고 어려운 문제로 그를 시험해 볼 속셈으로" 찾아갔다고 한 말 이하의 대목을 (『성서 공동번역 가톨릭용』, 674-675면) 개작해 자기네 왕통의 유래를 밝혔다.

세바(Sheba)는 에티오피아이다. 성서에서는 세바의 여왕이 솔로몬 왕과 문답을 해서 지혜를 확인하고서 선물을 교환만 하고 귀국했다고 했다. 『왕들의 영광』에서는 세바의 여왕이 솔로몬과 관계를 맺고 돌아와 메네리크(Menelik)라는 아들을 낳았다고 했다. 메네리크는 자라자 예루살렘으로 아버지를 찾아갔다. 돌아와서는 어머니의 뒤를 이어 에티오피아 국왕이 되고, 그 후손이 대대로 왕위를 계승했다고 했다.

솔로몬이 아들에게 했다는 말을 들어보자. "모든 적과 경쟁자가 그대 발 아래 엎드리고, 그대는 처음과 끝, 후세까지도 관장하리라." "그대는 많은 민족을 심판하고, 어느 민족도 그대를 심판하지는 않으리라." "하늘과 땅의 축복이 그대에게 있으리라."(39장, Miguel F. Brooks ed., *Kebra Nagast [the Glory of Kings], the True Art of Covenant*, Lawrenceville,

NJ: The Red Sea Press, 1995)

솔로몬은 하느님의 대리자이다. 솔로몬의 아들인 에티오피아 국왕은 선조 대대의 신앙을 이어 하느님을 섬겼다. 솔로몬의 지혜를 물려받아 훌륭한 통치를 했다. 예수 또한 솔로몬의 후예여서 에티오피아 국왕과 혈연으로 연결되었다. 예수의 가르침을 받아들이는 것이 당연해 쉽사리 이루어졌다. 이런 주장을 나타냈다.

혈통을 신성의 증거로 삼고, 군주가 신성하고 민족도 신성하다고 했다. 신성한 혈통을 지닌 군주가 다스리는 에티오피아인은 하늘의 뜻을 땅에 펴는 임무를 맡은 선택받은 신성한 민족이라고 자부했다. 신성의 내력의 근거가 되는 『왕들의 영광』은 경전으로 숭앙되는 역사서여서 모든 시비를 넘어서는 불변 가치를 가져 모든 것을 판단하는 기준이고, 나라를 다스리는 절대적인 규범이라고 했다. (Eike Haberland, "The Ethiopian Orthodox Church", *Christian and Islamic Contributions towards Establishing Independent States South of the Sahara*, Tübingen: Institut für Auslandbeziehung, 1979, 166-168면; Harold G. Marcus, *A History of Ethiopia*, Berkeley: University of California Press, 1994), 17-19면)

동방기독교문명권은 중심부에서 중간부까지가 이슬람교에 넘어가고 주변부만 남아 자기네 나름대로 전통신앙을 견지했다. 그런 상황에서 이루어진 두 역사서는 자기 나라를 신성국가로 만드는 것을 긴요한 임무로 삼아야 했다. 종교에서 부여한 가장 신성한 권위를 국가의 통치자가 독점해 백성 위에 군림하는 것이 마땅하다고 했다. 백성이 불만을 가지고 비판이나 항거를 하는 것은 허용될 수 없다고 했다. 『삼국유사』와는 정반대가 되는 사고형태를 보여주었다.

이슬람문명권의 경우

이슬람문명권은 역사 서술에서 다른 어느 문명권보다 앞섰다. (Franz Rosenthal, *A History of Muslim Historiography*, Leiden: E. J. Brill, 1968에서 그 내력을 개관했다.) 문명의 역사를 총체적으로 다루어 세계사를 지향하는 아랍어 저작을 풍부하게 이룩했으며, 국가사라고 할 것이 따로 없다. 그러나 페르시아의 경우에는 사정이 달랐다. 이슬람문명권에 들어갔으면서도 독자적인 문화를 이어 국가사를 서술했다.

(Chase F. Robinson, *Islamic Historiography*, Cambridge: Cambridge University Press, 2003에서 이슬람의 역사서에 문명권 전체를 다루는 "universal history" 외에 "local history"에 관한 것들이 있으나, 지방이란 바그다드·카이로·다마스카스 같은 도시를 의미한다고 했다.[138-142면] 국가사라고 할 것은 없었음을 이 책에서 다시 확인할 수 있다. 페르시아의 국가사는 Julie Scott Meisami, *Persian Historiography to the End of the Twelfth Century*, Edinburgh: Edinburgh University Press, 1999에서 고찰했다.)

11세기 역사가 가르디지(Abd al-Havyy Gardizi)의 『일반역사』(*Zayn al-akhbar*)가 좋은 본보기이다. 『일반역사』라는 표제를 보면 문명사만 다룬 것처럼 보이지만, 이슬람제국이 들어선 다음에도 독립을 유지한 후라산(Khurasan) 왕국에다 중심을 두고 페르시아의 역사를 힘써 고찰했다. 문명사를 쓰는 관점은 아랍어 역사서에서 받아들이고, 국가사에 대한 관심은 페르시아의 전통에 근거를 두었다. 계통과 성격이 다른 역사를 함께 다루면서 시간과 장소가 다른 곳들에서 각기 일어난 사건을 연결시켜 설명하는 작업을 힘써 했다. 터키, 비잔틴, 인도 등지에서 있었던 일까지 다루었다.

이슬람 이전의 역사는 간략하게 처리하고, 그 뒤의 역사는 긴요한 관심사로 삼아 자세하게 다루었다. 오랜 연원을 가진 페르시아가 이슬람을 거부하다가 무너지고, 이슬람 세계에 들어간 것이 당연한 일이라고 했다. 운명을 갈라놓은 전투를 이슬람 쪽의 시각에서 서술했다. "페르시아의 통치는 그 자체의 이유로 무너지고, 이슬람이 맡아 최후의 심판까지 이어져나가게 되었다"고 했다.(69면)

정치권력의 교체가 빈번하게 일어난 과정을 구체적인 과제로 삼아 일관된 주장을 폈다. 통치자는 이슬람 신앙을 수호하고 이단을 척결하는 임무를 지닌다고 했다. 신앙 수호가 지식의 수준 향상과 직결되어 통치의 정당성을 입증한다고 했다. 이슬람의 언어인 아랍어가 아닌 자기네 언어 페르시아어로 역사서를 쓰는 모범을 보이려고 했지만, 이슬람이 페르시아인의 주체성을 훼손했다고 여기지는 않았다.

페르시아는 이슬람문명권의 중간부이다. 중심부에는 국가사가 없고, 중간부에는 문명사와 긴밀하게 연결시킨 국가사가 있었다. 동부아프리카, 중앙아시아, 인도, 동남아시아 등지의 주변부 가운데 말레이는 『말레이역사』(*Sejarah Melayu*)라는 국가사를 갖추어서 특별히 고찰할 만하다. 말라카(Malacca) 왕국에서 봉직하던 툰 스리 나낭(Tun Sri Lanang)이 1511년에 그 나라가 망한 뒤 1535년까지 살아 있으면서 쓴 원본을 1612년에 다른 사람이 증보한 것이 여러 이본 가운데 가장 오래 되었다. (C. C. Brown tr., with a New Introduction by R. Roolvink, *Sejarah Melayu*, Kuala Lumpur: Oxford University Press, 1976을 이용한다.)

'系統樹'를 뜻하는 '세자라'(sejara)를 역사를 지칭하는 용어로 삼았다. 전례를 참고하지 않고 독자적인 역사서를 만들면서 광범위하게 모아들인 구전의 증언을 기본 자료로 삼았다. 말라카에다 중심을 두고 수마트라에 있는 말레이민족의 다른 왕국들의 내력까지 다루며, 남인도, 중국, 인도차이나, 타이, 자바 등과의 관계까지 취급했다. 관심의 폭이 넓은 것은 이슬람문명권의 저작답지만, 보편적인 가치관을 내세우지 않고 모든 것이 각기 그것대로 존재한다고 여겼다. 어느 사건이든지 흥미롭게 이야기한 수법이 문학 작품으로 상당한 가치가 있다고 평가된다.

이슬람 이전 자기 나라 역사를 그 자체로 이해하지 않고 이슬람을 통해 알게 된 후대의 지식으로 설명했다. 제1장에서 마케도니아의 군주 라자 이스칸다르(Raja Iskandar)가 인도에 와서 라자 키다 힌디(Raja Kida Hindi)와 싸워 이기고 딸을 아내로 삼아 낳은 아들 라자 아리스툰 샤(Raja Aristun Shah)가 왕위를 이었다는 사건을 먼저 들었다. 이 사람의 후손이 차지한 여러 나라 가운데 하나가 말레이라고 하면서 여러 대에 걸친 족보를 들었다.

정복자가 나타나 현지의 지배자를 죽이고 딸을 아내로 삼아 낳은 자식이 새로운 지배자가 되었다는 사건이 제2장 이후에도 여러 번 되풀이되어 이슬람의 전파를 말해주는 구실을 했다. 이슬람을 강력한 힘으로 이해했다. 종교적인 갈등에 관해서는 말하지 않고 군사적인 대결이나 권력 다툼을 기본 관심사로 삼고 남녀 결연을 보태 흥미를 가중했다. 이슬람을 힘의 원천으로 삼는 것은 당연하다고 여기고, 다른 종교에 대해서는 관심을 가지지 않았다.

이슬람 문명사에 관한 언급은 드물게 발견된다. 이슬람 선교사가 이적을 행해, 현지의 통치자가 밤에 자는 동안에 『쿠란』 독해력을 획득하도록 했다고 했다.(제6장) 말라카의 술탄 무자파르 샤(Muzaffar Shah)

는 성군이어서 공정하고 동정심이 많아 백성들의 불만을 열심히 듣고, 정의를 실현하는 법을 제정했다고 했다.(제7장) 말라카는 이슬람의 이상을 실현해 번영한다고 거듭 칭송했으나, 서술이 간략하고 구체적인 내용은 갖추어지지 않았다.

제21장부터 마지막의 제31장까지에서, 포르투갈인들의 침공을 받아 말라카 왕국이 멸망하고 회복하고자 하는 투쟁이 실패로 돌아간 과정을 자세하게 기록했다. 망국의 내력이 망각되지 않게 하려는 것이 본론이라고 할 수 있다. 적은 말라카의 번영이 탐이 나서 침공을 시작했으며, 공격에 실패하자 대군을 몰아오고, 우세한 화력으로 승패를 갈라놓았다고 했다. 술탄 아흐마드(Ahmad)가 부상당하고 도망치자 아버지 마흐무드(Mahmud)가 비겁하다고 여겨 아들을 죽이고 스스로 술탄이 되어 반격을 지휘한 사건을 비통하게 그렸으나, 문명의 충돌이 벌어졌다고 이해하지는 않았다.

이슬람문명권의 국가사는 검토할 만한 사례가 많지 않다. 위에서 든 두 건을 함께 살피면, 문명사와 국가사, 보편주의와 민족주의의 갈등이 잘 나타나 있지 않다. 하나는 문명사의 보편주의에, 다른 하나는 국가사의 민족주의에 치우쳐 있다. 둘 다 『삼국유사』와 거리가 멀어 자세한 비교연구를 할 필요가 있을 것 같지 않다.

무엇을 얻었는가?

『삼국유사』에 관한 연구는 너무 많이 이루어져 새로운 일거리가 없다고 여기는 것은 잘못이다. 역사의식의 기본특징에 관한 비교고찰을 세계 전체의 범위에서 시도한 것은 지금까지 하지 않던 새로운 작업이다. 얻은 결과를 간추리고 다듬어보자.

『삼국유사』는 정통사서인 『삼국사기』에 맞선 대안사서이다. 유교사관을 불교사관으로 바꾸어놓았다고 하고 말 것은 아니다. 역사 이해의 기본 개념을 禮義에서 神異로 바꾸어 민족의식과 민중사상을 존중하는 새로운 보편주의를 추구했다고 평가해야 마땅하다. 예의는 행동을 제약하고 변화를 거부한다. 신이는 생각을 열어주고 비약을 마련했다.

동아시아 다른 나라에서도 대안사서라고 할 것들을 이룩했으나, 『삼국유사』처럼 수준 높은 원리를 갖추지는 못했다. 奇異한 사건에 관심을 가진 것들은 역사서로 평가하기 어렵다. 불교사서는 불교의 연원과 직접 연결되어 자국의 국왕이 神聖하다고 하는 것이 상례인데, 『삼국유사』는 견해가 다르다. 기독교의 자국사도 비교 대상으로 삼은 결과, 보편주의와 민족주의를 함께 갖추는 작업은 문명권 중간부에서 할 수 있었음을 확인했다. 그런 과업을 『삼국유사』에서 수행한 방법과 그 특성을 관심의 초점으로 삼았다.

보편종교 이전의 민족사와 그 이후의 문명사를 연결시켜 이해하는 것이 비교 대상으로 삼은 여러 역사서의 공통된 과업이고 고민이었다. 민족사의 독자적인 위업과 문명사의 보편적 가치를 어느 한쪽으로 치우치는 관점에서 합치려고 하거나 병존시키는 것이 예사인데, 『삼국유사』는 한 걸음 더 나아갔다. 민족문화의 자랑인 신이가 보편종교에서 추구하는 이상과 둘이면서 하나이고 하나이면서 둘이라고 하는 논리를 마련했다.

국가의 내력을 다룬 역사서는 모두 통치자의 행적을 칭송했다. 보편종교 신앙이 더욱 빛나는 위업을 이룩하게 해주었다는 것이 흔한 주장이다. 『삼국유사』만은 통치자가 아닌 사람들도 다수 등장시키고, 정치의 범위에서 벗어나 삶의 의미를 다양하게 살폈다. 이른 시기의 위대한 군주뿐만 아니라 무명의 승려나 하층 민중도 신이를 발현할 수 있어 새로운 가능성을 가진다고 했다. 누구나 자기에게 잠재되어 있는 신이를 알아차리고 각성의 주체가 될 수 있다고 하는 보편적인 원리를 제시했다.

지금까지의 고찰에서 얻은 성과는 도달점이 아닌 출발점이다. 앞으로 더 해야 할 일을 드는 것이 더욱 긴요한 마무리이다. 『삼국유사』 자체의 연구를 더 많이 해야 한다는 것만은 아니다. 모든 논의를 구체화하고 정밀화해야 하지만, 연구 방법과 이론에 관한 후속 작업이 특히 긴요하다. 기이 · 신성 · 신이의 구분에 대해 더욱 진전된 논의를 하면서 신이 이론을 가다듬어야 하겠다.

학문의 역사 또는 역사 인식의 역사를 실상대로 다시 서술하는 것이 커다란 과제이다. 유럽중심주의와 근대지상주의가 진실을 가리고 있는 잘못을 시정하는 새로운 작업을 설득력 있게 해야 한다. 반성의 조짐을 보여주는 작업이 근래 더러 나오지만 많이 모자란다. 『삼국유사』는 물론 여기서 거론한 역사서를 거의 다 논외로 하고 있어 대전환이 요망된다. 우리가 앞서서 진정으로 보편적인 세계의 학문을 개척해야 한다.

토론

❑ 문: 앞의 강의에서 『동국통감』을, 이번 강의에서 『삼국유사』를 다룬 방식이 아주 다르다. 왜 그런가?

❑ 답: 『동국통감』과 비교할 대상은 쉽게 찾았다. 『대월사기전서』

를 살펴야 하겠다고 작정하고 『동국통감』을 되돌아보았다고 해도 좋다. 그러나 『삼국유사』와 뚜렷한 공통점이 있는 비교 대상은 온 세계를 다 뒤져도 끝내 찾지 못했다. 상이한 접근 방식의 좋은 본보기를 두 작업이 보여준다.

❑ 문: 『삼국유사』와 뚜렷한 공통점이 있는 비교 대상이 없는 것은 무슨 까닭인가? 그런데도 연구한 성과가 있다고 하겠는가?

❑ 답: 『삼국유사』만 제왕의 통치보다 민중의 삶에 더 많은 관심을 가지고 奇異나 神聖과 다른 神異를 말했으며, 검토의 대상으로 삼은 다른 모든 역사서는 그렇지 않다. 이것이 『삼국유사』의 특징이고 가치임을 확인했다. 발견한 사실을 널리 알려 인류를 깨우치는 데 기여하는 것이 마땅하다.

❑ 문: 기이 · 신성 · 신이의 차이점을 분명하게 말하라.

❑ 답: 일상적인 경험과는 달라 충격을 주는 무엇이 우리와는 거리를 두고 밖에 있어 납득하기 어려우면 기이하고, 높이 있어 우리가 우러러보게 하면 신성하고, 안에서 나타나 우리 자신을 되돌아보게 하면 신이하다.

❑ 문: 『삼국유사』에서 어떻게 신이를 보여주었는가?

❑ 답: 창업주 · 고승 · 민중을 차례대로 등장시키면서 신이를 더 낮은 데서 더 안쪽에서 찾았다. 보편종교 이전의 역사와 이후의 역사를 어떻게 연결시켜 이해할 것인가 하는 종교국사서 공통의 고민을 신이의 지속과 변화에서 해결했다.

❑ 문: 神異를 生克으로 이해할 수 있는가?

❑ 답: 元曉를 통해 잘 나타난 낮은 것이 높고 무식이 유식이라고

한 신이는 생극의 발견이라고 할 수 있다. 『삼국유사』를 여러 차례 다룬 내용을 가지고 보완하는 논의를 삼을 수 있다. 그러나 일연의 신이 인식을 넘어서서 신이 일반론을 전개하는 것은 여기서 할 일이 아니다. 사실을 고찰하는 사학의 관습을 따르면서 사학 혁신을 시도하는 것이 당면 과제이므로 철학으로 넘어가지 않기로 한다.

❑ 문: 신이의 발견을 일연의 시대인식과 관련시켜 이해해야 하지 않는가?

❑ 답: 좋은 지적이다. 몽고의 침공으로 처참한 시련을 겪고 있으면서 절망하지 않고 희망을 가질 수 있는 근거를 신이의 발견에서 찾았다고 할 수 있다. 정권 교체가 바람직하지 않게 이루어지는 것을 보고 末法시대에 변방에서 살아가니 모든 것이 그릇되게 마련이라고 비관한 『愚管抄』의 경우보다 월등하게 어려운 조건에서 정반대가 되는 각성을 나타냈다.

❑ 문: 『삼국유사』는 유교문명권에서 벗어나려고 했다고 이해된다. 중세는 문명권의 시대였다는 사실과 어긋나지 않는가?

❑ 답: 유교문명권보다 불교문명권이 더 크다고 말하면서, 불교문명권에 대한 신화적 이해를 근거로 우리나라가 그 중심에 자리를 잡고 있다고 했다. 이것은 문명권 이해를 수정한 견해이다. 중세보편주의를 중심부와 대등하게 구현하고자 한 중세전기의 노력에서 더 나아가 독자적으로 형성하는 것이 마땅하다는 중세후기의 각성을 나타냈다.

❑ 문: 『삼국유사』는 엉성하고 미비한 책인데 왜 대단하다고 하는가?

❑ 답: 그래서 신이를 나타낸다. 거듭 다시 읽고 많은 것을 생각하게 한다. 사료적 가치는 적으면서 깨우쳐주는 바가 크다. 어디 있는 것들을 가져다 놓은 기사가 비유나 상징 구실을 하므로 시를 읽듯이 읽어야 한다. 공백을 메우고, 미비점을 보태야 한다. 누가 보아도 같은 것은 아니고, 볼 수 있는 것만큼 보여준다.

❑ 문: 글쓰기를 본받을 만한가?

❑ 답: 본받기를 열망해왔다. 증거와 논리에 묶여 있는 글쓰기의 구속에서 벗어나 발상의 자유를 누리면서 연구와 창작이 하나이게 하는 것이 오랜 소망이었는데, 정년퇴임을 하고 이 강의를 하면서 비로소 시도한다. 그런데 제5권에서 소원을 많이 성취해 꼭짓점에 이르렀다가 다시 속세로 내려와 밑변을 돌보고 있다. 학자 노릇을 그만두지는 못해 마음껏 날아오를 수 없다.

제9강 국가의 위업을 자랑한 금석문

무엇을 말하는가?

경북대학교 박물관에서 교양강좌를 한 일이 있었다. 삼국시대 우리 금석문을 동아시아 다른 나라의 경우와 견주어 살핀 내용이다. 박물관에서 하는 교양강좌이니 박물관에 드나드는 사람들이 관심을 가질 만한 자료를 들어 말하는 것이 마땅하다고 여겨 적합한 주제를 선택했다.

박물관에 도착해 관장 주보돈 교수와 인사를 했다. 주보돈 교수는 전공이 금석문이라고 했다. 마음속으로 뜨끔했다. 공자 앞에 문자를 쓰는 격이 아닌가 하고 염려했다. 그러나 이야기를 조금 나누어보니 내가 말할 내용은 연구하고 있지 않아 안심했다.

관장실에 책이 많이 있었다. 국립경주박물관에서 만든 『聖德大王神鐘』을 처음 보고 손에 들었다. 필자로 동참하라는 제안을 받았던 책이어서 관심이 크지 않을 수 없었다. 내게 전설을 다루어달라고 했다. 전설은 대단치 않아 흥미가 적고 명문에 더 큰 관심이 있다고 했더니, 명문은 이미 다른 사람에게 부탁했다고 했다. 불교학자와 미술사가 두 사람이 명문에 관한 글을 썼는데, 말뜻이나 캐고 말았으며 작품으로 고찰하고 평가하지는 않았다.

주보돈 교수는 우리 금석문을 그 자체로 고찰하는 데 힘쓰고 다른 나라의 것들과의 비교에는 관심을 가지지 않는다. 『금석문과 신라사』(지식산업사, 2002)에서 연구를 집성한 것을 보자. 최근에 발견된 몇몇 신라 금석문을 정밀하게 검토해 사회사의 일단을 해명하는 데 힘쓴 내용이다. 착실하게 진행하는 실증적인 연구의 좋은 본보기를 보여주었다. 신라 조정에서 지방을 통제한 방식을 구체적으로 나타내 지방사 연구를 위해 최초의 자료가 되는 금석문을 한 자 한 자 면밀하게 검토하면서 소중하게 이용했다. 그 성과를 높이 평가하면서 미시적인 천착과는 다른 거시적인 조망이 또한 긴요하다고 절감했다.

그 날 강연에서는 금석문에 대한 관점을 거시적인 방향으로 돌리자는 것이었다. 『聖德大王神鐘』은 분량이 많고 무거운 책이지만 들고 가서 청중에게 보이면서 강연을 시작했다. 경주박물관 뜰에 걸어놓은 성덕대왕신종은 대단한 문화재이므로 큰 책을 내서 다각도로 고찰하는 것은 당연하다. 종의 외형이 미술 문화재이고, 제조법과 소리가 과학 문화의 소중한 유산임을 잘 알아 힘써 고찰하면서, 명문이 뛰어난 문학 작품임은 전혀 알지 못해 유감이라고 했다. 문화재를 평가한다고 하면서 훼손한 꼴이라고 했다.

말머리를 이렇게 꺼낸 그 날 강연을 발전시키기로 하고, 그 뒤에 발표한 논저에서 자세하게 다룬 내용을 근거로 삼는다. 『문명권의 동질성과 이질성』(서울: 지식산업사, 1999)의 <금석문> 대목에서 얻은 성과의 일부를 『세계문학사의 전개』(서울: 지식산업사, 2002)에서 간추린 것을 가져와 잘못을 바로잡고 새로운 논의를 보탠다. 재론의 기회가 있는 것이 착오 수정을 위해서도 다행이다.

금석문 연구의 의의와 방향

인류는 문자생활을 시작하면서 쇠나 돌 같은 딱딱한 물체에다 글자를 새기는 방식을 고안했다. 쇠나 돌에다 새긴 글이 금석문이다. 금석문은 종이에 쓴 글보다 먼저 생겨나고 오래 보존된다. 금석문은 연대나 내용이 확실한 자료이며 후대의 가필이나 조작이 없는 점이 문헌 기록과 다르다.

금석문을 소중하게 여기고 힘써 연구하는 것은 당연하다. 금석문 자체를 판독하고 고증하는 금석학에서 기초적인 작업을 하고 다른 여러 학문에서 그 성과를 받아들여 이용한다. 금석문에서 얻은 자료를 이용해 기록으로 전하는 사료의 미비점을 보완하는 역사학이 커다란 혜택을 누린다. 정치사나 사회사 연구를 구체화한 것이 중요한 성과이다. 금석문의 내력과 의의를 밝히면서 총체적인 역사 연구로 나아가는 것이 더욱 긴요한 과제이다.

금석문은 만들어 세운 주체에 따라서 국가금석문, 국가에 바로 소속되지 않는 종교 교단금석문, 국가나 종교교단과 거리를 둔 개인금석문으로 나눌 수 있다. 이 가운데 국가금석문이 다른 둘보다 일찍 이루어지고 오랜 시대에 걸쳐 존재했으며, 가장 큰 의의를 가졌다. 국력의 과시이고, 시대의 표상이며, 최고 수준의 작품이다. 정치제도와 사상이 어떻게 달라졌는가를 글쓰기 및 문학표현의 변화와 함께 보여주어, 시대변화의 총체적인 모습을 선명하게 밝힐 수 있게 한다.

금석학은 개개의 금석문을 연구 대상으로 한다. 금석문을 이용한 역사 연구는 한 나라의 범위에 머무른다. 금석문의 내력과 의의를 밝히면서 역사의 전모를 밝히는 연구로 나아가는 새로운 작업은 나라와 문명권의 범위를 넘어선 비교연구를 개척한다. 금석문의 문명사 비교연구를 통해 인류역사에 대한 심층적인 이해를 새롭게 하고자 한다.

금석문의 문명사는 어떻게 전개되어왔는가? 사용한 언어와 글 쓴 목적을 들어 시대를 구분할 수 있다. 처음에는 각기 그곳마다의 언어를 신성한 권력에 대한 배타적인 옹호의 수단으로 삼았다. 이것은 고대금석문이다. 다음에는 문명권에 널리 통용되는 공동문어를 사용해 보편적인 이상을 구현했다. 이것은 중세금석문이다. 일상생활의 언어로 사실을 기록하면서 금석문의 의의가 감소되었다. 이것은 근대금석문이다.

고대금석문은 몇몇 곳에만 있고 형태나 표현이 각기 다르다. 이집트의 것이 가장 많고 내용이 풍부하다. 페르시아의 유산도 기억할 만하지만 용건 위주로 간략하게 썼다. 인도에는 아쇼카(Ashoka) 왕의 말을 새긴 것들이 있다. 중국의 秦刻石도 함께 들 수 있는 자료이다. 이런 것들의 공통된 특징은 중세금석문과 비교해야 비로소 분명하게 드러난다.

고대금석문은 각기 신성하다고 여긴 언어로 자기중심주의를 나타냈으나, 중세금석문은 공동문어를 통일된 규범을 갖추어 사용하면서 보편주의의 이상을 일제히 구현했다. 이 점에서 어느 문명권의 어느 나라이든 기본적인 일치점을 보이면서, 중심부・중간부・주변부 가운데 어느 쪽인가에 따라 단계적인 차이점도 갖추었다. 이에 관한 비교연구는 역사 전개의 공통된 과정을 확인하는 데 크게 기여한다.

한국은 중세의 국가금석문이 특히 풍부한데 제대로 연구하지 않았다. 『東文選』을 엮을 때 개인금석문은 많이도 넣으면서 국가금석문의 중요 유산인 <廣開土大王陵碑>, 진흥왕의 巡狩碑, <聖德大王神鍾銘> 같은 것들을 모두 빼놓은 잘못이 지금까지 이어진다. <광개토대왕릉비>는 논란이 있는 대목을 두고 지나치다고 할 정도로 관심을 가지면서 전체의 내용과 성격은 무시한다. <성덕대왕신종명>을 돌보지 않는 것은 앞에서 말한 바와 같다. 지금까지의 관습을 청산하고, 금석문 비교연구를 한국학을 동아시아학으로, 동아시아학을 세계학으로 발전시키기에 유리한 연구 주제로 삼는다. 인습을 깨는 충격이 필요하므로 논의를 멀리서 시작한다. 산스크리트문명권에서 이루어진 중세금석문부터 다루어 무엇을 밝혀 논해야 하는지 분명하게 한다.

산스크리트문명권

공동문어 금석문의 세계사를 고찰하기 위해 산스크리트문명권을 찾는 것이 적절한 순서이다. 그 곳에서 공동문어 글쓰기의 규범을 일찍부터 정밀하게 갖추어 금석문에서 사용된 양상을 상당한 정도로 진행된 연구 성과에 힘입어 분명하게 이해할 수 있다. 다른 문명권의 경우를 널리 살피는 데 필요한 척도를 얻을 수 있다.

고대금석문은 아쇼카 왕이 했다는 말을 새긴 것들에서 볼 수 있는 바와 같이 지방의 구어를 사용했다. 공동문어 시대가 시작되면서 제왕의 위업을 기리는 비문을 산스크리트로 쓰는 관례가 이루어졌다. 지르나르(Girnar) 근처 바위에다 150년에 새겨 그곳 통치자를 기린 글이 세련된 기교를 가진 산스크리트 문체를 사용한 중세금석문의 최초 사례이다. (D. C. Sircar, *Indian Epigraphy*, Delhi: Motilal Banarsidass, 1965, 38-45면)

고정된 격식과 문체를 사용하는 제왕 칭송 금석문이 4세기 굽타(Gupta)제국 시대부터 일반화되었다. 최초의 걸작으로 드는 것이 335년에 즉위한 제2대 황제 사무드라굽타(Samudragupta)가 제국의 판도를 크게 넓힌 공적을 기린 글인데, 소재지의 이름을 따서 알라하바드

(Allahabad) 돌기둥 비문이라고 한다. 하리세나(Harisena)라고 하는 고위직 궁정시인이 맡아 널리 모범이 되는 명문을 썼다. (Manabendu Baner, *Historical and Social Interpretations of Gupta Inscriptions*, Calcutta: Sanskrit Pustak Bhandar, 1989)

글이 세 부분으로 이루어졌다. 첫 부분은 제왕이 이룬 바를 칭송한 시이다. 사무드라굽타는 대제국의 건설자일 뿐만 아니라 문학을 육성한 공적이 또한 뛰어난 '시의 제왕'(kaviraja)이기도 하다고 했다. 산문으로 쓴 둘째 부분에서는 제왕의 생애를 자세하게 서술해 역사 이해를 위해 소중한 자료를 제공하고 있다. 셋째 부분은 다시 시로 써서, 제왕을 따르는 사람들을 소개하고 시인도 힘써 일하면서 제왕이 베푼 커다란 은혜에 보답한다고 했다.(같은 책, 27-28면)

> 궁중에 모여들게 한 문학 대가들의 보필을 받아,
> 시정신이 잘못된 작품을 규제할 수 있으셨으며,
> 뜻하는 바가 명료한 시를 손수 많이 창작하시어,
> 시인으로서도 이름이 널리 알려지도록 하시었도다.

첫 부분의 이런 대목에서 사무드라굽타가 '시의 제왕' 노릇을 어떻게 했는지 말했다. 국가를 통치하면서 질서를 유지하듯이 시를 바로잡았다. 문학의 대가들을 궁중에 모아 가르친 것만은 아니다. 제왕 자신이 시인으로서도 뛰어난 능력을 가지고 모범을 보였다. 그렇게 해서 위로는 신과 통하고 아래로는 천지만물을 바르게 하는 중세통치의 이상이 문학에서 구현되고, 문학 가운데 시가 으뜸이 되었다.

수사법을 지나치게 존중하면 내용은 공허해질 수 있다. 그 뒤를 이어 굽타제국 역대 통치자를 칭송한 비문은 말하고자 하는 바는 줄어들면서 표현이 더욱 세련되고 격식화되었다. 율문에서 시작해 산문으로 넘어가는 구성법을 잘 갖추고, 갖가지 율격과 수사의 규칙을 능숙하게 활용한 것을 자랑으로 삼았다. 제왕의 통치가 이상적인 규범을 실현했다고 공허한 말로 칭송하기나 하고, 당대의 역사적인 상황에서 어떤 의의를 가졌는지 인식하려고 하지는 않았다.

같은 방식으로 쓰는 제왕 칭송의 금석문이 굽타 제국과 책봉관계를 가진 여러 왕국에서 수용되고, 그 뒤에 널리 사용되었다. 6세기부터 8세기까지 구자라트 지방에 있던 마이트라카(Maitraka) 왕국 통치자를 위한 금석문이 확산을 입증하는 좋은 증거이다. (H. G. Shastri, *A Historical and Cultural Study of the Inscriptions of Gujarat*, Ahmedabad: B. J. Institute of Learning and Research, 1989) 유사한 것들이 인도의 범위를 넘어서 남아시아 전역, 그리고 동남아시아까지 널리 전파되어 산스크리트문명권의 공유물이 되었다. 그 가운데 동남아시아의 것들을 특히 주목할 만하다.

동남아시아 각국에서는 산스크리트문학의 다른 갈래는 버려두고, 금석문을 특별하게 애호했다. 변방에서는 산스크리트문학을 다양하게 갖출 형편이 되지 못한 것이 이유라고 할 수 있다. 산스크리트문명권의 중세국가를 자랑스럽게 세운 내력을 금석문을 만들어 밝히는 데 노력을 집중하면서 서로 경쟁했다. 금석에다 글을 새겨놓으면 국가의 위업이나 통치자의 공적이 자손만대에 전해지리라고 믿고 정성을 기울였다.

캄보디아 푸난(Funan, 扶南) 왕국에서는 3세기부터, 인도네시아 쪽에서는 5세기부터 산스크리트로 금석문을 짓기 시작했다. 그밖에 오늘날의 스리랑카, 미얀마, 타이, 말레이, 남부 월남 등지에 있었던 여러 왕국에서 같은 일을 일제히 했다. 그 가운데 7세기부터 13세기까지의 크메르제국 시대의 금석문이 특히 많고 내용이 풍부하며, 표현의 격조가 높아 널리 관심의 대상이 되고 있다.

크메르의 금석문은 인도에서 마련한 규범을 충실하게 익히고 한 걸음 더 나아갔다. 산스크리트문학의 수많은 표현법을 본바닥에서보다 더욱 능숙하게 사용했다. 금석문이 아닌 다른 기록은 거의 없어 금석문에다 모든 것을 맡겨 수량이 많고 내용이 다양해야 했다. 중세국가를 모범이 되게 이룩한 것을 주위의 다른 여러 민족에게 자랑하고자 하는 의욕이 커서 뛰어난 표현을 갖추었다.

인도에서 마련한 규범은 앞에다 율문을, 뒤에는 산문을 두는 구성을 갖추어 두 가지 문체의 용도를 구분한 것이었는데, 크메르에서는 한층 다양한 문체를 세분된 용도에 따라 구분해서 쓰는 방식을 마련했다. 산스크리트 율문과 산문을 별도의 비문에서 사용하기도 하고, 한 비문에서 함께 사용하기도 했다. 일부 또는 전부를 민족구어인 크메르어로 쓴 것도 있다.

문체를 구분한 원리를 정리해 말할 수 있다. 산스크리트 율문은 제왕을 칭송하는 데 썼다. 제왕이 이룩한 공적이 신의 뜻과 합치되고 신이 알아주는 바라고 하려고 신과 통하는 신성한 언어를 최상의 규범을 갖추어 사용했다. 산스크리트 산문은 사실을 기록하고, 관원들에게 소용되는 공문서를 전하는 데 썼다. 크메르어는 일반 백성도 알아야 할 사항을 기록했다. 크메르어로 쓴 글은 율문일 수 없고 산문만이다.

거시적인 관점에서 내력을 정리해보자. 금석문을 산문과 율문 두 가지 문체로 쓰면서 그 용도를 구분하는 것은 고대 이집트시대부터 있던 일이다. 산스크리트로 비문을 쓰는 규범을 마련하면서 인도에서 그 둘의 용법을 더욱 정밀하게 제정했다. 크메르에서는 그런 전례를 수용하고 재정비해 중세국가 금석문의 다층적인 구조를 확립했다.

변화의 양상을 깊이 살피자. 금석문의 주인인 제왕이 공동문어 율문으로 신과, 공동문어 산문으로 지배층과, 민족구어로 피지배층과 통하는 세 가지 방식을 갖추어 중세문명의 구조를 명확하게 구현했다. 피지배층과도 통해야 한다는 것이 중세가 고대보다 발전된 시대라는 증거이다. 그 과업을 문명권의 중간부에서 수행한 것을 주목할 필요가 있다. 중심부는 선진이라는 데 도취되어 피지배층을 배제한 이중구조만 갖추고, 주변부는 후진의 형편 탓에 삼중구조를 구비해야 할 필요성을 절감하지 않았다.

7세기에 이룩된 이차나바르만(Icanavarman) 1세 비문을 본보기로 들어보자. 여러 면에 겹겹이 새겨놓은 글이 많기도 하다. 더러는 산스크리트 산문으로 써서 사실을 기록하고, 대부분 산스크리트 율문을 사용해 왕의 공적을 칭송하고, 마지막에 크메르어로 적은 대목을 덧붙였다. (G. Coedés, *Inscriptions du Cambode V*, Paris: Boccard, 1953, 75-80면)

> 적군의 파괴자인 이 분이 움직이면 승리하는 군대의 발에서
> 일어나는 먼지가 한낮의 태양을 가려 암흑천지를 만들었도다.
>
> 세계를 움직이는 분의 위력이 땅 위 곳곳을 찾아 순행하면서
> 잘못한 짓 때문에 생긴 과오를 산산조각으로 쳐부수었도다.

칭송하는 노래를 몇 줄 들면 이와 같다. 제왕이 신의 뜻을 받들어 위대한 업적을 이룩한 것을 신이 인정한다고 알도록 했다. 장문으로

거듭 쓴 이런 시는 말미에다 붙인 크메르어 후기 몇 구절과 좋은 대조를 이룬다. 수고한 일꾼들의 명단을 적고, 노예의 우두머리에게 생활비를 지급한다고 했으며, 노예를 누구에게 준다 하고, 또한 황소가 몇 마리이고, 물소가 몇 마리라고 하는 말을 적었다. 노예는 글을 모르지만 그렇게 썼다고 읽어 들려줄 수 있었다.

인도네시아에서는 그런 격식을 따르지 않았다. 국가의 위업을 기린 비문을 쓰면서 일찍부터 산스크리트와 민족구어 자바어를 함께 사용했다. 자바어를 많이 활용한 것은 산스크리트 글쓰기의 능력이 모자라 '섬나라 산스크리트'를 쓴다는 말을 듣는 처지였기 때문이다. 그것은 주변부의 특징이다.

11세기의 통치자 에르랑가(Erlangga)를 기린 비문을 보자. 산스크리트 율문으로 쓴 대목에서 백성과 사제자들의 요청을 받아들여 적대자를 물리치고 나라를 세운 공적을 찬양하고, 자바어 산문 대목에서는 왕의 치적을 구체적으로 서술했다. 크메르에서 볼 수 있는 공동문어 율문, 공동문어 산문, 민족어 산문의 삼중구조가 공동문어 율문, 민족어 산문의 이중구조로 바뀌었다. 공동문어 산문 대목은 없고, 공동문어 산문과 민족어 산문의 기능이 민족어 산문으로 통합되었다.

한문문명권

이제 한문문명권으로 돌아오자. 멀리서 알아낸 사실을 기지수로 삼아 가까운 곳의 미지수를 푸는 방법을 사용한다. 한문문명권은 금석문을 쓰는 데 산스크리트문명권 못지않은 열의를 보였다. 두 문명권은 국가의 위업을 나타내는 금석문을 공동문어로 쓴 과정이나 그 격식,

변방으로의 전파와 변이 등에서 주목할 만한 공통점이 있다. 개별적인 사실의 차원을 넘어서서 이에 대한 총괄적인 이해를 하는 데 비교고찰이 긴요한 구실을 한다.

공동문어로 비문을 쓰는 일은 동아시아에서도 문명권의 중심부에서 시작되었다. 秦始皇이 기원전 221년에 통일제국을 이룩한 위업을 바위에 새겨 놓은 이른바 秦刻石이 있어 국가의 위업을 나타내는 비문의 시초를 보여주었다. 그런데 그 뒤에는 개인의 행적을 기리는 비문만 늘어나, 앞의 序는 산문으로, 뒤의 銘은 율문으로 쓰는 규범을 일제히 사용하면서 내용이나 표현이 고착화되는 경향을 보였다.

공동문어 비문을 쓰는 격식을 문명권의 중심부에서 마련한 점에서는 산스크리트문명권과 한문문명권이 다를 바 없었다. 그런데 국가의 위업을 나타내는 비문을 큰 규모로 이룩하는 작업은 주변의 여러 민족이 주도하고, 중국이 그 뒤를 따랐다. 당나라가 서쪽으로 진출한 전공을 자랑한 <平淮西碑>가 거의 유일한 예인데, 이룬 시기가 한참 늦어 817년이다. 동아시아 다른 민족이 중국과 맞서서 민족사를 창조한 내력을 금석문을 써서 나타내는 일을 일제히 한 뒤에 중국에서 뒤늦게 비슷한 일을 했다.

> 하늘이 당나라로 하여금 (하늘과) 비슷한 德을 내려, 성스러운 아들 신령스러운 손자가 계속 이어져, 천만년 동안이나 존경하고 경계하는 일을 게을리 하지 않고, 모든 것을 덮어서, 四海와 九州가 안팎을 가릴 것 없이 모두 임금과 신하의 관계를 가지게 하도다. 고종과 태종은 (나쁜 무리를) 제거하고, (나라를) 통치했다.
>
> 당나라는 하늘의 명을 받아,

만방을 신하로 삼았도다.
누가 가까이 살면서
강도의 습격을 하는 미친 짓을 하겠는가.

당대 최고의 명문장가 韓愈가 맡아 모범이 되는 격식을 갖추고 당나라를 칭송하는 데 필요한 말을 풍성하고 화려하게 동원했다. 당나라는 하늘의 명을 받아 천하를 다스리는 천자의 나라이고 다른 모든 나라의 군주를 신하로 삼으니 아무도 넘볼 수 없다고 거듭 일렀다. 천하를 다스려 만민에게 어떤 혜택을 베풀었는가 말하지는 않고, 자기네가 아직 강성하니 침공할 생각을 하지 말라고 하는 위협조의 말을 되풀이했다. 중세보편주의의 이상은 버려두고, 무력을 과시하는 데 급급했다. 당나라가 한창 시절을 지나 기울어지고 있을 때 이 글을 썼다. 쇠퇴하는 기운을 문장력으로 치장해 감출 수 없었다.

네 세기나 앞서서 414년에 고구려에서는 <廣開土大王陵碑>를 세워 한문문명권에서 국가의 위업을 칭송한 비문을 공동문어로 쓰는 시대가 시작되었음을 알렸다. 건국시조의 행적을 서두에다 소개하고, 그 후손인 당대의 제왕이 경쟁세력을 물리치고 강역을 크게 넓혀 나라를 튼튼하게 한 공적을 산문으로 길게 서술하고, 끝으로 무덤을 지키는 사람들의 준수사항을 적었다.

율문 대목을 뒤로 돌리지 않고 앞에 둔 것은 독자적인 격식이다. 하늘의 뜻을 땅에서 받들어 백성을 돌보아 농업에 힘쓰면서 평화를 구가하게 했다고 한 사연을 앞세워 중세보편주의의 이상을 나타냈다. 그 대목을 들어보자.

은혜로운 혜택을 하늘에서 (받으시어)
위엄 있는 무력을 사해에 떨쳤노라.
(나쁜 무리를) 쓸어서 제거하시니
뭇 사람이 편안히 생업에 종사하도다.
나라는 가멸고, 백성은 잘 살아
온갖 곡식이 풍성하게 익었도다.

고구려와 신라는 서로 밀고 밀리는 쟁패를 벌이면서 누가 백성을 더 잘 돌보는가 하는 경쟁을 금석문에서 벌였다. 승리자가 된 신라에서 더 많은 금석문을 만들어 한문문명권 중세문명을 드높이는 과업을 산스크리트문명권의 크메르처럼 수행했다. 신라의 금석문 또한 공동문어 율문, 공동문어 산문, 민족어 산문이 같은 기능을 분담하도록 하는 삼중구조를 갖추었다.

신라의 진흥왕이 국토를 크게 넓힌 것을 기념해 세운 568년의 <黃草嶺碑>에서는 序에다 銘을 붙이는 방식을 채택해 공동문어 산문과 율문의 기능을 구분하고서, "무릇 順風이 불지 않으면 世道가 진실과 어긋나고, 玄化가 이루어지지 않으면 사특한 행위가 다투어 일어난다"는 말을 앞세우고, 하늘의 뜻을 받들고 조상의 과업을 이어 나라를 다스린다고 했다. 591년의 <南山新城碑>는 이와 좋은 대조를 이룬다. 공사에 참여한 백성들이 알고 있어야 할 사항을 민족어를 섞어 넣은 산문으로 간략하게 열거했다. 크메르의 금석문에서 볼 수 있는 바와 상통하는 방식이다.

771년에 이룩한 <聖德大王神鐘銘>은 金弼奧가 썼다고 명시했다. 김필오가 한유만한 문장가는 아니지만, 융성하는 시대정신 구현의 임무를 맡아 국가의 위업을 칭송하는 금석문의 완성형을 보여주었다. 종을 만들고 銘을 새기는 방식을 택해서, 종의 모습, 종에 쓴 글, 종소리가 일체를 이루게 했다. 불교신앙을 위한 梵鐘을 국가에서 만들고 국가의 상징으로 삼아, 불교사상과 국가이념을 일치시킬 수 있게 했다. 산문 序가 길게 지어진 다음 율문 銘이 있어, 그 두 가지 문체를 함께 사용하는 격식을 정착시켰다. (제5권 제12강에 더 자세한 고찰이 있다.)

序는 "무릇 지극한 道는 형상 밖까지 둘러싸고 있으나, 눈으로 보아서는 그 근원을 알아볼 수 없어", "神鐘을 매달아놓고 一乘의 圓音을 깨닫는다"는 말로 시작되어, 천지만물의 움직임을 하나로 포괄하는 크나큰 이치를 소리로 나타내 들어 알 수 있게 하기 위해서 종을 만들었다고 했다. 銘에서는 신라가 본래 신령스러운 고장이고, 삼국통일을 이룩해서 무궁한 발전을 이룩하게 되었다고 했다. 그래서 크나큰 이치를 지상에서 구현한다고 했다. 그 대목을 들어보면 다음과 같다.

> 동해 바다 위에
> 뭇 신선이 숨어 있는 곳,
> 땅은 복숭아 골짜기며,
> 해 뜨는 곳과 경계가 닿네.
> 여기서 우리나라는 합쳐져
> 한 고장을 이루었으며,
> 어질고 성스러운 덕이
> 대가 뻗을수록 새로워라.
> 오묘하다 청명한 교화여
> 먼 곳일수록 더 잘 이르러,

장차 은혜가 멀리 미치어
모든 것을 고루 적시리라.

고구려, 신라뿐만 아니라, 南詔, 일본, 월남, 유구 등지에서 모두 국가의 위업을 나타내는 비문을 한문으로 쓰자 한문문명권이 형성되고 중세가 이루어졌다. 그 모든 나라가 중국 천자의 책봉을 받는 관계를 가지고 그 격식에 맞는 국서를 주고받았다. 그런데 앞에서 든 고구려나 신라의 예에서 볼 수 있듯이, 국가의 위업을 칭송하는 금석문을 쓸 때에는 제왕이 하늘의 뜻을 직접 실행한다고 하면서 자주성을 드높이는 것이 예사였다.

중국과 맞서서 자주성을 드높인 비문의 더 좋은 본보기는 오늘날의 중국 운남지방에 자리 잡고 번영을 누리던 南詔에서 국왕 閣羅鳳의 치적을 칭송하려고 765년경에 세운 <德化碑>이다. (전에 국왕이 閣羅風이라고 한 것은 잘못이다.) 모두 5천여 자나 되어 다른 어느 나라 것보다 장문이다. 한문 글쓰기를 수준 높게 이룩해 주체성을 드높였다. 문명권 중간부의 능력을 입증하는 최상의 본보기라고 할 수 있다.

사실을 기록하는 앞의 序는 산문으로, 공적을 찬양하는 뒤의 銘은 율문으로 쓰는 전형적인 방식을 잘 갖추었다. 序에서는 천지만물의 이치와 합치되는 국가의 질서를 이룩했다고 하는 말을 앞세웠다. 銘에서는 당나라가 침공해오자 싸워서 물리친 공적을 자랑했다. 요긴한 대목을 보자. (李纘緖, 『白族文化』, 長春: 吉林教育出版社, 1991, 215-225면)

삼가 듣건대, 清濁이 처음 나누어지자, 陰陽이 움직여 만물이
생겨났다. 강과 산이 정해지자, 極元을 으뜸으로 삼아 八方이 정해

졌다. 그래서 알겠노라. 매달려 있는 형태로 빛을 내는 것은 일월보다 큰 것이 없고, 높은 자리를 숭상해 갈라서 서열을 나눈 데서는 군신보다 큰 것이 없다. 도를 다스리면 안팎이 안녕하고, 정치가 어지러워지면 風雅가 변한다.

漢族은 덕행에 힘쓰지 않고
힘으로 싸우려 하므로,
군사 일으키고 장수에게 명해
고을과 성을 만들었노라.
삼군이 나아가서 토벌하자
일거에 평정하고,
뭇 관원을 면면이 포박해
하늘같은 조정에 바쳤다.

월남은 장기간 중국의 통치를 받고 있다가 뒤늦게 독립해 오래 미루어두었던 숙제를 일거에 해내고자 한 것 가운데 하나가 금석문이다. 1121년의 <大越國當家第四帝崇善延齡搭碑>가 그 대표적인 예인데, 李朝 제4대 군주 仁宗이 훌륭하다고 칭송하는 말을 화려한 수식으로 이어 序도 銘도 장편으로 늘어나게 했다. 또한 "妙體玄寂"이나 "非中非外"니 하는 불교의 문자까지 동원해 정치와 종교가 하나임을 보여주고자 했다. (『李陳詩文 *Tho Van Ly-Tran*』 1, Hanoi: Nha-Xuat Ban Khoa Hoc Xa Hoi, 1977, 388-395면)

琉球는 한문문명권에 늦게 들어왔다가 일본에 병합되어 나라를 잃었다. 그러나 국가의 위업을 나타내는 금석문은 일본보다 더 많이 남겼다. 1458년에 만들어 왕궁에 건 <萬國津梁鐘>의 명문은 "琉球國이라는 곳은 南海의 勝地이다. 三韓의 빼어남을 뭉치고, 大明으로 輔車를 삼고, 日域으로 脣齒를 삼는다"는 말을 앞세우고, 유구가 동아시아문명의 일원으로서 어떤 위치를 차지하고 있었는가 하는 데 대한 자각을 뛰어난 표현을 갖추어 나타냈다. 銘의 결말에서는 자기 나라에서 이루어야 할 이상을 다음과 같은 말로 제시했다. (塚田清策, 『琉球國碑文記』, 東京: 啓學出版株式會社, 1970, 62면)

물결 가르는 임금 코끼리,
달을 향해 물 뿜는 화려한 고래,
四海가 넘치도록
梵音이 진동하는 곳에서,
긴 밤의 꿈을 깨고,
하늘의 정성을 받아 감격하면서,
堯임금의 바람이 길게 불고,
舜임금의 나날이 더욱 밝도다.

일본에는 596년에 세운 <伊豫道後溫湯岡側碑>가 있는데, 집권자가 온천을 찾은 내력을 적은 것이다. 국정의 이상을 막연하게 말하는 데 그치고 구체적인 내용이 없다. 국가의 위업을 빛내는 금석문을 더 만들지 않았는데, 한문 사용이 정착되지 않았던 것을 한 이유로 들 수 있다. 공동문어 글쓰기를 격식대로 하는 데 힘쓰지 않고 필요하면 자국어가 들어 있는 變體漢文을 사용했다. 한문문명권의 주변부이기 때문에 그럴 수밖에 없었다. 산스크리트문명권의 주변부인 오늘날의 인도네시아에서 수준 미달의 '섬나라 산스크리트'를 사용한 것과 공통된 현상이므로 연관시켜 고찰할 필요가 있다.

공동문어 사용이 미숙하면 민족어 글쓰기를 일찍 시작하는 것이 당연하다. 인도네시아에는 민족어 금석문이 있다. 일본에서는 민족어로 작품은 많이 창작했으면서 금석문을 만들지는 않았다. 금석문을 써서 위세를 겨룰 만큼 정치세력이 다원화되지 않았기 때문이라고 할 수 있다. 금석문은 지배층 일부에게만 소용되는 특별한 글이라고 여기고 일반 백성과 만나는 통로로 만들려는 생각은 하지 않았다.

국가의 위업을 자랑하는 비문을 공동문어로 쓰기도 하고 민족어로 써서 둘 다 당당한 내용을 갖추어 서로 경쟁한 경우도 있다. 터키민족의 국가 突厥에서 그렇게 했다. 돌궐인은 중국 서북방에 거주하면서 당나라에 복속되기도 하고, 당나라의 책봉국가가 되기도 하고, 유목민족을 널리 통합해 다스리는 제국을 세워 중국을 위협하기도 했다. 그렇기 때문에 비문도 이중으로 써서, 한문도 사용하고 돌궐어도 사용했다.

오늘날 몽골 땅에 비문이 여럿 남아 있는 가운데 비교적 잘 보존된 것 둘이 한 면은 한문으로 쓰고, 다른 세 면 및 면과 면 사이에 쓴 글에서는 돌궐어를 사용했다. 한문비문과 돌궐어비문은 글쓰기 방식에서 차이가 있을 뿐만 아니라, 같은 인물의 행적을 서로 다르게 말했다. 공동문어문명권에 소속되는 것이 온당하다고 하기도 하고 부당하다고 하기도 하는 양면이 그렇게 나타나 있다.

(*Inscriptions de l'Orkhon, Recueilles par l'expédition finnoise 1890*, Helsingfors: Société Finno-ougrienne, 1892; 탈랴트 테킨 지음, 김영일 · 이용성 옮김, 『고대 튀르크 비문의 연구』, 부산: 부산교육대학교출판부, 1993, 27-28면)

732년에 세운 <故闕特勤碑>라는 한문비문을 보자. 어려운 말을 많이 동원해 대단한 실력임을 나타내려고 했다 하겠는데, 형식과 내용 양면에 문제가 있다. 비 이름에서 군주의 실명을 내세운 것부터 격식을 어겼다. 민족의 자주성을 드높이면서 당나라 책봉을 받아 평화롭게 지낸 것이 군주의 공적이라고 칭송했다.

돌궐어 부분은 내용과 형식 양면에서 자기 목소리를 분명하게 했다. "위의 푸른 하늘 아래 거무스름한 땅이 창조되었을 때에, 그 둘 사이에서 사람이 창조되었다"고 한 건국신화에서부터 자랑스러운 민족이 주체적인 역사를 이룩해왔다고 했다. 구비서사시에서 볼 수 있는 표현을 사용하고, 당대에 일어난 사건을 기록할 때에는 특별한 격식을 갖추지 않고 민족어 구어를 말하는 그대로 받아 적은 문체를 사용했다.

중국과의 관계가 잘못되어 민족의 주체성이 훼손되었다고 했다. 중국의 침공을 싸워서 물리쳐 치욕과 불행을 씻은 군주의 공적을 칭송한 것이 비문의 본론이다. "교활하고 사기를 잘 치는" 중국인들에게 복속되어 자주성을 잃었다고 했다. "중국 사람들에게 봉사하는 관원들은 중국 칭호를 받아들여 중국 황제에게 예속되었다"고 하는 사태가 벌어져 백성들이 불만을 터뜨렸다고 했다.

그 두 비문에서 한 말은 하나가 맞고 하나는 거짓인 것은 아니고, 사실의 양측면이다. 돌궐이 중국의 복속에서 벗어나 자주성을 찾고 중국과 화친을 한 방식이 책봉관계를 가지는 것이었다. 그런데 한문비문에서는 자주성과 책봉관계를 함께 말하면서 그 둘의 연관관계를 분명하게 하지 못하고, 돌궐어로 비문을 쓸 때에는 싸워서 자주성을 찾은 것이 자랑스럽다고 누구나 쉽게 이해할 수 있게 말했다.

아랍어 · 라틴어문명권

이제 더 멀리 가보자. 산스크리트문명권과 한문문명권의 비교에서 얻은 성과를 어디든지 적용할 수 있다. 공통점을 발견하면 성과를 보충하고, 차이점을 만나면 이유를 캐면서 논의를 확대하는 것이 마땅하다.

아랍어문명권에서는 금석문을 대단하게 여기지 않아 내세울 만한 자료가 흔하지 않다. 중심부에 남아 있는 아랍어 금석문은 신에게 기도하는 말로 신앙심을 나타냈다. 신을 기리고 예언자를 칭송하는 말을 간략하게 쓴 것이 대부분이고 『쿠란』을 자주 인용했다. 그 가운데 일부는 국가에서 정치적인 목적에서 새긴 것이어서 지상의 통치자에게 신의 가호가 있기를 바란다는 말을 곁들였다. 통치자가 이룩한 공적을 구체적으로 들지 않았다.

그런데 인도에 들어선 이슬람왕국에서는 국왕의 업적을 기린 금석문을 많이 남겼다. 금석문을 중요시하는 인도의 관습이 새로운 형태로 나타났다고 생각된다. 나타내는 내용은 이슬람교의 天子인 '칼리파'와 어떤 관계를 가지고 자기네 국왕인 '술탄'이 통치권을 행사한다고 칭송한 내용이다. (Subhash Parihar, *Muslim Inscriptions in the Punjab, Haryana, and Himachal Predesh*, New Delhi: Inter-India Publication, 1985)

문체를 보면, 산스크리트 금석문과는 달리 산문을 사용하고 말을 다듬는 데는 힘쓰지 않았다. 처음에는 아랍어를 쓰다가 중간에는 페르시아어로 쓴 것이 나타나고, 나중에는 드물기는 하지만 우르두어도 사용해, 1차 공동문어에서 2차 공동문어로, 다시 민족어로 이행한 자취를 보여준다. 중세의 공동문어 금석문이 본래의 격식을 잃고 일상적인 언어표현물에 근접하는 과정의 일단을 확인할 수 있다.

아랍어로 써서 모스크에다 새긴 1210년의 금석문을 하나 들어보자.

銘文 서두에서 "정당하고 위대한 군주, 위대한 통치자, 만백성의 지도자, 터키인과 페르시아인의 주인, 세상과 신앙의 중추, 이슬람과 무슬림의 기둥, 왕들과 임금들의 영광, 국가의 으뜸이 되시는 분이 통치하는 기간 동안에"라고 하는 말로 칼리파를 칭송했다. "칼리파의 오른팔"인 자기네 국왕이 그 뜻을 받들어 신앙의 전당 모스크를 지었다고 했다.

1366년에 페르시아어로 쓴 모스크 명문은 말이 달라졌다. 처음에는 "전지전능한 신"과 "예언자 무스타파"를 들고, "세상의 보호자이고, 이슬람의 왕이며, 모든 피조물의 보호자"인 칼리파가 다스리는 기간 동안에, 신앙의 집안 문지방을 지키는 종인 자기네 국왕이 신의 축복을 받고 나라의 주권을 유지하면서 모스크를 세웠다고 했다. 신 · 예언자 · 칼리파 · 술탄, 이 넷이 상하위의 주체가 되어 네 단계의 통치를 한다고 했다. 최하위의 술탄은 이슬람세계의 문지기 노릇을 하는 종에 지나지 않지만, 권력의 최종적인 근거가 신에게 있으므로 당당한 주권을 누린다고 했다.

먼 변방인 사하라 이남의 서아프리카에도 아랍어 금석문이 있다. 오늘날의 말리에서 거주하던 많은 민족 가운데 송하이(Songhay)와 투아레그(Tuareg)는 이슬람을 받아들여 11세기부터 15세기까지 여러 왕조를 세우고 금석문을 많이 남겼다. 4백여 개를 수집해 치밀하게 역주하고 해설한 연구가 이루어졌다. (P. F. De Moraes Farias, *Arabic Medieval Inscriptions from the Republic of Mali: Epigraphy, Chronicles and Songhay-Tuareg History*, Oxford: Oxford University Press, 2001)

대부분 묘비명이며 그리 길지 않다. 격식화된 표현을 사용해 신과 예언자를 찬양하고 죽은 사람의 생애를 기록한 단순한 내용이다. 국가의 위업을 자랑하는 내용은 발견되지 않는다. 읽고 감명을 받을 우호적인 지지자도, 경쟁관계의 정치세력도 없는 변방의 사정 때문에 구비서사시에 맡겨둔 것을 기록에 올릴 필요가 없었으리라고 생각된다. 아랍어를 신과 통하는 종교의 언어로만 사용하면서 문명의 우위를 과시하는 데 그쳤다.

라틴어문명권도 공동문어 금석문이 빈약한 편이다. 대부분 로마시대의 전례를 이은 개인의 묘비명이고, 간략하고 상투적인 말을 사용했다. 금석문시라고 할 것이 문학의 한 갈래로 자리 잡고 있었으나, 오늘날의 문학사 서술에서 의의를 인정하지 않는다. 그런 가운데 중세 보편주의 이념에 입각해 국가의 위업을 나타낸 금석문도 더러 있어 다른 문명권의 경우와 비교될 수 있다.

그런 본보기를 샤를마뉴(Charlemagne, 라틴어명 Carlus)의 제국에서 마련했다. 교황에 의해 기독교문명권 전체의 황제로 책봉된 샤를마뉴는 제국의 공용어로 채택한 정통 라틴어를 보존하고 보급하는 것을 임무로 삼았다. 영국에서 초빙된 요크의 알퀸(Alcuin of York)이 그 과업을 주도하면서 라틴어 금석문을 쓰는 일도 맡았다. 제국의 수도 아헨(Achen, Aix-la-chapelle)에다 황제의 위엄을 나타내는 교회를 805년에 지어 봉헌하는 말을 라틴어시로 지어 벽면에다 새겼다.

주님 · 황제 · 만백성을 하나로 연결하는 성전을 마련한 사연을 라틴어 시로 나타내 라틴어가 주님과 교통하고, 주님의 명을 황제가 받아 세상을 통치하는 데 쓰이는 것을 확인했다. 황제 샤를마뉴 개인은 무식한 사람이라 라틴어는 모르고 만백성의 언어인 속어만 사용했으나, 주님을 섬기면서 황제 노릇을 하기 위해서는 라틴어를 공용어로 삼아야 했다.

개별국가의 군주들 또한 라틴어를 알지 못했다. 그러나 자기가 이룩한 위업을 신에게 고하고 만천하에 알리기 위해서는 라틴어 금석문이 필요했다. 그런 것을 웨일스에서 찾을 수 있다. (http://www.vortigernstudies.org.uk/artsou/pillartex.htm) 엘리세그(Eliseg)라는 군주가 8세기 중엽에 영국인을 물리치고 국토를 넓힌 공적을 기린 라틴어 비를 9세기 전반기에 증손 콘첸(Concenn, 일명 Cyngen) 왕이 세웠다. (전에 "손자 Connenn"이라고 한 것은 잘못이다.) 서두에서는 가계를, 중간에서는 업적을 말하고, 끝으로 신의 가호를 비는 사연을 세련된 표현을 갖추어 나타냈다. 국가의 위업을 나타내는 금석문의 전형적인 예이다.

논의의 일반화

문명권 중심부에서 생겨난 공동문어문학을 변방에서도 받아들여 자기 것으로 재창조한 양상은 원본과의 근접 정도에 따라 몇 가지로 나눌 수 있다. 공동문어문학의 규범을 재현하는 능력을 보인 것도 있다. 이 경우는 공동문어문학의 확산을 말해줄 따름이고 그 자체로 특별한 의의가 없으므로, 논의의 대상으로 삼지 않아도 무방하다. 공동문어문학의 규범을 재현하면서 자기 민족의 삶을 나타내는 데 힘쓴 것도 있다. 이 경우는 변방의 문학이 가지는 독자적인 의의를 입증하므로, 여러 문명권의 예를 구체적으로 고찰했다.

위의 둘보다 한 걸음 더 나아가, 공동문어문학을 중심부의 규범과는 다르게 창작하면서 자기 민족의 삶을 적극적으로 나타낸 것도 있다. 이 경우는 공동문어문학 창작의 주도권이 다원화된 양상을 보여주므로 더욱 주목할 필요가 있다. 이런 사례는 공동문어의 시대가 시작된 중세전기에는 그리 많지 않다가, 그 뒤에 중세후기가 되고, 다시 중세에서 근대로의 이행기에 들어서면 여러 곳에서 다양한 형태를 띠고 나타났다고 일반화해서 말할 수 있다.

그러나 중세전기의 공동문어문학을 변방에서 독자적으로 창작하는 새로운 경지를 보여준 사례도 있다. 국가의 위업을 나타내는 금석문이 그런 것이다. 공동문어로 금석문을 작성하는 규범은 중심부에서 받아들였지만, 자기 나라가 위대한 역사를 창조해 자랑스럽다고 칭송하는 금석문을 써서 주체성을 드높이는 작업은 전례를 따르지 않고 스스로 했다. 문명권의 중간부가 앞장서서 그렇게 하는 데 주변부도 가담했으며, 중심부가 뒤늦게 따르는 역전현상이 일어나기도 했다.

국가의 위업을 나타내는 금석문은 건국서사시의 기록이라고 할 수 있을 것 같지만, 고대의 자기중심주의와는 다른 중세의 보편주의를 주체성 인식의 근거로 삼은 데 커다란 차이가 있다. 하늘과 땅, 군주와 백성, 자국과 타국의 조화로운 관계를 널리 모범이 되게 이룩한 것을 자랑하면서, 이를 어기는 국내외의 책동을 용납하지 않는다고 했다. 뛰어난 문인이 당당한 어조를 갖추어 쓴 격조 높은 명문을 문명권 전체에 내놓아 중세문학의 최고경지를 보여주었다.

위에서 고찰한 모든 문명권의 중심부에서는 국가의 위업을 나타내는 금석문을 긴요하게 여기지 않아 내세울 것이 별반 없다. 국가의 위업은 책에다 적어 기록하고, 금석문을 개인적인 용도로 사용하는 것이 예사였기 때문이었다. 서사시의 전통이 사라진 것도 함께 들어야 할 이유이다. 그러면서 변방에서 일어난 변화에 뒤늦게 따른 역행 현상이 더러 있었다.

문명권의 중간부에서는 국가의 위업을 나타내는 데 역사서보다 금석문을 더욱 적극적으로 이용했다. 역사서는 아직 제대로 갖추지 않은 시기에 국가의 위업을 금석문에다 새겨 나타내는 서사시적 표현을 자랑스럽게 여겼다. 크메르, 한국, 南詔 등지에서 그 최상의 본보기를 보여주었다. 한국에서 이룩한 <광개토대왕능비>를 비롯한 여러 창조물이 대단하다고 할 수 있는 이유가 이제야 밝혀진다.

주변부는 공동문어 글쓰기 발달이 늦어 이에 동참하기 어려운 것이 예사이다. 그러면서 구체적인 상황은 경우에 따라 다르다. 유구는 중간부에 가깝고, 일본은 더 먼 주변부여서 국가의 위업을 금석문으로 나타내는 데 차이가 있었다. 말리나 웨일즈는 아랍어문명권과 라틴어문명권의 주변부이지만 공동문어 비문으로 국가의 위업을 나타냈다. 중세문명권에 들어간 사실을 주위의 미개인들에게 알리기 위해 그랬다고 생각된다.

지금까지 고찰한 금석문이 공동문어 율문, 공동문어 산문, 민족구어, 이 세 가지 문체를 사용한 것도 어느 정도 공통된 사실이다. 공동문어는 상층지식인을 독자로 하고, 민족구어는 글 모르는 사람들에게 읽어주어 알릴 사연을 적는 데 썼다. 공동문어 율문과 공동문어 산문의 기능도 구별되었다. 천상으로 또는 영원한 시간으로 연결되는 통로를 열기 위해 율문의 상징적 표현을 사용하고, 지상에서 이루어진 일회적인 사실은 산문으로 기록했다. 이러한 구조를 마련한 것이 인류 공통의 창조력이다.

공동문어 글쓰기에서 선진과 후진의 교체가 일어난 증거를 국가 위업을 나타낸 금석문에서 찾을 수 있다는 것이 지금까지의 고찰에서 얻은 최종 결론이다. 금석문 연구를 통해 중세문명을 이룩하는 공동의 과업 수행에 문명권의 변방에서 더욱 열의를 가진 것을 알아야 세계사 이해가 정상화된다. 비교연구는 보편적 인식을 가능하게 한다는 것을 다시 확인한다.

토론

❑ 문: 종교교단금석문이나 개인금석문에 관해서도 국가금석문과 같은 정도의 논의를 할 수 있는가?

❑ 답: 종교교단금석문이나 개인금석문도 소중하지만 국가금석문과 같은 정도의 의의를 가지지는 않는다. 글쓰기를 근거로 문명사를 이해하는 자료로 최상의 기여를 하는 금석문은 국가금석문이다.

❑ 문: 강의한 것과 같은 연구가 지금까지 이루어지지 않은 이유가 무엇인가?

❑ 답: 금석문은 미시적이고 개별적인 연구의 대상으로만 삼았다. 비교연구가 광범위하게 이루어지지 않았다. 어문생활사를 근거로 문명사를 이해하려는 노력이 없었다. 이 세 가지 이유가 겹쳤다고 생각한다.

❑ 문: 공동문어를 사용한 중세 국가금석문의 기본 양상이 어디서나 일치한다는 사실은 무엇을 말해주는가?

❑ 답: 세계문명사의 단일한 전개를 입증한다. 인류는 어디서든지 같은 시기에 같은 것을 이루고 버린다는 것을 구체적인 증거를 들어 이해할 수 있게 한다.

❑ 문: 그것이 역사의 필연인가? 역사에 필연이 있는가? 필연과 우연의 관계는 무엇인가? 필연 또는 우연과의 관계에서 주체적인 노력은 어떤 의의를 가지는가?

❑ 답: 역사의 대세는 필연이고 세부의 구체적인 사항은 우연이라고 말할 수 있다. 주체적인 노력은 대세를 인식해 합당하게 행동하고, 우연에 해당하는 세부의 구체적인 사항 가운데 바람직한 것을 선택하고, 변화를 앞당길 수 있다고 생각한다.

❑ 문: 공동문어를 사용한 중세 국가금석문이 일제히 나타난 것은 어떤 필연인가?

❑ 답: 문명권의 중심부가 아닌 곳에서도 중세보편주의를 중심부와 대등한 수준 이상으로 구현해 문명 발전의 혜택을 적극적으로 누리고자 하는 공통된 요구의 실현이다. 중심부에서는 종이나 그 비슷한 것에다 글을 써서 책을 만들 때, 중심부 아닌 곳에서는 금석에다 글을 새기는 손쉬우면서도 보존에서 우월한 방식을 택한 것도 불리한 조건을 유리하게 이용한 필연이다. 금석문에서 나타낸 사고에서도 후진이 선진이게 하는 필연적인 전환이 확인된다. 하층민에게 들려주는 말을 민족어로 쓴 것은 한국과 캄보디아에서만 발견되지만, 전환에 의한 발전의 당연한 양상이다.

❑ 문: 유교, 불교, 기독교, 이슬람 등의 종교가 생겨난 것도 필연인가? 필연인 이유를 어떻게 이해할 수 있는가?

❑ 답: 사람은 현실에서 불평등해도 근본에서는 평등하다. 노력하면 고난에서 벗어날 수 있다. 행실이 훌륭하면 현실 이상의 차원 또는 내세에서 보상을 받는다. 인종이나 언어가 달라 서로 다투는 사람들을 단결시켜야 국가를 통치할 수 있다. 이렇게 간추려 말할 수 있는 당연한 요구가 확고부동한 타당성을 가진다고 하려면 근본, 이상, 내세 등에 관한 믿음을 신을 내세워 입증하는 종교가 필요하다. 이런

필연을 실현한 구체적인 양상에는 우연이 많다.

❑ 문: 왜 그런 종교는 역사의 어느 시기에만 출현했는가?

❑ 답: 종교가 어느 시기에만 출현한 것은 아니다. 고대·중세·근대종교가 각기 있으면서 서로 다르다. 중세종교는 중세문명의 구현이다. 보편종교의 이상주의를 문명권 전체가 공유하는 것이 고대와는 다른 중세문명이며, 근대에 이르면 해체되고 영향을 남겼다. 공동문어를 보편종교의 경전어로 사용하면서 일반적인 글쓰기의 상위층위로도 삼은 데 중세 어문생활의 특징이 있다. 공동문어를 사용하지 않고도 신과 통할 수 있다고 하면서 시대가 바뀌었다.

단테가 라틴어 저작 『속어론』에서 "천사는 언어가 없다"는 이유를 들어 라틴어를 사용하지 않아도 신과 통할 수 있다고 하고 『신곡』을 이탈리아어로 쓴 것이 전환이 일어난 징표이다. 이탈리아는 문명권의 중심부여서 변화가 늦었다. 가장 멀리 있는 주변부 아이슬란드에서는 일찍부터 자기 말로 글을 썼다. 다른 여러 나라는 그 중간 어디쯤이었다. 동아시아에서도 자국의 구어 글쓰기가 주변부 일본에서 가장 먼저, 중간부 한국에서 그 다음, 중심부 중국이 가장 늦었다. 이러한 사실을 종교사와 어문생활사에서 함께 이해하는 새로운 작업을 힘써 해야 한다.

❑ 문: 유물사관을 배척하면서 하는 작업인가?

❑ 답: 생산력이 생산관계를, 생산관계가 상부구조를 변화시켰다는 유물사관의 명제가 타당한지는 아직 검증되지 않았다. 그러나 미지의 원인을 먼저 찾아 기지의 결과를 설명하라는 것은 인식방법에

서 잘못 되었다. 동아시아에서 중세가 시작된 시기를 중국에서는 기원전 5세기까지 올리고 일본에서는 17세기까지 내려 2천년 이상의 의견차가 있는 것은 생산력과 생산관계의 변화가 확인되지 않기 때문이다. 접근 순서를 바꾸어야 한다. 상부구조라고 할 것에 나타난 변화를 가시적인 자료에 의해 명확하게 파악하는 성과를 확보하고, 생산관계의 변화가, 더 나아가 생산력의 변화가 그 원인인지 탐구하기 위해 다각도로 노력하는 것이 마땅하다. 내가 하는 작업은 다른 작업을 배척하지 않으나 다른 작업보다 앞섰다.

제10강 한시에 대응한 민족어시의 운율

출처

"한국시가의 동아시아적 지평"에 관한 국제학술회가 2006년 8월 23일 제주대학교에서 열렸다. 전반적인 내용을 다루는 기조발표를 해 달라는 부탁을 받고 이 논문을 마련했다. 한국시가학회의 『한국시가연구』 21 (2006년 11월)에 수록된 것을 다시 이용한다.

논거를 분명하게 하기 위해 자료를 많이 인용하고 주를 철저하게 달아야 했다. 번거롭지만 모두 그대로 옮기면서 각주를 본문주로 바꾸고, 길어지는 것은 독립 단락을 이루도록 한다. 번역에서 차질이 생기지 않도록 하기 위해 되도록 많이 사용했던 한자는 줄인다. 중간 제목을 바꾸고 문장을 손질하고, <보충논의>를 추가한다.

한국시가학회와 제주대학교 탐라문화연구소가 모임을 공동으로 주최해, 권두환 회장, 조해숙 총무, 허남춘 소장을 비롯한 여러 분이 많은 수고를 했다. 중국과 일본에서 온 참가자들이 읽을 수 있도록 내 논문을 중국어와 일본어로 번역해 함께 배부했다. 번역을 위해 수고한 분들에게도 감사한다.

한국 시가와 동아시아 각국 시가의 관련 양상에 대한 전반적인 고찰은 어려운 과제이다. 상식 수준에 머무르지 않고 새로운 사실을 밝힌 성과를 제시하는 것은 짧은 시간에 할 수 없는 일이다. 신작을 마련할 수는 없어 기존 연구를 이용해야 했던 것이 미안한 일이지만 또한 다행이다. 동아시아 다른 나라 학계에도 알려야 할 연구를 해놓고 기회를 얻지 못해 안타깝게 여기다가 기회를 얻었다. 白族 학자나 월남 학자까지 왔으면 더 좋았을 것이다.

『하나이면서 여럿인 동아시아문학』(서울: 지식산업사, 1999)의 <민족어시의 대응 방식>에서 한 작업을 요약·보완·수정했다. 보완과 수정을 하는 기회를 얻어 다행이다. 학회지에 수록된 것에도 잘못이 있어 고쳐놓는다. 학문은 오류와의 전쟁임을 새삼스럽게 절감한다. 이미 저지른 실수를 두고두고 후회하지 말고 다시 하는 일을 더 잘해야 한다고 다짐한다.

동아시아 비교문학은 학술회의가 자주 열리기 때문에도 열심히 해야 한다. 여러 나라 학자들이 만나는 것을 의의로 삼지 말고 피차 도움이 되는 공동의 화제를 마련해야 하는데 노력이 부족하고 성과가 미흡하다. 생산이 수요를 따르지 못하므로 분발해야 한다. 내가 하는 작업은 엉성하고 미비해 보완이 필요하지만 시도의 본보기로 인정되고 자극제 노릇을 널리 하기를 바란다.

출발점

'詩'와 '歌'라는 용어를 사용해 文語律文과 口語律文을 구분하는 것이 동아시아 각국에서 널리 통용되던 오랜 관례였다. 그 둘은 언어 사용에서 차이가 있을 뿐만 아니라 가치의 등급이 있다고 여겼다. 그런데 지금은 자국어 존중의 시대가 되어 '歌'라고 하던 것을 '詩'의 위치로 상승시켰으므로 용어 재정립이 불가피하게 되었다.

'詩'라고 하던 것을 한국·일본·월남에서는 모두 '漢詩'(hansi, gansi, hanthi)라고 하는데, 中國에는 통일된 명칭이 없고, '古文詩', '文言文詩, '古漢語詩' 등으로 일컫는다. 이래서는 동아시아문학 일반론을 이룩할 수 없다. 중국에서도 '漢詩'라는 용어를 받아들여야 한다. '한시'와 구별되는 각국의 구어시는 '민족어시'라고 통칭하는 것이 마땅하다.

중국에서 이룩한 한시는 동아시아문학의 전범이 되어 각국의 민족어시에 깊은 영향을 끼쳤다. 그 양상에 관해 이미 많은 연구가 이루어졌으나 운율의 측면은 주목하지 않았다. 한시의 운율이 민족어시의 운율 형성에 어떤 영향을 끼치고, 민족어시는 어떻게 대응했는지 여기서 고찰하고자 한다. 한시나 민족어시의 운율을 각기 고찰하는 데 그친 폐단을 시정하고 광범위한 비교연구를 시도해 일반론을 이룩하고자 한다.

그렇게 하려면 운율 일반론이 필요하다. 운율이 무엇이며 어떻게 형성되는가 하는 의문에 응답하는 이론 없이 각국 시가 운율의 개별적인 양상을 고찰하는 것은 잘못이다. 동아시아 각국 시가의 운율을 비교해 고찰하면서 운율론의 새로운 시야를 열고자 한다.

운율은 언어의 특질에 따라서 형성된다. 언어의 특질이란 고립어·굴절어·교착어 가운데 어느 쪽인가, 단음절 단어가 많은가 다음절 단어가 많은가, 모음의 강약·고저·장단 같은 비분리음소가 의미 구분에 일관되게 관여할 만큼 발달되어 있는가 하는 등의 사항을 말한다. 그런 것들이 작용해 만들어낸 민요의 운율을 상층의 시에서 받아들인다.

운율은 또한 노래와는 다른 상층 시의 가치를 높이기 위해서 의도적으로 창조된다. 구비문학인 노래를 기록문학 창작물인 시로 바꾸어놓을 때 상층 고급문화의 특징을 지닌 운율을 마련한다. 어느 시대 상황에서 어떤 사람들이 새로운 시를 만들어 자기네의 이념 구현의 틀로 삼는가에 따라서 그 결과가 달라진다. 시대가 달라지면 이미 한 일을 다시 해서 시의 운율을 재정립한다.

노래의 운율은 언어의 특질을 제각기 보여주는 독자적인 창조물이다. 그러나 시의 운율은 외래의 영향을 받아 형성될 수 있었다. 공동문어를 받아들여 사용하면서 그 문자로 자기네 언어를 표기하면서 민족어시를 창작하기 시작했다. 공동문어시를 따라 지으면서 운율에 대한 인식을 가지고 민족어시를 그 비슷하게 만들려고 했다. 그 결과는 공동문어와 민족어의 언어 특질이 같고 다른 데 따라 상이하게 나타났다.

운율은 韻과 律로 이루어져 있다. 운은 같은 소리가 거듭 출현하는 규칙이고, 율은 한 줄을 구성하는 음절수의 원리이다. 율의 원리를 律格이라고 한다. 운이 없고 율만 있는 경우에는 운율 대신 율격을 기본용어로 사용하는 것이 타당하다.

漢詩

한시는 『詩經』 단계에서 歌이었다가, 古詩에서 詩가 되고, 近體詩에 이르러서 시다운 규칙이 완비되는 세 단계의 변화를 겪었다. (龐守中, 『中國古代詩歌體裁槪論』, 長春: 吉林大學出版社, 1988, 27-30, 109-117면) 이것은 상층문화가 세련되어가면서 기층문화와 거리가 멀어지는 과정이었다. 근체시를 이룩하면서 중세문화의 규범이 확립되었다.

詩經體 노래는 한 행을 이루는 음절수가 일정하지 않으나, 4음절 형식인 4언시가 가장 많다. 고시에서는 한 행을 이루는 음절수가 변하지만, 5음절 형식인 5언시가 빈번하게 등장해 기본형식을 이루었다. 근체시에서 한 행이 5음절인 5언시와 7음절인 7언시가 확립되었다.

시경체 노래의 4음절, 고시의 5음절, 근체시의 5음절과 7음절은 모두 기준음절수라고 일컫기로 한다. 기준음절수가 차차 늘어나고, 기준음절수가 아닌 다른 음절수는 찾을 수 없게 된 것이 중국시가 운율 변천사의 개요이다. 거기다가 다른 조건이 추가되었다. 시경체 노래나 고시에도 있던 押韻을 근체시에서 필수적인 규칙으로 정립했다. 平仄 사용 또한 고시에서 출현했으나, 근체시에 이르러서 본격적으로 정비했다. 다른 것들과 구별되는 한시 운율의 기본 특징은 高低律이다.

(기준음절수는 『서사민요연구』, 대구: 계명대학 출판부, 1970, 97-100면에서 한국민요의 율격을 분석하기 위해서 사용한 용어 '표준음절'을 다시 일컬은 것이다. 한 토막을 이루는 음절수가 2음절에서 6음절 사이여서 4음절이 중위수이고, 4음절이 출현 빈도에서도 최빈수이고, 평균음절수가 3음절보다 많고 5음절보다 적은 것을 4음절이 표준 또는 기준이 된다고 정의한다.)

한시 운율의 세 가지 규칙인 음절수, 平仄, 압운 가운데, 비교연구에서 가장 중요시해야 할 것은 음절수이다. 압운은 특정한 언어 조건과 관련 없이 사용된다. 평측은 중국어와 같은 聲調語에서만 가능한 것이다. 압운과 평측은 부가적인 규칙이라면, 음절수는 기본적인 규칙이다.

한시의 한 행은 4・5・7음절로 이루어져 있어 음절수가 적은 것이 특징이다. 그 이유는 한시의 언어가 고립어이며, 단음절 단어가 많은 데 있다. 4음절은 2 | 2 ‖, 5음절은 2 | 3 ‖, 7음절은 4 | 3 ‖ 으로 나누어

져 있어서 이른바 逗가 두 개씩이라고 한다. (袁行霈, 강영순 외 공역, 『中國詩歌藝術硏究』, 서울: 아세아문화사, 1990, 170면) 逗란 행의 하위 단위인 음보 또는 토막이다. 한시에서는 4·5·7음절이 각기 두 음보씩으로 이루어져 있어 행이 되는 충분한 조건을 갖추고 있다. 이제부터 음보는 "|"로, 행은 "‖"로 구분한다.

한시를 동아시아 각 민족이 지을 때에는 운율의 규칙을 그대로 지켰다. 원래 것보다 더욱 엄격하게 갖추어 예외를 전혀 허용하지 않으려고 했다. 파격은 희작에서나 더러 볼 수 있었다. 주제나 내용에서는 상당한 차이가 있어도 운율에서는 동아시아 한시가 하나였다.

한문으로 민족어를 표기하고 민족어시를 짓고자 할 때 한시의 운율이 전범 노릇을 했다. 어디서든지 한시와 대등한 수준으로 운율을 잘 갖춘 시형을 만들고자 했다. 그 결과는 언어의 특성에 따라 달랐다. 한시와 언어의 특성이 유사할 때에는 거리를 좁힐 수 있었지만, 언어의 특성이 상이하면 다른 길을 찾아야 했다.

그 양상을 구체적인 자료를 들어 고찰하면서 서로 비교하는 것이 지금부터 할 일이다. 한자로 민족어시를 적는 借字表記詩를 각 민족에서 이룩한 양상이 고찰의 대상이다. 고찰의 순서는 민족어시의 시형이 한시와 가까운 데서 시작해 먼 쪽으로 나아가는 것으로 한다.

白狼歌

『後漢書』에 이런 기사가 있다. "永平(58-75년) 연간에 益州刺史 梁國 朱輔가 白狼王 唐菆(추)가 한나라를 흠모해서 지었다는 <遠夷樂德歌>·<遠夷慕德歌>·<遠夷懷德歌>를 譯其辭語해서 보낸 것을 기록해두었다"고 했다. 『東觀記』라는 문헌에는 한자를 이용해 借字 표기한 원문이 전해오고 있다고 한다. 『후한서』 주해에서 한역 한 구절 원문 한 구절씩 적어놓았다. (王先謙, 『後漢書集解』, 北京: 中華書局, 1984, 권86 <南蠻西南夷列傳第67>, 1000면)

<遠夷慕德歌>의 서두를 본보기로 든다. 순서를 바꾸어 차자 표기의 원문을 앞에 적고 한역을 뒤로 돌린다. 한역을 우리말로 번역해 함께 든다.

僂讓皮尼

蠻夷所處

남쪽 오랑캐 사는 곳은

且交陵悟

日入之部

해가 지는 곳.

繩動隋旅

慕義向化

의로움 사모하는 마음 향하네,

路旦揀雒

歸日出主

해가 뜨는 곳의 임금께로.

聖德渡諾

聖德深恩

성스러운 덕과 깊은 은혜

魏菌度洗

與人厚富
사람을 너그럽게 대하는도다.

노래를 지었다는 白狼은 雲南 지방에 거주하는 민족이다. 민족 이름을 들어 이들 노래를 白狼歌라고 한다. 백랑가는 가장 먼저 이루어진 借字表記詩이다. 백랑어는 한문과 다르지만 한자로 표기했다. "聖德"이라는 말은 한문에서 가져다 써서 외래어 수용을 확인할 수 있다. (이에 관해 馬學良 外 主編,『中國少數民族文學史』上, 北京: 中央民族學院出版社, 1992, 50-51면: 張炯 外 主編,『中華文學通史』1, 北京: 華藝出版社, 1997, 610면에서 고찰했다. 두 책에서 白狼은 氐羌族의 한 갈래였다고 했다. 馬學良,『彝族文化史』, 上海: 上海人民出版社, 1989에서는 그 민족은 爨[찬]이라고 일컬어지기도 했으며, 彝族의 선조라고 했다.)

백랑가 원문은 한역시에서처럼 네 글자가 한 줄을 이루는 4언 형식이다. 같은 형식으로 같은 분량의 말을 했다. 양쪽 시는 음절수와 정보량이 둘 다 대등하다. 이제부터 음절수와 정보량을 중요한 용어로 사용한다.

4언 형식이 한시의 시경체와 상통한다. 자기네 민요에 흔히 있는 형식을 사용하면서 시경체 4언 형식을 받아들였다고 할 수 있다. 언어가 고립어이며, 단음절 단어가 많은 특징이 한시의 언어와 같아 동일한 형식이 자연스럽게 이루어지는 데 어느 정도의 인위적인 노력을 보탰을 것이다.

시경체 시형과 같기만 한 것은 아니다. 시경체는 4언에서 벗어날 수도 있는데, 이들 작품은 4언의 규칙을 엄격하게 지키고 있다. <遠夷樂德歌>·<遠夷慕德歌>는 14행이고, <遠夷懷德歌>는 16행이다. 이런 행수는 한시에 없다. 민요에서 유래한 독자적인 형식을 정착시켰다고 볼 수 있다. 공동문어와 민족어의 특질이 같아 공동문어시의 운율을 민족어시에서 재현하면서 다소의 변형을 보탠 좋은 본보기를 보여주었다.

白文詩

白族은 南詔라는 나라를 세우는 주역 노릇을 했으며, 당나라의 침공을 물리치고 주권을 수호하고 자랑스러운 문화유산을 남겼다. 大理로 나라 이름이 바뀐 다음에 元의 침공을 물리치지 못해 중국의 일부가 되었으나, 민족의 삶을 독자적으로 영위하는 전통을 지켜 오늘에 이르고 있다.

南詔와 大理는 신라와 고려에 견줄 수 있는 독립 문명국이었다. 한문 글쓰기를 잘 해서 수준 높은 작품을 남겼다. 段義宗이라는 시인의 시가 『全唐詩』에, 나라의 위업을 자랑하는 <德化碑>는 『全唐文』에 수록되어 있어 중국에서 대단하게 여겼음을 알 수 있게 한다.

한자를 차용해서 쓴 민족어 글은 白文이라고 한다. 백문 저술이 적지 않고 역사서도 있었다. 그런데 원·명·청의 통치자들이 백족이 독립하지 못하게 억누르려고 모두 불태워 남은 것이 거의 없다고 한다. 오직 금석문은 그런 시련을 견디고 지금까지 남아 있다.

(백족의 학자가 서울에 와서 발표한 논문 徐琳, <關于白族文字>, 구결학회 편, 『아시아 제민족의 문자』, 서울: 태학사, 1997에서 그런 사실을 말하고, 남아 있는 글이 大理三十七部會盟碑[971], 大理國銅觀音造像 뒤의 銘文[1147-1172], 鄧川石竇香泉摩崖[1370], 詞記山花詠蒼洱境 약칭 山花碑[1450], 故善士楊宗墓志 弟楊安道書白文 약칭 楊宗碑[1453],

故善士趙公墓碑 약칭 趙公碑[1455], 處士楊公同室李氏壽藏 山花一韻 약칭 楊壽碑[1481], 史城蕪山道人健安尹敬夫婦預爲塚記 附白曲一詩 약칭 尹敬碑[1703]라고 했다.)

남아 있는 글은 대부분은 사실을 기록한 데 그치지만 문학작품도 있다. <詞記山花詠蒼洱境> 약칭 <山花碑>라는 것이 白文詩의 대표작이다. 한시 시인으로도 이름난 楊黻이 1450년에 지었다. 주권을 상실한 시기에 민족공동체의 정신적인 구심점을 마련했다고 인정되어 크게 숭앙된다.

經源寺라고 하는 불교사원 觀音殿 벽의 비문을 시로 써서, 주변 산천의 경치를 묘사하면서 질서와 안녕을 기원하는 마음을 나타냈다. 불교에다 유교를 보태서 마련한 도덕적 규범을 마련했다. 전문 20연으로 이루어져 있다. 그 가운데 제13 · 14연의 원문과 한문 번역을 들고 우리말로 옮긴다.

(원문은 龔友德, 『白族哲學思想史』(昆明: 雲南民族出版社, 1992), 363-364면에서, 중국어 번역은 張文勛 主編, 『白族文學史 修訂版』(昆明: 雲南民族出版社, 1983), 140면에서 가져왔다.)

盛國家覆世功名

盛國家蓋世功名

국가 번성하게 해 세상 덮을 공명 이루고,

食朝廷尊貴爵祿

享朝廷尊貴爵祿

조정에서 존귀한 작록 누리며,

慈悲治理衆人民

慈悲治理衆人民

자비로 뭇 인민 다스려,

才等周文武

才等周文武

재주를 주나라 문·무왕과 견주리라.

恭承敬堂母天地

恪恭敬父母天地

부모와 천지를 각별하게 공경하고,

孝養干子孫釋儒

孝養教子孫釋儒

자손 기르면서 불교·유교를 가르친다.

念禮不絶鐘磬聲

禮佛不絶鐘磬聲

예불하는 종과 경 소리 그치지 않아,

消災難長福

消災難長福

재난을 없애고 복을 길게 하노라.

나라를 다스리는 재주가 周나라 文武와 같다고 한 데서는 『시경』의 여러 대목을 의식했다고 하겠으나, 기존의 문구를 가져와서 상투적인 칭송을 하지 않고 스스로 이룩한 성숙된 생각을 전했다. 불교와 유교를 아울러 숭상하면서, 신앙과 정치, 국가와 가족을 함께 만족스럽게 하는 도리를 실현한다고 했다. 그런 말을 민족어시를 통해서 나타내 중국과 맞서고자 하는 의지를 보여주었다고 할 수 있다.

이 시를 이루는 음절수는 7‖7‖7‖5‖이다. 그것이 백문시의 고정된 운율이며, 민요를 원천으로 삼았다. 백족의 민요는 행을 이루는 음절수를 7‖7‖5‖로 하는 것을 기본으로 하고, 3‖7‖7‖5‖, 7‖7‖7‖5‖로 연을 구성하는 것이 예사라고 한다. (張文勛 主編, 위의 책, 16면) 음절수가 가변적인 변형이 있기는 하지만, 그것과 대등한 비중을 가진 다른 규칙은 없다고 한다. 어느 지역의 민요이든 음절수에서는 서로 다르지 않고, 지역에 따라서 평측이 있기도 하고 압운이 있기도 한 차이가 발견된다고 했다. (같은 책, 253면 이하) 3‖7‖7‖5‖, 7‖7‖7‖5‖로 이루어진 민요의 운율 가운데 뒤의 것 7‖7‖7‖5‖를 가져와서 백문시의 운율을 만들었다.

7‖7‖7‖5‖로 이루어진 백문시의 한 행은 한시와 음절수가 대등하다. 한시의 7언절구는 7‖7‖7‖7‖이고, 5언절구는 5‖5‖5‖5‖인데, 백문시는 그 둘을 아울러 7‖7‖7‖5‖이다. 이것 또한 공동문어와 민족어의 특질이 같아 공동문어시의 운율을 민족어시에서 재현하면서 다소의 변형을 보탠 좋은 본보기이면서, 변형이 백랑가에서보다 더 많이 이루어졌다.

한시와 백문시는 한 줄을 이루는 음절수뿐만 아니라 정보량 또한 대등하다. 위에서 인용한 백문시를 한시로 번역한 것을 보면 어떤 대목에서는 백문이 곧 한문이고, 그렇지 않은 경우라도 한두 자만 바꾸어 놓으면 한문이 된다. 그런 동질성 때문에 백문시에서는 한문에서 흔히 사용하는 문구를 그대로 가져다 쓸 수 있었다. 한시와 겉보기가 유사할 뿐만 아니라 생각의 차원을 높이는 데서도 모자람이 없는 사상시를 마련했다.

國音詩

越南에서는 한자를 이용해서 민족어를 표기하는 字喃을 마련하고, 그 표기법을 이용해서 짓는 민족어시 國音詩 또는 國語詩를 창안했다. 국음시를 본격적으로 창작한 사람은 15세기의 대시인 阮廌이다. 阮廌의 국음시를 한 편 들고 논의를 시작해보자. <甘棠>이라고 하는 것이다.

(Paul Schneider et al., *Nguyen Trai et son recueil de poèmes en langue nationale*, Paris: Éditions du CNRS, 1987을 이용한다. 자료는 LXXIII면에, 불역은 353면에 있다. 불역을 참고해서 우리말로 옮긴다.)

体俸甘棠汝召公

팥배나무를 보면서 召公을 생각하노라.

𡐙餘移特伴共椿

이 땅에서 나무와 더불어 살아온 사연

筆踈㐌箚香𡗶變

노래 책에 올라 있어, 향기가 이어진다.

吟議閙埃拯動悉

그 시를 읽고서 누군들 감동하지 않으리.

"팥배"를 뜻하는 시 제목 <甘棠>은 『詩經』 召南편에 수록된 노래 이름이다. 백성을 위해서 애쓰는 召公이 팥배 나무 밑에서 쉬었으니, 나무를 자르지도 꺾지도 말고 잘 보존하라고 한 사연으로 이루어져 있다. 전문을 들고 번역하면 다음과 같다.

蔽芾甘棠

싱싱한 팥배나무

勿翦勿伐

자르고 베지 말라.

召伯所茇

소백님이 멈춘 곳이니.

蔽芾甘棠

싱싱한 팥배나무

勿翦勿敗

자르고 꺾지 말라.

召伯所憩

소백님이 쉬신 곳이니.

蔽芾甘棠

싱싱한 팥배나무

勿翦勿拜

자르고 휘지 말라.

召伯所說

소백님이 머무신 곳이니.

『시경』의 <甘棠>을 읽고 느낀 바를 국음시로 나타내서, 그 둘이 밀접한 관련을 가졌음을 입증한다. 그런데 『시경』의 4 | 4 | 4 ‖ 를 따르지 않고, 7 ‖ 7 ‖ 7 ‖ 7 ‖ 의 형식을 갖추고 있다. 월남민요에서 갖추고 있는 독자적인 운율을 살려서 그렇게 한 것은 아니며 한시의 7언절구를 따랐기 때문이다. 阮廌가 확립한 국음시는 7언절구와 7언율시 두 가지

형식을 사용하고 평측과 압운도 그대로 갖추려고 했다. 공동문어와 민족어의 특질이 같아 공동문어시의 운율을 민족어시에서 재현한 대표적인 예이다. (池浚模 · 趙東一, 『베트남의 최고시인 阮廌』, 서울: 지식산업사, 1992, 48-49면에서 阮廌 國音詩 전편의 제목을 들고, 절구와 율시를 구분했다.)

阮廌의 한시 한 편과 국음시 한 편을 들어 견주어보자. 한시는 <漫興 其一>이라고 하고, 국음시는 <述興 其四>라고 하는 것이다. 제목도 비슷하지만, 사용한 말이나 나타낸 생각도 상당히 근접해 있다. 둘을 각기 원문을 들고 번역한다. (한시는 지준모 · 조동일, 위의 책, 179-180면에 원문과 한국어 번역이 있다. 되도록 직역하기 위해서 번역을 다시 한다. 國音詩는 Paul Schneider et al., 위의 책, XVII면에 원문이, 110면에 불어 번역이 있다. 불어 번역을 참고해 우리말로 옮긴다.)

한시 <漫興 其一>

世路蹉跎雪上巔
　　세상일에 미끄러지고 머리에는 눈 쌓였네.
一生落魄更堪憐
　　일생 동안 좌절한 뜻 생각하면 다시 가련하다.
兒孫種福留心地
　　아들 손자 福을 심으면서 마음은 변하지 않고
魚鳥忘情樂性天
　　물고기와 새처럼 物情을 잊고 타고난 본성을 즐기네,
掃雪煮茶竹軒下
　　대나무 추녀 아래에서 눈 쓸고 차 끓이면서

焚香對案塢梅邊

매화 핀 마을에서 향 피우고 책상 앞에 앉네.

故山昨夜纏淸夢

고향 산은 어젯밤 꿈속에 얽혀 있었고

月滿平灘酒滿船

평탄한 여울에 달이, 배에는 술이 가득하다.

국음시 <述興 其四>

文尼吟体某村員

어진 이가 낸 글도 이제 소용없게 되었는가.

滄海咍槁鐵石痱

창해가 마르고 철석도 닳았도다.

志銮些料饒事旭

뜻하는 일에는 언제나 장벽이 많구나.

得初吏𣃣体埃群

예전 역사에서 일컫던 인재 지금 어디 있나?

月穿呵易偸𦬇竹

달빛은 대나무 속으로 파고들지 못하고

渃沚謳坤掣俸㟥

흐르는 물이 산 그림자를 옮기지 못하니,

双曰吏𢄂鬪貼積

나는 이제 집안의 보배나 쌓아

泊梅黃菊底朱昆

매화나 황국을 자손에게 물려주리라.

세상일이 뜻대로 되지 않아 좌절을 거듭하는 참담한 심정으로 고향을 그리워하고, 자손이나 잘 되기를 바란 점에서 이 두 시는 착상이 흡사하다. 차이가 있다면, 앞에 든 한시에서는 자기 내면의 심정 술회가, 뒤의 국음시는 세태가 그릇되었다는 한탄이 더욱 두드러지게 나타나 있을 따름이다. 그래서 앞에서 한 말이 더욱 평온하고, 뒤에서 한 말이 더욱 비장하다. 국음시는 이처럼 한시와 음절수와 정보량 양면에서 대등하고, 같은 정도로 차원 높은 생각을 대등한 수준의 세련된 표현을 갖추어 나타냈다.

그런데도 왜 국음시가 별도로 필요했는가 묻는다면, 두 가지 대답을 찾을 수 있다. 월남어를 일상생활의 언어에서 문학어로 상승시켜 중국과 월남이 대등하다고 하기 위해서 국음시가 필요했다. 한시를 이해할 수 있는 사람들이라도 들어서 이해하고, 외면서 전할 수 있는 시가 필요하다고 판단한 것이 국음시를 만들어낸 또 한 가지 이유이다. 위의 두 예에서, 국음시 쪽이 세태가 그릇되었다고 개탄하는 데 한시보다 한걸음 더 나아간 것은 공동의 관심사를 다루었기 때문이다. 자기 혼자라면 체념을 해서 평온한 마음을 얻을 수 있으나, 역사 창조에서는 그럴 수 없어 더욱 비장한 말을 해야 했다.

국음시가 한시와 음절수와 정보량 양쪽에서 대등할 수 있는 것은 월남어가 한시의 언어와 같은 고립어이고, 단음절어이기 때문이다. 음절수와 정보량 양쪽이 한시와 대등할 수 있는 것은 白族의 白文詩와 월남의 國音詩에서 공통적으로 볼 수 있는 일인데, 그럴 수 있는 이유는 민족어시의 언어 특징이 한시의 언어와 같기 때문이다. 그러면서 백문시에서는 민요의 운율을 그대로 가져다 썼으나, 국음시는 월남의 민요와는 다른 운율을 갖추었다.

월남민요의 운율은 몇 가지로 정리해서 말할 수 있다. 특히 두드러진 것이 4 | 4 | 4 | 4 ‖ 4 | 4 | 4 | 4 ‖ 4 | 4 | 4 | 4 ‖ 4 | 4 | 4 | 4 ‖로 이루어진 44조 4행시와, 6 ‖ 8 ‖ 6 ‖ 8 ‖이 되풀이되는 68조이다. 그밖에 68조의 변형이라고 할 수 있는 것이 몇 가지 있다. 44조 4행시는 어느 민족에게서도 볼 수 있는 민요의 기본형이다. 68조는 월남민요 특유의 운율이며, 제1행의 제4음절과 제2행의 제6음절, 제2행의 마지막 음절과 다음 연 제1행의 마지막 음절이 韻을 맞추는 규칙까지 있어서 짜임새가 정교하다.

(Duong Dinh Khue, *La littérature populaire vietnamienne*, Bruxelles: Thanh Long, 1976, 51-52면에 의거해서 월남민요의 운율을 파악한다. 나타난 내용을 정리해보자. 44조 4행시: 제1행의 마지막 음절이 제2행의 제2음절 또는 마지막 음절과 韻을 맞춘다. 68조: 제1행의 제4음절이 제2행의 제6음절과, 제2행의 마지막 음절이 다음 연 제1행의 마지막 음절과 韻을 맞춘다. 같은 韻을 갖추고 음절수가 더 늘어난 68조도 있다. 7768조: 77이 되풀이되고 68조가 이어지는 것, 7768조의 변형 등이 있다.)

월남민요에서 갖추고 있는 이런 운율을 버리고 월남의 국음시는 7언 한시의 운율을 본뜨고, 압운과 평측의 규칙도 같은 방식으로 갖추려고 했다. 국음시가 한시와 정보량뿐만 아니라 음절수에서도 대등해야 같은 등급의 고급 시가가 될 수 있다고 생각해서 그렇게 한 것이다. 국음시의 운율을 확립하는 일을 15세기에 이르러 阮廌가 도맡아서 일거에 이룩했다.

阮廌가 제정한 규칙은 운율 형성의 자연스러운 추세를 거치지 않아 그 자체에 무리가 있고, 민요와는 맞지 않아 거부반응을 불러일으키지

않을 수 없었다. 한시에서는 7음절시는 4 | 3 ‖ 으로 끊어 읽어야 하고 예외는 허용하지 않는데, 국음시에는 3 | 4 ‖ 인 것이 이따금 있다. 한 줄이 7음절이 아니고 6음절인 경우도 이따금 있다. 6음절로 이루어진 월남시의 운율이 끼어들어, 6음절이라야 말이 자연스러웠기 때문에 그렇게 되었다.

7음절형식은 한시를 따르는 운율이고, 6음절형식은 민요에서 가져온 운율이다. 16세기의 대표적인 시인 阮秉謙은 3 | 3 ‖ 으로 끊어 읽는 6언시를 마련했다. 17세기 이후에는 6음절과 8음절이 한 행씩 교체되어 6 ‖ 8 ‖ 6 ‖ 8 ‖ 이 되풀이되는 68조가 널리 쓰였다. 68조에도 압운과 평측이 있으나, 한시와는 다른 월남시 고유의 방식을 사용했다. (지준모·조동일, 위의 책, 47-48면에서 운율 변화의 추이에 관해 고찰했다.)

和歌

한시의 자극을 받고 민족어시를 창작한 것을 직접 입증하는 자료가 일본에도 있다. 『日本書紀』 649년조의 기사에 실려 있는 "耶麻鵝播爾 烏志賦拕都威底 拕虞毗預俱 拕虞陛屢伊慕乎 多例柯威爾鶏武"라고 하는 것이 그 좋은 본보기이다. (『일본서기』 孝德天皇 大和 5년 3월) 전문 한자로 표기되어 있지만, 일본어이다. 일본어의 통상적인 표기·독음·말뜻을 함께 적어 보이면 다음과 같다. (小西甚一, 『日本文藝史』 1, 東京: 講談社, 1985, 360면; Jinichi Konishi, *A History of Japanese Literature vol. 1*, Princeton: Princeton University Press, 1984, 330면)

耶麻鵝播爾

山川に

Yamagawa ni

山川에

烏志賦拕都威底

鴛鴦雙つ居て

Oshi futatsu ite

鴛鴦이 쌍으로 살아,

拕虞毗預倶

偶ひ良く

Tagui yoku

배필이 좋았는데,

拕虞陛屢伊慕乎

偶へる妹を

Tagueru imo o

배필인 여인을

多例柯威爾鷄武

誰か率にけむ

Tare ka inikemu

누가 데려 갔는가?

이 시는 『詩經』 周南 첫 머리의 <關雎>에서 착상을 얻었다.

關關雎鳩

구욱구욱 물수리는

在河之洲

강가에 있고요.

窈窕淑女

아리따운 아가씨는

君子好逑

군자의 좋은 배필.

좋은 배필을 물새에 견주어 말하는 전례를 받아들여, 배필을 구하는 사연을 배필을 잃은 사연으로 바꾸어놓았다. 그런 연유를 알아야 이해하는 층위가 깊어져서 묘미 있는 시라고 할 수 있다. 율격도 유사하면 대응관계가 더욱 분명해질 것인데 율격은 아주 다르다. 한시 쪽은 4‖4‖4‖4‖로 이루어진 시경체 노래의 전형적인 모습을 보여주고, 일본어시는 음절수가 5‖7‖5‖7‖7‖인 5행시여서 후대 和歌에서 규칙화되어 있는 것과 같다.

당나라의 수도 長安의 화려함을 노래한 盧照隣의 7언절구 <長安古意>가 있는데 일본 시인에게 큰 감명을 주었다. 長安을 일본에다 옮겨놓은 것 같은 방식으로 일본의 수도 奈良을 건설하고, 長安을 노래한 것처럼 奈良을 노래한 시를 和歌로 지으면서, 그 작품을 본떴다. 작품의 원문, 일본어 번역, 일본어 번역의 독음을 적고(小西甚一, 같은 책, 435면), 한국어 번역을 곁들인다.

南陌北堂連北里

南の陌と北の堂は北里に連なり

Minami no michi to kita no do wa kitasato ni tsuranari

남쪽 거리와 북쪽 집이 북쪽 마을에서 이어졌고,

五劇三條控三市

五の劇と三の條は三の市を控ふ

Go no kiwami to san no kuda wa san no ichi wo hikafu

다섯 작은 길과 세 큰 길이 세 저자와 닿았다.

弱柳青槐拂地垂

弱柳と青槐は地を拂ひて垂れ

Warayagi to aoiinshyu wa tsuchi wo harafite tare

연한 버들 푸른 회나무 땅을 쓸듯이 드리워졌고,

佳氣紅塵暗天起

佳き氣と紅塵は天を暗く起こる

Yoki ki to koushin wa sora wo kuraku okoru

아름다운 기운 붉은 먼지 하늘 어둡게 일어난다.

일본어 번역의 음절수를 왼쪽에, 한국어 번역의 음절수를 오른쪽에 적어보자.

7 | 5 | 5 | 4 ‖　　5 | 4 | 6 | 4 ‖
6 | 5 | 5 | 3 ‖　　6 | 4 | 4 | 3 ‖
5 | 6 | 3 | 6 ‖　　4 | 5 | 5 | 5 ‖
4 | 4 | 6 | 3 ‖　　6 | 4 | 5 | 4 ‖

양쪽의 번역시에서 사용된 음절수 구성이 다르지 않다. 한 줄이 네 토막이고, 한 토막이 3자에서 7자까지이다. 번역시는 기존의 시형을 따르지 않고 자연스럽게 마련될 수 있는 율문 형태를 지녔다고 하겠는데, 일본과 한국에서 거의 같다. 이러한 사실은 일본어와 한국어는 동질적인 운율을 제공하다는 것을 입증한다. 그런데 정형시의 형태는 아주 다르다. 일본의 和歌는 한시 번역에서 볼 수 있는 것과는 전혀 다른 5‖7‖5‖7‖7‖을 규칙화하고, 한국의 鄕歌는 한시 번역과 거의 같은 운율을 사용한다. 和歌의 시형은 일본어에서 마련할 수 있는 자연스러운 운율과는 아주 달라 별도의 해명이 있어야 한다.

위의 한시를 본떠서 지은 일본의 和歌는 다음과 같다. 원문의 한자는 한자로만 적고, 훈독자의 독법은 독음을 표기할 때 나타낸다. (小西甚一, 같은 책, 435면; Jinichi Konishi, 같은 책, 406면) 한국어 번역을 곁들인다.

青丹よし
Aoniyoshi
녹청색을 한
寧樂の京師は
Nara no miyako wa
나라 서울은
咲く花の
Saku hana no
피는 꽃이
艶ふがごとく
Niou ga gotoku
아름답기도 해라
いま盛りなり
Ima sakari nari

지금이 한창이다

이번에는 일본어 시와 한국어 번역의 음절수를 비교해보자. 일본어 시는 5‖7‖5‖7‖7‖이고, 한국어 번역은 5‖5‖4‖7‖7‖이어서 서로 비슷하다. 한국에서는 5‖5‖4‖7‖7‖만 가지고 시가 되지 않는다. 일본어 시에서는 다섯 줄인 것을 다섯 토막으로 해서 5|5|4|7|7‖ 한 줄을 만들거나, 세 토막 한 줄과 두 토막을 각기 한 줄로 해서 5|5|4‖ 7|7‖ 둘을 만든 다음, 다른 말을 가져와서 몇 줄 더 보태야 한국어 시가 된다. 일본어 시도 한국어 시와 같이 만드는 것이 언어의 특징으로 보아 자연스러운 일이다. 그런데 일본에서는 5‖7‖5‖7‖7‖로 음절수를 규칙화했다.

"寧樂"이라고 적은 자기 나라 서울 "나라"가 어떻다고 했는가? 거리 모습을 그린다든가, 나무의 생김새나 색깔에 관해 말한다든가 할 겨를이 없다. 여러 말을 할 수 없으므로, 꽃이 아름답게 피어 지금 한창이라고 하기만 했다. 한 순간에 파악되는 자연풍광의 일단을 인상 깊게 묘사하고 다른 것은 모두 생략하면서, 인생경험에 관해서 하고 싶은 발언을 그것과 포개지게 해서 나타내는 방식을 썼다. (신은경, 『고전시 다시 읽기』, 서울: 보고사, 1997에서 일본시는 포개짐, 한국시는 펼쳐짐의 구조를 가졌다고 한 것이 적절한 견해이다.) 꽃이 아름답게 피어 지금 한창이라고 한 말이 그 자체로 의미를 가지면서, 나라가 번영하는 것을 보니 감격스럽다는 생각을 함께 나타내게 했다. 5‖7‖5‖7‖7‖의 음절수를 가지고서는 그렇게 하는 것이 최상의 방법이다.

5‖7‖5‖7‖7‖ 다섯 행은 행이라 하기에는 너무 짧다. 정보량을 보면 토막이라고 해야 할 것을 행으로 벌여 놓았다. 그래서 시간의

경과에 따라 시상이 변하게 하지 않고, 동시에 벌어진 상황의 몇 국면을 보여준다. 행 구성의 기능이 최소한의 것으로 줄어들었다. 그래서 다섯 행이 시간적인 순서를 가지고 있다기보다 동시에 공간적으로 배열된 것으로 보인다.

5∥7∥5∥7∥7∥은 일본민요의 율격과 아주 다르다. 일본민요는 형식이 일정하지 않다고 하면서 여러 경우를 드는 것이 예사인데, 앞에서 본 한시 번역시에서 볼 수 있는 바와 같다. 일본에서 이루어지는 자연스러운 운율이 민요에서도 번역시에서도 나타난다. 일본 민요나 번역시의 운율을 음수율이 아닌 음보율로 정리하면 한국의 경우와 거의 같다. 음절수가 가변적인 네 토막이 한 줄을 이루는 것이 양국 공통의 원리이다. 그런데 정형시의 율격은 아주 다르다. 한국의 鄕歌는 민요에서 유래했어도, 일본 和歌의 5∥7∥5∥7∥7∥은 민요에서 유래하지 않았다.

(淺野建二,『日本の民謠』, 東京: 岩波書店, 1966에서 일본민요의 음절수에 5575; 8576; 8585; 6575; 4575; 5575; 7575; 56575; 57575; 7574; 5785; 5776; 5774; 5874; 5785; 5664; 5654 같은 것들이 있다고 했다. [108-111면] 이러한 율격을 5음절과 7음절의 결합형 및 변이형으로 설명하려고 했으나, 납득할 만한 결과를 얻지 못했다. 한 토막을 이루는 음절수는 4음절에서 8음절까지의 범위 안에서 변하고, 한 줄을 이루는 토막 수는 넷인 것이 예사이고, 다섯일 수도 있다고 할 수 있는 것 이상의 다른 어떤 특징도 발견할 수 없다. 이것은 일본민요의 율격이 한국민요의 율격과 형성의 원리가 동일하다는 증거이다.)

5∥7∥5∥7∥7∥은 歌謠에서 분화되었다고 하는 것은 널리 통용되고 있는 견해이다. (麻生磯次 외 공저, 李榮九 역,『일본문학개론』, 서울: 교학연구사, 1981, 11-12면, 83-86면.) 가요란 기록에 올라 있는 노래의

총칭이며, 그 가운데 상당수는 민요를 정착시킨 것으로 인정된다. 민요와 和歌 사이에 가요를 넣어, 민요가 가요가 되고, 가요가 和歌가 되어 5‖7‖5‖7‖7‖이 생겨났다고 한다.

그런데 가요는 정형이 없다고 한다. (같은 책, 11면)『古事記』에 나타난 예를 보면, 4|7‖5|6‖6|8‖도 있고, 4|7‖5|7‖7|5‖3‖도 있다. (市古貞次 外 共編,『日本文學全史』1, (東京: 學燈社, 1978, 171면), 4|7‖5|6‖7‖도 있다. (小西甚一, 같은 책, 174면; Jinichi Konishi, 같은 책, 141면. 47567을 4‖7‖5‖6‖7‖로 표기해놓았으나 4|7‖5|6‖7‖로 보는 것이 적합하다.) 7음절과 5음절이 자주 보여, 가요가 7‖5‖에 근접하고 있다고 설명하는 것을 흔히 볼 수 있으나, 그런 경우라고 하더라도 가요의 7음절과 5음절이 각기 한 행이 아닌 한 음보를 이룬 점이 和歌와 다르다.

민요가 歌謠가 되고, 가요가 和歌가 되어 5‖7‖5‖7‖7‖이 생겨났다고 하는 견해는 받아들이기 어렵다. 5‖7‖5‖7‖7‖은 한시의 5언과 7언을 수용했다고 보는 것이 타당하다. 수용하면서 변형시켜 독자적인 형식을 만들어냈다. 수용의 이유는 노래와는 다른 상층 시의 가치를 높이고자 한 데 있다. 변형을 하지 않을 수 없었던 이유는 언어의 차이로 설명할 수 있다.

한시는 5언시이거나 7언시이기만 한데, 和歌에서는 5언과 7언을 교체시킨 것이 변형이다. 한시에는 平仄과 脚韻이 있어, 같은 음절수가 되풀이되고 줄 수가 넷이나 여덟이어서 짝수를 이루어도 단조롭지 않다. 평측도 각운도 없는 일본어 시는 5언과 7언이 섞이고 줄 수가 홀수인 다섯이 되는 이중의 비대칭을 갖추어야 단조로움에서 벗어날 수 있었다.

5언과 7언의 공존은 白文詩에서도 있어 가능하다는 것을 입증해준다. 가능한 것을 인위적으로 정교하게 만든 것이 일본 시형이다. 형식미를 존중하면서 전례를 엄격하게 지키는 기풍이 있어 특이한 형식을 만들고 힘써 보존했다. 파격을 최대한 억제해 5‖7‖5‖7‖7‖을 되풀이하는 連歌, 5‖7‖5‖만 떼어낸 俳句를 만들어내는 데 그쳤다.

일본의 和歌는 한시에 비해 정보량이 모자라는 것을 감수하고 음절수가 대등하도록 했다고 할 수 있다. 언어의 특징이 한시와 달라 정보량과 음절수를 둘 다 한시와 대등하게 할 수는 없고 하나를 택해야 하는 상황에서 음절수를 택하고 정보량은 버렸다. 다음에 고찰할 한국의 경우와 대조가 되는 선택을 했다. 한국과의 비교에서 일본의 선택에 대한 고찰을 심화할 수 있다.

鄕歌

한국시는 향가에서 시작되었으므로, 한시와 한국시가 율격에서 어떤 관련이 있는지 고찰하기 위해서 향가부터 살펴야 한다. 신라 향가 가운데 月明師의 <兜率歌>는 한시로 번역되어 있어서 한시와 향가를 비교하는 데 소중한 자료가 된다. 작품의 원문, 해독, 한시 번역을 나란히 들어보자. (金完鎭, 『향가해독법연구』, 서울: 서울대학교출판부, 1980에 근거를 둔다.)

今日此矣散花唱良

오늘 이에 散花 불러

龍樓此日散花歌

巴寶白乎隱花良汝隱

솟아나게 한 꽃아 너는,

挑送青雲一片花

直等隱心音矣命叱使以惡只

곧은 마음의 命에 부리워져

殷重直心之所使

彌勒座主陪立羅良

彌勒座主를 뫼셔 羅立하라

遠邀兜率大仙家

향가도 4행이고, 한시도 4행인 점은 서로 같다. 그러나 한시를 보면 향가에 없는 말이 한 줄에 한두 자씩 추가되어 있다. 제1행의 "龍樓", 제2행의 "青雲", 제3행의 "殷重", 제4행의 "遠"이 그런 것들이다. 제4행의 "兜率大仙家"에서는 말을 바꾸어 늘였다. 한시로 옮기면서 말을 보태거나 늘린 것은 향가 한 줄과 7언 한시 한 줄이 정보량에서 같지 않기 때문이다. 향가의 정보량을 늘려야 서로 대등할 수 있었다.

향가를 두 줄로 적고 7음절씩 두 줄의 한시로 옮기는 방법을 택해 양자의 관련을 재조절하면, 다음과 같은 결과를 얻을 수 있다.

오늘 이에 | 散花 불러 | 솟아나게 한 | 꽃아 너는 ‖

此日散花一片花

곧은 마음의 | 命에 부리어 | 彌勒座主를 뫼셔 | 羅立하라 ‖

直心之使邀仙家

이렇게 하니 향가 한 줄과 한시 한 줄의 정보량이 대등하다. 향가

네 토막 한 줄이 한시 7음절 한 줄과 정보량에서 대등하다는 사실이 확인된다. 향가와 한시는 음절수와 정보량이 둘 다 대등할 수는 없다. 향가와 한시는 그것대로의 독자적인 형식을 구현하고 있어 음절수는 서로 어긋나야 정보량이 대등할 수 있다.

均如의 <普賢十願歌> 11수는 향가의 형식이 정비된 詞腦歌의 좋은 본보기이다. 그 가운데 첫 수인 <禮敬諸佛歌>의 원문과 해독을 들고, 崔行歸의 한역가 8행을 해당되는 곳에다 병기한다.

心未筆留

　　마음의 붓으로

慕呂白乎隱佛体前衣

　　그리온 부처 앞에

　　心以爲筆畵空王

拜內乎隱身萬隱

　　절하는 몸은

法界毛叱所只至去良

　　法界 없어지도록 이르거라.

　　瞻拜唯應遍十方

塵塵馬洛佛体叱刹亦

　　티끌마다 부첫절이며,

　　一一塵塵諸佛國

刹刹每如邀里白乎隱

　　절마다 뫼셔 놓은

　　重重刹刹衆尊堂

法界滿賜隱佛体

法界 차신 부처.

見聞自覺多生遠

九世盡良禮爲白齊

九世 내내 절하옵저.

禮敬寧辭浩劫長

歎曰 身語意業無疲厭

아아 身語意業無疲厭,

身體語言兼意業

此良夫作沙毛叱等耶

이리 宗旨 지어 있노라.

總無疲厭此爲常

향가를 한시로 옮긴 방법을 보자.

마음의 | 붓으로 | 그리온 | 부처 앞에 ‖

心以爲筆畫空王

절하는 몸은 | 法界 | 없어지도록 | 이르거라. ‖

瞻拜唯應遍十方

이 경우에는 향가 네 토막을 한시 7언으로 옮겨 그 둘이 정보량에서 대등한 것을 재확인할 수 있게 한다.

티끌마다 | 부첫절이며, |

一一塵塵諸佛國

절마다 | 뫼셔 놓은 ‖

重重刹刹衆尊堂

法界 차신 | 부처. |

見聞自覺多生遠

九世 내내 | 절하옵저. ‖

禮敬寧辭浩劫長

아아 | 身語 意業 無疲厭, |

身體語言兼意業

이리 宗旨 지어 | 있노라. ‖

總無疲厭此爲常

이런 경우에는 향가 두 토막을 한시 7언으로 옮겼다. 향가에는 없는 말을 한시에다 보태 정보량을 추가했다.

한시와는 다른 향가의 형식은 어디서 왔는가? 이에 대해 대답하기 위해 뒤에 든 향가의 두 부분의 음절수를 헤아려보자. 아직 해독에 문제점이 있어 정확하게 알 수 없으나, 이미 이용한 현대역에 근거를 두고 다음과 같은 결과를 얻을 수 있다.

<兜率歌>

4 | 4 | 5 | 4 ‖

5 | 5 | 7 | 4 ‖

<禮敬諸佛歌>

3 | 3 | 3 | 4 ‖

5 | 2 | 5 | 4 ‖

4 | 5 | 3 | 4 ‖

4 | 2 | 4 | 4 ‖

2 | 7 | 6 | 3 ‖

한 행이 네 토막씩인 네 토막형식 또는 4음보형식이라고 할 수 있다. 다시 두 토막으로 나눌 수 있는 긴 토막이 있기는 해도 허용될 수 있는 변이이다. 한 토막을 이루는 음절수가 3 · 4 · 5음절의 범위 안에 든 경우가 절반이 넘으며, 4음절이 기준음절이다. 이것은 한국민요에 흔히 있는 기본형식이다. 무가 또한 같은 형식을 흔히 사용한다.

민요를 가지고 향가의 형식을 만들었다. 두 줄은 민요에 흔히 있다. 다섯 줄은 민요에 없는 사뇌가 특유의 형식이다. 짝수 줄을 홀수로 만들었다. 다섯 번째 줄 서두에 "아아"라는 감탄구가 있는 것도 새로운 창조이다. 노래와는 다른 시의 가치를 높이고자 한 노력이 그 정도 이루어졌다. 민요를 가지고 시 형식을 만드는 것은 향가에 국한되지 않고 한국의 시형 창조의 일반적인 방식이다. (그 양상을 『한국 민요의 전통과 시가 율격』, 서울: 지식산업사, 1996에서 다각도로 논했다.)

언어의 특징이 한시와 달라 정보량과 음절수를 둘 다 한시와 대등하게 할 수는 없고 하나를 택해야 하는 점에서 일본과 한국은 같다. 한시의 언어는 고립어이고 단음절 단어가 많은데, 일본어와 한국어는 교착어이고 다음절 단어가 많기 때문에 한시와는 다른 운율을 갖추어야 했다. 그런데 일본은 음절수를 대등하게 하고, 정보량은 대등하지 않아도 되는 쪽을 선택했다. 한국은 정보량을 대등하게 하고, 음절수는 대등하지 않아도 되는 쪽을 선택했다.

한국민요와 일본민요는 그리 다르지 않다. 일본민요를 가지고 일본 시의 형식을 만들었더라면 한국의 경우와 거의 같은 음보율을 마련했을 것인데 그렇게 하지 않았다. 노래와는 다른 상층 시의 가치를 높이기 위한 의도적인 창조를 한국과는 다르게 훨씬 적극적으로 진행해 5‖7‖5‖7‖7‖이라는 독특한 음수율을 만들어냈다.

두 나라의 시가 서로 다른 길을 택한 이유가 무엇인지 묻는다면, 상층과 민중의 거리가 일본에서는 더 멀고, 한국에서는 더 가까웠기 때문이 아닌가 하고 생각해볼 수 있다. 상층문화의 자랑거리가 일본에서는 和歌이고 한국에서는 한시여서, 鄕歌는 독자적인 형식미를 갖추지 않아도 되었다고 보는 것도 가능하다.

일본에서는 정교하게 만든 형식을 소중하게 여겨 최소한의 파격만 허용한 것은 위에서 든 두 가지 사항과 깊은 관련이 있다. 한국에서는 그렇지 않아, 향가가 무너지고 시조가 생겨난 이래로 변혁이 있을 때마다 민요의 다른 형태가 표면으로 상승했다. 율격 재형성이 사회사나 사상사의 진행과 연결되어 문학사의 진폭이 넓어졌다.

도달점

한자를 이용해 민족어를 나타내는 차자표기를 동아시아 여러 민족이 일제히 했다. 민족어시를 차자표기로 지으면서 한시 운율의 영향과 자극을 받아 대등한 수준에 이르고자 한 것도 공통된 과업이었다. 한시와 민족어시의 운율이 얼마나 같고 다른가는 언어의 특질 및 노래와는 다른 시의 가치를 높이기 위한 노력의 진행 방향에 따라 결정되었다.

공동문어와 민족어의 언어 특질이 같으면, 공동문어시와 민족어시가 음절수와 정보량 양면에서 대등할 수 있었다. 이 경우에는 공동문어시의 운율을 민족어시에서 재현하면서 다소의 변형을 보태는 데 특별한 어려움이 없었다. 그러면서 시의 가치를 높이기 위해 만들어낸 형식이 민요와 얼마나 같고 다른가 하는 것이 문제가 되었다.

白狼歌・白文詩・國音詩는 이에 해당한다. 白狼族이 남긴 백랑가는 한시와 동일한 형식을 보여주어 민요도 다르지 않았으리라고 추정된다. 白族의 백문시에서는 자기네 민요 형식을 가져와 한시를 변형시켰다. 월남의 국음시에서는 한시와 같게 만든 규칙이 민요의 침투와 공격 때문에 와해되었다.

공동문어와 민족어의 언어 특질이 다르면 공동문어시의 운율을 받아들여 정착시킬 수 없었다. 공동문어시와 민족어시가 음절수와 정보량 양면에서 대등할 수 없기 때문에 어느 하나를 선택해야 했다. 일본은 음절수를, 한국은 정보량을 선택해 서로 다른 방향으로 나아갔다.

일본은 공동문어시의 음절수를 민족어시에서 재현하면서 변형시켜 和歌를 만들었다. 한국에서는 공동문어시와 민족어시가 정보량이 대등한 鄕歌를 이룩했다. 일본에서는 민요와 다르게 만든 정교한 형식을 아주 소중하게 여겨 엄격하게 보존했다. 향가는 민요를 조금 다듬는 데 그쳐 얼마 지나자 세력을 잃었으며, 새로운 형태의 민요가 표면으로 상승했다.

공동문어시의 운율을 민족어시에서 받아들여 이용하고 변형한 것은 다른 문명권에서도 있었던 일이다. 산스크리트・아랍어・라틴어문명권에서 보이는 다양한 사례에 대한 개별적인 고찰은 진행되었어도 총괄론은 시도되지 않았다. 지금까지 동아시아의 경우를 고찰한 방법과 내용이 세계적인 범위의 광범위한 비교연구를 하는 좋은 출발점이 된다.

보충 논의

영향은 받아들이는 쪽의 사정에 따라 상이하게 수용된다는 것을 다시 확인했다. 영향이라기보다 충격이라고 하는 편이 더욱 적합하다. 충격은 발전을 위한 동력이 되므로 긍정적으로 평가해야 한다. 충격이 없으면 발전이 이루어지지 않는다. 선진이 후진이 되는 것이 그 때문이다.

가까이 있는 우리 것을 가장 잘 알 것 같지만 그렇지 않다. 멀리까지 갔다가 오면서 비교고찰을 해야 모르던 것을 알아낸다. 외계에서 온 물체와 비교해서 지구 형성의 비밀을 밝힐 수 있는 것과 같다. 한시의 충격을 수용해서 만든 다른 몇 곳의 민족어시의 운율과 비교해야 향가 형성의 비밀을 알 수 있다.

비교의 방법이 일본 和歌 형성의 비밀 해명에서 더 큰 효력을 발휘했다. 일본 학계에서 자기네 민요에서 歌謠가, 가요에서 和歌가 생겨나는 단계를 거쳤다고 해온 것은 납득할 수 없다. 중간에 歌謠를 둔다고 해서 민요와 和歌 사이의 이질성을 해소하지 못한다. 일본 학자들은 그 정도에서 막혀 더 나아가지 못하고 있다. 안에만 머물러 있으면서 미시적인 고찰을 일삼기나 해서는 타개책이 없다.

난관을 밖에서 돌파하는 거대한 구상을 내가 제시했다. 일본 민요의 율격은 한국 민요와 거의 같은데, 和歌는 鄕歌와 아주 다르다는 사실을 확인하는 최소한의 비교에서 문제가 무엇인지 분명하게 했다. 다른 여러 민족의 사례까지 들어 광범위한 연구를 해야 해답을 얻을 수 있었다. 그 이유는 和歌에 대해서 일본 학자들보다 더 잘 알기 때문이 아니고 비교연구의 위력 덕분이다.

외국에 관한 연구를 그 나라 학자들보다 더 잘 할 수 있는가? 자료를 더욱 정밀하게 살피고 한층 철저하게 따지면 가능성이 있다고 할 것은 아니다. 가능하지 않은 일에 가능성이 있다고 하는 것은 잘못이다. 외부의 관점에서 그 나라 학자들과 다르게 보면 전에 없던 말을 할 수 있지만 타당성에 의문이 있고, 연구의 발전에 기여한다고 하기 어렵다. 한국의 것과 연구 대상이 되는 나라의 것을 다른 여러 나라의 유사한 사례들과 함께 광범위하게 비교해 고찰하는 것이 연구를 더 잘 하는 유일한 대책이다. 나는 일본학의 전문가와는 거리가 멀지만, 비교연구 덕분에 일본에서는 하지 못하는 연구 성과를 내놓는다.

연구를 더 잘 하려면 일반이론 정립을 성과로 삼아야 한다. 한·일 비교를 선명하게 하기 위해 사용한 음절수와 정보량이라는 개념은 운율 일반론 정립을 위해 널리 유용하게 쓸 수 있다. 동아시아에서 한 작업을 다른 문명권의 여러 사례를 다루는 데까지 확대할 수 있다. 비교연구가 일반이론 정립의 방법으로 큰 구실을 한다.

토론

❑ 문: 우리말은 음수와 자수가 딱 맞아 떨어지는데 일본어와 중국어는 그렇지 않다. 이를테면 일본어로 "上野"는 글자수는 두 자이지만, "우에노"로 발음되어 음수는 3개가 되고, 또한 중국어로 "今天", "很好"는 두 글자이지만 "진티엔", "헌하오" 등으로 음수는 3개이다. 우리와 중국을 비교할 때는 자수율로, 우리와 일본을 비교할 때는 음수율로 비교해도 가능하지만, 일본과 중국을 비교할 때는 음수율이

나 자수율 어느 하나 선택이 필요할 것 같다.

❑ **답**: 음수라고 한 것을 음절수라고 해야 정확하다. 글자수와 음절수의 일치 여부는 나라마다 다르므로 음절수를 공통의 용어로 삼아야 한다. 음절수가 일정하기도 하고, 일정한 범위의 음절수가 토막을 이루기도 한다. 한시와 和歌는 앞의 경우이고, 중국이나 일본의 민요 그리고 우리 시가 형식은 모두 뒤의 경우이다.

한시에서는 글자수가 음절수이다. 발음을 "jintian"라고 적는 "今天"은 "jin+tian"으로 이루어진 두 음절이다. 로마자나 한글로는 두 자로 적을 수밖에 없는 복모음이 한 음절을 이룬다. 일본어에서는 한자의 글자수는 무시하고 일본 문자로 적는 글자수가 음절수이다. "うえの"는 세 음절이다.

❑ **문**: 동아시아 여러 나라의 운율이 나중에 어떻게 되었는가? 처음의 차이점이 지속되었는가?

❑ **답**: 일본의 율격은 그대로 있고, 월남에서는 민요가 치밀어 올라 변화가 일어났다. 새로운 운율이 추가되어 먼저 것과 공존했다. 한국에서는 운율이 다시 만들어지면서 정형시와 자유시가 겹쳤다. 유럽의 상징주의시가 근대시의 모범으로 인식되어 영향을 끼칠 때 세 나라 시는 상이한 반응을 보였다. 한시와의 관계를 결정지은 첫째 선택이 천여 년 후의 둘째 선택에 작용했다.

일본에서는 전통적 율격을 변형시키는 것이 불가능해 근대시는 자유시여야 한다고 하면서, 유럽 작품과 정보량이 대등한 작품을 창작하려고 하다가 고립을 자초했다. 전통적 율격을 고수하는 쪽이 대중의 인기를 누린다. 월남 근대시를 창조하는 시인들은 상징주의 시를 원문으로 읽고 운율이 다양하고 정교한 데 충격을 받고 월남 정형시를 재정비했다. 한국에서는 일본과 같아야 한다고 하면서 뒤따르려는 풍조가 나타났으나, 전통적 율격을 계승하고 변형시킨 시인들이 뛰어난 작품을 창작했다.

이러한 사실에 관해 고찰하는 논문을 프랑스어로 써서 프랑스에서 발표했다고 제1권 제13강에서 말하고, 논문을 제시했다. 그쪽 사람들이 흥미롭게 여길 주제이기 때문이다. 한시의 충격을 받아들일 때의 첫째 선택은 중국과 일본 학자들과 함께 가진 관심사여서 이번에 발표했다. 둘을 연결시켜 전후관계를 상론해야 하는 작업이 남아 있다.

❑ 문: 한국은 음악을, 일본은 미술을 자랑으로 삼는 전통이 오늘날 어떤 구실을 하는가?

❑ 답: 한국의 전통이 음악뿐만 아니라 방송극, 영화 등의 공연예술에서 경쟁력을 가지게 한다. 일본은 시각이 중요시되는 창조물에서 장기를 가진다. 상품 디자인이 그 가운데 큰 몫을 한다.

❑ 문: 애니메이션이나 컴퓨터 게임은 어떤가?

❑ 답: 양쪽이 겹치는 영역이다. 일본은 미술뿐만 아니라, 칼싸움과 손재주의 전통이 있어 앞서 나간다. 복잡한 사건의 유기적인 전개는 한국의 장기이다. 경쟁하지 말고 합작하는 것이 바람직하다.

❑ 문: 복잡한 사건의 유기적인 전개는 한국의 장기라고 하는 근거는 무엇인가?

❑ 답: 일본 江戶 시대 남성소설의 특징인 즉감적인 색정 묘사와는 많은 거리를 두고 동시대 한국의 여성소설은 남녀의 정신적 이끌림이 시련을 넘어서 성사되는 과정을 파란만장한 사건을 만들어 전개

했다. 和歌와 시조의 차이가 서사문학에서 최대한 확대된 결과라고 할 수 있다.

❑ 문: 和歌와 시조를 번역을 통해 서로 이해할 수 있는가? 시를 번역할 수 있는가? 번역을 잘 하려면 어떻게 해야 하는가?

❑ 답: 和歌와 시조를 원문을 읽어 서로 이해하는 데 힘써야 한다. 번역을 통해 이해하기는 어렵다. 최상의 번역은 있을 수 없으므로 두 가지 대안이 필요하다. 원문에 충실한 번역도 하고, 번역이 시가 되게 하는 번역도 해야 한다. 외국문학을 공부하려는 사람에게는 앞의 것이, 일반 독자에게는 뒤의 것이 더 좋다. 번역이 시가 되게 하려면 시인이 번역하거나 공역자로 참여해야 한다. 시인이 시 번역에 참여하는 것은 러시아에서 잘 하고 있는 일이어서, 우리 시 번역이 널리 애독된다. 외국의 시를 우리말로 번역할 때에도 시인의 참여가 요망된다.

제11강 '華·夷'와 '詩·歌'의 상관관계

논의의 유래

동아시아문학사는 공동문어문학과 민족어문학의 관계사이다. 중심부에서 이룩한 공동문어문학을 중간부나 주변부에서 받아들여 재창조하면서 민족어문학이 기록문학으로 전환하도록 하는 데 필요한 자극으로 삼고, 민족어기록문학의 성장이 다시 공동문어문학의 성격을 변모시킨 과정이다. 중세에 이루어진 다른 여러 문명권에서도 기본적으로 동일하게 나타나는 현상이 동아시아에서는 어떻게 구체화되었는지 밝혀 논해야 한다.

그렇게 하려면 방대한 작업이 필요하다. 이미 진행한 작업이 적지 않아 되풀이해서 말하기 어렵다. 그러나 핵심에 해당하는 것은 간추릴 수 있다. 제3차 東亞比較文化國際學術會議가 1998년 10월 10일 중국의 北京大學에서 열렸을 때 기조발표를 한 논문 <東亞文化史上'華·夷'與'詩·歌'之相關>이 그런 것이다. (『비교문학』 23, 한국비교문학회, 1999에 발표하고; 『문명권의 동질성과 이질성』, 서울: 지식산업사, 1999 말미에 수록했다.)

동아비교문화국제학술회의는 이름 그대로 동아시아 비교문화를 위한 모임이다. 주도한 순서대로 들면 일본·중국·한국학자들이 만나는 자리이다. 국제적인 조직이 마련되고, 그 아래 각국의 조직이 있다. 제1·2차대회는 일본에서 열고, 제3차대회는 중국에서 맡았다. 그 뒤는 한국 차례였음은 물론이다.

다루는 대상은 동아시아 전통문화이다. 근대 이후는 배제하고 동아시아가 한 문명을 이루고 있던 시기의 전통문화를 어느 한쪽에 치우치지 않고 대등한 관점에서 비교해 상호이해를 깊게 한다. 세 나라 참가자 수가 비등한 것도 특기할 사항이다. 월남의 참여가 과제로 남아 있다.

동아시아 비교연구 모임이 유행이 되다시피 한 가운데 이것이 조직 방식이나 주제 선정에서 모범을 보여준다고 할 수 있다. 나는 회원이 아니었는데, 북경에서 열리는 다음 번 동아비교문화국제학술회의에서 기조발표를 해달라는 교섭을 일본학자를 통해서 받았다. 여비와 체재비를 다 부담한다는 조건이었다. 어떤 모임인지 알아본 다음 흔쾌히 승낙하고 열심히 준비했다.

좋은 기회를 얻어 평소에 하던 작업을 잘 정리해 동아시아 전통문화 비교연구의 모범을 보이고자 했다. 한 자리에 모여 함께 발표하면서 동아시아의 연관에 대한 전반적인 논의는 펴지 못하고, 자국 중심의 작은 논제에 대한 각자의 관심을 말하는 데 그치는 폐단을 시정하겠다는 의욕을 가졌다. 발표에 참가해 확인해보니 예상이 빗나가지 않았다. 다른 발표는 모두 세부 사항을 자료 소개 위주로 다룬 것들이어서 함께 논의할 것이 되지 못했다. 수고하기 잘 했다고 생각했다.

그런데 사용 언어가 문제였다. 논문을 한국어로 써도 되지만 중국어본을 함께 제출하라고 했다. 중국어본을 만들려면 다른 사람의 수고를 빌어야 했다. 번역에는 항상 문제가 따르고 차질이 있다. 그래서 고민하다가 획기적인 대책을 마련했다. 한문을 사용하기로 했다. 한국어본도 중국어본도 만들지 않고 논문을 한문으로만 쓰기로 했다.

동아시아 각국 학자들이 모여 학술회의를 할 때 어떤 말을 사용할 것인가? 두 가지 대책이 있다. 영어로 논문을 쓰고 발표를 한다. 각국어로 쓴 논문을 번역과 통역을 통해 전달한다. 전통문화 비교연구는 다루는 내용이나 발표자의 성향이 앞의 방법과 맞지 않아 뒤의 것을 택했다. 모임에 참가해보니 번역은 없고 통역만 있었는데, 번거롭기만 하고 전달이 제대로 되지 않았다.

나는 한문을 쓴 이유를 논문 서두에서 밝혔다. 지난날의 공동문어를 되살려 학문어로 쓰는 것이 마땅하다고 했다. 한문은 문어이기만 하고 구어는 아니므로 발표할 때에는 한국어로 직역을 하는 방식을 사용했다. 다른 나라 학자는 한문을 눈으로 보며 이해하면 되었다. 한문을 모르고 동아시아 전통문화 비교연구를 하는 것은 무리이다. 통역은 하지 말자고 했다. 중국어 통역은 없고 일본어 통역만 있었다. 일본학자 일부의 능력 부족 때문이 아니었던가 한다.

한문을 동아시아 공용의 학문어로 삼자고 하는 제안에 대해서 중국인 사회자가 공감을 나타내면서 토론해보자고 했다. 다른 사람들도 긍정적인 반응을 보이기만 하고 적극적인 찬성은 하지 않았다. 하기 어렵다고 여기는 것 같았다. 식사 시간에 주빈석에 함께 앉은 중국학자들이 내 논문의 문장이 뛰어나 文字香이 느껴지기까지 한다면서 중국어는 하지 못하면서 글은 잘 쓰는 이유가 무엇인가 하고 물었다. 말을 주고받을 때 통역이 필요했음은 물론이다.

나는 조상 대대로 해온 일을 우리 대에 와서는 하지 못해서 되겠는가

하고, 중국이나 일본에서도 동아시아 전통문화를 연구하는 학자들이 한문을 함께 쓰면 동아시아 학문이 하나가 될 수 있다고 했다. 중국학자들이 자기네는 백화문에 익어 고문으로 글을 쓰지 못한다고 했다. 한문 글쓰기를 되살리는 것이 긴요한 과제임을 절감하고 그 자리에서 역설하고, 기회 있을 때마다 강조하겠다고 작정했다.

논문이 기조발표여서 공식적인 토론은 없었다. 여기저기서 칭송하는 말을 이따금 통역해주었다. 중국학자 가운데 한국문학을 전공하면서 비교문학도 하는 韋旭昇 교수만은 말이 통해 자세한 소감을 들을 수 있었다. 동아시아 전역의 구비문학 · 한문학 · 자국어문학의 역사적 전개를 통괄해서 논한 관점이 탁월해 높이 평가한다고 했다.

한문 논문

導言

東亞各國諸民族, 自古成一家也. 是何故? 共有同一文明, 共用同一文語, 形成一大家, 與數個他大家竝立, 同參列創造世界史. 然今日東亞各國, 放棄同一文明, 而各已追從西洋風, 喪失同一文語, 而只用互相不通之口語, 此爲是不幸之事也. 吾等東亞文化比較硏究者, 須奮發治愈當代之弊風, 非但繼承同一文明之遺産, 亦回復共同文語之文章, 以此爲已任, 可也. 吾雖未熟於先賢教學, 不近於醇正古文, 只以熱望今日東亞再興前日之大同學風, 敢試分外之擧, 而懇請大方叱正.

共同文語者, 乃前日之'文', 故不要他稱. 然今日中國人謂之'文言文', 韓國 · 日本 · 越南人 稱之'漢文'. 以'漢文'可爲共用之稱, 然中國人中或者謂之"漢代之文", 西洋人中或者認之"中國人專用之文", 故不可不再規定之. '漢文'乃東亞之'共同文語'. '共同文語', 可略稱'共文'. 中國之白話及各國之國語, 方爲公用書寫語以後, '共文'退出, 而潛跡於古籍. 雖語文一致者, 時代之要求, 千古'共文'不可不學. 各國應有固有語文, 而國際語文不可不用. 爲東亞學術文化之國際交流, 應當再生東亞之'共文'卽'漢文'.

'共文'不是'共語', 故各國之發音相異也, 然可以眼讀同一文, 而得同一意, 同時心裏發聲各者相異之音. 吾以菲材之力, 雖書出僅僅達意之拙文, 不要區區通譯, 幸哉, 不借他家之英語, 快哉. 此一文非完物, 只摘要而已. 內容及語辭, 兩面不備. 處處未成文章, 列擧語辭, 間間挿入新語, 損傷品格. 識者必怒, 不必過責. 壇上發表時. 不得不讀之以韓國音, 願添未盡之辭而補之. 座中諸公, 應當讀之以各自之音, 任意修正補充, 而願飜作完文.

關於東亞文學, 吾已著三種書;『東亞文學史比較論』(1993),『東亞口碑敍事詩之樣相與變遷』(1997),『東亞文學之一樣與多樣』(近刊). 然此等書只用韓國語, 未有譯本, 故吾之所見, 不能傳達於隣邦同學諸公. 今日幸得講演之機會, 願約述平素所見之一端.

'華·夷'與 '詩·歌'之概念

東亞之'同一'文明之內, 實含有'異多'性向. 東亞之同一'文語', 與各國'口語'竝用. '同'者不全同, '一'者非純一. '同'卽'異', '一'卽'多', 此萬古不變之理也. 爲知'同', 必探'異'; 願算'異', 應究'同'. 欲明'一', 當識'多'; 希論'多', 須學'一'. 援用此方法, 吾論述東亞文學之一樣與多樣.

一千數百年以降, 東亞史上, 有兩個緊要相對語: 曰'華·夷', 曰'詩·歌'.'華·夷','詩·歌'之區分概念, 言約而意深. 以極單純之名字, 包括千差萬別之文化現象. 是東亞'共文'文字漢字之最長處也.

'華'者乃東亞文明同樣之普遍理想也. '夷'者乃各民族文化多樣之相異特性也. 關於'華・夷'之範圍及實狀, 頗有多種相反見解, 而兩者相對之論法, 常存焉. '詩'則用共同文語, 遵同一規範之律文者矣, '歌'則依各民族語, 表現相異之律文者矣. '歌'之名稱及種類, 各樣各色. 然區分'詩・歌'之慣習, 不變焉.

'詩'者乃'華'之發, '歌'者乃'夷'之見, 則當然之事也. 然當然之事, 不是必然之事. '華・夷'與'詩・歌'兩者之關係, 可變也. 或有以'歌'呈'華'者. 或有作'詩'揚'夷'者. 然則有'華詩','夷歌','華歌','夷詩'. 如此四種詩歌, 何時出現, 而有如何相關?

'華詩'之擴散

上古之時, 只有'歌', 未有'詩'. 使用文字而後, '詩'出現. 孔子明禮樂, 刪詩書以來, '華・夷'之別, 行於世. '詩'雅・'歌'俗, '華'尊・'夷'卑之差等觀念, 漸得威勢, 而爲東亞中世之文化規範, 支配文學史之展開.

『詩經』所載之'歌', 多出于里巷百姓之民謠, 本'夷歌'也. 然孔子及後代儒家, 作之爲'華詩'之源. 自漢至魏晉代, 推崇'華詩', 貶下'夷歌'. 往往採'夷歌'而入'樂府', 棄夷趣, 以此爲'華詩'之材. 李白之<娥眉山月歌>, 雖稱歌, 然顯示脫俗高雅之風, 爲'華詩'之一典範. 全文如下:

娥眉山月半輪秋　　影入平羌江水流
夜發淸溪向三峽　　思君不見下渝州

唐代確立'華詩'以後, 李白・杜甫爲千年師表, 五言・七言定百代詩律. 更不要採用'樂府', 終忽視'夷歌'. '華詩'與'夷歌'不交涉, 乃中國文學史之特點也.

其不採入於'樂府'之'夷歌', 乃見棄遺忘. 故國內外稱中國爲'華詩'專一之國. 然此是卷裡風光. 於本地風光, 別有天地. 中國之中原內, 漢族各分派, 使用不同口語, 各承相異'夷歌'. 其中九牛一毛, 纔至近日採錄出刊. 揚子江邊之吳語敍事詩, 如<沈七哥>, <薛六郎>等, 其一例也. (姜彬主編, 『江南十大民間敍事詩』, 上海: 上海文藝出版社, 1989)

然中國內各少數民族, 恒時尊崇自己'夷歌'. 白族之<創世歌>, 納西族之<黑白之戰>, 彝族之<銅鼓王>, 皆以巨篇之'夷歌', 表出民族自矜心. 『後漢書』<西南夷列傳>所載, 白狼王所作之<遠夷樂德歌>等慕漢歌三章, 非眞情之作也. 西南少數民族, 往往同參於'華詩'創作之時, 不說向中原慕'華'之事, 而吟詠各自能具'華'之格.

段義宗, 南詔國白族詩人也. 『全唐詩』明記段義宗爲"外夷", 而收錄<思鄕作>. 其一節曰: "座久銷銀燭, 愁多減玉顔, 懸心秋夜月 萬里照關山."(『全唐詩』第11函 第9冊, 上海: 上海古籍出版社, 1986, 1953面) 秋夜寂寞, 在他鄕見月, 詩人思故國, 其事緣悽絶. 然不能歸, 被殺於中國. 今人評此詩曰"頗具唐詩風韻". (鮮于煌 選注, 『中國歷代少數民族漢文詩選』, 北京: 民族出版社, 1988, 18面) 所謂"唐詩風韻"者, 非中國之獨有資産, 而且中世前期以來, 東亞各國'華詩'之共有物也.

新羅代韓國人崔致遠, 在唐思鄕詩云: "海內誰憐海外人, 問津何處是通津", "客路離愁江上雨, 故園歸夢日邊春"(<陳情上太尉>). 其言辭與聲律具備'華詩'之秀, 其懷抱與情趣專向故國之天. 高麗代韓國詩人李齊賢, 在元時, 作<思歸>. 其全文如下:

扁舟漂泊若爲情　　四海誰云盡弟兄
一聽征鴻思遠信　　每看歸鳥嘆勞生
窮秋雨鑠青神樹　　落日雲横白帝城
認得蓴羹勝羊酪　　行藏不用問君平

此詩, 以精深之辭, 傳淳朴之心. 詩人遊歷於天下同文之廣域, 交驩與四海兄弟之名士. 處處賞味勝景珍饌. 物物賦詠寓興妙趣, 總是非餘暇之閑事, 而爲祖國之勞苦也. 未完必須之要務, 先出思鄕之私情, 是詩人之情狀. 休勞生於鄕里, 而樂蓴羹與村民之事, 已定於心中, 不必問於他國古人.

遠邦日本之訪中客, 亦作同軌之詩. 明初, 僧侶詩人絶海中津, 臨迫歸國, 述萬端感懷, 而寄于中國人知己. 其一節, "十年寄跡江淮上. 此日還鄕雨露餘, 客路扁舟回首處, 離愁滿幅故人書."(<四明館驛簡龍河猷仲徽>, 入矢高義 校注, 『五山文學集』, 東京: 岩波書店, 1990, 83-84面) 云云, 可謂淸新切實也.

往往異國詩人訪中國時, 作懷古詩, 而述悲感. 此種詩, 表面上言中國之不幸, 其內面論自國之苦惱, 此乃常例也. 琉球詩人周新命, 訪淸代中國, 過一侯王之宮城廢墟, 作一篇歎詩<釣龍臺懷古>(島尻勝太郎 選, 上里賢一 注譯, 『琉球漢詩選』, 那覇: ひるぎ社, 1990, 144-145面). 其全文如下:

江上荒臺落日邊　　不知龍去自何年
殿檐花滿眠鼯鼠　　輦道苔深哭杜鵑
遺事有時談野老　　斷碑無主臥寒煙
凄然四望春風路　　縱是鶯聲亦可憐

讀此詩者, 能想起琉球喪失國權之不運. 詩人目睹他國之景, 回憶自國之史. 處處情景裏, 物物悲歌動. “遺事有時談野老”之“野老”, 是可言不忘國魂之志士. “斷碑無主臥寒煙”之“斷碑”, 是聯想斷絶國史之慘狀.

越南詩人阮攸, 亦於淸代訪中, 作弔屈原詩<反招魂>(*Tho Chu Han Nguyen Du*, Hanoi: Nha Xuat Ban Van Hoc, 1965, 526面). 其序頭之言, “魂兮魂兮胡不歸, 東西南北無所依”, 可謂凡常也. 然至於“君不見湖南數百州, 只有瘦瘠無充肥”, 可見作者之眞意, 在批判當代之弊風.

於韓國, 徐居正嘗編纂『東文選』, 收集歷代韓國漢詩文. 其序曰: “我東方之文, 非宋元之文, 亦非漢唐之文, 乃我國之文也. 宜與歷代之文, 并行於天地之間, 胡可泯焉而無傳也”. 此言亦當於其他諸國. 韓國・日本・南詔・越南・琉球等之詩人, 皆其作詩能力對等卓絶, 故東亞爲同文之一家.

然此等諸國, 不擇一方路, ‘詩’與‘歌’, 兩者竝行. ‘詩’惟恐不足, ‘歌’愈益自勉, 而補短宣長. 其文學史, 是‘詩’與‘歌’之交涉史也.

‘華歌’之登場

中國以外東亞各國, 爲宣揚自民族之‘歌’, 講究三種對策. 一曰使用文字. 二曰整齊律格. 三曰提高構想.

第一對策, 使用文字之目標. 是願以口頭‘歌’之民謠, 變爲書面‘歌’之作品也. 始初無自國文字, 故借用漢字, 表記自民族語. 韓國之‘鄕札’, 日本之‘假名’, 越南之‘字喃’, 白族之‘白文’, 卽是也. 韓國之‘歌’用‘鄕札’者, 謂之‘鄕歌’. 日本之‘歌’用‘假名’者, 謂之‘和歌’, 越南之‘歌’用‘字喃’者, 謂之‘國音詩’, 白族之‘歌’用白文者, 謂之‘白文詩’. 後代, 韓國創製自國文字, 表記新‘歌’‘時調’. 日本之‘假名’簡略化.

第二對策, 整齊律格之目標, 是欲具現與'詩'相似之外形美也. 越南之'國音詩'用五言又七言形式, 正似律詩. 白族之'白文詩'及日本之'和歌', 用五言七言交替形式, 近似律詩. 其中, '國音詩'之五言又七言形式, 不是越南民謠之自然律格, 摹之於律詩, 作人工律格. '和歌'之五言七言交替形式, 亦同軌之人工律格. 然'白文詩'之五言七言交替形式, 仍用自民謠之自然律格. 韓國之'鄕歌'及'時調'再組成傳來民謠之律格.

第三對策, 提高構想之目標, 是欲具現與'詩'同格之思想內容也. 換言之, 願使'歌'得不遜於中國及自國'詩'敍人事賞山水之意趣, 而因以'夷'化爲'華'. 然其方法, 與言語之特性, 有緊密關係. 越南・白族兩語, 是孤立・單音節語. 正如'詩', 以五言又七言, 可能表出複合構想. 然韓國・日本兩語, 是膠着・多音節語. 以五言又七言可容之詩想, 與'詩'不能對等. 與'詩'形式上對等又內容上對等, 不能兼全, 故不可不擇一. 韓・日兩國之'歌', 擇相反之事. 日本'和歌', 外形上與'詩'近接之, 而於詩想遠離之. 韓國'鄕歌'及'時調', 外形上與'詩'遠離之, 而於詩想近接之.

各國之'夷歌', 用上記三種方策者, 變爲'華歌'. 越南'國音詩'及白族'白文詩', 以名稱中'詩'字, 表示是與'詩'同格之'歌'. '華歌'出現之結果, 上層之'華詩', 中層之'華歌', 下層之'夷歌', 形成三層之文學. 上層與中層, 是文人之域. 下層是百姓之域.

文人或專念'華詩', 或兼業'華詩'與'華歌'. 兩者間, 無有學識地位之差. 白族之楊黻, 越南之阮廌, 韓國之李滉, 皆當代最高名賢碩學. 以'華詩', 務揚同一文明, 作'華歌', 欲成上下紐帶. '華歌'確立, 於15・16世紀. 是中世後期文學之成熟期也.

楊黻之'白文詩'<山花碑>, 是'華歌'之一好例. 全文20節. 其中引用13・14兩節. (甲)是原文, (乙)是漢譯. (龔友德,『白族哲學思想史』, 昆明: 雲南

民族出版社, 1992, 363-364面)

(甲)	(乙)
盛國家覆世功名	盛國家蓋世功名
食朝廷尊貴爵祿	享朝廷尊貴爵祿
慈悲治理衆人民	慈悲治理衆人民
才等周文武	才比周文武
恭承敬堂母天地	恪恭敬父母天地
孝養干子孫釋儒	孝養教子孫釋儒
念禮不絶鐘磬聲	禮佛不絶鐘磬聲
消災難長福	消災難長福

性理學之巨擘, 韓國之李滉, 作'華歌'之標本<陶山十二曲>, 於其跋, 論'歌'之感化勝於'詩'之理由曰: "自歌而自舞蹈之. 庶幾可以蕩滌鄙吝, 感發融通, 而歌者與聽者, 不能無交有益焉." '詩'也, 只以托於吟詠而傳言, 不能容易達成醇化之意. 然'歌'也, 樂之者, 能唱能舞, 以渾身感發, 不知不識間, 自然悅道義頤心性. 故爲振作'華'風, 不可不用'歌'. 此崇尙'華歌'之宗旨也.

'夷詩'之反逆

至於自中世至近代之移行期中18世紀頃, 在詩'界發生一大變革. 以'樂府'標榜再現民間歌謠及閭巷風俗之'詩', 多數出現. 然此物, 不是如漢魏晉代之古'樂府'同軌. 古'樂府'潛跡於中國, 數百年後, 中國以外各國及中國內少數民族, 爲積極具現民族文化之特性, 使用自國之'夷歌', 創出'夷詩', 而革新'華詩'主導之詩壇.

其時, 韓國之金萬重曰: "閭巷間, 樵童汲婦, 咿啞而相和者 雖曰鄙俚, 若論眞贋, 固不可與學士大夫之所謂詩賦者, 同日而論."(西浦漫筆). 此言主張'夷歌'勝於'華詩'也. 朴趾源曰: "字其方言, 韻其民謠, 自然成章, 眞機發現."(嬰處稿序) 以民謠之'夷歌', 爲辨別文學創作眞僞之標準.

標榜'樂府'之'夷詩', 有四種; 一曰'飜譯樂府'. 二曰'詠史樂府'. 三曰'紀俗樂府' 四曰'戱作樂府'. 韓國長於'飜譯樂府'. 申緯之'時調'飜譯, 柳振漢之漢譯<春香歌>等, 是也. 韓國及日本各有'詠史樂府', 沈光世等數人之<海東樂府>, 賴山陽之<日本樂府>, 是也. 韓・日・越各國及中國少數民族, 多有各自之'紀俗樂府'.'紀俗樂府'之分布最廣也.

越南詩人阮攸之長詩<龍城琴者歌>(*Tho Chu Han Nguyen Du*, 504-505面), 細細寫出一下層樂工之行色, 而深深歎息西山運動敗退之歷史悲運. 表面上'紀俗樂府', 其裏面則'詠史樂府'. 擧列其一端如下:

顔瘠神枯形略小　　狼藉殘眉不飾粧
誰知就是　　當時城中第一妙
舊曲聲聲暗淚垂　　耳中靜聽心中悲
猛然憶起二十年前事　　鑑湖席中曾見之
城郭推移人事改　　幾處桑田變滄海
西山基業盡消亡　　歌舞空遺一人在
瞬息百年能幾時　　傷心往事淚沾衣

'戱作樂府', 最盛行於日本之'狂詩'. 是倣古典, 而逆轉之, 以呈淺近戱謔之味. 其一例, 桂井蒼八之改作<娥眉山月歌>(市古貞次 外 共編, 『日本文學全史』 4, 東京: 學燈社, 1978), 306面, 以娥眉山, 改爲姙婦腹. 故意毁損原作之脫俗高雅氣風, 而造作低俗鄙陋褻辭, 以供可笑之資. 全文如下:

娥眉山月半臨腹　　形似平生孤柳柔
夜發傷産向散亂　　招醫不來下憂愁

'夷詩'行世後, '華詩'·'華歌'·'夷歌'之三層秩序, 遂顚倒. '詩'雅·'歌'俗·'華'尊·'夷'卑之差等觀念, 終撤廢. '華詩'·'夷歌'·'華歌'·'夷詩'相異而相和, 相克而相生之關係, 方出現.

今日, 外面上未有'華·夷','詩·歌'之區分. 個別之'夷', 代替大同之'華'. 口語'歌', 占有'文語'詩'之位. 然於東亞各國文學之內面, '華詩'·'夷歌'·'華歌'·'夷詩'之文學精神, 及其互相生克關係, 繼續作用. 四種詩歌, 總是恒久貴重之資産也.

번역과 고찰

한문으로 쓴 위의 글을 국문으로 옮기고 고찰하기로 한다. 서두에서 한문 사용의 의의를 말한 대목은 이미 말했으므로 옮기지 않는다. 인용한 자료 출처는 다시 들지 않는다.

동아시아에서 천여 년 동안 사용해온 두 개의 상대어 '華'와 '夷', '詩'와 '歌'는 문학사의 전개를 꿰뚫어 이해할 수 있게 한다. '華'는 동아시아문명이 함께 지닌 보편적 이상이다. '夷'는 민족문화의 특성이다. '詩'는 공동문어를 함께 사용하는 공동의 율문이다. '歌'는 각기 민족어를 사용하는 상이한 율문이다. 세부적인 논란은 많이 엇갈렸지만, '華'·'夷'·'詩'·'歌'의 기본개념을 이렇게 구분하는 데서는 견해 차가 없었다.

'華'·'夷'가 '詩'·'歌'에서 어떻게 나타났는지 살피는 것이 동아시아문학사 이해의 핵심과제이다. 중세보편주의와 민족문화의 관계를 통해 문학의 지향점이 어떻게 달라졌는지 알 수 있다. 공동문어시와 민족어시의 관계에서 확인되는 시의 변천은 산문보다 훨씬 선명하다. 중세문학사의 전개를 먼저 이해하고, 중세문학과의 비교를 통해 그 앞의 고대문학이나 그 뒤의 근대문학의 특성을 밝히는 것이 바람직한 방법이다.

'詩'는 '華'의 소산이고, '歌'는 '夷'의 발현인 것은 당연하다고 하겠으나, 반드시 그렇지는 않다. '華夷'와 '詩歌'의 상호관계는 경우에 따라 달라질 수 있었다. '歌'로 '華'를 구현하는 것도 있고, '詩'를 지어 '夷'를 선양하는 것도 있었다. 그래서 '華詩'·'夷歌'·'華歌'·'夷詩'가 모두 존재했다. 이 넷의 상관관계가 '華詩'와 '夷歌', '華詩'와 '華歌', '華詩'와 '夷詩', '夷歌'와 '華歌', '夷歌'와 '夷詩', '華歌'와 '夷詩'로 나타났다.

처음에는 '歌'만 있고, '詩'는 없었다. 문자를 사용하면서 '詩'가 이루어졌다. '歌'를 모으고 가다듬은 『詩經』을 엮어 '詩'의 연원을 마련한 孔子가 또한 『春秋』를 지어 '華'와 '夷'를 구별했다. 그래서 '詩'는 우아하고, '歌'는 속되고, '華'는 존귀하고, '夷'는 야비하다는 구분이 생겼다. 그런 가치체계가 동아시아 보편종교 유교의 핵심 교리로 채택되어 중세문명의 규범 노릇을 하고, 문학사의 전개를 지배했다.

『시경』에 실려 있는 작품은 '歌'이다. 일반 백성이 부른 민요에서 유래한 것들이 많아 본래 '夷歌'이다. 그런데 공자의 후계자라고 자부하는 儒家는 그런 것들을 '華詩'의 연원으로 삼았다. 漢에서 魏晉에 이르는 시기에 '華詩'라고 할 것을 이룩하고 '夷歌'를 폄하했다. 이따금 '夷歌'를 채록해 '樂府'에 편입시키면서 '夷'의 취향은 제거하고 '華'의 영역을 확대하는 데 썼다.

그 다음 시기 李白의 <娥眉山月歌>는 '歌'라는 제목이 붙어 있는 채로 脫俗하고 高雅한 기풍을 갖추어 '華詩'의 한 전범으로 평가된다. 전문을 들고 번역하면 다음과 같다.

娥眉山月半輪秋	아미산의 달이 반만 둥글어진 가을,
影入平羌江水流	그 그림자 비친 평강강 물결 흘러가네.
夜發淸溪向三峽	밤에 청계역 출발해서 삼협을 향하느라고,
思君不見下渝州	그리운 그대 보지 못하고 유주로 내려가네.

이런 작품이 이루어진 唐代에 '華詩'가 확립되어, 李白과 杜甫는 영원한 스승으로 숭앙되고, 五言과 七言의 律詩 형식이 불변의 운율로 정립되었다. 그 뒤에는 민요를 받아들이는 '樂府'가 필요하지 않게 되어, '夷歌'를 아주 무시했다. '華詩'가 '夷歌'와 교섭을 가지지 않는 것이 중국문학사의 특징이다.

'樂府'에 채록되지 않은 '夷歌'는 버려, 중국은 '華詩'만 있는 나라인 것처럼 알려졌다. 그러나 그것은 잘못된 인식이고, 실상은 그렇지 않다. 중국 중심부 漢族의 여러 분파는 서로 통하지 않는 말을 사용하면서 상이한 '夷歌'를 전승해왔다. 그 가운데 일부가 최근에야 채록되어 출간되었다. 양자강변의 吳語서사시 <沈七哥>, <薛六郎> 등이 그런 예이다.

그러나 중국의 여러 소수민족은 언제나 자기의 '夷歌'를 소중하게 여겼다. 白族의 <創世歌>, 納西族의 <黑白之戰>, 彝族의 <銅鼓王> 같은 거편의 '夷歌'로 민족의 자긍심을 표출했다. 『後漢書』 <西南夷列傳>에 수록되어 있는 白狼王의 <遠夷樂德歌> 등의 慕漢歌 세 수는 진정에서 나온 것이 아니다. 서남쪽 소수민족은 이따금 '華詩' 창작에 동참하면서 중원을 그리워하는 사연을 나타내지 않고, 자기네가 이룩한 문화수준을 보여주었다.

段義宗은 南詔國 白族 시인이다. 『全唐詩』에서 "外夷"라고 밝히고 <思鄕作>을 수록했다. 그 시의 사연이 다음과 같다.

座久銷銀燭	오래 앉아 은빛 초만 녹이면서,
愁多減玉顔	근심이 많아 고운 얼굴 쇠약해질 때,
懸心秋夜月	마음을 매달고 있는 가을밤 달
萬里照關山	만리 관산을 비춘다.

적막한 가을밤에 타향 關山의 달을 바라보면서 고향을 생각하는 시인의 마음 처절하다. 그런데 돌아가지 못하고 중국에서 피살되었다. 오늘날 이 시를 평가해 "頗具唐詩風韻"(자못 당시의 풍모와 운율이 있다)고 하는데, 이른바 "唐詩風韻"은 중국 것만 아니고, 중세전기 이래로 동아시아 각국의 '華詩'가 공유한 특징이다.

신라시대 한국인 崔致遠이 당나라에 있으면서 고향을 그리워한 시 <陳情上太尉>에서 "海內誰憐海外人 問津何處是通津"(해내 사람이 누가 해외인을 가련하게 여기랴, 묻노라 어느 곳이 길이 열리는 나루인가) 하고, "客路離愁江上雨 故園歸夢日邊春"(나그네 길 이별의 슬픔 강 위의 비요, 고향으로 돌아가는 꿈은 해 가의 봄이다)고 했다. 그 언사와 음률이 빼어난 '華詩'이게 하고, 회포나 취향에서는 고국의 하늘을 찾았다. 고려시대 한국 시인 李齊賢이 元나라에 머물면서 지은 <思歸>는 전문을 들면 다음과 같다.

扁舟漂泊若爲情　조각배로 떠돌아다니니 어찌 정이 들겠나.
四海誰云盡弟兄　사해가 형제라고 누가 일렀던가.
一聽征鴻思遠信　기러기 소리 한 번 들어도 먼 곳 소식 생각나고,
每看歸鳥嘆勞生　돌아가는 새를 보고 수고로운 삶을 탄식한다.
窮秋雨鎖靑神樹　궁상맞은 가을비 청신 숲에 가득하고,
落日雲橫白帝城　해질녘의 구름은 백제성을 가로질렀다.
認得蓴羹勝洋酪　순채국이 양락보다 나은 줄 겪어보고 알았으니,
行藏不用問君平　나아가고 물러날 바 군평에게 물을 것 없다.

시인은 天下同文의 넓은 영역을 돌아다니면서 사해를 형제로 여기는 명사들과 교류했다. 곳곳에서 아름다운 경치 구경하고 좋은 음식을 먹었으며, 보는 것마다 묘한 흥취 느껴 시로 읊었다. 한가로운 사람이 소일거리를 찾은 것은 아니다. 조국을 위해 애쓰느라고 그렇게 했다. 필수 과업을 완수하지 못하고서 고향을 생각하는 사사로운 마음이 앞서니 시인이라서 그런가? 수고로운 삶을 고향에 돌아가서 쉬면서 마을 사람들과 함께 순채국을 즐기겠다고 이미 작정했으니 다른 사람과 상의할 필요가 없다고 했다.

먼 나라 일본의 시인 또한 중국을 방문하고 그 비슷한 시를 지었다. 明나라 초기에 絶海中津은 귀국이 가까워왔을 때 <四明館驛簡龍河猷

仲徽>를 지어 만단의 감회를 중국인 벗에게 전했다. 그 한 대목에서 "十年寄跡江淮上 此日還鄉雨露餘" (십년 동안 강회에서 자취를 깃들이다가, 오늘 돌아가려고 하니 우로 같은 은혜 남았다)고 하고, "客路扁舟回首處 離愁滿幅故人書"(나그네 길 조각배 타고 멀리 돌아보는 곳으로, 벗이 보낸 편지 이별의 슬픔 가득하구나)라고 했다. 청신하고 절실하다고 할 수 있는 사연이다.

외국시인이 중국을 방문하고 지은 회고시에 비감에 사로잡힌 것이 이따금 있는데, 표리가 다른 의미를 지니기 일쑤이다. 중국에서 있었던 일을 말한다고 하고서 자국이 겪는 불행을 토로한다. 琉球 시인 周新命은 淸나라 때 중국에 갔다가 어느 지방 제후의 궁성이 폐허가 된 것을 보고 탄식한 <釣龍臺懷古>를 지었다. 그 전문이 다음과 같다.

江上荒臺落日邊　강가 황량한 누대에서 해가 지는데,
不知龍去自何年　알지 못해라, 용은 어느 해에 가버렸는가.
殿檐花滿眠鼯鼠　전각 처마에는 꽃이 만발해 다람쥐가 잠들고,
輦道苔深哭杜鵑　연이 지나던 길에 이끼가 짙어 두견이 운다.
遺事有時談野老　시골 노인네나 이따금 지난 일 이야기하고,
斷碑無主臥寒煙　잘린 비석 주인 없어 차가운 안개 속에 누웠네.
凄然四望春風路　사방 봄바람 부는 곳 처연한 느낌으로 바라보니,
縱是鶯聲亦可憐　들려오는 꾀꼬리 소리 또한 가련하구나.

이 시를 읽는 사람은 유구가 국권을 상실한 불운을 생각해낼 수 있다. 시인은 눈으로 타국의 정경을 바라보면서 마음에서 자국의 역사를 생각한다. 곳곳에 펼쳐져 있는 정경을 볼 때마다 슬픈 노래가 꿈틀거

린다. "斷碑無主臥寒煙"의 "斷碑"는 國史가 절단된 참상이다. "遺事有時談野老"의 "野老"는 國魂을 잊지 않고 있는 志士이다.

월남 시인 阮攸 또한 청나라 때 중국을 방문하고, 屈原을 조상하는 시 <反招魂>을 지었다. 그 서두에서 "魂兮魂兮胡不歸 東西南北無所依"(혼이여 혼이여, 어째서 돌아오지 않는가, 동서남북 어디에도 머물지 못하면서)라고 한 것은 범상하다고 할 수 있다. 그러나 "君不見湖南數百州 只有瘦瘠無充肥"(그대는 보지 못했는가, 호남 수백 고을에 수척한 이들뿐이고 살찐 사람은 없는 것을)이라고 한 데 이르면 당대의 폐풍을 비판하고자 한 작자의 진의를 알아차릴 수 있다.

한국에서 徐居正은 일찍이 『東文選』을 편찬해 역대 한국의 한시문을 수록하면서 서문에서 "我東方之文 非宋元之文 亦非漢唐之文 乃我國之文也 宜與歷代之文 幷行於天地之間"(우리 동방의 문은 宋元의 문도 아니고, 漢唐의 문도 아닌, 우리나라의 문이니, 마땅히 역대의 문과 함께 천지 사이에서 나란히 나아가야 한다)고 했다. 이 말은 다른 나라에도 해당한다. 한국, 일본, 남조, 월남, 유구 등의 시인이 중국과 대등한 수준의 작시 능력을 지녀 동아시아가 한 집안일 수 있게 했다.

그 여러 나라는 중국처럼 한 길로 나아가지 않고 '詩'와 '歌'를 병행시켰다. '詩'가 부족하다고 염려되면 '歌'에 더욱 힘써서 단점을 보충하고 장점을 살렸다. 그렇게 해서 문학사를 '詩'와 '歌'의 교섭사로 전개한 것이 중국의 경우와 다르다.

중국 이외 동아시아 각국은 자기 민족의 '歌'를 선양하기 위해 세 가지 대책을 강구했다. 문자를 사용하고, 운율을 정비하고, 시상의 격조를 높였다.

첫째는 문자를 사용해 口頭 '歌'인 민요가 書面 '歌'인 작품이 되게 했다. 처음에는 자기 문자가 없어 한자를 차용해 민족어를 표기했다. 한국의 鄕札, 일본의 假名, 월남의 字喃, 白族의 白文이 그런 것이다. 한국에서는 鄕札로 鄕歌, 일본에서는 假名으로 和歌, 월남에서는 字喃으로 國音詩, 백족은 白文으로 白文詩를 창작했다. 후대에 日本은 假名을 단순화하고, 한국은 자국 문자를 창제해 새로운 '歌'인 時調를 표기했다.

둘째로 운율을 정비해 '歌'가 '詩'에서 볼 수 있는 형식미를 갖추고자 했다. 월남에서는 민요의 운율과는 이질적인 五言이나 七言의 형식을 사용해 國音詩가 한시의 律詩와 같아지게 했다. 일본의 和歌나 백족의 白文詩는 五言과 七言을 교체시켜 율시와 가까워진 점이 같으면서 그 연원은 서로 다르다. 그것이 和歌에서는 민요와는 이질적인 인위적인 운율이고, 白文詩에서는 민요에서 가져온 자연적인 운율이다. 한국의 향가와 시조는 민요의 율격을 재조직했다.

셋째로 시상의 격조를 높여야 '歌'가 '詩'와 대등할 수 있는 더욱 긴요한 요건을 갖출 수 있었다. '歌'에서 인생을 문제 삼고 산수를 완상하는 발상을 중국 및 자국의 '詩' 못지않은 수준으로 올려 '夷'를 '華'로 바꾸어놓아야 그럴 수 있었다. 그런데 운율 정비와 시상 격상은 한꺼번에 이루지 못했다. 그 가운데 어느 한쪽에 더욱 힘써야 하는 사정이 언어의 특성 때문에 생겼다.

월남과 백족은 고립·단음절어인 언어를 사용하는 점이 중국과 같아서, 五言이나 七言으로 복합적인 구상을 표출할 수 있다. 그러나 한국어와 일본어는 교착·다음절어여서 '詩'와 같은 운율을 사용하면 나타낼 수 있는 내용은 많이 모자란다. 내용을 '詩'와 대등하게 하려면 음절수가 많아지는 독자적 운율을 사용해야 한다. 일본의 和歌는 운율의 정비를, 한국의 향가나 시조는 시상 격상을 택한 점이 서로 다르다.

이상에서 든 여러 방법을 사용해 각국의 '夷歌' 가운데 일부는 '華歌'라고 할 수 있는 것으로 바뀌었다. 월남의 國音詩나 백족의 白文詩는 그 명칭에 '詩'라는 글자를 넣어 '詩'와 동격임을 표방했다. 그렇지 않은 경우라도 '華歌'를 수준 높게 이룩한 것을 커다란 자랑으로 삼았다.

그러나 '華歌'가 '華詩'와 같은 위치에 올라간 것은 아니다. 문학의 층위가 둘에서 셋으로 바뀌었다. 상층의 '華詩', 중층의 '華歌', 하층의 '夷歌'가 삼층을 이루었다. 상층은 문인, 하층은 백성의 영역이었다. 중층은 양쪽이 서로 만날 수 있게 하지만, '華'가 '華歌'의 가치라고 여기는 동안은 문인이 관장했다.

문인은 '華詩'에 전념하기도 하고 '華詩'와 '華歌'를 함께 짓기도 했다. 그 둘 사이에 학식이나 지체상의 차이는 없었다. 당대의 최고 명현이고 석학인 백족의 楊黻, 월남의 阮廌, 한국의 李滉이 '華詩'로 동일한 문명을 선양하고, '華歌'를 지어 민족문화의 수준을 높이는 일을 함께 했다. '華歌'를 확립한 15 · 16세기가 중세후기문학의 성숙기이다.

楊黻의 白文詩 <山花碑>는 '華歌'의 좋은 본보기이다. 전문 20절 가운데 13 · 14 두 절을 들면 다음과 같다. 원문을 들고 번역한다. 白文을 직접 이해하지 못해 중국어 번역을 참조해 번역했다.

盛國家覆世功名	국가 번성하게 해 세상 덮을 공명 이루고,
食朝廷尊貴爵祿	조정에서 존귀한 작록 누리며,
慈悲治理衆人民	자비로 뭇 인민 다스려,
才等周文武	재주를 주나라 문 · 무왕과 견주리라.

恭承敬堂母天地	부모와 천지를 각별하게 공경하고,
孝養千子孫釋儒	자손 기르면서 불교·유교를 가르친다.
念禮不絶鐘磬聲	예불하는 종과 경 소리 그치지 않아,
消災難長福	재난을 없애고 복을 길게 하노라.

성리학의 대가인 李滉은 '華歌'의 본보기가 되는 <陶山十二曲>을 짓고, 그 발문에서 '歌'의 감화가 '詩'보다 앞서는 이유를 "自歌而自舞蹈之 庶幾可以蕩滌鄙吝 感發融通"(스스로 노래 부르고 또한 춤을 추면, 비루한 마음을 거의 다 씻으면서 감발하고 융통하게 된다)고 했다. 읊기만 하는 데 그치는 '詩'는 말을 전하는 것으로 설득의 방법을 삼지만, 노래하고 춤추는 '歌'는 온몸을 움직이게 해서 스스로 알아차리지 못하는 가운데 마음이 깨끗해지는 도덕적 정화작용을 경험할 수 있게 한다고 했다. '華'의 기풍을 진작하는 데 '歌'가 소중한 기여를 한다는 것을 '華歌'를 평가하는 이론의 근거로 삼았다.

그 뒤 중세에서 근대로의 이행기 18세기 무렵에 '詩'에서 커다란 변혁이 일어났다. 漢·魏晉 시대에나 있다가 잠적한 지 천여 년이나 지난 '樂府'를 중국이 아닌 다른 여러 나라, 그리고 중국의 소수민족들이 대거 창작했다. 명칭은 같아도 실물은 달라, 그런 것들은 '夷詩'라고 일컬어 마땅하다. '夷歌'를 '詩'로 옮기면서 민족문화의 특성을 적극 구현하고, 현실인식을 강화하면서 '華詩'의 주도권에 도전했다.

그 작업은 이론적 근거를 단단하게 갖추고 진행되었다. 한국의 金萬重은 『西浦漫筆』에서 "閭巷間 樵童汲婦 咿啞而相和者 雖曰鄙俚 若論眞贋 固不可與學士大夫之所謂詩賦者 同日而論"(시골 마을에서 나무하는 아이나 물 긷는 아낙네가 '이아' 하면서 서로 화답하는 소리는 비천하다고 하지만, 진실과 허위를 가린다면 학사·대부의 이른바 시니 부니 하는 것과 같이 논할 것이 아니다)라고 하면서 '夷歌'가 '華詩'보다 더욱 소중하다고 했다. 朴趾源은 <嬰處稿序>에서 "字其方言 韻其民謠 自然成章 眞機發現"(방언을 글로 적고, 민요에 운을 달면 저절로 문장이 되고, 진실이 발현된다)고 하면서 '夷歌'인 민요가 문학창작의 바탕이 된다고 했다.

'樂府'라고 표방한 '夷詩'는 '飜譯樂府'·'詠史樂府'·'紀俗樂府'·'戱作樂府'로 나눌 수 있다. 그 가운데 어느 쪽을 많이 창작했는가는 나라에 따라 다르다. 한국은 '飜譯樂府'에 장기를 보여, 申緯의 시조 번역, 柳振漢의 한역 <春香歌> 같은 것들을 이룩했다. '詠史樂府'는 한·일 양쪽에 다 많아, 沈光世를 비롯한 여러 사람의 <海東樂府>, 賴山陽의 <日本樂府>가 널리 알려져 있다.

'紀俗樂府'는 가장 널리 분포되어 어느 곳에서도 힘써 창작했다. 그 본보기로 월남 시인 阮攸의 장시 <龍城琴者歌>를 살펴보자. 하층민인 한 악공의 행색을 세밀하게 그리면서 월남 역사의 큰 사건인 西山運動이 퇴패한 비운을 탄식한 내용이다. 한 대목을 들어보자.

顔瘠神枯形略小	안색 수척하고 정신 메마르며 모습 왜소해지고,
狼藉殘眉不飾粧	눈썹이 많이 자라 분장을 감당하지 못하네.
誰知就是當時城中第一妙	누가 알리 이 사람이 당시 성중의 으뜸이었음을.
舊曲聲聲暗淚垂	옛 노래 가락가락 몰래 눈물 흘리게 해서,
耳中靜聽心中悲	귀로 조용히 듣노라니 마음속 슬프구나.
猛然憶起二十年前事	이십년 전의 기억이 드세게 일어나는구나.
鑑湖席中曾見之	감호의 자리에서 이 사람을 보았는데,

城郭推移人事改	성곽이 바뀌고 사람의 일도 달라져,
幾處桑田變滄海	몇 곳의 상전이 창해로 변했는가.
西山基業盡消亡	서산의 기업은 다 없어져 망하고,
歌舞空遺一人在	가무만 공연히 한 사람에게 남아 있다.
瞬息百年能幾時	순식간이 백년이니 얼마나 살겠나.
傷心往事淚沾衣	지난 일 상심하니 눈물이 옷을 적시네.

서산운동이라고 하는 민중혁명이 성사되어 새 왕조를 일으킨 주역들의 모임에서 큰 기량을 발휘해 칭찬받던 악공이 이십 년이 지난 뒤에도 공연을 계속하는 것을 보고 이중의 탄식을 했다. 악공의 행색이 초라해졌다고 한 것은 표면상의 주제이다. 역사를 바꾸어놓고자 하는 거사가 실패해 자취를 찾을 수 없게 된 것이 더욱 안타까운 일이다. '紀俗樂府'를 지어 '詠史樂府' 노릇도 하게 했다.

'戱作樂府'는 '狂詩'라고 일컬어지면서 일본에서 크게 성행했다. 높이 평가되는 고전을 모방하면서 뒤집어엎어 천박하고 우스꽝스럽게 만든 것이 그런 작품이다. 한 예로 桂井蒼八이 개작한 <娥眉山月歌>를 들어보면, 娥眉山을 임산부의 배로 바꾸어놓았다. 李白 원작의 고귀하고 우아한 기풍을 저속하게 훼손시켜 저속한 웃음거리를 제공했다. 전문이 다음과 같다.

娥眉山月半臨腹	아미산의 달인 듯 반쯤 커진 배
形似平生孤柳柔	그 모습 평생 외로운 버들처럼 부드럽다.
夜發傷産向散亂	밤에 난산이 시작되어 산란해지는데,
招醫不來下憂愁	의원은 불러도 오지 않고 슬픔만 닥친다.

'夷詩'가 행세하자 '華詩' · '華歌' · '夷歌'의 삼층 질서가 무너졌다. '詩'는 우아하고, '歌'는 속되고, '華'는 존귀하고, '夷'는 야비하다는 서열이 마침내 철폐되었다. '華詩' · '夷歌' · '華歌' · '夷詩'가 서로 다르면서 화합하고, 상극하면서 상생하는 관계가 바야흐로 출현했다.

오늘날에는 외면상 '華'와 '夷', '詩'와 '歌'의 구분이 없다. 개개의 '夷'가 대동의 '華'를 대신하게 되고, 구어 '歌'가 문어 '詩'의 자리를 차지했다. 그러나 동아시아 각 민족 문학 내부에서 '華詩' · '夷歌' · '華歌' · '夷詩'의 서로 다른 원리와 그것들의 상호관계가 계속 작용하고 있다. 넷이 모두 항구적인 의의를 가진 자산이다.

결과 점검

동아시아문학사는 문명권문학사여서 민족문학사보다 크고 세계문학사보다는 작은 단위이다. 서술 방법에서도 그 둘의 중간적인 특징을 가질 것 같으나 그렇지 않다. 민족문학사는 한 번만 일어난 일을 다루기 때문에 일정한 원리를 갖추고자 하는 노력이 설득력 있는 결과를 확보하기 어렵다. 문명권문학사에서는 그런 난점이 많이 해소된다.

문명권문학사를 서술할 때에는 유사한 현상과 변화가 여러 민족문학사에서 한꺼번에 나타난 사실을 발견하고 그 이유에 대해서 일관성 있는 해명을 할 수 있다. 여러 문명권문학사를 함께 다루는 세계문학사에서도 그런 일을 할 수 있으나, 문명권문학끼리는 한 문명권 안의 민족문학보다 차이점이 더 많아 일관된 체계화로 고찰하는 것이 한층 힘들다.

민족문학사·문명권문학사·세계문학사 가운데 문명권문학사를 가장 체계적으로 서술할 수 있다. '華'·'夷'와 '詩'·'歌'를 기본개념으로 삼아 동아시아문학사의 전개를 총괄해서 파악하고자 한 시도가 그래서 가능하다. 민족문학사에서는 그런 원리를 발견하기 어렵다. 세계문학사에서는 그런 원리가 그대로 통용되지 않고 한층 다양하게 변형되어야 한다.

동아시아문학사를 통괄해서 서술하는 작업을 하면 문학사 이해의 이론을 정립하는 성과가 아주 뚜렷해졌을 것인데 그렇게 하지 못했다. 동아시아문학사는 부분적으로 거론하다가 세계문학사를 쓰는 작업을 앞당겨 한 탓에 이론 정립 작업이 미흡하게 된 점이 후회되지만 어쩔 수 없다. 지금 순서를 바꿀 수 없다. 동아시아문학사를 쓰는 작업은 내가 감당하지 못하고 다음 연구자에게 기대한다.

다음 연구자는 자기 원리를 개발해 동아시아문학사를 쓸 것이다. 위에서 제시한 방안을 그대로 따르지는 않으리라고 생각한다. 참고자료로나 삼으면 수고한 보람이 있다고 생각한다. 그러나 문명권문학사에서 요구되는 원리가 어떤 것인가 하는 기본적인 사항은 공동의 준칙이라고 생각해서 정리해 넘기기로 한다. "일관된 원리를 가지고, 상이한 사실을 되도록 많이 포괄해 다루면서, 시대 변화를 납득할 수 있게 설명해야 한다." 이것이 요체이다.

동아시아문학사를 쓰는 것은 쉬운 일이 아니다. 쉬운 일이 아니므로 한꺼번에 할 수 없다. 가능하고 필요한 작업이 무엇인지 찾아서 해야 한다. 여기서는 핵심이 되는 사항을 고찰하면서 특별한 방법을 창안했다.

오랜 내력을 가진 동아시아 공통의 용어 '華·夷'와 '詩·歌'를 새롭게 활용했다. 오늘날 연구에서 필요한 기본용어를 동아시아의 유산에서 마련했다. 동아시아문학을 총괄하는 이론을 만드는 본보기를 마련하고, 글을 한문으로 써서 보편적인 의의를 강조했다.

'華·夷'와 '詩·歌'가 결합되어 '華詩'·'夷歌'·'華歌'·'夷詩'가 나타나는 사실을 발견했다. 그 넷의 모습을 잘 보여주는 예증을 들어 이해를 구체화했다. 그 넷이 상극하면서 상생하는 관계에서 문학사가 전개되었다고 했다. 동아시아문학이 하나이면서 여럿인 원리를 발견해 비교연구를 이론 정립의 방법으로 삼았다.

토론

❑ 문: 강의한 내용이 한문문명권을 떠나 다른 문명권에도 해당되는가?

❑ 답: 다른 여러 문명권에서도 '華詩'·'夷歌'·'華歌'·'夷詩'에 해당하는 것들이 있어 같은 논의를 전개할 수 있다. 세계문학사 이해의 기본 이론을 마련했다고 해도 좋다. 그런데 한문이 아닌 다른 말로 이 넷을 지칭하는 용어를 마련할 수 있을지 의문이다. 우선 영어로 옮기면 무어라고 해야 할 것인가? 대책이 서지 않는다. 용어가 미비하면 이론 전개가 어렵다.

❑ 문: 산문에서는 같은 논의를 할 수 없는가?

❑ 답: 중세문학의 중심은 율문이었다. 산문은 율문처럼 귀천을 구분하는 지체가 뚜렷하지 않았다. 그래서 변혁의 양상 또한 율문에서는 분명하고 산문에서는 모호했다.

❑ 문: 지금은 어떤가?

❑ 답: 지체 구분이 없어지고, 근대는 산문이 행세하는 시대가 되었다.

❑ 문: 귀천의 지체 대신 빈부의 계급에 해당하는 것이 나타나지 않았는가?

❑ 답: 좋은 지적이다. 사회의 변화가 문학갈래에도 나타났다. 산문의 위력을 입증하는 소설은 장사에 성공해 자산계급이 되고, 시라는 이름을 내걸고 재출발한 율문은 무산계급의 처지이다.

❑ 문: 소설의 성공은 오래 지속될 것인가?

❑ 답: 영화를 비롯한 영상물이 나와 소설의 성공에 제동을 건다. 그러나 시 · 소설 · 영화는 각기 존재 의의가 공존한다. 영화는 돈을 번다고 시에서 부러워할 것은 아니다. 미국영화가 세계를 지배하는 것과 같은 일이 시에서는 있을 수 없다. 시는 모국어의 성역이어서 번역물이 행세하지도 못한다. 시인을 위해 詩碑를 세우는 것은 당연하다. 소설은 시와 영화 양극단의 중간이다. 이러한 비교론을 오늘날 문학론 또는 문화론의 긴요한 내용으로 삼아 연구하고 저술하고 교육해야 한다.

제12강 동아시아 철학사를 위하여

무엇을 하려는가?

동아시아에 관한 논의는 국내외에서 활발하게 이루어지고 있으나 많이 모자란다. 당면한 목표와 관련된 발언이나 하고 말아 체계적인 이해와는 거리가 멀다. 동아시아의 범위는 어디까지이고, 동아시아를 세계 다른 곳과 구별할 수 있는 특징이 무엇인가 하는 등의 기본적인 사실부터 분명하게 해야 할 실정이다.

동아시아문명을 제대로 연구하려면 많은 준비 작업이 필요하지만 사정이 다급하다. 피상적인 논의를 그릇되게 하는 잘못을 그대로 두고 보지 못해 이해의 수준을 힘써 높여야 한다. 문명의 충돌을 말하는 상황에 어떻게 대처해야 하는가 하는 질문을 외면할 수 없어 근거 있는 해답을 제시해야 한다. 예비 작업과 본격 연구를, 과거에 대한 해명과 미래를 위한 진단을 함께 진행해야 할 상황이다.

동아시아가 한 문명권임을 밝히는 이해의 체계를 갖추는 것이 핵심 과업이다. 각국사를 한 데 모아 동아시아사를 이룩하면 그럴 수 있는 것은 아니다. 역사학은 이해관계의 상충에서 빚어진 쟁패의 내력을 다루는 데 몰두해온 탓에 통합 작업을 감당하지 못한다. 정치에서 문화로 관심을 돌리고 국적을 넘어서서 동아시아 사람이 공통되게 지닌 생각의 내용과 가치를 발견해야 한다.

그 길을 동아시아문학사에서 찾고자 했다. 문학사의 공통된 전개를 총체적으로 서술하는 체계를 마련하려고 오랫동안 다각적인 시도를 했다. 그 성과를 철학사에 적용하고자 하는 것이 여기서 하고자 하는 일이다. 문학사와 철학사를 긴밀하게 연관시켜 함께 이해한다면 동아시아문명의 내력과 가치를 해명하는 작업의 핵심에 다가갈 수 있다.

글이 너무 길다는 것을 미리 밝히고 양해를 구한다. 예비적인 고찰을 많이 해야 하는 단계여서 어쩔 수 없이 말이 번다하고 내실은 부족하다. 전반적인 고찰을 먼저 하고 구체적인 논의에 들어가 행로가 길어졌다. 동아시아철학사와 관련된 제반 사항이 널리 알려지지 않아 자세하게 소개할 필요가 있다.

동아시아 이해의 동향

동아시아의 범위에 관해서는 의견이 갈라져 있다. (가) 중국 · 한국 · 일본, (나) 중국 · 한국 · 일본 · 월남을 동아시아라고 한다. 이 두 경우에는 동아시아가 동남아시아나 남아시아와 구별된다. (다) 중국 · 한국 · 일본 · 월남에다 동남아시아 여러 나라를 보태 동아시아라고 하기도 한다. 이 경우에는 동아시아가 남아시아나 서아시아와 구별된다. (가)는 정치사 위주로 역사를 이해할 때 선택하는 범위이다. (나)는 사상사 또는 문화사의 관점이다. (다)는 오늘날의 경제 상황을 말할 때 흔히 사용하는 개념이다.

[(가)・(나)・(다)를 택한 전례를 든다. (가) Edwin Reishauer and John K. Fairbank, *East Asia, the Great Tradition*, Boston: Mifflin, 1960; 주칠성 외,『동아시아의 전통철학』, 서울: 예문서원, 1998: Gina L. Barnes, *The Rise of Civilization in East Asia, the Archaeology of China*, Korea and Japan, London: Thames and Hudson, 1999: 藤田正勝 外,『東アジアと哲學』, 京都: ナカニシヤ出版, 2003. (나) Albert Kolb, *Ostasien: China, Japan, Korea, Vietnam, Geographie eines Kulturerteiles*, Heidelberg: Quelle & Meyer, 1963; Benjamin et al. ed., *Rethinking Confucianism, Past and Present in China, Japan, Korea, and Vietnam*, Los Angeles: University of California, 2002; Rhoads Murphey, *East Asia, a New History* (New York: Pearson, 2004. (다) Hélène Briones et Cédric Tellenne, *L'Asie orientale, puissance en expension*, Paris: Ellipses, 2004; Christian Taillard dir., *Intégrations régionales en Asie orientale*, Paris: Les Indes Savantes, 2004]

(가)를 취급 범위로 삼고 미국 학계가 앞서서 내놓는 동아시아 역사서는 국력 경쟁을 다루는 데 치중하면서 자기네 관심사를 투영했다. 동아시아를 연구하는 학자들이 전공으로 삼은 나라의 위세와 맞먹는 발언권을 가지는 것도 미국다운 현상이다. 그런 관점을 잘 보여준 동아시아사가 우리말로 번역되어 많이 읽혔다. (Edwin Reishauer and John K. Fairbank, 위의 책; 전해종・민두기 역,『동양문화사』, 서울: 을유문화사, 1969) 근래에는 혼자 쓴 단권짜리가 나오고, (나)를 택해 월남을 포함시킨 점이 달라졌다. (Rhoads Murphey, 위의 책) 중국의 패권에 일본이 도전한 것을 기본 줄거리로 삼고, 한국인을 포함한 다른 여러 민족은 미미한 존재로 취급한 것은 달라지지 않았다. 줄곧 역사를 국가 경쟁의 정치사로 이해하고, 동아시아문명의 공통된 전개에는 관심을

가지지 않는다.

(다)로 규정한 동아시아가 경제의 발전과 교류가 활발하게 이루어져 지역 통합으로 나아가는 동향을 주목하고, 전 세계 컨테이너 물동량의 절반 이상을 동아시아가 차지하고 있어 팽창을 경계하지 않을 수 없다는 책이 프랑스에서 나왔다. 하나는 단독저서이고, 하나는 여러 사람의 공저인데, 내용은 거의 같다. 동남아시아를 포함한 동아시아 경제가 내부적인 통합을 이루면서 세계 전체에서 차지하는 비중이 나날이 높아지는 것을 유럽에서 커다란 관심사로 삼았다.

양쪽에서 하는 작업을 연결시켜 보자. 동아시아가 지금은 경제적인 이유에서 서로 접근해 하나가 되고 있지만 과거는 그렇지 않아, 국가끼리의 정치적 다툼으로 여럿이기만 했던 것으로 이해하고 있다. 유럽은 경제, 미국은 정치에 더 많은 관심을 가지는 관점의 차이가 있으면서, 양쪽 다 역사의 실상을 어느 일면에서 설명한다.

(나)의 동아시아가 함께 이룩한 문명사를 이해해야 과거와 현재를 제대로 알 수 있다. 동아시아는 한문을 공동문어로 사용하던 한문문명권이다. 한문은 공동문어문학을 규범화하는 문학어이면서 유교 및 북방대승불교의 경전어였다. 동아시아 한문문명권은 동남아시아 및 남아시아의 산스크리트문명권, 서아시아 및 북아프리카의 아랍어문명권, 유럽의 라틴어문명권과 구별되었다. 다른 문명권에서도 공동문어가 규범화된 문학어면서 보편종교의 경전어이기도 한 이중의 구실을 일제히 수행했다. (『공동문어문학과 민족어문학』, 서울: 지식산업사, 1999에서 고찰한 사실이다.)

동아시아는 언제나 하나이면서 여럿이었다. 그러면서 과거에는 하나가, 오늘날에는 여럿이 더욱 두드러진다. 동아시아가 하나이게 하던 공통된 문명을 잃고 지금은 여럿으로 갈라져 갈등을 겪고 있다. 나라의 크기, 과거사의 쟁점에 대한 논란, 경제 체제와 수준의 차이 때문에 불화가 계속된다. 독자적인 문명의 동질성 상실은 유럽문명권의 도전 때문에 생긴 세계사의 수난이다. 그런 가운데 일본은 脫亞를 표방하는 이탈자가 되고, 이웃 나라들을 침략했다. 일본이 동아시아를 지배해 '大東亞'를 이룩한다고 해서 문명의 공동유산을 모독해 불신하도록 하고, 민족적 저항이 최상의 진보노선으로 등장해 분열을 극대화하도록 만들었다.

일본이 한문·유교문명권에서 이탈해서 커다란 변화가 시작되었다. 그 때 주장한 바를 집약한 福澤諭吉의 脫亞入歐論을 보자. 仁義禮智는 "外見의 虛飾"에 지나지 않으니 버려야 한다고 했다. 문명의 내용을 부정했다. 古來의 舊習에 사로잡혀 있는 조선과 중국 두 "惡友를 謝絶"해야 한다고 했다. 문명권의 외연을 파괴했다. 그 대신 문명을 유럽에서 받아들여야 한다고 했다. 서유럽의 라틴어·기독교문명권이 절대적인 가치를 독점적으로 가진다고 인정하고 그 추종자가 되겠다고 했다.

그것은 불가피한 선택인 것처럼 보인다. 서유럽에서 이룩한 근대의 과학기술이 지닌 압도적인 우위를 부정하지 못하니 배우고 따라야 마땅하다고 할 수 있다. 그러나 과학기술을 받아들이기 위해 정신문명을 포기해야 하는 것은 아니다. 과학기술이 뒤떨어졌을수록 정신문명을 근거로 한 주체성을 더욱 분명하게 하는 것이 마땅하다. 福澤諭吉과 동시대인이고 서양 여행견문기를 함께 쓴 인도의 비베카난다는 서양을 찬양하지 않고 비판했다. 투쟁을 일삼고 침략을 자랑하는 횡포를 근거로 격렬하게 나무라고, 화합을 존중하고 평화를 희구하는 자기네 문명의 전통이 인류에게 희망을 준다고 했다.

침략을 당해 고통을 겪은 것만 불행이라고 하지 말자. 배타적인 민족주의가 사고를 지배하게 된 것이 또한 불행이다. 앞의 불행은 피해자만의 것이고, 뒤의 불행은 가해자에게 더욱 심각하게 남아 있어 범위가 더 넓다. 앞의 것은 불행인 줄 알고 있는 불행이어서 회복 가능하다. 뒤의 것은 불행인 줄 모르고 있는 불행이어서 오래 가고 피해가 더 크다.

동아시아 문명의 동질성을 파괴하고 이웃 나라들을 침략하는 반칙을 저지른 일본이 아직도 자기 위치를 제대로 정립하지 못하고 있다. 일본은 동아시아를 떠나서 별도의 문명을 이루고 있다고 한다. 가해자 노릇을 멈추지 않고 갈등을 키운다. 영토 확장을 꾀하고 역사 교과서를 왜곡해 침략을 합리화하면서 패권주의에 대한 미련과 환상을 달랜다.

(伊東俊太郎, 『比較文明』, 東京: 東京大學出版會, 1985 같은 개설서에서 그런 견해를 공식화했다. 문명의 충돌을 말해 화제가 되는 Samuel P. Huntington, *The Clash of Civilizations and the Remaking of World Order*, New York: Simon and Schuster, 1996에서도 일본은 동아시아와는 다른 독자적인 문명권이라고 했다. 그러면서 미국과 유럽은 같은 문명권임을 강조해서 말했다. 그것은 적은 분열시키고 동지는 단결하도록 하는 작전이다.)

그 점에서 독일은 일본과 아주 다르다는 것이 널리 알려진 사실이다. 독일은 유럽 다른 나라에 피해를 끼친 과거를 진정으로 반성하고 미해결의 문제를 남기지 않아 유럽통합이 가능하게 했다. 일본의 새로운 가해에 대해서 한국과 중국이 자위권을 행사하지 않을 수 없어 동아시아 전체의 유대는 더욱 불분명해지고 있다.

방향 전환

먼 곳에서 동아시아를 잘못 본다고 나무랄 체면이 없다. 동아시아의 모습을 멀리서 하는 말을 거울삼아 겨우 알아볼 수 있다. 동아시아가 하나라는 생각을 안에서는 하지 못하고 있다. 그런 잘못을 바로잡지 않고서는 동아시아가 평화롭지 못하고, 각국의 안정도 기대할 수 없다. 실리적인 계산을 떠나 자기 자신을 그릇되게 알고 있는 것 자체가 크나큰 불행이다.

다투어서 어떻게 하겠다는 말인가? 기어코 이겨 진 쪽의 항복을 받겠다는 환각마저 버려야 한다는 것이 지나친 말이 아니다. 환상은 허용할 수 있지만, 환각은 치료해야 할 증상이다. 전쟁을 분쟁 해결의 방법으로 삼는 시대는 완전히 끝났다. 그런 과거와 관련된 착각이나 환상도 남겨두지 말아야 한다. 배타적인 민족주의의 시대를 공동의 문명에서 화합을 이루는 시대로 바꾸어놓아야 그런 질환이 치유된다.

지금은 국가의 경계를 넘어서 지역 통합을 추구하는 것이 대세이다. 그것이 근대를 넘어서서 다음 시대를 바람직하게 이룩하는 방안이다. 그런데 동아시아는 청산해야 할 낡은 이념에 사로잡혀 고통을 겪고 있다. 유럽통합에 상응하는 동아시아 공동체가 생겨날 수 있을지 의문이 아닐 수 없다. 그 때문에 뒤떨어지고 있다는 사실을 바로 알고 깊이 염려해야 한다. 동아시아의 경제적 통합이 이루어지고 있다고 유럽에서 경계하는 것은 지나친 염려이다.

유럽 또는 유럽과 미국을 합친 서양에 일본이나 중국 또는 동아시아의 다른 나라가 단독으로 맞서서 경쟁하겠다는 것은 잘못이다. 승산이 없는 싸움일 뿐만 아니라, 세계사의 바람직한 진행과 어긋난다. 근대 동안의 분열과 갈등을 넘어서서 인류가 다시 화합하는 전환은 중세

동안에 이룩한 문명권 단위의 통합을 재현하는 과정을 거쳐 이루어진다.

동아시아는 중세의 영광에 도취되어 근대를 만들 때 유럽을 따르지 못했다. 중세문명의 수준이나 혜택에서는 동아시아가 앞섰다. 유럽이 근대를 먼저 이룩한 것은 후진이 선진이 되는 당연한 전환이었다. 그런데 근대를 벗어나 다음 시대를 만들 때에는 근대에 뒤떨어진 쪽이 앞서야 하는 것이 당연한데 그렇지 못하니 문제이다.

갈등을 증폭하고 있는 영역은 정치이다. 민족의식에 더 깊은 이유가 있다고 하지만, 정치가 들어서 민족의식을 지나치게 격화시킨다. 민족의식을 배타적인 민족감정이라고 하는 것은 부당한 규정이다. 다른 민족을 이해하고 서로 화합하고자 하는 성향도 민족의식이다. 민족의식은 문명권의 동질성, 인류 전체의 보편성과 표리관계를 가지고 바람직한 가치관을 추구하는 선의의 경쟁을 벌여야 마땅하다.

인기가 필요해 대중을 선동하는 정치인들이 분쟁을 키우고 있다. 강경 발언을 해서 지지도가 상승하도록 하는 데 말려들지 말아야 한다. 정치적인 갈등이 격화되는 상황에서도 경제는 크게 흔들리지 않아 다행이다. 그 자체의 생리나 법칙 때문에 분열을 거부하고 지역을 통합하는 작용을 멈추지 않는다. 정치인들도 경제 교류는 손상되지 않도록 해야 한다고 말한다.

문화는 동아시아 사람들이 서로 가까워지고 지난 시기의 동질성을 되살리는 데 앞설 수 있는데, 정치에 휘둘리고 경제 쪽보다 뒤떨어졌다. 이 점을 문제 삼고 대안을 제시하는 것이 여기서 하고자 하는 일이다. 문화에서 먼저 동아시아가 하나라고 하면서 다른 분야의 전환을 촉구해야 한다. 그 과업을 학문에서 담당하려면 어떤 연구를 어떻게 해야 하는가? 이 의문에 대한 해답을 제시하고자 한다.

먼저 역사 교과서를 문제 삼자. 역사 교과서는 문화가 정치에 유린된 참상을 극명하게 보여준다. 역사 교과서를 구출해야 동아시아가 살아난다고 한 말이 절실하다. 그러나 역사 교과서에는 과도한 관심을 가지면서 역사 연구는 대단치 않게 여기는 것이 더욱 심각한 과오이다. 교과서 시비에서 한 발 물러나 그 근거가 되는 연구를 제대로 해야 한다. 먼 곳에서 남들이 쓴 책 번역본에 의존하지 말고 스스로 이룬 바가 있어야 한다. 동아시아 사람들 스스로 동아시아 역사를 통괄해서 깊이 연구하고 자세하게 다룬 업적이 하나도 없다.

정치사에 치중하는 관습을 고쳐야 한다. 서로 다투어 누가 이기고 지고 한 과정이 역사의 핵심이라고 오해하고 있다. 이제 정치사에서 사회사로, 사회사에서 문화사로 방향을 돌려야 한다. 그렇게 해야 다툼보다는 화합을, 이질성보다 동질성을 더욱 소중하게 여길 수 있다. 관심을 크게 가지자. 동아시아문명이 다른 문명권과 어떤 공통점과 차이점을 가지고, 세계사의 전개에 어떤 기여를 해왔는지 해명하는 것이 가장 긴요한 과제이다.

역사학자를 나라를 지키는 역군으로 삼는 것은 잘못이다. 압력과 회유 때문에 곡필을 하는 일도 없어야 한다. 외국과의 분쟁에서 역사 문제가 제기되면 국정 담당자가 앞서서 역사를 어떻게 하라는 기구를 급조해 대응 방식을 찾는 것은 잘못이다. 학문의 자유를 누리면서 연구를 꾸준히 계속해 진실을 밝혀야 한다. 국제적인 유대를 가지고 함께 노력해야 한다.

국적을 넘어서서 함께 노력하는 선구자들이 학문 공동체를 만들자고 한 것이 한 자리에 모여 공동연구를 해야 한다는 말은 아니다. 각자가 하고 있는 연구를 교환하고 토론하는 것이 더욱 긴요한 임무이다.

각국의 시각이 아닌 동아시아 전체의 생각이 무엇인지 찾기 위해 서로 돕자는 말이다. 연구소끼리의 연합이 좋은 방안이다. 학회라도 좋다. 개인적인 교류가 활발해야 하는 것이 더욱 긴요하다. 여러 나라 말을 국경을 넘나들면서 공부하고 연구하는 동아시아인 학자가 다수 나와야 그럴 수 있다.

이런 과정을 거쳐 제대로 된 동아시아사를 써내야 한다. 단독저서도 좋고 공저도 좋다. 저작의 형태보다 내용이 더 중요하다. 동아시아사만으로 부족하다. 동아시아문학사도 있고, 동아시아철학사도 있어야 한다. 유럽사 · 유럽문학사 · 유럽철학사에 상응하는 동아시아 전체의 업적은 하나도 내놓지 못하고 자기가 잘났다고 우기기나 하는 골목대장 수준의 사고를 버려야 한다. 학문이 정당한 지도력을 발휘해 그릇된 세태를 바로잡아야 한다.

동아시아문명이 하나라고 하는 연구에서 갈등이 무의미해지는 것은 아니다. 원색적인 다툼이 선의의 경쟁이게 만들어야 향상이 가능하다. 쟁점은 무엇이든지 드러내놓고 성실한 연구와 토론을 거쳐 조정하고 해결해야 한다. 하나는 하나만이 아니다. 하나가 여럿이고 여럿이 하나여서, 상극이 상생이고 상생이 상극임을 밝혀야 한다. 그 원리인 생극론에 관해 여러 차례 논의한 바 있다. 그 역동성이 동아시아의 자랑이고 세계사 발전의 동력임을 입증해야 한다.

동아시아사와 동아시아문학사

『유럽사』라는 책은 아주 많다. 그 가운데 하나만 들어보자. (Norman Davies, *Europe, a History*, London: Pilmico, 1997) 영국인이 영어로 쓰고

영국에서 나왔지만 내용이 영국 위주인 것은 아니다. 러시아까지 포함한 유럽 전역을 고루 다루면서, 국명을 장이나 절에 등장시키지 않고, 국가끼리의 쟁패를 관심사로 삼은 것도 아니다. 시대별로 다르게 전개되는 사회와 문화의 모습을 통괄해서 서술하면서 특히 흥미로운 사례를 별도로 설정한 항목에 등장시켰다. 저자의 식견이나 능력이 탁월해서 가능했던 일은 아니다. 저자는 머리말 서두에서 자기가 독자적인 연구를 하지는 않고 이미 이루어진 성과를 종합했다고 했다.

유럽에서는 이미 잘하고 있는 일을 동아시아에서는 하지 못한다. 이렇게 말하는 것은 자존심 상하는 일이지만, 사실을 있는 그대로 알아야 해결이 가능하다. 유럽사에 상응하는 동아시아사를 내놓아야 한다. 같은 수준이면 만족스러운 것은 아니다. 고찰하는 방법이나 다룬 내용에서 한 걸음 더 나아가야 한다.

동아시아에서 같은 일을 하지 못하는 전반적인 이유는 이미 고찰한 바 있다. 좀 더 구체적인 사정을 살피는 것이 여기서 할 일이다. 역사의 분야를 잘못 구획한 것을 들어 말해야 한다. 일본에서 먼저 근대 역사학을 시작한 20세기 초에 일본사 · 동양사 · 서양사를 나누었다. 동양사는 일본사를 포함하지 않고 중국사가 중심을 이룬다. 한국에서도 그렇게 해서 한국사 · 동양사 · 서양사가 별개의 영역이라고 하고, 뒤늦게 세 학과를 독립시켰다.

일본과 한국 두 나라에서 모두 동아시아사라는 포괄적인 개념은 존재하지 않는다. 그 때문에 일본사 인식이 "자폐적으로 되는 경향"이 생겼다고 스스로 비판하지만 (永原慶二, 『20世紀 日本の歷史學』, 東京: 吉川弘文館, 2002, 45면) 시정하기 어렵다. 한국에서는 민족사관을 내세워 한국사 연구의 독자성을 강조하기만 한다. 우리만의 민족사관을 제3세계 전체의 민족주의사관으로, 제1세계 제국주의의 세계사 왜곡을 시정하는 관점으로 확대하고 발전시켜야 한다고 주장하는 데 대해서 한국사 전공자들은 반응을 보이지 않는다.

일본에서는 반성하는 움직임이 나타나고 있다. 근래 동경대학 일본사 교수진이 중심이 되어 『아시아 속의 일본사』라는 이름의 총서를 마련해 일본사에서 동아시아사로 나아가고자 했다. 그런데 "정치사 중심의 아카데미즘 실증주의 역사학"이라고 스스로 규정한 학풍이 혁신을 방해한다. 민족 우열론의 관점을 잇고 있어 새 출발의 의의를 감퇴시킨다. 일본사의 독자성을 밝혀 자부심을 고취하고 국가 이익을 옹호하고자 하는 오랜 습성을 과감하게 청산하지 못하고 있다.

('동양' 대신에 '동아시아' 또는 '아시아'라는 말을 쓰는 것이 변화의 조짐이다. 布目潮渢・山田信夫 編, 『東アジア史入門』, 東京: 法律文化社, 1975에서 일본사를 일본 열도에 국한해서 고찰하는 잘못을 반성하고 'East Asia'의 개념을 받아들여 동아시아사를 고찰한다고 했다. 그러나 실제로 다룬 내용에서는 동아시아는 중국과 그 주변민족의 역사라고 하고, 일본과는 거리를 두었다. 새로운 움직임을 荒野泰典・石井正敏・村井章介, 『アジアのなかの日本史』, 東京: 東京大學出版會, 1993에서 보여주었다. "정치사 중심의 아카데미즘 실증주의 역사학"은 永原慶二, 위의 책, 40-42면에서 한 말이다.)

동아시아사를 이룩하는 작업을 나는 문학사에서 시도해왔다. 먼저 『동아시아문학사비교론』(서울: 서울대학교출판부, 1993)을 써서 문학사 서술 경과 검토, 문학사 서술 방법 비교, 문학사 전개 비교 가능성을 찾았다. 문학사 서술의 경과와 방법에 관한 논의에서는 유럽 각국의 경우를 먼저 다루고 동아시아로 왔다. 문학사 전개는 중국・한국・일본·월남의 경우를 함께 다루어 공통된 시대구분을 하고, 시대마다의 특징에 대한 비교 고찰을 시도했다.

다시 『동아시아구비서사시의 양상과 변천』(서울: 문학과지성사, 1997)에서 동아시아 여러 민족의 구비서사시를 비교해 고찰하고, 서사시 일반론을 다시 이룩하고자 했다. 일본의 아이누민족, 중국 운남 지방의 여러 민족이 지배민족의 억압에 대항하기 위해 구비서사시를 열심히 전승하고 재창조해온 내력을 밝혔다. 동아시아를 강성한 민족의 각축장으로 이해하는 관심을 청산하고, 억압받아온 소수자들이 진정으로 소중한 창조적 역량을 발휘했다는 것을 입증했다.

다음 작업 『하나이면서 여럿인 동아시아문학』(서울: 지식산업사, 1999)에서는 표제에서 내세운 바와 같이 동아시아가 하나이면서 여럿인 실상을 밝혔다. 문명권 전체의 공동유산과 각 민족의 독자적인 창조물이 어떤 관계를 가지는지 다각도로 고찰했다. 연구 방향 전환, 시조도래 건국신화, 대장경, 한시, 민족어시, 번역으로 맺어진 관계에 관한 논의를 구체적인 자료를 들어 자세하게 했다.

『공동문어문학과 민족어문학』의 <한문학과 민족어문학>에서 총괄록을 이룩하고 다른 문명권의 경우와 비교했다. 『문명권의 동질성과 이질성』(서울: 지식산업사, 1999)에서는 동아시아의 책봉체제, 금석문, 역사서, 고승전 등에 관해 고찰했다. 동아시아문학사에 대한 연구를 세계문학사 전반에 대한 새로운 고찰과 함께 진행해 『세계문학사의 전개』(서울: 지식산업사, 2002)를 내놓는 데까지 이르렀다.

동아시아문학사를 총정리한 책은 아직 쓰지 못했지만 구상하고 준비하는 작업은 어느 정도 했다. 얻은 성과를 알기 쉽게 간추려보자. 동아시아문학사는 공동문어문학과 민족어문학의 관계사이다. 중심부에서 이룩한 공동문어문학을 중간부나 주변부에서 받아들여 재창조하면서 민족어문학이 기록문학으로 전환하는 데 필요한 자극으로 삼고, 민족어기록문학의 성장이 다시 공동문어문학의 성격을 변모시킨 과정이다. 다른 여러 문명권, 많은 민족의 문학사에서 기본적으로 동일한 현상이 동아시아에서는, 동아시아 각 민족의 경우에는 어떤 특성을 가지고 나타났는지 고찰하는 것이 구체적인 과제이다.

동아시아문학사를 실제로 쓰려면 많은 작업이 필요하다. 혼자 감당할 수 있으면 다행인데 내게는 그만한 시간이나 힘이 없다고 고백한다. 다음 주자가 맡아 나서기를 간절하게 바란다. 여러 학자가 공동작업을 하면 수고를 나누고 전문지식을 합칠 수 있다. 국제간의 공동작업을 하면 장점이 더 커진다. 그러나 기본설계가 문제이다. 기본설계가 제대로 되어 있어야 부분이 따로 돌지 않는다. 유럽문학사보다 동아시아문학사를 더 잘 쓰려면 기본설계가 앞서야 한다. 기본설계는 혼자 한 것을 많은 검토의 과정을 거쳐 총의로 받아들여야 한다. 아무리 큰 건물을 지어도 설계는 한 사람의 작품인 관례가 이 경우에도 해당된다.

철학을 위한 진통

유럽에서는 유럽철학사는 거듭 내놓으면서 철학은 자기네의 독점물이라고 한다. "진리에 대한 사랑"을 '필로소피아'(φιλοσοφία)라고 고대 그리스에서 일컬은 말을 이어받은 '필로소피'(Philosophie, philosophie, philosophy)가 다른 문명권에는 없었다는 것이 그 이유이다. 그런 용어가 없으니 실체도 없다고 한다.

(W. Windelband, *Geschichte der Philosophie*, Tübingen: J. C. B. Mohr,

1900는 이름과는 달리 유럽철학사만 다루었다. 유럽 이외의 다른 곳에는 철학이 없다고 여긴 탓이다. 그런 편견이 계속 나타난다. Bertrand Russel, *History of Western Philosophy*, London: George Allen and Unwin, 1961는 '서양'이라는 말을 붙였지만 철학은 그리스 사람들의 창안물이고 유럽의 전통이라고 했다. Jean Brun, *L'Europe philosophe, 25 siècles de pensée occidentale*, Paris: Stock, 1988에서는 그리스에서 철학을 만들어낸 것과 같은 일이 다른 문명권에서는 불가능했다 하고, 사상의 전통을 25세기 동안 이어온 것이 유럽의 커다란 자랑이라고 했다.)

유럽사나 유럽문학사에는 같은 말이 없다. 역사나 문학은 유럽에만 있다고 하지는 않으면서 철학만은 유럽의 독점물이라고 한다. 이치를 바르게 따진다는 철학에서 유럽의 독선을 표면화했다. 그것은 다른 문명권에 대한 야유나 도전이다. 반론을 제기하는 싸움을 피할 수 없다.

이에 대해서 여러 문명권에서 일제히 반발했다. 철학의 개념에 대한 반론을 앞세우고 철학사를 서술했다. 산스크리트문명권에서 먼저 들고 일어나, 유럽인의 편견을 시정하는 인도철학사를 내놓았다. 산스크리트의 용어 '다르사나'(darsana)는 유럽의 '필로소피'보다 넓은 뜻이어서 이치를 따지는 데 그치지 않고 정신적 통찰력을 얻고 정신을 정화하는 것까지 말한다고 하면서, 그 유산 전체를 논의의 대상으로 삼았다. 이 경우에는 '인도'가 나라가 아닌 문명의 이름이다. 산스크리트로 이루어진 철학의 유산을 총괄해서 정리했다.

(S. Radhakrishnan, *Indian Philosophy*, London: George Allen and Unwin, 1923이 선두에 선 업적이다. 저자는 영국인이 인도인에게 주입시키는 "인도는 철학이 우스꽝스럽고, 예술이 유치하고, 시는 영감이 없고, 종교는 괴이하고, 도덕은 야만적이다"라고 하는 편견을 시정하기 위한

철학사를 쓴다고 했다.)

아랍어문명권에서는 국가 구분을 완전히 넘어서서 문명권 전체의 철학사를 재인식하고 재평가했다. 아랍철학사는 유럽 학자들도 연구하지만 '필로소피'에 해당하는 이성철학 '팔사파흐'(falsafah)만 취급하고 통찰철학이라고 할 수 있는 '히크마흐'(hikmah)는 논외로 하는 것이 부당하다고 하고, 그 전체를 다루는 철학사를 내놓았다. '팔사파흐'에 경도되는 것은 잘못이고 '히크마흐'가 더 큰 가치를 가진다고 논파한 13세기의 철학자 가잘리(al-Ghazali)의 유산을 계승하는 것을 아랍철학 재인식의 소중한 과제로 삼고 있다. (Seyyed Hossein Nasr, "The Meaning and Concept of Philosophy in Islam", *History of Islamic Philosophy Part 1*, London: Routledge, 1996)

동아시아는 그렇게 하지 못하고 많이 뒤떨어져 있다. 유럽철학과 처음 만난 일본에서는 '필로소피'를 '哲學'이라고 번역해 사용하는 관례를 만들고, 철학은 서양철학이라고 이해한다. 철학과는 서양철학과라고 여겨 서양철학만 강의하는 것이 당연하다고 한다. (東京大學 철학과는 서양철학만 강의하고 교수가 전원 서양철학 전공자이다. 윤리학과에 일본 윤리사상 전공 교수가 있다.) 중국철학과 인도철학이라고 별도로 일컫는 것들은 특수한 영역이고, 철학이라고만 일컫는 서양철학은 보편적인 영역이므로, 중국철학 · 인도철학 · 서양철학을 통괄하는 일반론이 새삼스럽게 필요하지 않다고 여긴다.

'일본철학'이라는 말은 듣기 어렵다. 그런 실체가 없다고 생각하기 때문이다. <일본철학사가 있는가> 하는 글을 써서 그 문제를 고찰한 바 있다. (『우리 학문의 길』, 서울: 지식산업사, 1993) 『일본철학사』라는 책을 찾을 수 없다. 그 대신 일본사상이라는 말을 널리 사용하고 일본사상사에 관한 책은 아주 많다. 근대 이후에는 사정이 달라져 '필로소피'를 수입해 어느 정도 가공한 성과는 자랑할 만하다고 하면서 거듭 정리한다.

(井上哲次郎, 『日本陽明學派の哲學』, 『日本古學派の哲學』, 『日本朱子學派の哲學』이 1900년에서 1905년까지 東京: 富山房에서 나왔다. 저자는 『日本陽明學派の哲學』 서두에서 일본철학에 관한 사적 연구의 필요성을 절감한다고 하고 일본 유학의 동향을 세 측면에서 고찰하는 데 그쳤다. 국민의 도덕심을 북돋우는 것을 철학 연구의 목표로 삼고, 실제 작업에서는 자료를 열거하는 데 그쳤다. 전통시대 일본철학사를 총괄해서 다룬 저술을 그 뒤에 다른 사람이 내지도 않았다. 高田眞治, 『日本儒學史』, 東京: 地人書館, 1941도 있었으나 후속 작업이 발견되지 않는다. 賴祺一, 『近世朱子學派の研究』, 廣島: 溪水社, 1986처럼 자세한 내용을 갖춘 개별적인 연구가 있으나 역사학의 업적이라고 하겠으며 철학사의 일부를 이루지는 않는다. 廣松涉 外, 『哲學は日本でいま』, 東京: 思想社, 1992에서 일본에서 철학은 유럽문명권과 관련을 가진 뒤에 생겨난 수입가공품이라고 했다. 유럽철학 수용사를 다룬 일본근대철학사는 몇 번 나왔으며 宮川透・荒川幾男, 『日本近代哲學史』, 東京: 有斐閣, 2000이 그 가운데 하나이다. 이 책의 번역본이 미야카마 토루・아라카와 이쿠오 엮음, 이수정 옮김, 『일본근대철학사』, 서울: 생각과나무, 2001이다. H. Gene Blocker, Christopher L. Starling, *Japanese Philosophy*, State University of New York Press, 2001에서도 근대철학을 다루었다.)

중국은 철학이라는 말을 일본에서 받아들였다. 그러나 '필로소피'를 이은 서양철학이라야 철학이라고 하지 않고 중국에도 철학이 있었다고 한다. 중국철학사 서술을 시작하면서 馮友蘭은 魏晉 시대에 '玄學', 宋明 시대에 '道學', 淸代에는 '義理之學'이라고 하던 것이 철학이라고 했다. (馮友蘭, 『中國哲學史』, 北京: 商務印書館, 1947, 7-8면의 <哲學與中國之義理之學>) 철학사를 다시 쓰면서 고대그리스 시대 이후 헤겔 · 마르크스 · 레닌에 이르기까지 거듭해서 말한 것과 같은 개념의 철학을 중국에서 이미 『周易』, 『論衡』, 『太極圖說』 등에서 구현했다고 했다. (馮友蘭, 『中國哲學史』 1, 北京: 人民出版社, 修正本 1980, 9-16면의 <什麽是哲學?>) 중국 재래의 철학이 유럽문명권의 철학과 다를 바 없다고 거듭 역설하고, 유럽 철학의 개념에 대한 비판이 필요하다고 여기지 않았다.

『中國哲學史』는 馮友蘭에 이어서 다른 사람들도 썼으며, 중국 학술 업적의 중요한 부분을 이룬다. 대학에서도 소중한 교과목으로 삼는다. 그러나 두 가지 무관심을 공통되게 지녔다. 철학의 개념에 대해서 재검토하지 않는다. 유럽에서 내린 정의를 그대로 따르면 된다고 여긴다. 중국철학을 동아시아 여러 나라의 철학과 연결시켜 함께 다루지는 않는다. 중국철학이 홀로 대단하다고 여기고 동아시아 다른 나라에서도 철학을 해온 줄 모른다.

(任繼愈 主編, 『中國哲學史簡編』, 北京: 人民出版社, 1973; 孫叔平, 『中國哲學史稿』, 上海: 上海人民出版社, 1980; 楊憲邦 主編, 『中國哲學通史』, 北京: 北京人民大學出版社, 1988); 裵大洋 主編, 『中國哲學史便覽』, 西寧: 青海人民出版社, 1988 등의 중국철학사가 있다.)

월남의 경우를 보자. 철학사라는 책은 없고 유학사나 사상사만 있다. 『월남사상사』 서두에서 무엇을 어떻게 문제 삼을 것인지 길게 논란한 대목이 있어 간추려 옮긴다. 철학이라는 말은 근래 유럽에서 받아들였으나, 인도와 중국에는 일찍부터 철학이 있었다. 월남은 그 두 곳 철학의 영향을 받아 철학을 했으나 이룬 바는 그리 크지 않다. 월남철학사만 따로 다루는 것보다 철학을 포함한 이념적 사고의 광범위한 영역을 총괄해서 고찰하는 월남사상사를 정치사상이나 사회사상에 상당한 비중을 두고 고찰하는 것이 마땅하다.

(Tran Van Giau, *Su phat trien tu tuong o Viet Nam tu the ky XIX den Cach mang Thang Tam*, Hanoi: Nha xuat ban khoa hoc xa hoi, 1973 전2권은 『월남 사상의 발전; 19세기부터 8월혁명까지』이다. 근대 사상의 형성과 발전을 시대상황 및 민족해방투쟁과 관련시켜 자세하게 고찰했다. Nguyen Tai Thu 편, *Lich su tu tuong Viet Nam*, Hanoi: Nha xuat ban khoa hoc xa hoi, 1993은 『월남사상사』이다. 정치, 사회, 철학, 종교 등에 걸친 월남사상의 전개 양상을 시대별 전개를 19세기에 이르기까지 시대별로 정리해 고찰했다. Quang Dam, *Nho giao xua va nay*, Hanoi: Nha xuat ban hoa, 1994는 『유교, 과거와 현재』이다. 월남유교의 기본 개념과 특징을 간략하게 개관했다. Phan Dai Doan, *Mot so van de ve nho giao Viet Nam*, Hanoi: Chinh tri Quoc gia, 1998은 『월남 유교의 몇 가지 문제』이다. 15세기부터 20세기까지의 월남 유교를 역사, 사회, 교육 등과 관련시켜 고찰했다. 계명대학교에 유학중인 월남인 학생 도 퐁 뚜이[Do Phong Thuy]에게 부탁해 책을 모두 구하고, 주요 부분을 번역해 이용한다.)

한국은 철학이라는 용어를 일본에서 받아들였다. 그러면서 일본에서처럼 '필로소피'를 이은 서양철학이라야 철학이라고 하지 않고, 중국에서 하듯이 철학에 해당하는 재래의 용어와 개념이 어떤 것인지 찾는 작업도 생략했다. 철학사 쓰는 것을 쉬운 일로 여겨 거듭 내놓으면서 철학이 무엇인가 하는 문제에 대해서는 특별한 관심을 보이지 않는다. 철학사를 구성하는 내부의 논란을 어떻게 이해하고 평가할 것인가 하는 것을 긴요한 관심사로 삼는다.

(정진석 외, 『조선철학사』, 평양: 과학원출판사, 1960; 최민홍, 『한국철학사』, 서울: 성문각, 1974; 한국철학회, 『한국철학사』, 서울: 동명사, 1978; 유명종, 『한국철학사』, 서울: 일신사, 1985; 정성철, 『조선철학사』, 평양: 과학백과사전출판사, 1987; 최봉익, 『조선철학사』, 평양: 백과사전출판사, 1991; 하기락, 『조선철학사』, 서울: 형설출판사, 1992; 김승동, 『한국철학사』, 부산: 부산대학교출판부, 1999 등이 있다.)

동아시아철학사로 가는 길

역사 분야에 한국사 · 동양사 · 서양사가 있듯이 철학에도 한국철학 · 동양철학 · 서양철학이 있는 것이 당연하다고 여긴다. 동양철학이라는 말을 한국에서 많이 쓴다고 해서 그런 내용을 갖춘 철학사가 있는 것은 아니다. 중국철학을 동양철학이라고 하고, 더러는 인도철학을 곁들이기나 한다. 동아시아철학사를 통괄해서 이해하려는 진지한 노력은 찾아보기 어렵다.

중국에서는 『東方哲學』이라는 책이 거듭 나왔으나, 동방문학의 경우처럼 '동방'의 범위가 아주 넓어, 인도철학, 아랍철학, 고대 이집트와 바빌로니아의 철학까지 다루었다. 동아시아에서는 중국과 일본의 철학만 필수적인 고찰의 대상으로 삼았다. 한국철학은 넣는 경우에도 월남은 빠뜨렸다. 여러 곳의 철학에 관해 각기 설명한 글을 느슨하게 연결시켰다. (任厚奎 外 主編, 『東方哲學槪論』, 成都: 四川大學出版部,

1991; 樓于烈 主編, 『東方哲學概論』, 北京: 北京大學出版社, 1997)

일본에서 출간된 『개설 동아시아 사상사』는 고찰의 범위를 중국·한국·일본으로 했으나 여러 모로 미흡하다. 일본의 관례를 다른 나라에도 적용해 '철학사'가 아닌 '사상사'를 다룬다고 했다. 각국에 관한 고찰이 독립되어 있고 상호관련에 관한 논의는 없다. 이미 알려진 내용을 열거하는 데 그치고 새로운 탐구를 시도하지 않았다. 한국어 번역본 표제에 "비교연구"라는 말을 넣었으나, 비교는 아니고 연구라고 하기도 어렵다. (廣島隆裕, 成澤勝, 松田弘, 渡部治, 『概說 東アジア思想史』, 東京: 三杉書店, 1982, 조성을 역, 『동아시아사상사: 중국·한국·일본 사상사 비교론』, 서울: 한울아카데미, 1991)

동아시아에 대한 인식을 멀리서 깨우쳐주는 작업마저 철학에서는 그리 두드러지지 않다. 유럽문명권에서는 자기네 문명권 밖의 철학에 대해서도 알고자 한다. 세계 여러 곳의 철학을 개관할 때에 동아시아철학 가운데 일부를 거론한다. 그런 책은 여러 전문가가 각기 쓴 글을 모았을 따름이고 철학사가 아니다. 세계철학사라고 하는 것들도 있으나 공통된 전개를 밝혀 논하지는 못했다.

(Brian Carr and Indira Mahalingam ed., *Companion Encyclopedia of Asian Philosophy*, London: Routledge, 1997에서 페르시아·인도·불교·중국·일본·이슬람철학을 개관했다. Eliot Deutsch and Ron Bontekoe ed., *A Companion to World Philosophies*, Malden: Blackwell. 1997라는 것에서는 유럽 밖의 철학을 아프리카나 폴리네시아의 것들까지 개관하면서 중국철학과 일본철학을 포함시켰다. 『철학사와 문학사 둘인가 하나인가』, 서울: 지식산업사, 2000 서두에서 세계철학사의 여러 저작을 일제히 검토하고 비판했다.)

그러다가 동아시아의 경제 발전이 전통사상 특히 유교와 어떤 관련을 가지는지 문제 삼는 것이 새로운 관심사로 등장했다. 『유교 다시 생각하기』(Benjamin and others ed., *Rethinking Confucianism, Past and Present in China, Japan, Korea, and Vietnam*, Los Angels: UCLA International Institute, 2002)라는 것이 그래서 이루어진 책의 하나이다. 그런데 유교사회나 유교문화에 관한 이러저러한 논의를 산만하게 모아놓아 핵심이 분명하지 않다. 유교를 철학으로 문제 삼지 않아 깊이가 없다. 유교와 경제발전의 관계에 관한 해묵은 논제를 새롭게 다룬 성과가 있다고 인정하기도 어렵다. 한국에 관해 고찰한 논자들은 철학과 거리가 먼 분야의 전공자들이다.

중국 · 한국 · 일본만 동아시아라고 하지 않고 월남을 함께 다룬 점은 평가할 만하다. 공동 작업에 참여한 월남 전공자들이 유학에 대해 상당한 관심과 이해를 갖추고 있어 필요한 노력을 했다. 유교의 유산을 정리하고 평가하는 작업을 근대월남에서 한 저작을 논의의 대상으로 하고, 유교를 공산주의 지향의 사회사상과 합치되게 계승하려는 시도도 있다는 것을 알려주었다.

동아시아에서 철학이 근대화와 어떤 관계를 가지는가 하는 문제를 일본에서도 다루고자 했다. 그래서 내놓은 『동아시아와 철학』(藤田正勝外, 『東アジアと哲學』, 京都: ナカニシヤ出版, 2003)에 중국이나 한국 학자들이 자국에 관해 고찰한 글도 실려 있다. 그러나 동아시아의 철학이라는 것이 유럽철학의 수용이다. 일본에는 전통철학에 대한 관심과 논의가 없는 형편에다 중국과 한국을 갖다 맞추었다. 중국이나 한국도 유럽철학에서 받아들여 철학을 하게 되었다고 알렸다.

동아시아 사상의 소중한 전통을 이어받고자 하는 노력도 있다. 인류

의 미래를 위해 지표로 삼아야 하는 共生이나 平和 사상이 유럽에나 이루어졌다는 잘못을 시정하고 동아시아의 전통을 재인식해야 한다는 저작이 이어 나왔다. (吉田傑俊 外 共編, 『'共生'思想の探究: アジアの視點から』, 東京: 青木書店, 2003; 村瀨裕也, 『東洋の平和思想』, 東京: 青木書店, 2003) 그러나 동아시아 철학사를 통괄해 다루는 시야를 갖추려고 하지 않고, 이른 시기의 중국과 근대 이후의 일본을 바로 연결시켜 공생이나 평화를 위한 일본의 기여가 돋보이게 하려고 한다.

동아시아철학사에 대해서 고찰하고자 하는 시도는 한국 학자들이 적극적으로 하고 있다. 한국은 중국과 일본 사이에 있어 양쪽에 관심을 가지게 마련이다. 중국이나 일본 양쪽 또는 그 가운데 어느 한쪽에 관해서 특별한 이해를 하거나 유학해서 학문의 폭을 넓힐 기회가 그 두 나라 사람들보다 많은 편이다.

주칠성 외, 『동아시아의 전통철학』(서울: 예문서원, 1998)을 보자. (延邊大學 朝鮮問題硏究所, 『中國・朝鮮・日本傳統哲學比較硏究』의 번역본이다.) 유학・도교・불교・주자학・양명학・실학의 항목을 설정하고, 그런 것들이 중국・한국・일본에서 어떻게 나타나고 어떤 특징을 지녔는지 정리했다. 일본어를 아는 세대의 중국 조선족 학자들이 앞서서 할 수 있는 일이다.

새로운 세대는 이웃 나라에 유학해 이해를 넓힌다. 이기동, 정용선 역, 『동양 삼국의 주자학』(서울: 성균관대학교출판부, 1995)이나 최재목, 『동아시아의 양명학』(서울: 예문서원, 1996)은 일본에 가서 박사학위를 취득한 논문을 간행한 것들이다. 오이환, 『동아시아의 사상』(서울: 예문서원, 2003)은 중국과 일본 양쪽에 유학해 얻은 성과이다.

앞에 든 업적은 간략한 개관이다. 뒤의 세 저작은 철학사의 어느 한 국면을 다루었다. 동아시아 철학사를 서술하기 위해 필요한 기초작업을 했지만, 다룬 범위에서나 논의의 심도에서나 아직 많이 모자란다고 하지 않을 수 없다. 유럽철학사에 견줄 수 있는 동아시아철학사가 나오기까지 더 많은 노력이 있어야 할 것이다.

동아시아철학사를 어떻게 써야 하는가? 이 질문은 동아시아문학사의 경우보다 대답하기 더 어렵다. 『철학사와 문학사 둘인가 하나인가』에서 철학과 문학의 관계가 문명권에 따라서 어떻게 같고 다른지 시대별로 비교하고, 『인문학문의 사명』(서울: 서울대학교 출판부, 1997)을 쓸 때에는 중국 · 일본 · 한국의 현대철학자를 한 사람씩 들어 살폈다. 그렇게 하면서 생각한 바를 일부 정리해 제시하기로 한다. 유럽에서 유럽철학사를 쓰는 작업보다 많이 뒤떨어진 동아시아의 작업을 더 잘 하기 위해 필요한 최초의 설계도를 그려보겠다.

철학은 글로 기록되기 전의 구비철학에서 생겨났다. 동아시아의 경우에는 그 사실을 입증할 자료가 있다. 중국의 여러 소수민족의 철학을 구전에서 찾은 것이 좋은 작업이다. (蕭萬源 外 主編, 『中國少數民族哲學史』, 合肥: 安徽人民出版社, 1992) 다른 나라 더 많은 민족의 경우에도 같은 작업을 해야 한다. 『동아시아구비서사시의 양상과 변천』에서 서사시를 고찰한 내용에 철학으로 평가해야 할 것들이 적지 않다.

중국철학을 한국이나 일본에서 받아들여 자기 것으로 만든 과정이나 살피고 마는 것은 잘못이다. 중국이 아닌 다른 어디서도 철학은 시작되나, 한문 글쓰기를 하면서 철학을 기록할 수 있었다. 기록하면서 사용한 용어나 표현의 소종래를 들어 발상의 성격을 규정하지 말아야 한다. 중국 · 한국 · 일본의 범위를 넘어서서, 다른 여러 민족도 철학을 한 것을 알아야 한다. 월남이나 유구를 주목하고, 중국, 일본, 월남

등지의 소수민족 철학도 살펴야 한다.

철학의 범위를 넓게 잡아야 한다. 철학과 문학은 하나이면서 둘이고 둘이면서 하나임을 『철학사와 문학사 둘인가 하나인가』에서 밝혔다. 문학이면서 철학인 유산, 문학의 표현을 사용한 철학을 버리지 말고 받아들여 정당하게 평가해야 한다. 지배적인 이념에 대해 반론을 제기하려고 正攻이 아닌 側攻이나 逆攻의 다채로운 표현을 사용한 발언을 돌보지 않는다면 철학사의 전환을 이해하지 못한다.

동아시아철학은 하나이다

철학사가 개괄적인 서술로 끝난 것은 바람직하지 않다. 이미 이루어진 철학을 받아들이고 나누어 가지면서 존중하는 동안에 다소 변이가 생겨 나라마다 시대에 따르는 특색이 있었다는 정도의 말을 하고 말면 철학이 죽는다. 동아시아는 철학마저 정체되어 있었다는 오해를 가중시킬 수 있다.

여러 철학 사조를 열거하고, 시대나 나라에 따라 변이한 양상을 지적하는 데서 더 나아가야 한다. 논란이 일어난 이유가 무엇이며 어떤 사회적·역사적 파장이 수반되었는지 밝혀야 한다. 철학의 변천과정을 보여주는 데 그치지 않고 철학에 관한 논란을 펴는 자리를 만들어야 한다. 대립과 논쟁을 멀리 두고 설명하지 말고, 누가 어떤 주장을 어떻게 폈는지 깊이 들어가 논의해야 한다. 중요한 글 원문을 들고 문학작품을 분석하듯이 따져야 한다.

지난 시기의 논란을 오늘날의 것으로 되살려야 한다. 오늘날의 철학을 새롭게 하는 원천 노릇을 하고 인류의 지혜를 향상하는 데 직접 기여하는 철학사를 이룩해야 한다. 그 점에서 유럽철학사보다 앞서 나가면서 세계철학사를 제대로 쓰는 길을 제시해야 한다.

그런 작업을 여기서 길게 할 수는 없다. 두 가지 예증을 들어 구체적인 양상을 보여주는 데 그친다. 두 예증은 서로 대립되어 동아시아가 하나이면서 여럿인 양면을 말해준다. 중국 것을 먼저 들고 다른 나라에 가서 어떻게 변했는지 말하는 관례를 깨고 예증 하나는 일본에서, 다른 하나는 한국에서 찾는다.

하나는 동아시아가 동일문명권이라는 인식에 관한 것이다. 그런 말도 그냥 하고 말 것이 아니다. 좋은 예증을 찾아 '동일'에 대한 인식이 무엇이었던지 따지고 들어야 한다. 동일성의 분명하고 좋은 증거를 이질성의 본고장이기만 한 것 같은 일본에서 마련했다. 17세기 학자 藤原惺窩의 언행을 제자 林羅山이 기록한 데 다음과 같은 말이 있다.

> 理之在也 與天之無不幬 似地之無不載 此邦亦然 朝鮮亦然 安南亦然 中國亦然 東海之東 西海之西 此言合此理同也 南北亦然 是豈非至公至大至正至明哉 (<惺窩問答>, 『林羅山文集』 권32)
>
> (理가 있다는 것은 하늘이 덮지 않은 것이 없고, 땅이 싣지 않은 것이 없음과 같다. 이 나라에서도 그렇고, 조선에서도 그렇고, 안남에서도 그렇고, 중국에서도 그렇다. 동해의 동쪽이나 서해의 서쪽에서도 이 말은 이 이치와 합치된다. 남북에서도 그렇다. 이것이 어찌 지극히 공변되고, 지극히 크고, 지극히 바르고, 지극히 밝지 않겠는가.)

무엇을 말했는지 분석해 논하기 위해 번호를 붙이자. (1) 理는 모든 것을 하늘이 덮고 땅이 싣는 것처럼 보편적이다. (2) 그런 理를 "이나라"라고 한 일본이, 조선·안남·중국과 함께 존중한다. (3) 동서남북 다른 곳에서도 그렇게 해야 한다. (4) 어디서나 존중해야 하는 보편적인 원리인 理는 지극히 공변되고, 크고, 바르고, 밝다.

(1)의 보편적인 이치를 갖추어야 문명권이 이루어질 수 있다. 어느 지역, 어떤 사람들에게만 통용되는 특수한 이치, 배타적인 사고는 문명을 만들어낼 수 없다. 理라고 한 것은 유학의 원리이다. 천지만물과 함께 지닌 理를 사람이 실현하는 방식은 仁義禮智이다. 그런 내용의 공동 이념을 갖추어 동아시아 문명이 성립되었다.

(2)에서는 유학을 공동 이념으로 하고 있는 곳이 일본·조선·안남·중국이라고 구체적으로 지적했다. 그것이 동아시아문명의 범위이다. 네 나라를 든 순서를 주목해보자. 일본을 가장 먼저 든 것은 자기가 일본 사람이기 때문일 것이다. 일본이 동아시아문명권의 일원임을 강조해서 말할 필요가 있었던 것이 더 중요한 이유일 수 있다. 조선을 두 번째로 든 것은 가까이 있고 자기 학문의 직접적인 원천을 제공한 곳이기 때문일 것이다. 안남을 빼놓지 않은 것은 식견이 넓다는 증거이다. 중국을 맨 뒤에 둔 것은 무슨 이유인가? 중국은 중심에 있다거나 우월하다든가 하는 생각을 버리고, 네 나라가 모두 대등하다고 해야 유교의 보편주의가 제대로 인정된다고 여긴 것으로 보아 마땅하다.

(3)에서 동서남북을 들어 무엇을 말하려고 했는가? 네 나라 밖의 사정을 살핀 것으로 생각된다. 멀리 있어 유교의 이치를 모르고 있는 사람들에게도 유교의 이치는 동일하게 적용된다고 했다. 자기네 문명권에서 내세우는 보편적 이치를 세계 전체 다른 모든 곳에서 일제히 받아들여야 한다고 요구하는 것이 모든 문명권의 공통된 특징이다.

유학은 말만 그렇게 하고, 종교전쟁을 일으키거나 선교사를 파견하지는 않았다.

(4)에서는 유교 이치가 보편적 가치를 지녔다고 강조해서 말했다. "이것이 어찌 지극히 공변되고, 지극히 크고, 지극히 바르고, 지극히 밝지 않겠는가"라고 하는 말을 두 가지로 이해할 수 있다. "公大正明"이라고 규정한 네 가지 특징을 지적했다. "지극히"라는 말을 되풀이해서 비교 대상이 될 수 있는 다른 어떤 이치보다 훌륭하다고 했다. 神道나 불교를 두고 한 말일 수 있으나, 오늘날 다시 이해하면 기독교나 이슬람 등 다른 문명권의 보편종교까지 포함된다.

동아시아철학은 여럿이다

동아시아철학은 하나이기만 하지 않았다. 하나이면서 여럿이었다. 그 점을 실상대로 이해하기 위해서 문학사의 일단을 '華詩'・'夷歌'・'華歌'・'夷詩'의 대립관계로 다룬 것과 같은 작업이 철학사에서도 필요하다. 대립관계를 밝히는 이론적인 틀이 있어야 체계적인 서술을 하고, 무엇이 문제인지 명시하고, 지난 시기의 논란에 오늘날의 관점에서 참여할 수 있다. 이것이 철학사를 잘 쓰는 가장 중요한 요건이다. 유럽철학사보다 한 걸음 더 나아갈 수 있게 하는 비결이다.

철학사에서 전개된 대립관계를 어떻게 정리할 것인지 아직 말하기 어렵다. 경험론과 관념론, 유심론과 유물론 같은 개념을 사용하면 유럽철학사 이해의 틀을 무리하게 적용해 동아시아철학사의 진면목을 훼손한다. 유럽철학사라도 그렇게만 이해할 것인지 의문이다.

主理論과 主氣論, 理氣이원론과 氣일원론은 동아시아 유가철학의 전개를 이해하는 데 유효한 개념이다. 그러나 차이점을 들어 분류하는 데 치우치고 논란의 성격은 잘 나타내주지 못한다. 어떻게 말해도 상관이 없는 것을 두고 공연히 말싸움을 한다는 인상을 준다. 동아시아철학사의 전개를 이해하는 좀 더 나은 이론의 틀을 찾아내는 것을 목표로 하고, 중간 단계의 작업을 진행하자. 문학사에서 한 작업을 시험 삼아 철학사에 적용해보자.

시가사를 고찰하는 데 쓴 '華詩' · '夷歌' · '華歌' · '夷詩'에 해당하는 것들이 철학사의 대표적인 흐름인 유가철학사에도 나타났다고 할 수 있다. '華詩'에 해당하는 정통유학사상이 중국에서 정립되어 중세사고의 규범을 만들었다. '夷歌'와 상통하는 고대의 유산을 여러 민족이 독자적인 사고형태로 지켜오면서 중세사고를 자기 것으로 만드는 원천으로 삼았다. 여러 민족의 '華歌'가 성립되어 중세보편주의를 독자적으로 구현하는 작업이 철학사에서도 이루어져 정통유학을 각기 자기 것으로 재창조했다. '夷詩'의 출현과 병행해서 철학에서도 변혁이 일어나 정통유학을 내부에서 뒤집으면서 중세를 넘어서서 근대를 지향하는 사고형태가 나타났다.

'華詩'에 해당하는 철학의 규범은 南宋의 朱熹가 이룩했다. 주희는 유학의 정통을 분명하게 해서 가치관이 흔들리는 것을 막고자 했다. 朱子라고 칭송된 주희의 학설을 중국의 元 · 明 · 淸 왕조, 한국의 조선왕조, 월남의 黎 · 阮朝, 일본의 德川幕府가 국가 이념으로 삼고 반론을 막았다. 사회질서의 근간이 되는 충효의 윤리를 확고하게 하는 절대적인 기여를 한다고 평가했기 때문이다.

충효의 윤리는 유학에서 항상 강조해 와서 새삼스럽지 않지만, 주희가 理氣철학에 입각해 윤리의 근거를 밝힌 것은 획기적인 의의가 있었다. 사람은 동물과 理氣에서 달라 동물에는 없는 윤리를 갖추고 있다고 했다. 갖추고 있는 윤리를 실현해야 하는 것은 각자가 자의적으로 선택할 사항이 아니고 사람의 삶이 본질적으로 갖춘 조건이라고 했다. 그런 지론을 다음과 같이 폈다.

> 人物之生 有精粗之不同 自一氣而言之 則人物皆受是氣而生 自精粗而言 則人得其氣之正且通者 物得其氣之偏且塞者 惟人得其正 故是理通而無所塞 物得其偏 故是理塞而無所知 且如人 頭圓象天 足方象地 平正端直 以其受天地之正氣 所以識道理 有知識 物受天地之偏氣 所以禽獸橫生 草木頭生向下 尾反在上 (『朱子語類』 권4 性理1 <人物之性氣質之性>)
>
> (사람과 동물의 삶은 精과 粗에서 같지 않다. 一氣에서 말한다면, 사람이든 동물이든 모두 이 氣를 받아서 생겨났다. 精과 粗에서 말한다면, 사람은 그 氣가 바르고 통한 것을 받았고, 동물은 그 氣가 치우치고 막힌 것을 받았다. 오직 사람만 그 바른 것을 받았으므로 理가 통하고 막힘이 없다. 동물은 치우친 것을 받았으므로 理가 막히고 지식이 없다. 또한 사람은 머리가 둥글어 하늘의 모습이고, 발은 모나서 땅의 모습이며, 平正하고 端直해서 天地의 바른 氣를 받았으므로 道理를 알고 지식이 있다. 사람이 아닌 다른 생물은 천지의 치우친 氣를 받았으므로, 짐승은 橫生하고, 식물은 머리를 아래로 하고 살며 꼬리는 도리어 위로 둔다.)

사람과 다른 생물의 차이를 두 가지로 말했다. 하나는 氣가 바르고 통했는가 아니면 치우치고 막혔는가 하는 것이다. 또 하나는 생긴 모습이다. 누구나 보고 알 수 있는 생긴 모습을 氣가 어떤 상태인가 하는 숨은 이유를 밝히는 증거로 삼았다. 사람은 머리를 위로 하고 움직인다. 짐승은 머리와 몸을 같은 높이에 두고 움직인다. 식물은 머리에 해당하는 뿌리를 아래에 박고 거꾸로 서 있다. 그런 특징을 直生·橫生·逆生이라고 일컫고, 셋이 각기 지닌 氣가 바르고 통하는 것인가 아니면 치우치고 막힌 것인가 하는 차이가 있어 생긴 결과라고 했다.

그 때문에 윤리의 등급이 있다는 것이 주장하고자 하는 핵심 사항이다. 윤리와 함께 지식을 들었다. 생긴 모습에 관해서도 설명을 계속했다. 直生하는 사람은 머리와 발로 天圓과 地方을 나타낸다고 해서 천지의 이치나 도리를 구현하고 있다고 했다. 윤리는 사람이 지닌 특징이고 자랑인데 실행하지 않아 짐승 노릇을 할 수 없다는 결론을 향해 여러 단계를 거쳐 조심스럽게 다가가 반론의 여지가 없게 했다.

주희의 지론을 복잡한 이론을 갖추어 이해하는 것은 누구나 할 수 있는 일이 아니었다. 세상 사람을 두루 교화하기 위해서는 대중용 교본이 필요했다. 한국에서 만든 『童蒙先習』이 요령과 설득력을 특히 잘 갖추었다. 무지몽매한 어린아이를 깨우친다고 하고서 모든 사람이 다 알아야 할 교훈을 가르쳤다. 서두에서 한 말을 보자.

> 天地之間 萬物之衆 惟人最貴 所貴乎人者 以其有五倫也 是故孟子曰 父子有 親 君臣有義 夫婦有別 長幼有序 朋友有信 人而不知有五常 則其違禽獸 不遠矣
>
> (천지 사이 만물 가운데 오직 사람이 가장 귀하다. 사람이 귀하다고 하는 것은 오륜이 있기 때문이다. 그러므로 맹자는 부자유친·군신유의·부부유별·장유유서·붕우유신을 말했다. 사람이

다섯 가지 도리를 알지 못하면 금수와 거리가 멀지 않다.)

오륜은 맹자가 이미 말한 바이다. 사람은 오륜을 갖추고 있어 만물 가운데 가장 귀하다고 하는 근거는 주희가 논증했다. 오륜을 알지 못하면 사람이라고 할 수 없고 금수와 다를 바 없다는 것은 누구도 거역할 수 없는 교훈이다.

그러나 거기서 동아시아 철학이 완결된 것은 아니다. 동아시아철학은 하나가 아니고 여럿이다. 고정되어 있지 않고 변했다. '華詩'의 위세를 뒤집어엎고 '夷詩'가 출현한 것과 같은 변혁이 철학에서도 일어났다. 중세에 머무르지 않고 중세에서 근대로의 이행기의 새로운 창조를 했다. 동아시아철학은 보수성 때문에 소중하지 않고 혁신이 더욱 값지다.

유사한 움직임이 동아시아 전역에서 나타났다. 중국의 王夫之(1619-1692)와 戴震(1724-1777), 한국의 任聖周(1711-1788), 洪大容(1731-1783), 朴趾源(1737-1805), 崔漢綺(1803-1877), 월남의 黎貴惇(1726-1783), 일본의 安藤昌益(1703-1762), 유구의 蔡溫(1682-1761)이 각기 자기 나름대로 철학을 혁신했다. 그것이 동시대 유럽의 계몽철학과 여러 면에서 상통한다. (이에 관해『철학사와 문학사 둘인가 하나인가』, 서울: 지식산업사, 2000에서 고찰했다.)

한국에서는 넷이나 나섰다. 그 가운데 중심을 이루었다고 할 수 있는 홍대용을 들어 논의를 구체화해보자. 중국에 갔다 오다가 산속에서 이상한 사람을 만나 나눈 말을 적었다는 <毉山問答>에다 발상의 전환을 집약해놓았다. 한 대목을 들어보자.

虛子曰 天地之生 惟人爲貴 夫今禽獸也草木也 無慧無覺 無禮

無義 人貴於禽獸 草木賤於禽獸

實翁仰首而笑曰 爾誠人也 五倫五事 人之禮義也 群行呴哺 禽獸之禮義也 叢苞條暢 草木之禮義也 以人視物 人貴而物賤 以物視人 物貴而人賤 自天而視之 人與物均也

(허자가 말했다. "천지의 생물 가운데 오직 사람만 귀하다. 저 금수나 초목은 지혜도 지각도 예의도 없다. 사람은 금수보다 귀하고, 초목은 금수보다 천하다."

실옹이 고개를 쳐들고 웃으면서 말했다. "너는 진실로 사람이구나. 五倫이나 五事는 사람의 예의이고, 무리를 지어 기어 다니면서 서로 불러 먹이는 것은 금수의 예의이고, 떨기로 나며 가지가 뻗어나는 것은 초목의 예의이다. 사람의 견지에서 物을 보면 사람이 귀하고 물은 천하다. 物의 견지에서 사람을 보면, 物이 귀하고 사람은 천하다. 하늘에서 보면 사람과 物이 균등하다.")

어렵거나 생소한 말에는 주석을 달아보자. '오륜'과 병칭한 '오사'는 다섯 가지 훌륭한 행실 孝·友·讀書·勤行·勤儉이다. 여기서 말하는 '物'은 삼중의 의미가 있다. 만물·생물·동물이다. 원론에서는 모든 것을 의미하고, 구체적인 논의는 '동물'을 대상으로 진행했다.

허자는 조선 사람이고, 중국에 갔다가 귀국했다. 실옹은 허자가 만난 미지의 인물이며 중국 사람일 수 있다. 허자는 젊고, 실옹은 나이가 들었다. 허자가 작자 자신이고, 실옹은 다른 견해를 들려준 사람이라고 보는 것이 자연스럽다. 두 사람이 하는 말을 들어보면 그것과는 반대이다. 다른 글에서 줄곧 주장해온 바를 나타내는 인물이 허자가 아닌 실옹이다. 허자는 반론의 대상이 되는 기존의 견해를 대변했다.

허자가 “천지의 생물 가운데 오직 사람만 귀하다”고 한 것은 『동몽선습』 서두에서 한 말이다. “저 금수나 초목은 지혜도 지각도 예의도 없다”고 한 것은 주희가 확고하게 다진 이치이다. 예의뿐만 아니라 지혜와 지각에서도 사람은 금수와 다르다는 것을 논거로 해서 다진 “사람은 금수보다 귀하고, 초목은 금수보다 천하다”는 비교론이 의문이나 재론의 여지가 없이 타당하다고 했다.

금수나 초목은 지혜도 지각도 없다고 한 것은 사실이 아니다. 남아시아에서 지진해일이 일어나 사람이 많이 죽었을 때 동물은 모두 미리 알고 피해 희생자가 없었다. 그렇게 한 것이 지혜나 지각이 아니고 무엇인가? 지혜나 지각은 그렇고, 예의란 무엇인가? 예의란 더불어 사는 데 필요한 질서이다. 금수나 초목에도 그 나름대로의 예의가 있다. 사람에게 필요한 예의를 금수나 초목에 적용하는 것은 잘못이다.

허자가 하는 말을 듣고 실옹이 반론을 제기했다. ‘오륜’이나 ‘오사’는 사람의 예의이고, 다른 생명체에도 그 나름대로의 예의가 있다고 했다. “무리를 지어 기어 다니면서 서로 불러 먹이는 것은 금수의 예의이고, 떨기로 나며 가지가 뻗어나는 것은 초목의 예의이다”라고 했다. 사람의 예의를 기준으로 다른 생명체의 예의를 판정하는 것은 잘못이라고 했다. 사람 중심주의를 버리고 생명은 모두 존중해야 한다고 했다. 사람을 포함한 모든 생명체가 각기 삶을 마땅하게 누리는 방식이 각자의 예의라고 했다. 모든 생명체는 각기 그 나름대로의 예의가 있다고 해서, 예의의 보편성과 그 양상의 특수성을 함께 인정했다.

사람 기준에서 벗어나야 하는 이유를 그 다음 대목에서 밝혔다. “사람의 견지에서 物을 보면 사람이 귀하고 물은 천하다”고 하고, “物의 견지에서 사람을 보면, 物이 귀하고 사람은 천하다” 하고 “하늘에서 보면 사람과 物이 균등하다"고 한 것이 그 말이다. '物'은 만물·생물·동물의 세 차원에서 이해할 수 있는 말이라고 했다. 사람과 그런 것들은 상대적인 관계를 가진다는 점에서 균등하다고 하는 것이 가장 큰 범위에서 인정되는 원론이다. 동물의 견지에서 판정하면 사람이 하는 짓은 비정상이고 부도덕하다고 할 수 있다는 것을 힘써 말하려고 했다.

허자는 헛소리를 하고, 실옹이 바른 말을 했다. 주자의 지론을 따르는 허자가 헛소리를 한다고 하면서 주희가 헛되다고 둘러 말했다. 반발을 줄이고 설득력을 높이려고 허구적인 사건을 설정해 우언을 만들었다. 더 따져야 하지만 드러내놓고 논의하기는 어려우므로, 주희의 지론을 하나하나 논박하는 일은 독자에게 맡겼다.

주희가 사람이 直生하는 것은 氣가 바르고 통한 증거이고, 짐승이 橫生하는 것은 기가 부분적으로 바르고 통하기 때문이고, 초목이 逆生하는 것은 기가 바르지도 못하고 통하지도 않기 때문이라고 한 것을 다시 보자. 그것은 사람의 일방적인 생각이다. 천하만물이 함께 지닌 보편적인 氣를 사람이 함부로 왜곡해서 그릇된 판단을 했다.

사람은 머리가 天圓, 발은 地方의 형상을 하고 있다는 것도 사실에 대한 그릇된 이해이다. 그런 모습을 하고 사는 것이 기가 바르고 통한 증거라는 것은 억지이다. 사람이 다른 생명체보다 우월한 이치를 주희가 타당하게 밝혀 논했다고 인정하고 따르는 것은 잘못이다. "사람은 금수보다 귀하고, 초목은 금수보다 천하다"고 할 수 있는 근거는 없다.

사람만 五倫이 있다는 주장을 두고 탈춤 대사에서 심하게 야유했다. 개에게도 오륜이 있다고 했다. "毛色相似하니 父子有親이오, 知主不吠하니 君臣有義요, 孕後遠夫하니 夫婦有別이요, 小不敵大하니 長幼有序요, 一吠衆吠하니 朋友有信이라." 지금은 이런 말마저 번역해야 이해할 수 있게 되었다. "털빛이 비슷하니 父子有親이요, 주인을 알아보고 짖지 않으니 君臣有義요, 새끼 밴 다음에는 지아비를 멀리 하니 夫婦有別이요, 작은 것이 큰 것에게 대들지 않으니 長幼有序요, 한 마리가 짖으면 뭇 놈들이 짖으니 朋友有信이라."

오륜이라고 하는 것들은 다름 아니라 생물이 살아가는 모습이다. 사람만 오륜이 있다는 것은 사람만 살고 있다는 말이다. 이렇게 주장하면 큰일 난다. 윤리적 질서의 근본을 부정하는 대역죄를 저지르니 목숨을 부지할 수 없었다. 윤리가 모든 것의 근본이라고 여기던 시대였다. 탈춤 대사란 함부로 하는 말이라, 귀 기울여 듣고 문제 삼을 것이 아니니 그냥 지나갔다. 글을 써서 이치를 논하는 사람이 같은 말을 하는 것은 있을 수 없는 일이었다.

탈춤 대사에서 한 말은 '夷歌'에 상응하는 구비철학이고 민중철학이다. 기록되지 않았지만 널리 알려졌다. '華詩'에 해당하는 정통유학을 글을 써서 공격하지 않아 탄압의 대상이 되지 않았다. 같은 주장을 글로 쓰고 전후의 이치를 갖추어 나타낸 홍대용의 글은 '夷詩'에 해당하는 것이다. '夷歌'가 있어 '夷詩'가 성립될 수 있었던 것이 문학사의 경우와 같다. 우언을 이용한 것은 탈춤과 유사하다. 이치를 갖춘 말을 한문으로 쓴 것은 다르다.

주희의 지론은 理氣論으로 이루어졌다. '一氣'라는 말을 쓴 것을 주목하자. 氣가 하나이고 理도 하나이다. 그러면서 氣에 精粗가 있어, 理에 通偏이 있다. 사람과 다른 생명체의 차이를 말하는 것은 둘째 명제에 근거를 두었다. 첫째 명제는 보편성을, 둘째 명제는 특수성을 말하는 근거이다.

이렇게 말하는 데 동의한다면 반론을 제기할 수 없다. 근거 없는 비방으로 소란을 일으키기나 하는 것은 잘못이다. 개에게도 오륜이 있다는 수준의 발언으로 철학론을 대신할 수 없다. 철학에는 관심이 없다고 하면서 철학에 대한 논의를 함부로 하는 무책임한 짓은 하지 말아야 한다. 무엇이 문제인지 재론해서 주희의 견해가 잘못임을 밝히고 타당한 대안을 제시해야 한다.

문제는 (가) 一氣와 一理, (나) 精粗가 있는 氣와 通塞이 있는 理, 이 둘의 상관관계이다. 이 둘을 함께 인정한다 하고, (가)는 원칙상 존재하고, (나)는 실제로 작용한다고 했다. (가)는 공중에 떠 있고, (나)만 움직인다고 했다. 그렇게 분리할 수는 없다. (나)의 작용에 (가)는 개입하지 않는가? 이것이 문제이다.

18세기 한국에서 이에 관해 치열한 논란이 벌어져, 人·物性 同異論爭이라고 하는 것이 일어났다. 사람과 동물의 性이 같은가 다른가 하고 공연한 시비를 벌인 것 같지만, 문제를 깊이 파고들어 심각하게 따진 견해 대립이 나타났다. 그 경과를 설명하려면 무척 복잡한 논의가 필요하다. 양쪽의 인물을 들고, 원전을 인용하고, 다툼이 벌어진 경과를 드는 일은 하지 않는다. 그런 번거로움 때문에 문제의 핵심이 흐려지고, 철학에 대한 불신이 일어나는 것을 경계한다. 반드시 필요한 말만 하면서 쉽게 접근하는 길을 찾는다.

理와 氣에 대한 장황한 논의 또한 부적절하다. 그러나 그런 말을 사용하지 않으면 사태의 진실을 파악할 수 없다. 氣는 삶이고, 理는 도의이다. 이렇게 생각하는 것이 최상의 방안이다. 삶과 도의의 관계가 문제의 핵심으로 등장해서 복잡하고 난해한 논의가 벌어졌다.

삶의 양상이 어떻게 달라지든 도의의 근본은 변하지 않는다. 이렇게 말하려면 (가)의 一理가 허공에 떠 있기만 하지 않고 (나)의 차별상에서도 실제로 작용한다고 해야 한다. 理는 氣에 精粗가 있다고 해서 通塞으로 갈라지기만 하지 않고 여전히 一理라고 해야 한다. 그 점에서 사람이든 동물이든 다름없으므로 人·物性同論이 타당하다는 주장을 폈다.

삶의 양상이 달라지면 도의도 달라진다. 도의는 근본이라고 하는 것이 의의를 가지지 않고 상황에 따라 구체화해야 유효하다. (가)에서 말하는 것은 이치의 근본이 그렇다는 말이고 실질적인 의의가 없다고 해야 한다. 공연한 소리를 하지 말고 (나)에서 이루어지는 제반사태를 실상대로 이해해야 한다. 氣에 精粗가 있으면 理에 通塞이 있는 것이 당연하다. 사람이나 동물의 性이라는 것도 通塞이 있는 理이므로, 人·物性異論이 타당하다.

이 둘이 팽팽하게 대립되어 (가)와 (나)를 함께 인정할 수 없게 되었다. 논란이 심해지면서 주장하는 바가 더욱 극단화했다. 한쪽은 (가)로 기울어져 이상주의가 되었다. 다른 쪽은 (나)를 근거로 삼는 현실주의로 나아갔다. 그래서 해결책은 없고 결별이 불가피하게 되었을 때 제3의 견해가 나타났다.

삶의 양상이 도의이지 도의가 따로 있는 것은 아니다. 이렇다고 바로 말할 수는 없어 근거가 되는 철학을 다져야 했다. (가)의 一氣가 (나)의 차별상에서도 실제로 작용한다. 氣는 하나이면서 여럿이다. 精粗가 있어도 一氣의 특성이 없어지지 않는다. 그러므로 人·物性同論이 타당하지만 그 근거는 아주 다르다.

첫째 견해는 人·物性因理同論이고, 둘째 견해는 人·物性因氣異論이라면, 셋째 견해는 人·物性因氣同論이라고 할 수 있다. 人·物性同論이라는 점에서 첫째 것과 일치하지만, 같다는 이유가 전혀 다르다. 사람이나 동물은 氣로 말미암아 같다고 했다. 氣를 삶이라고 하고 다시 말해보자. 사람이나 동물은 삶을 누린다는 점에서 같다고 했다. 이것도 현실주의이지만 앞의 것과 다르다. 현실을 바로 알아 규제하고 단속해야 한다는 것이 아니고, 있는 그대로의 삶을 인정해야 한다는 것이다.

짐승만도 못한 놈이라고 욕하거나 人面獸心이라고 나무라는 것은 잘못이다. 짐승에 대한 명예훼손이다. 짐승이 사람보다 도덕적으로 저열하지 않다. 사람이 저지르는 악이 짐승에게는 없다. 사람은 만물의 靈長이 아니다. 사람의 우월성을 도덕적으로 평가하는 것은 잘못이다. 사람은 도덕적으로 많은 결함이 있다는 것을 인정하고 반성해야 한다.

짐승이나 식물도 그 나름대로 뛰어난 지각과 판단력을 가지고 있다. 그 오묘한 비밀을 다 밝혀낼 수 없다. 생산 또는 창조력도 탁월하다. 우리가 그것을 이용하면서 고맙게 생각해야 한다. 동식물 덕분에 사람이 살아간다. 영양소와 약품을 모두 동식물이 제공한다. 동식물의 생산능력이 탁월하지 않으면 그럴 수 없다.

삶을 누리는 것이 善이므로 동식물을 존중해야 한다. 동식물을 함부로 죽이고 훼손하는 것은 용납할 수 없는 일이다. 사람이 살아가는데 최소한 필요한 것은 이용하고, 그 이상의 것은 있는 그대로 두고 존중해야 한다. 자연을 보호해야 하는 이유가 바로 여기 있다. 두고 이용하기 위해 아끼는 것과는 다른 생각이다.

사람 중심의 사상은 잘못 되었다. 사람 존중의 사상을 사람들끼리 펴면서 자기도취에 빠지는 것은 어리석다. 사람 중심의 사상은 이미 많은 과오를 저질러왔다. 이제는 반성하고 재출발해야 할 때이다. 사람 중심의 생각을 버리고 모든 생명체를 존중해야 한다.

사람은 짐승보다 도덕적으로 우월하다. 사람은 동식물을 마음대로 지배하고 이용할 수 있는 권리가 있다. 사람 중심의 사상을 가지자.

이런 주장은 모두 사람들 사이에서 차별을 만들고, 강자가 약자를 지배하는 데 이용되었다. 그런 생각을 버리고 삶을 누리는 것이 선이라고 해야 사람들 사이에서도 평등이 이루어진다.

學行一致를 말하면서 이치를 밝히는 작업과 올바른 실천이 둘이 아니고 하나라고 하는 것이 또한 동아시아철학의 오랜 전통이다. 그 점은 學을 行에서 분리해 이치를 밝히는 작업을 그 자체로 진행하는 유럽철학과 다르다. 산스크리트문명권에서 '다르사나'를, 아랍어문명권에서 '히크마흐'를 내세워 유럽철학에 반론을 제기하는 작업을 동아시아에서는 학행일치에서 한다.

삶을 누리는 것이 선이라는 명제는 學보다 行에서 더 큰 의의를 가진다. 다른 사람의 삶을 존중해야 하고, 사람이 아닌 다른 생명체도 사람처럼 여겨야 한다는 행위의 지침이 그 말에 있다. 생태계 보존이 지금 시대의 가장 긴요한 과제라고 하는데, 한꺼번에 훼손하지 말고 두고두고 이용하자고 하는 것은 모자라는 생각이다. 동물이든 식물이든 삶을 누리는 것이 선임을 인정하고 사람의 횡포를 스스로 제어해야 한다.

당면 과제

문명의 동질성은 버리고 민족문화의 배타적인 특성을 일방적으로 중요시해온 근대의 학풍을 청산해야 한다. 문명이 하나라고 하고 불변의 원리만 소중하다고 한 중세의 학풍을 계승해 근대의 관점에서 재론해야 한다. 문명은 하나이면서 여럿임을 밝히고, 불변의 원리를 둘러싼 논란에서 변화가 이루어져온 경과를 찾자. 근대학문과 중세학문을 합쳐 근대 다음 시대의 학풍을 만드는 작업을 선도하자.

동아시아문명은 복고주의자의 안식처가 아니다. 여러 흐름 가운데 하나를 임의로 택해 克己復禮를 주장하는 단순사고에서도 벗어나야 한다. 대립과 혁신이 있었던 사실이 소중하다. 그 가운데 어느 것을 이어서 새로운 창조의 원천으로 삼는 작업을 다양하게 전개해야 한다.

동아시아사와 동아시아문학사를 먼저 들고 동아시아철학사를 고찰하는 데까지 나아가 할 일을 다 말한 것은 아니다. 셋 다 예증에 지나지 않는다. 역사적 연구만 긴요한 것도 아니다. 할 일이 더 많다. 동아시아문명의 전개를 역사적으로 정리해 언어, 문자, 종교, 민속, 미술, 음악, 연극, 무용 등에 관해서도 다각적인 연구를 하고 얻은 성과를 통합해야 한다.

이 일에 동아시아 각국 학자들이 힘을 모아야 한다. 서로 연관되는 연구를 확대하고 심화하면서 교류를 활발하게 해야 한다. 그런 과업을 주도하는 연구소가 각국에 있고 연합체를 구성하는 것이 바람직하다. 학술회의를 열고 책을 내는 일을 함께 하면서 한문을 공용어로 사용할 것을 제안한다. 한문을 일제히 사용해 함께 이룩한 성과를 각국어로 번역하는 것은 그 다음의 일이다.

동아시아 문명사를 다른 문명권의 경우와 비교해 고찰하는 작업을 적극적으로 수행해야 한다. 이 작업에서 세 가지를 얻을 수 있다. 동아시아문명에 대한 자기 점검을 철저하게 하고, 다른 문명 특히 유럽문명권을 상대로 벌이는 선의의 경쟁을 피차 유익하게 전개하고, 인류 문명 전체에 대한 새로운 통찰을 얻을 수 있다. 이제 원대한 포부를 가지고 앞서 나가는 학문을 하자. 수입학과 자립학의 갈등을 넘어서서 창조학을 크게 이룩하자.

토론

❑ 문: 철학과 사상은 어떻게 구별되는가?

❑ 답: 두 가지 구분이 가능하다. 하나는 철학은 무엇에든지 적용되는 보편적 원리이고, 사상은 정치, 사회, 문학 등에 국한된 주장이라고 하는 것이다. 또 하나는 사상을 상위개념으로 하고 철학은 정치사상, 사회사상, 문학사상 등과 구별되는 철학사상이라고 하는 것이다. 두 가지 구분의 실질적인 의미는 동일하다. "천지만물"은 또는 "사람은"을 주어로 삼아야 철학이고, "한국은" 또는 "한국인"을 주어로 삼으면 철학이 아니다.

❑ 문: "弘益人間"은 철학인가?

❑ 답: 철학으로 자라날 수 있는 단서이다. 어느 범위의 인간에게 어떤 이로움을 줄 것인가에 관한 논의를 구체화하는 데 따라 철학이 되지 않을 수도 있고 철학이 될 수도 있다.

❑ 문: 민중철학이니 구비철학이니 하는 것도 철학이라고 할 수 있는가?

❑ 답: 만든 사람이 민중이든 지식인이든, 전달 방식이 말이든 글이든 보편적 의의를 가진 원리는 철학이다. 五倫은 사람에게만 있지 않고 개에게도 있다고 한 탈춤 대사는 민중철학 또는 구비철학의 좋은 예인데, 삶을 누리는 것이 소중한 원리를 氣철학에서와 같이 깨우쳐 준다.

❑ 문: 理철학에서 氣철학으로 나아가면서 철학을 하는 범위가 확

대되고 변방에서 새로운 사상을 내놓은 것이 아닌가?

❑ 답: 좋은 지적이다. 理는 성현의 가르침을 통해 알아야 하므로 문명권의 중심부에서 변방으로 전해졌다. 氣는 천지만물이나 사회현실에 대한 체험에서 파악되므로 어디서나 내놓을 수 있었다. 理의 구속이 적은 곳에서 과감한 발상을 할 수 있었다. 일본의 安藤昌益은 문명권의 주변부 무식한 동네에서 산 덕분에 성현을 매도하는 놀라운 주장을 주위의 농민들에게 강의하고 일본어를 섞은 한문으로 기록했다.

❑ 문: 문명권의 중간부인 한국은 별 볼일 없었단 말인가?

❑ 답: 아니다. 理철학을 자세하게 살펴 내부에서부터 뒤집어 氣철학으로 나아가는 작업을 徐敬德에서 시작해서 崔漢綺에 이르기까지 여러 단계를 거쳐 치밀하게 했다. 중국에서 氣철학을 한 王夫之가 經學에 머물면서 자기 주장을 여기 저기 삽입한 것보다는 자유로운 글쓰기를 다각도로 시험했다.

❑ 문: 學行一致는 理철학에서 주장하는 바가 아닌가?

❑ 답: 기철학에서도 주장하면서 學과 行의 내용을 바꾸어놓았다. 사람과 物이 균등한 원리를 체득하고 실천하자고 했다.

❑ 문: 종교와 철학은 어떤 관계인가?

❑ 답: 겹치기도 하고 분리되기도 한다.

❑ 문: 氣철학은 분리되는 쪽인가?

❑ 답: 理철학은 합쳐진 쪽이어서 유교의 교리이기도 하지만, 氣철학은 분리된 쪽이다. 제사를 지내면 조상의 혼령이 와서 응감한다고

하는 유교 교리를 기철학은 부정한다. 그러나 기철학이 제사에 반대하는 것은 아니다. 조상과의 만남이 후손의 마음속에서 이루어지기를 바라고 제사를 지내는 것은 훌륭하다고 한다.

❑ 문: 기독교를 믿으면서 기철학을 할 수 있는가?

❑ 답: 學行 분리를 원칙으로 하는 유럽 전래의 근대학문에서는 자기 신념과 상반된 대상을 얼마든지 연구할 수 있다. 그러나 철학은 사실 차원에서 연구하고 말거나 비판의 대상으로 삼는 데 그치면 의의가 축소 또는 왜곡된다. 신념과 연구의 일치가 바람직하고, 노력을 기울여 할 만한 작업이다. 성경을 문자 그대로 믿고 신앙에 보상이 따른다고 하면 기독교는 기철학과 상반된다. 성경은 궁극적 진리에 대한 상징적 표현이라고 받아들이고 정신을 고양시키는 지표로 삼으면 기독교와 기철학이 만나는 길이 열린다. 가능한 만남을 실현하는 것이 좋은 연구이다.

제13강 근대, 근대문학, 근대문학의 제도

논의의 시각

문학으로 관심을 돌려 존재양상을 파악하자. 이상주의에 기대를 걸지 말고 현실주의 학문을 하자. 문학은 다른 재화와 마찬가지로 생산·유통·소비의 과정을 거친다. 이 셋을 관련시켜 고찰하는 것이 문학사회학의 기본과제이다. (문학사회학의 개론서로 널리 알려진 Robert Escarpit, *Sociologie de la littérature*, Paris: Presses Universitaires de France, 1978은 "production", "distribution", "consommation"에 관한 고찰로 이루어졌다.)

생산과 소비 사이에 유통이 끼어들어 고찰의 항목이 셋으로 늘어난 것은 근대의 일이다. 근대 이전의 문학에서는 생산자와 소비자가 직접 연결되었다. 직거래가 관행이어서 유통업이 자라나지 못했다. 노래 부르고 이야기하는 문학은 물론이고, 필사본으로 기록한 작품도 서로 대면하는 관계를 가지는 사람들이 주고받았다. 책을 인쇄해서 배포하는 방식이 동아시아에서는 일찍 등장했으나 판매를 목적으로 하지 않았다.

자연경제를 대신해 화폐경제가 성장하는 시기에 문학에서도 커다란 변화가 일어났다. 작가가 생산한 작품을 소비자인 독자에게 전해주는 유통업자가 등장했다. 작가에게 대가를 지불하고 작품을 사서 독자에게 전해주면서 돈을 받아 이익을 남기는 것이 유통업자의 영업이다. 근대문학은 유통업자가 개입해 상품화한 문학이다.

문학의 유통업자에는 구연본 공연업자, 필사본 대여업자, 인쇄본 출판업자가 있다. 이 셋이 중세에서 근대로의 이행기에는 서로 대등한 비중을 가지다가 인쇄본 출판업자가 크게 성장하면서 근대에 들어섰다. 인쇄본 출판업자는 문학의 성격을 바꾸는 작용을 적극적으로 수행해 중세문학과 근대문학의 차이점을 한층 분명하게 했다.

구연본 공연업자나 필사본 대여업자뿐만 아니라 인쇄본 출판업자도 처음에는 이미 있는 작품을 상품으로 삼았다. 그러다가 구매자의 기호를 만족시키는 상품을 다수 확보해야 이익을 남길 수 있다는 것을 알고 생각을 바꾸었다. 작가에게 신작을 주문해 판매하는 것을 앞서나가는 경영 기법으로 삼았다. 이렇게 해서 생긴 전에 없던 거래관계는 분쟁을 수반하는 경우가 많아 쌍방이 인정하는 제도가 필요했다.

문학의 생산·유통·소비는 모두 그 나름대로의 제도가 있지만, 유통구조에 관한 제도가 특히 중요하다. 어느 시기의 문학이든지 제도의 측면에서 이해할 필요가 있으나, 근대문학의 경우에는 이 작업이 반드시 필요하다. 유통이 독자적인 영역을 확보해 문학의 성격을 바꾸어놓은 근대에 이르러서 제도가 구체화되어 정착되고 법적 뒷받침을 갖추게 되었기 때문이다. 문학의 제도에 관한 고찰은 근대문학을 일차적인 대상으로 삼아야 하고, 근대문학의 특성 이해는 문학의 제도를 근거로 삼는 것이 마땅하다.

근대문학 유통의 제도 가운데 출판제도가 핵심을 이룬다. 전에 볼 수 없던 출판제도가 나타나면서 근대문학이 이루어져, 그 둘은 불가분의 관계를 가진다. 생산자인 작가의 지위나 생활에서 어떤 변화가 일어났는가, 소비자인 독자가 누구이며 작품을 어떻게 받아들이는가 하는 등의 광범위한 문제가 출판제도 검토에서 해결될 수 있다.

(문학제도의 사회학을 이룩하고자 한 Jacques Dubois, *L'institution de la littérature, introduction à une sociologie*, Brussels: Labor, 1986에서는 "Fonctions de la littérature", "Instances de production, instances de légitimation", "Status de l'écrivain", "Lecture et condition de lisiblité", "Littératures minoritaires", "Status du texte"를 고찰의 항목으로 잡았다. 여러 곳에 흩어져 있는 출판제도에 관한 논의를 한 데 모으는 것이 바람직하다.)

작품이 상품화되는 양상은 문학의 영역에 따라 다르다. 시인은 작품을 팔아 살아가기 어렵다는 것을 알고 생계 수단을 별도로 마련한다. 구연본 공연 방식을 이용해 시장에 접근하는 극작가는 어렵게 지내는 것이 상례이다. 그 두 영역은 근대에서 큰 변화가 생기지 않았다. 그러나 소설은 중세에서 근대로의 이행기에 생겨나 근대에 이르러서 대단한 위치를 차지하게 되었으며, 그 과정이 인쇄본 출판업의 성장과 일치한다.

소설은 통상적인 노동시간을 다 바쳐야 길게 쓸 수 있으며, 출판시장에서 환영받는다는 두 가지 이유에서, 소설가는 전업작가로 살아가고자 한다. 전업작가는 근대의 산물이다. 근대는 누구든지 한 가지 일을 전문적으로 하면서 살아가는 분업의 시대이므로 문학창작도 생업이 되어야 하는 것이 당연하다.

소설가가 전업작가이고자 하는 소망을 실제로 이루는가는 경우에 따라 다르다. 출판의 형태, 소설가와 출판업자의 관계, 작품의 상품 가치가 상이해 구체적인 고찰이 필요하다. 잡다한 사례를 열거하는 데 그치지 않고, 그 점을 체계적으로 해명하기 위해서는 역사적인 고찰과 비교연구가 필요하다.

소설 출판의 제도가 이루어진 과정과 그 특징을 광범위하게 비교해 고찰하는 것이 여기서 하고자 하는 작업이다. 모든 경우를 다 포괄하는 소설출판제도의 세계사를 펼쳐 보일 수는 없지만 그 개요를 간추려 토론거리로 삼을 수 있다. 중세에서 근대로의 이행기와 근대의 차이, 유럽, 동아시아, 제3세계의 편차가 중점적으로 다룰 항목이다. (『소설의 사회사 비교론』, 서울: 지식산업사, 2001에서 한 작업의 일부를 간추려 이용한다.)

소설 출판의 두 과정

대중이 환영해 상품으로 유통된 소설의 등장 시기를 보자. 동아시아에서는 15세기말 『三國志演義』, 16세기 『金瓶梅』, 17세기 『九雲夢』과 『好色一代男』이 인기작이어서 소설시대를 열었다. 18세기에는 120회의 『紅樓夢』, 180책의 『玩月會盟宴』, 19세기 전반기에는 180회 106책의 『南總里見八犬傳』 같은 대작이 이루어져 복잡한 인간관계를 다면적으로 그렸다.

유럽소설은 16세기의 『토르메즈의 라자로의 생애』(*La vida de Lazaeillo de Tormes*) 이하 일련의 건달소설에서 비롯했다. 17세기에는 『돈 키호테』(*Don Quijote*), 『크레브 공작부인』(*La princesse de Clèves*) 같은 것들이 이루어졌으나, 동시대의 동아시아 소설에 견줄 만한 것은 아니었다. 18세기에는 소설 발전이 본격화되었다고 하지만, 대표작이라고 하는 『패밀라』(*Pamela*), 『쥘리 또는 새로운 엘로이즈』(*Julie ou la nouvelle Heloïse*), 『젊은 베르터의 고뇌』(*Die Leiden des jungen Werthers*) 등이 서간체 형식을 사용했으며 사건 전개가 다채롭지 못했다.

거기까지 나아간 소설은 동아시아와 유럽 양쪽에서 모두 중세에서 근대로의 이행기소설이다. 그 단계에서는 동아시아가 유럽보다 앞섰다가, 더 나아가 근대소설을 이룩하는 과업은 유럽에서 먼저 수행했다. 동아시아소설이 이미 이룩한 성과에 만족하고 있을 때, 뒤떨어져 있던 유럽에서는 소설을 혁신해 새로운 시대를 열었다.

유럽소설은 19세기 중엽에 서간체를 버리고 삼인칭 객관적 관찰자의 시점을 사용해 복잡하게 얽힌 사건을 전개하면서 인간관계의 복잡한 양상을 그렸다. 좋은 본보기가 『적과 흑』(*Le rouge et le noir*), 『고리오 영감』(*Le père Goriot*), 『올리버 트위스트』(*Oliver Twist*), 『대변과 차변』(*Soll und Haben*)이다. 이런 작품은 전개방식에서 동아시아소설과 상통하지만, 사회현실을 직접 다루어 근대소설로 평가된다.

중세에서 근대로의 이행기소설을 동아시아에서는 목판본으로, 유럽에서는 활판본으로 출판했다. 동아시아는 목판인쇄의 오랜 전통이 있고 활판인쇄도 유럽보다 먼저 창안한 인쇄문명의 선진지역인데, 소설은 목판인쇄로만 출판했다. 유럽에서는 목판인쇄를 하지 못해 15세기 중엽에 활판인쇄를 시작하면서 인쇄본 출판이 가능하게 되었다.

두 가지 인쇄 가운데 활판인쇄가 앞선 기술이라고 생각하기 쉬우나 그렇지 않았다. 목판은 견고해 한 번 판각해놓으면 인건비를 적게 지출하고 많은 책을 찍을 수 있지만, 동력을 사용하지 않고 수공업 방식으로 하는 활판인쇄는 상당한 수준의 고급 기술자가 거듭 조판해서 교정을 다시 보아야 인쇄 부수를 늘여나갈 수 있었다. 그 점을 중국에서 활동하던 유럽인 기독교 선교사가 잘 지적해서 "중국의 인쇄술은 간편해서 대단히 많은 책을 찍어내서 우스울 만큼 싼값으로 판다"고 했다. 오늘날의 연구에서는 양자의 차이를 다각도로 검토해 목판인쇄의 경쟁력을 더욱 명확하게 입증했다.

(앞의 인용구는 Evelyn S. Rawski, "Economic and Social Foundation of Late Imperial Culture", David Johnson et al. ed., *Popular Culture in Late Imperial China*, Berkeley: University of California Press, 1985, 17-19면에 있다. 뒤의 결과는 Evelyn Sakakida Rawski, *Education and Popular Literacy in Ch'ing China*, Ann Arbor: The University of Michigan Press, 1979, 120면에 있다.)

저렴한 가격으로 좋은 종이를 만드는 것이 동아시아에서는 가능했다. 문자 해득률에서도 동아시아 특히 한국과 일본은 뛰어났다. 상업도시의 성장이 중국과 일본에서 대단한 수준으로 이루어졌다. 그 모든 요인이 겹쳐, 책이 동아시아에서는 많이, 유럽에서는 적게 팔렸다. 중세에서 근대로의 이행기에는 동아시아소설이 유럽소설보다 앞서 발전하고 대작으로 늘어날 것이 당연한 일이다.

대작의 예로 든 것들 가운데 『玩月會盟宴』은 필사본 대여업자가 유통시킨 소설이다. 독자를 계속 확보하는 데 유리하도록 아주 길어져, 오늘날의 단행본으로 12권이나 된다. (김진세 현대역, 『완월회맹연』, 서울: 서울대학교출판부, 1987-1994가 모두 12권이다.) 중국의 『紅樓夢』과 일본의 『南總里見八犬傳』은 목판으로 출판했는데 대단한 분량이며, 판매에 성공해 높은 평가를 얻었다. 산업혁명 이전 유럽의 활자인쇄로는 그런 대작을 찍어내기 어렵고, 무리해 찍어내면 지나치게 고가여서 대중성이 없었다.

작가의 수입

『南總里見八犬傳』을 지은 瀧澤馬琴은 그 작품 각 권에 서문을 두어 독자에게 하고 싶은 말을 전했다. 그 한 대목에서 소설은 파는 사람이나, 글씨를 쓰고, 그림을 그리고, 판각하고, 인쇄하고, 제본하는 사람들이 모두 衣食을 해결하도록 하는 혜택을 베푼다고 했다. 그러니 자기가 소설을 써서 살아가는 것이 당연하다고 여겼다. 다른 작품의 서문에서는 "빠른 것을 원하고, 졸렬한 것은 혐의로 여기지 않아" 작품을 빨리 쓰라고 다그친다고 출판업자를 나무랐다.

(이에 관해 『하나이면서 여럿인 동아시아문학』, 서울: 지식산업사, 1999, 467-476면에서 원문을 거듭 길게 인용하면서 자세하게 고찰했다. 뒤에 든 말은 瀧澤馬琴, <皿皿郷談序>, 『皿皿郷談』, 東京: 攝陽群玉堂, 1813, 4면에 있다. 원전에서 직접 찾아낸 소중한 자료이므로 전후의 원문을 들면, "所著之書 年年數種 筆不停綴 稿不暇易 而其謀利者 亦愛其速 而不嫌其拙 彼則獲其利 猶有餘贏 予則有虛聞 竟無寸功 雖自知其非 勢不得已 如此書 搆思僅數日 彌速滋拙 然書賈猶遲之 而誅求太急"이라고 했다.)

瀧澤馬琴에 이르기까지 모든 동아시아 작가는 원고료에 해당하는 보수를 받았으며, 작품 판매 부수에 따른 인세는 없었다. 인세 제도는 유럽에서 생겼다. 그 이유는 유럽에서 하던 활판인쇄의 특성에서 찾을 수 있다. 동아시아의 목판인쇄는 판목을 가지지 않은 출판인이 경쟁자로 나설 수 없었으나, 활판인쇄를 하는 쪽에서는 사정이 달랐다.

유럽에서는 책을 많이 찍으려면 조판을 새로 해야 하므로, 다른 출판인이 자기 나름대로 조판을 해서 찍어내도 수지를 맞출 수 있다. 먼저 출판한 사람의 출판 독점권을 보호해야 한다는 요구가 강력하게 등장해 법의 보호를 얻어냈다. 출판권을 다른 출판인에게 양도하거나 대여할 때 대가를 받은 것이 인세의 기원이다. 책의 저자에게도 분배되는 것이 있어야 한다는 주장이 그 뒤에 대두해 저자의 저작권 사용료가 또 하나의 인세로 인정되게 되었다.

유럽에서 출판권이 인정된 최초의 사례가 15세기 이탈리아 베네치아에서 있었다. 출판권이 저자의 권리는 아니었다. 인쇄업자가 특정 서적 제작과 판매에서 독점적인 권리를 가져 마땅하다고 인정했다. (Mark Rose, *Authors and Owners, the Invention of Copyright*, Cambridge, Mass.: Harvard University Press, 1993, 10면)

그런 조처가 16세기 이후에는 다른 나라에서도 받아들여지고, 위반자에게 벌금을 부과하는 근거가 되었다. 출판에 따르는 분쟁을 해결하는 법을 명확한 내용을 갖추어 제정한 것은 1709년에 영국에서 처음 있었던 일이다. "저자 또는 저자에게서 권리를 산 사람에게 언급된 기간 동안 출판되는 책의 복제권을 부여해 학문을 진작하기 위한" 법이라는 긴 제목을 붙였다. (Colin Clair, *A History of Printing in Britain*, New York: Oxford University Press, 1966, 170-172면)

법에서 저자의 저작권과 출판인의 복제권이 구별되었다. 저작권자가 스스로 복제권을 가질 수도 있다고 했다. 저작권 사용료를 지불해야 복제권을 가진다고 했으나, 두 권리는 대등하지 않았다. 복제권자의 요구에 의해 복제권 보호를 위해 법을 제정했으며, 저작권자는 권리 옹호를 위해 나서지 못했다. 복제권을 저작권보다 더욱 적극적으로, 철저하게 보호하는 것이 당연한 일이었다. 저작권법이라고 하는 것이 실제로는 복제권 보호법이었다. 출판인이 저작자보다 더 큰 이득을 얻어 출판업의 획기적인 발전이 이루어졌다.

지금까지 말한 것은 영국의 저작권법이다. 프랑스의 경우는 달랐다. 프랑스에서는 영국보다는 뒤처져 1791년에 1차로, 1793년에 2차로 저작권법을 제정했지만, 저자의 권리를 보호하는 것을 기본 취지로 삼았다. 저자의 권익을 프랑스 혁명에서 선언한 인권 보호의 차원에서 인정하고 침해하지 못하게 하는 것이 프랑스 저작권법의 특징이다. 연극 공연의 대본을 먼저 보호하고 출판물로 대상을 확대했다. 영국은 출판업자의 나라라면, 프랑스는 저자의 나라이다.

(André Françon, *La propriété littéraire et artistique*, Paris: Presses Universitaires de France, 1979, 5-6면에서 저작권법 제정의 경과를 말했다. 26면에서 프랑스는 유럽의 다른 나라보다 저자의 권익을 더욱 철저하게 옹호한다는 특징이 1957년에 재정비한 저작권법에도 분명하게 나타나 있다고 했다.)

두 가지 저작권법의 차이가 오늘날도 분명하다. 영미에서는 복제권을 앞세우고 저작권은 뒤로 돌린다. 저작권 사용료 지불이 이익금 분배에 포함된다고 간주해 후불로 하고 이익이 있을 때만 실시한다. 프랑스에서는 저작권이 복제권보다 우선한다. 저작권 사용료가 출판 경비의 일부라고 간주해 출판 계약을 할 때 일차로, 출판이 이루어질 때 이차로 손익과는 관계없이 지불한다.

세 작가 비교

영국소설의 창시자라고 하는 리차드슨(Samuel Richardson)은 작가이기 전에 출판업자였다. 미천한 처지에서 자수성가해, 인쇄소에서 일하는 직공 노릇을 하면서 기술을 배워서 인쇄소를 차렸다. 자기 작품

『패밀라』를 1740년에 내자 베스트셀러가 되었다. 두 번째 소설 『클라리사』(*Clarissa*)는 일곱 권이나 되는 호화판으로 출판했는데, 그것 또한 판매에 성공했다. 출판업자의 수입에다 작가로서 번 돈을 보태 세상을 떠날 때에 많은 재산을 남겼다. (John Brewer, *The Pleasures of the Imagination, English Culture in the Eighteenth Century*, London: HarperCollins, 1997, 125-129면)

독일의 경우에는 인쇄·출판업의 발전이 더디었을 뿐만 아니라, 복제권도 저작권도 보호받지 못했다. 침해자와 대항하는 유일한 방법은 책을 값싸게 내는 것이었다. 1794년에 이르러서 프러시아에서 최초의 저작권법을 제정했으나 독일 전역에 통용되지 못했다. 불법 출판이 성행해 출판인과 저자가 함께 손해를 보는 사태가 계속되었다. (W. H. Bruford, *Germany in the Eighteenth Century: the Social Background of the Literary Revival*, Cambridge: Cambridge University Press, 1952, 275-276면)

괴테(Johan Wolfgang von Goethe)는 그런 상황에서 작가 노릇을 하면서 자기 작품을 지키기 위해서 애썼다. 그러면서 작품 출판과 관련된 말을 많이 남겼다. 그런 자료를 이용해 괴테와 출판업자 사이의 관계를 자세하게 다룬 연구서를 출판인이 써내 문학 출판의 역사를 자세하게 살피는 데 크게 기여한다. (Siegfried Unseld, *Goethe und seiner Verleger*, Frankfurt am Main: Insel, 1993)

첫 작품은 자비로 출판하고 저자 이름을 밝히지 않았다. 출세작인 『젊은 베르터의 고뇌』는 출판인이 맡아서 냈으나, 그것 또한 출판인의 요청에 따라 저자 이름을 없앴으며 다른 여러 면에서도 정상적인 출판은 아니었다. 뜻밖에 호응이 좋았어도 약속한 인세를 제대로 받지 못하고, 오히려 저작권 침해를 거듭 당하는 수난을 겪었다.

괴테가 저작권을 지키도록 하는 데 독자의 성원이 큰 힘이 되었다. 익명으로 나온 갖가지 판본의 『젊은 베르터의 고뇌』를 읽고 감동을 받아 저자가 누구인가 알고 싶어 하는 독자들이 구두로 교환한 정보 덕분에 괴테라는 작가가 전면에 나서지 않을 수 없게 되었다. 저자의 이름을 내세워야 책이 더 잘 팔린다는 것을 알아차리고서 출판인들은 익명 출판의 관례를 시정했다.

괴테는 그 뒤에도 작품을 쓰는 것 못지않게 저자의 권리를 확보하기 위해 수고하다가 마침내 뜻한 바를 이루었다. 한 출판사와 인세 계약을 하고 원고를 넘기는 관례를 확립하고, 불법 재출판을 막기 위해 계약한 출판사와 함께 노력했다. 여러 출판사의 능력과 신용을 시험하다가, 코타(Johann Friedrich Cotta)라는 출판인과 오랜 동반자 관계를 가졌다.

코타는 괴테의 교정을 거친 결정판 전집을 내놓고 "민족의 기념비"를 이룩했다고 자부했다. 괴테는 저자와 출판인 사이의 균형이 소중하다고 했다. 그러나 양쪽의 생각을 하나로 모은 저작권법이 독일에서는 괴테의 사후 한참 뒤에 이루어졌다. 1901년에 제정된 "문학과 음악의 저작권에 관한 법"이 온전한 내용을 갖춘 법이었다.

작품을 써서 영리적인 출판을 하는 것이 일반화되면서 출판인과의 거래가 작가로서는 큰 일거리였다. 저작권이 법으로 보호된다고 해서 작가가 작품을 써서 생활할 수 있게 된 것은 아니다. 출판인이 신용을 지키지 않을 수도 있고, 책이 팔리지 않아 고통을 겪을 수도 있다. 작품을 출판해 성공한 작가도 있고 실패한 작가도 있었다. 괴테의 성공과 스탕달(Stendhal)의 실패가 좋은 대조를 이룬다.

스탕달은 저작권을 복제권보다 더욱 존중하는 법이 제정되어 있는 좋은 조건에서 작품 활동을 했지만, 책이 팔리지 않아 수입을 확보할 수 없었다. 괴테와 출판인의 관계를 자세하게 다룬 책이 있듯이, 스탕달이 평생 동안 작가 노릇을 하면서 돈을 얼마나 벌어 어떻게 썼는지 구체적으로 밝힌 연구서도 있어 그 내막을 알 수 있다. (Lilly R. Felberg, *Stendhal et la question d'argent au cours de sa vie*, Aran: Grand Chêne. 1975)

스탕달의 불운은 자기 나라 프랑스가 출판업의 선진국이었다는 사실과 관련되었다. 프랑스는 독일보다 출판업이 더 발달되어 흥미로운 읽을거리라야 잘 팔렸다. 저작자의 권리를 더욱 중요시하는 법이 출판인에 대한 저작자의 우위를 보장해줄 수 있는 실질적인 힘은 없었다. 프랑스혁명의 이상을 내세워 자본주의 횡포를 제어하는 것은 불가능했다. 괴테를 독일민족의 자랑으로 받드는 것과 같은 일이 프랑스에서는 있을 수 없었다. 스탕달은 그런 작가가 되려고 생각하지도 않았다.

글을 써서 먹고살면서 좋은 작품을 내놓기 위해서 스탕달은 작전이 필요했다. 세 가지 글을 구별해서 쓰는 것이 구체적인 전술이었다. 팔리는 글은 주문을 받는 대로 써주고 원고료를 받았다. 자기 생각과 독자의 요구를 근접시켜 쓴 주저는 인세 계약을 하고 출판했다. 자기 뜻대로 다져서 쓴 글은 자비출판도 할 수 없어 유고로 남긴다고 했다.

『적과 흑』은 두 번째 부류에 속하는 것이어서 인세 계약을 하고 출판했지만, 기대하던 수입을 얻지 못했다. 계약서에서 인세 "5백 프랑은 원고를 넘길 때, 5백 프랑은 3개월 어음으로, 5백 프랑은 6개월 어음으로 지불한다"고 했다. 그런데 잘 팔리지 않는다는 이유로 계약이 이행되지 않아 6백 프랑만 받고 말았다. 자기가 독신으로 살아가도 한 해 동안 1천 2백 프랑이 있어야 한다고 했으니, 그 작품을 써서 반년 생활비를 버는 데 그쳤다. (같은 책, 221-223면)

프랑스 작가는 누구나 스탕달처럼 힘들게 살았던 것은 아니다. 위고(Victor Hugo)는 독자의 호응이 대단한 작품을 내놓아 돈을 벌고 또한 존경받았다. 1828년 한 해 동안의 수입이 7천 2백 프랑이나 되었다고 한다. 뒤마(Alexandre Dumas père)는 이야기 공장이라고 할 것을 차리고 흥미 본위의 작품을 대량생산해 치부했다.

그 뒤의 작가들은 처지의 차이가 더 벌어졌다. 이해되지 못하는 작품을 써서 스탕달보다 더 불우해지는 것을 자초하기도 하고, 뒤마의 전례를 훨씬 넘어서는 베스트셀러를 내놓아 출판시장을 석권하기도 했다. 소설론에서도 양쪽이 갈라져, 독자와 단절된 이유를 까다롭게 분석하기도 한다. (V. Zima, *Roman und Ideologie, Zur Sozialgeschichte des modernen Romans*, München: Wilhelm Fink, 1986) 시장경쟁에서 이기는 소설을 생산하는 방법을 찾는 경영학을 하기도 한다. (그 좋은 본보기인 Marry F. Rogers, *Novels, Novelists, and Readers: Toward a Phenomenological Sociology of Literature*, Albany: State University of New York Press, 1991에서는 소설창작의 경영학이라고 할 것을 학문적 논의의 체계를 세워 진지하게 전개했다.)

동아시아의 변모

유럽에서 저작권을 보호하는 제도가 법제화되던 시기에 산업혁명이 일어나 인쇄기술을 혁신했다. 활자인쇄의 수공업적인 방법을 버리고 동력을 사용하는 활판인쇄 공장이 출현해 능률이 크게 향상되었다. 조판을 다시 하지 않고 저렴한 가격으로 대량 인쇄를 할 수 있게 되었다. 책값이 싸지고, 수송 방법이 발달하고, 구매력과 지식을 가진 독자가 확대되는 등의 이유가 겹쳐 영리적 유통이 확고하게 자리 잡고 이익을 남기는 시기에 들어섰다. 그 덕분에 중세에서 근대로의 이행기 소설과는 다른 근대소설이 이루어졌다.

서적 유통업이 국경 너머로 확대되면서 저작권이 국제적으로 통용되어야 한다는 주장을 채택한 1886년의 베른협약이 이루어졌다. 1908년에 "문학과 예술의 저작권을 보장하는 베른협약 개정"이 베를린에서 이루어졌다. 그 협약에 세계 모든 나라가 가입해 지금은 저작권이 세계 전역에서 보호되고 있다.

유럽에서 이루어진 저작권 보호 제도와 동력을 이용한 활판인쇄 방법이 세계 도처로 전파되었다. 동아시아에서도 오랜 전통을 가진 목판인쇄가 경쟁력을 상실한 것을 알아차리고 유럽 방식의 활판인쇄를 하기 시작하면서 저작권법도 채택했다. 중세에서 근대로의 이행기에는 앞서 나가던 동아시아가 후진 유럽이 분발해 근대로의 진입을 앞당기는 비약을 이룩하자 밀렸다. 이것은 선진이 후진이 되고, 후진이 선진이 되는 본보기이다.

동아시아를 위시한 여러 곳에서 특별한 노력을 하지 않고 동력화된 활판인쇄와 저작권 보호의 제도를 유럽에서 받아들여 문학을 근대화할 수 있게 된 것은 다행이라고 할 수 있다. 그러나 선물을 받으면 준 쪽과 대등하게 되는 것은 아니다. 같은 제도가 다른 형태로 나타나기도 하고, 여건의 미비 때문에 변질되기도 했다. 더구나 근대는 유럽문명권이 세계를 제패한 시대여서 다른 모든 곳은 불행을 겪어야 했다. 유럽에서 받아들인 근대문학의 제도를 각기 자기 형편에 맞게 받아들여 유럽에 대항하는 데 이용해야 하는 어려운 과제가 제기되었다.

동아시아 각국은 19세기까지 형편이 서로 비슷하고 중세에서 근대로의 이행기소설을 함께 발전시키다가, 20세기에 들어서자 여러 길로 갈라섰다. 중국은 유럽 열강의 압력을 이기지 못하는 반식민지 상태에 있다가 일본의 침략을 받고, 일본은 유럽의 방식대로 근대화하고, 한국은 그렇지 못해 일본의 식민지가 되었다. 그러면서 문학을 하는 여건에는 상당한 공통점이 있었다. 소설 출판의 오랜 역사가 있었어도 새로운 제도를 쉽사리 정착시켜 근대소설을 창작하지 못하고, 많은 차질을 겪어야 하는 점이 서로 같았다. 전작소설을 출판해서 받는 인세로 작가가 살아갈 수 있는 여건이 마련되지 않아 다른 방법을 찾아야 했다.

동아시아 세 나라에서 모두 정기간행물소설이 대안으로 등장했다. 소설을 정기간행물에 게재하는 것은 유럽에서 소설 발표의 부차적인 방식에 지나지 않았는데, 동아시아에서는 크게 애용되어 전작소설 출판 부진의 공백을 메웠다. 그런데도 동아시아의 정기간행물 출판인은 작품에 대한 권리를 주장하지 않는 점이 유럽과 다르다. 출판권이 저작권보다 선행했던 유럽에서는 게재한 작품에 대해서 정기간행물 출판인이 지속적인 권리를 가지지만, 동아시아에서는 저작의 권리만 존중한다.

정기간행물소설 가운데 중국에서는 잡지소설이 우세했다. 작품을 잡지에 발표하기만 해서 중편이나 쓰고 장편에는 손대지 못했으며, 소설보다 잡문을 더 많이 남긴 魯迅이 최고의 작가라고 한다. 사회운동에 헌신하는 사람들이 수지 타산을 무시하고 발행하기 때문에 원고료 지불 능력이 없는 잡지에다 운동을 이끌어나가는 글을 써서 그렇게 평가되었다. 글을 써서 주장한 바를 보면 근대의 선두주자이지만, 작가 노릇을 하는 방식에서는 중세를 연속시켰다.

국민당과 공산당의 투쟁이 전개되고, 항일전쟁의 노선을 두고서도 뜨거운 논쟁이 벌어진 것이 문학의 체질을 특이하게 형성하는 데 또한 큰 작용을 했다. 그 뒤의 작가들도 본명이 아닌 필명을 사용하면서, 작품 창작보다 시사평론을 쓰는 데 더욱 힘썼다. 국민당과의 투쟁에서 승리한 공산당은 사회주의 체제의 문학 제도를 채택해, 작가는 국가에서 주는 봉급을 받고 국가가 요구하는 글을 쓰고 검열을 거쳐야 출판하도록 했다. 그래서 좋은 작품이 나오기 어려웠다. 최고의 작품이라고 칭송된 趙樹理의 『三里灣』마저도 완벽하지는 못한 점이 있다는 비판을 받았다. (金漢, 『中國當代小說史』, 1990, 김정호 역, 『중국현대소설사, 1949-1989』, 서울: 문학과지성사, 1996, 73면) 그런 삼엄한 시대가 지나, 이제 방향 설정을 다시 하지 않을 수 없게 되었다.

일본과 한국은 잡지소설과 신문소설이 병행하는 형태를 취했다. 언론 통제 때문에 잡지가 중국에서만큼 적극적인 기능을 수행하지 못하고, 신문 영업은 더 잘 된 것이 그 이유라고 할 수 있다. 잡지소설은 순수소설이고, 신문소설은 통속소설이라고 한 것도 두 나라에서 서로 같다. 가치의 고하가 수입과 상반되어, 신문소설을 써야 명예롭지 못하더라도 전업작가로 살아갈 수 있게 되었다.

일본의 夏目漱石은 일본 최고대학 교수 자리를 버리고 신문사에 입사해 소설을 써서 연재하는 데 전념하는 결단을 내렸다. 한국에서 李光洙도 평생토록 신문사를 드나들면서 작가 노릇을 하고 생활비를 마련했다. 잡지소설은 작품이고 신문소설은 상품이라고 하면서, 작품에서 평가를, 상품에서 수입을 얻은 李泰俊의 양면작전이 그 나름대로 슬기로웠다고 할 수 있다. (『한국문학통사』 5, 서울: 지식산업사, 2005, 364-366면)

그러면서 일본소설과 한국소설은 성향이 달랐다. 잡지소설을 보면, 일본에서는 작가 신변에서 일어나는 사소한 일을 감상적인 문체로 다루는 私小說을 소중하게 여기고, 한국에서는 식민지 사회의 모순을 비판하는 풍자소설을 이룩하려고 했다. 한국에서는 신문소설에서도 민족의 처지를 문제 삼고 사회비판을 감행한 것이 개인의 관심사를 상품화하는 데 치중한 일본의 경우와 상당한 차이점이 있다.

일본에서 잡지소설의 극치를 보여준 川端康成은 고결한 자세를 견지하면서 뛰어난 서정적 감각을 구현했다. 여러 잡지에 거듭 실으면서 보태고 고치는 오랜 인고의 과정을 거쳐 『雪國』을 완성했다. 이룩한 수준이 대외적으로도 인정되어 노벨문학상이 수여된 것을 일본인은 거국적으로 경축할 자랑이라고 여겼다. 작가 자신은 기쁨에 동참하지 않고 자살로 삶을 끝냈다. 신문소설을 석권해 거부가 된 吉川英治와는 가는 길이 아주 달랐다.

한국 작가 蔡萬植은 글 품팔이를 열심히 해도 가난에서 벗어나지 못했다. 원고지를 많이 쌓아두고 싶다는 소원마저 이루지 못하고 굶어 죽다시피 했다. 좌우익이 갈라질 때 그 어느 쪽에도 가담하지 않아 애도하는 동지의 행렬마저 없었다. 그러나 일제의 검열을 받으면서 업주의 수익을 늘여야 하는 이중의 고통에 항거한 신문소설 『濁流』가 민족문학의 자랑스러운 성과로 인정되어 계속 높이 평가된다.

일본에서는 잡지소설과 신문소설의 구분이 지속된다. 잡지소설이라야 최고의 문학상을 받는다. 한국에서는 잡지소설이라야 순수해서 문학적 가치가 있다는 주장이 효력을 상실하고, 신문소설에 높이 평가되는 문제작이 적지 않다고 인정되다가, 그런 것이 전작으로 출판되어 커다란 성공을 거두는 사례가 계속 늘어나고 있다. 문단 등장의 절차나 문학상보다 독자의 호응이 더욱 중요시되는 커다란 변화를 겪고 있다.

제3세계의 상황

동남아시아에서 아프리카까지 제3세계 여러 곳에서는 재래의 인쇄술이 없었다. 종이 제조 방법도 알려지지 않았다. 그래서 문학작품이 짐승 가죽이나 나뭇잎을 이용한 필사본으로 유통되거나 구전되었다. 인쇄술이 등장하고 출판이 시작된 것은 유럽 열강의 침공을 받은 뒤의 일이다. 인쇄술을 가져간 사람들은 기독교 선교사였다. 기독교 선교에 필요한 서적을 현지어로 옮겨 펴내는 데 그 기술을 이용했다. 그래서 시작된 불행한 역사에 대처하는 방법이 경우에 따라 달랐다.

유럽인의 침략에 맞서서 주권을 지킨 곳에서는 활판인쇄 기술을 스스로 익혀 자기네 고전을 펴내는 데 썼다. 타이에서 불경을 인쇄한 것이 그 좋은 본보기이다. 토착 자본에 의한 출판업이 자라나는 곳에서는 유럽 방식의 활자본 출판으로 기존의 작품을 펴내는 것이 신작 개발보다 높은 수익을 보장하는 시기가 얼마 동안 계속되었다.

선교사의 뒤를 이어 등장한 식민지통치자들이 출판을 직접 관장해 정치적 통제의 수단으로 삼았다. 인도네시아를 차지한 네덜란드는 '발라이 푸스티카'(Balai Pustica)라는 관영출판사를 설립해 말레이어 또는 자바어 소설을 선별해 출판하면서, 항쟁의 문학을 억누르고 식민지 통치에 순응하는 기풍을 조성하고자 했다. 그러나 결과가 뜻하는 대로 나타나지 않았다. 현실을 인식하고 민족의식을 고취하는 문학이 그 기회에 더욱 성장하면서 세련된 형태를 갖추었다.

민족어가 정립되어 있지 않은 곳에서는 현지어 출판이 식민지 통치나 기독교 선교를 위해 직접 도움이 되는 것으로 한정되었다. 다른 출판물은 식민지 본국의 출판사나 그 지사에서 유럽의 언어로 낸 것뿐이었다. 아프리카 여러 나라는 독립을 한 뒤에도 사정이 더 호전되지 않았다. 나이지리아 같은 데서는 소규모의 출판시장이 형성되었으나 작가를 키우기에는 역부족이었다. 아체베(Chinua Achebe)는 영국에서 출판한 작품이 높이 평가되어 널리 알려졌다. 같은 경로를 거쳐 아프리카의 대표적인 작가가 된 케냐의 은구기(Ngugi wa Thiong'o)는 영어를 계속 사용할 것인가 고민하다가, 정치적인 박해를 피해 영국에 망명한 상태에서 뒤늦게 시도한 자기 언어 작품의 영역본 인세로 살아간다.

아프리카 각국에서는 독자적인 출판이 아직 자리 잡히지 않아 문학의 성장을 저해한다. 아프리카의 작가는 자기 나라 문학의 발전과 출판의 발전을 함께 이룩하기 위해서 애쓰는 것보다 유럽의 출판사에서 책을 내면서 아프리카를 계속 지배하는 유럽의 작용에 대해서 반론을 제기하는 것을 더욱 보람 있다고 여겼다. 출판업이 고도로 발달된 유럽에서는 창작하지 못하는 대단한 작품, 놀라운 충격을 주는 진지한 작품을 출판업의 후진지역인 아프리카의 작가들이 내놓을 수 있는 역설적인 사태가 선진이 후진이고 후진이 선진인 당연한 현상이다.

런던의 하이네만(Heineman), 파리의 아르마땅(L'Harmattan), 프레상스 아프리켄느(Présence Africaine) 등의 출판사는 아프리카문학 출판의 세계적 중심기관 노릇을 하면서 영업실적을 올린다. 런던의 딜론(Dillon)이나 파리의 프낙(FNAC) 같은 대형서점에서는 아프리카문학을 위치가 좋은 진열대에 내놓고 대량으로 팔고 있다. 그런 곳을 드나들면 세계의 중심이 바뀌고 있다는 느낌을 받을 수 있다.

그러나 출판물의 질에서는 차별이 있는 점을 간과하지 말아야 한다. 파리의 아르마땅 출판사에서 내는 아프리카문학에 관한 책은 프랑스 출판업의 일반적인 수준과는 상당한 차이가 있다. 인쇄가 조잡하고 제본이 엉성해 보기에 민망하다. 작품은 많이 팔릴 것으로 보고 다시

조판을 하지만, 연구서나 비평서는 저자가 타자한 것을 그대로 복사해 낸다. 소량만 출판해 재고가 생기지 않게 한다.

갖가지 곤경

제3세계 여러 곳에서 소설이 어떻게 출판되고 작가가 어떻게 살아가는지 자세하게 고찰하는 것은 어려운 일이다. 자료가 부족할 뿐만 아니라 양상이 너무 복잡하다. 상론을 피하고, 몇몇 작가의 사례를 들어 논의를 대신하는 것이 적절한 방법이다.

동남아시아 일대도 소설이 팔리지 않는 곳이다. 그 때문에 잡지에 발표되는 단편이라야 가치 있다고 여기고, 신문에 연재되거나 단행본으로 출판되는 장편은 통속물로 친다. 인구가 2억 가까이 되는 인도네시아의 경우에 보통은 3천에서 5천, 드물게는 1만 5천 부 팔리는 것을 노리고 표지나 내용을 성적 자극으로 채운 저질의 출판물을 양산한다. (동남아시아 전역의 사정을 Jeremy H. C. S, Davidson and Helen Cordell ed., *The Short Story in South East Asia: Aspects of a Genre*, London: School of Oriental and African Studies, University of London, 1982에서 고찰했다. 인도네시아의 경우는 Pierre Labrousse, "Sociologie du roman populaire indonésien [1966-1973]", P. -B. Lafont et Lombard ed., *Littératures contemporaines de l'Asie du Sud-est*, Paris: À l'asiatique, 1974에 있다.)

작가가 어느 정도 팔리는 통속소설을 쓴다 해도 인세를 제대로 받는 것은 아니다. 저작권이 도용되고 말 수도 있다. 인도네시아 작가 로시디(Ajip Rosidi)는 <노후를 위한 집 한 채>(Sebuch rumah buat haritua)라는 작품에서 그런 사정을 다루었다. (A. Teeuw, *Modern Indonesian*

Literature, The Hague: Martinus Nijhoff, 1979, II, 17면에 작품론이 있다. 작품 번역은 양승윤 역, <노후를 위한 집 한 채>, 김영애 외, 『동남아시아문학상 수상작품집 황색승복』, 서울: 도서출판 창, 1991에 있다.)

숨도 쉬지 못할 오두막에서 여러 자식들과 함께 살아가면서, 지친 몸으로 자전거를 타고 외출하는 주인공 작가는 빈곤에서 벗어나기 위해 잘 팔리는 책을 쓰기로 작정했다. "이층으로 된 아담한 집 한 채, 차고 하나와 조그마한 승용차 한 대"를 마련할 수 있으리라고 기대했다.(같은 책, 318면) 그 꿈은 이루어지지 않았다.

원고를 만들어 들고 갔더니, 출판사 사장은 잘 팔릴 책이어서 많이 찍을 수 있겠다고 하고서, 저자 이름이 문제라고 했다. 본명으로 내면 작가의 명성이 실추되므로 가명으로 내는 것이 좋겠다고 하고, 사장인 자기의 이름을 사용하는 것도 바람직한 방법이라고 했다. 누구 이름으로 내든 인세는 틀림없이 지불하겠다고 했다. 그런데 책이 나온 뒤에는 사정이 아주 달라졌다. 저자 이름이 누군지 모를 사람으로 되어 있고, 자기가 쓴 원고를 많이 고쳤다. 사장을 만날 수 없었다. 원고를 도둑맞은 것을 확인하고서 아무 말도 못하고 되돌아왔다.

타이의 경우에는 사정이 더 나쁘다. 통속소설이라도 색정물은 5천부, 유령이야기는 3천부 정도 찍고, 그렇지 못한 것들은 1천부, 심지어는 5백부에 지나지 않는다. 그 정도 팔려서는 작가가 살아갈 수 없다. 단편소설을 잡지에 발표해 소액의 원고료나 받는 사람들은 별도의 생업이 있다. "타이에는 아직까지 전업작가가 없다"고 하는 것이 사실이다.

(발행 부수를 Jacqueline de Fels, "Littérature populaire, Les éditions bon marché en Taïlande", P. -B. Lafont et Lombard ed., 위의 책, 72면에서 말했다. 인용구는 Herbert P. Philips, *Modern Thai Literature with an*

Ethnographic Interpretation, Honolulu: University of Hawaii Press, 1987, 20면에서 가져왔다.)

그렇다고 해서 절망적인 것은 아니다. 단편소설 가운데 놀라운 작품이 적지 않다. 사회비판의 장편소설을 써내는 작가도 있다. 찻 껍쬣이라는 작가가 쓴 『무지에 의한 단죄』라는 장편소설이 그런 작품이다. (찻 껍쬣, 김영애 역, 『무지에 의한 단죄』, 서울: 한국외국어대학교 출판부, 1995) 작가는 가죽가방을 만드는 수공업을 해서 살아가는 사람이다. (같은 책, 권말 해설 299-300면) 그 일을 해서 번 돈으로 자기 작품을 자비로 출판해 가난한 사람들도 사 볼 수 있는 싼 값으로 판다. 작품 내용은 시골 사람들의 무지와 편견 때문에 한 젊은이가 부당하게 희생되는 과정을 그린 것이다. 주인공으로 하여금 끝내 비참한 죽음을 맞이하게 한 사기꾼인 교장이 온 마을 사람들의 존경을 받고 있는 어처구니없는 현실을 고발했다.

이집트는 아랍근대문학을 주도하는 나라이다. 그 나라의 마흐푸즈(Najib Mahfouz)는 제3세계문학의 작가 가운데 우뚝하다. 카이로에서 태어나고 그 곳에서 공부하고, 소설 창작에 전념해 장편소설을 계속 써냈다. 그러나 작품이 잘 팔리지 않아 창작만으로는 생계를 해결하지 못했다. 그 이유가 평가를 받지 못한 데 있는 것은 아니다. 당대 최고의 작가라고 알려진 뒤에도 사태가 호전되지 않았다. 독자가 부족하고, 구매력이 없으며, 출판이 발달되지 않은 조건을 혼자 힘으로 어떻게 할 수 없었다.

(Sasson Soekh, *The Changing Rhythm: A Study of Najib Mahfuz's Novels*, Leiden: E. J. Brill, 1973, 35-59면; Haim Gordon, *Naguib Mahfouz's Egypt: Existential Themes in His Writings*, New York: Greenwood, 1990, 131-137

면; Rasheed El-Enany, *Naguib Mahfouz, the Pursuit of Meaning*, London: Routledge, 1993, 1-34면)

마호푸즈는 어떤 전업작가도 따르기 어려울 정도로 많은 작품을 당대 최고의 수준으로 내놓으면서도 생계를 위해 평생 공무원 노릇을 해야 했다. 퇴근 후에 작품을 쓰는 생활을 계속하면서 문학 이외의 일의 족쇄에서 벗어나 자유롭게 되고자 하는 희망을 버리지 않았으나 그렇게 되지 못했다. 잘 팔리는 책을 쓰려고 하지 않고 자기가 할 일을 묵묵하게 수행했다. 푸념을 늘어놓는 잡문 따위는 쓰지 않고 소설 창작에 전념했다.

사회비판의 문제의식을 계속 가다듬었다. 역사를 되돌아보고 사회를 문제 삼고, 정치를 비판하며, 자기 주변 사람들의 어리석음을 준열하게 나무랐다. 생계를 위해 날마다 애쓰는 예사 사람들의 낮은 위치에서 무엇이 진실인가 가려냈다. 권력을 잡고, 돈을 벌고, 명성을 얻었다고 하는 무리의 사기행각이나 허위의식을 한 치의 양보도 없이 비판했다. 『거울들』(*al-Miraya*)을 한 본보기로 들면, 때가 조금도 끼어 있지 않은 맑디맑은 시선으로 세상의 허물을 있는 그대로 보여준다. (송경숙 역, 『도적과 개들』, 서울: 지학사, 1986에 <쉰 다섯 개의 거울>이라는 이름으로 번역되어 있다.)

정년퇴임을 하고서나 고된 근무에서 해방되고, 노벨문학상을 받아 가난을 면했다. 아랍어로만 쓴 작품의 외국어 번역본이 널리 알려지고 높이 평가되어, 1988년에 노벨문학상을 받았다. 마호푸즈에게 노벨문학상을 준 것은 노벨문학상의 영광이지 마호푸즈의 영광은 아니다.

검열의 시련

검열을 겪는 것이 작가에게 닥치는 또 하나의 곤경이다. 출판제도에 관해 고찰하면서 검열을 빼놓을 수 없다. 검열의 제도화는 유럽에서 한 일이다. 다른 데서는 산발적으로 무형적으로 이루어지기만 한 검열을 유럽에서는 판결의 절차와 처벌의 방법 양면에서 제도화해서 엄격하게 시행했다.

그 경과를 보면 몇 단계의 변화가 있었다. 중세에는 종교교단이 검열을 맡아 종교적으로 이단이라고 판결한 작가를 화형으로 다스리기까지 했다. 중세에서 근대로의 이행기에는 종교교단의 허가를 얻지 않고 책을 출판하는 작가는 국가에서 맡아 투옥하다가, 국가가 직접 나서서 정치적인 기준에 의해 원고를 사전 검열해 출판 허가 여부를 결정했다. 근대에는 일단 출판된 책에 대해 사법부가 유죄판결을 할 수 있게 하고 음란성 여부를 가장 중요한 기준으로 삼고 있다.

(1521년에 프랑스의 국왕 프랑소와 1세가 파리대학 신학부의 허가가 없는 책은 출판을 금지한 것이 그런 조처이다. Annabel Patterson, *Censorship and Interpretation, the Condition of Writing and Reading in Early Modern England*, Madison: The University of Wisconsin Press, 1984에서는 그 사실을 서두에서 소개하고 동시대 영국에서 이루어진 검열에 대해 다각도로 고찰했다. 프랑스 혁명이 가까워온 시기에는 국가가 경찰을 시켜 검열을 직접 담당한 사례를 주명철, 『바스티유의 금서』, 서울: 문학과지성사, 1990에서 풍부하게 거론했다. Nicholas J. Karolides et al., *100 Banned Books, Censorship Histories of World Literature*, New York: Checkmark Books, 1999에서는 여러 단계의 검열에서 금서가 된 책을 한 자리에 모아놓고 고찰했다.)

국가가 직접 나서서 원고 사전 검열을 하는 방식이 식민지 통치에서 애용되어, 유럽문명권이 세계에 제공하는 중요한 수출품이 되었다. 일본이 한국을 통치할 때에도 그 제도를 채택해 명문 규정을 분명하게 갖추고서 반드시 검열을 받도록 했다. 그 때문에 불만이 있어도 공개적으로 거론하지 못했다.

일제의 검열에 관한 자세한 연구가 근래 이루어져 참고로 할 수 있다. 경찰에서 검열을 담당하는 기구는 도서과라고 했다. 검열관에는 일본인뿐만 아니라 조선인도 있었다. 1930년 이후에는 지식인형 검열관이 다수 등장했다. (<특집 식민지 검열체제의 역사적 성격>, 『대동문화연구』 51, 성균관대학교 대동문화연구원, 2005에 수록된 정근식, <일제하 검열기구와 검열관의 변동>; 한만수, <일제 식민지시기 문학검열과 원본 확정>; 한기형, <문화정치기 검열체제와 식민지 미디어>)

검열방식에는 원고·교정쇄·납본검열이 있었으며, 판정 결과는 출판 불가 또는 부분 삭제로 나타났다. 교정쇄검열에서 부분 삭제를 한 경우에는 흔적이 남아 있다. 경우에 따라서 차이가 있지만 전체적인 성격을 보면, "총독부에 의해 시행된 식민지 검열은 한국인의 지적 활동과 문화 제도를 통제·장악하기 위해 행해진 일종의 국가적 폭력이었다." (한기형, 위의 논문, 71면)

沈薰은 1933년에 『그날이 오면』이라는 시집을 내려고 원고검열을 신청했다가 반 이상이 삭제되어 출판을 포기했다. 다행히 심훈 사후에도 원고가 남아 있어 광복을 하고 몇 년 지난 1949년에 그 시집이 햇빛을 보게 되었다. 趙明熙가 1928년에 낸 소설집 『낙동강』은 교정쇄검열에서 삭제된 대목이 너무 많아 읽기 어렵다.

검열 문제를 글에서 거론하는 것은 불가능했다. 어떻게라도 거론하면 검열에 통과될 수 없기 때문이었다. 그런데 李箕永은 <돈>이라는 단편소설에서 금단의 벽을 넘었다.(『朝光』 1937년 10월호, 서울: 조선일보사) 검열 때문에 얼마나 고통을 받는지 교묘한 방법으로 말했다. 작품의 주인공인 작가는 가난에 시달리다 죽은 아이를 장사 지낼 돈을 마련하기 위해 단편소설을 한 편 써서 잡지사에 보냈다. 검열에 통과되어야 원고료를 줄 수 있다고 해서 기다리고 있는 긴박한 상황이 지속되다가, 마침내 자기가 아이의 시체를 짊어지고 나서는 처참한 광경이 작품의 결말이다. 그런 사정을 다룬 작품을 검열에 통과될 수 있게 써서 부당한 억압에 무언의 항거를 했다.

식민통치가 아니라도 억압을 통치의 수단으로 삼는 정권은 검열을 철저하게 한다. 세계 도처에 있는 그런 지배체제 가운데 하나가 칠레의 군사독재 정권이어서, 항거가 거세게 일어나는 데 작가들도 적극 참여했다. 국내에 머물러 싸우지 못하는 작가는 망명을 택할 수밖에 없었다. 도르프만(Dorfman)은 칠레를 떠나 떠돌아다니다가 미국을 망명지로 삼았다. 영어로 옮겨 발표한 단편집의 한 작품 <독자>(Reader)에서 자기 나라의 검열 문제를 다루었다. (Ariel Dorfman, *My House Is on Fire: Short Stories*, New York: Viking, 1990, 아리엘 도르프만, 한기욱 역, 『우리 집에 불났어』, 서울: 창작과 비평사, 1998)

작품의 주인공은 검열관이다. 검열에서 통과시켜 출판하도록 한 책이 한 번도 다시 문제되지 않을 정도로 맡은 일을 철저하게 해서 '교황'이란 별명이 붙은 사람이다. 그런데 어느 가상적인 독재정권이 무너지는 과정을 그린 작품을 검열하다가, 자기와 너무나도 흡사한 작품 속의 검열관이 항거의 진영에 가담하는 변모를 보인다고 한 것을 보고 충격을 받았다. 처음에는 아버지가 하는 일에 불만을 품은 자기

아들이 쓰지 않았는지 의심했다. 작가가 누군지 알아내고서 도와주고 싶은 마음이 생겼다.

작가를 직접 찾아가 자기는 출판사에서 온 사람이라고 하면서 작품의 표현을 조금 누그러뜨리면 좋겠다고 제안했다. 그랬더니 그 작가가 작품 속에서 잡혀 고문을 당하는 인물이 고문관을 "속이고 헷갈리게 할 작정이지만 자신의 인간적 존엄성을 잃지 않으려"고 한다는 말을 듣고 감동을 받아 자기도 모르게 마음이 움직였다.(한기욱 역, 62면) "무조건 인가"로 판정해 아무 문제도 없이 출판할 수 있게 하고서 자취를 감추었다. 실제의 검열관이 작품 속의 검열관처럼 독재를 지켜야 하는 직분을 버리고 독재를 무너뜨리는 쪽에 가담했다는 결말로 문학의 힘은 위대하다는 것을 보여주었다.

용기가 있고 여건이 어느 정도 갖추어지면 지하출판을 할 수도 있다. 독일 점령하의 유럽 특히 프랑스에서 지하출판이 활발하게 이루어져 베르코르(Vercors)의 『바다의 침묵』(*Le silence de la mer*) 같은 작품이 나와 큰 호응을 얻었다. 그러나 대부분의 경우에 지하출판물은 대단한 작품이 아니고 널리 보급되지 못한다. (Harry Stone, *Writing in the Shadow, Resistance Publications in Occupied Europe*, London: Frank Cass, 1996에서 독일에게 점령당한 유럽 각국의 지하출판 양상을 자세하게 고찰했다.)

공산당이 집권하의 사회주의 국가에서는 작가가 하는 일을 크게 평가하면서 창작의 방향을 정해주었다. 월급을 주어 생활이 안정되게 하면서 사전 검열을 제도화했다. 그런 조건에 적응하지 못하는 작가는 러시아의 솔제니친(Alexander Solzhenitsyn)처럼 원고를 외국에 내보내 출판하도록 하기도 하고, 망명의 길을 택하기도 한다.

총괄 논의

근대문학에서 이루어진 유통의 제도를 외형적인 특징에 따라 정리하는 것은 쉬운 일이다. 그러나 유통이 생산과 소비와 어떻게 연결되어 있는지 깊이 있게 고찰하는 과제는 만만하지 않다. 유통의 제도만 보면 앞서고 뒤떨어진 차이가 명백하다. 작품의 가치는 그런 척도로 평가할 수 없다. 문학 제도에 관한 고찰은 편의상 필요할 따름이므로 독립된 영역이라고 주장하지 말아야 한다.

소설 출판의 경우를 들어보면, 처음에는 동아시아가 앞서다가 유럽이 선두에 나섰으며, 그 뒤의 동아시아는 유럽에서 이룩한 근대문학의 출판제도를 받아들여 그 나름대로 변형시켜 이용하고 있다. 제3세계 여러 곳은 그렇게 하는 데도 뒤떨어져 많은 진통을 겪고 있다. 근대문학의 제도가 이룩되는 과정과 양상에 상당한 격차가 있다.

근대문학의 제도는 전업작가가 생겨날 수 있게 하는 장점을 가졌다. 많은 시간이 소요되는 소설 창작에 전념할 수 있는 여건이 마련된 것은 큰 다행이다. 세계문학사 어디에도 없던 좋은 기회가 닥쳐왔다. 책을 많이 팔아 치부하는 작가도 있어 부러움을 산다. 그것은 높은 벼슬을 한 것보다 더 자랑스럽다.

그런데 그 혜택이 고루 미치지 않아 빈부의 차이가 심하다. 소수의 부자가 다수의 빈곤을 무시하는 횡포를 자행한다. 더욱 심각한 문제는 잘 팔리는 작품이 곧 좋은 작품은 아닌 데 있다. 작가의 처지와 작품의 가치는 반비례의 관계를 가질 수 있다. 위대한 문학은 빈곤과 고난의 산물이라는 진리가 근대에 와서는 수정된 것이 아니다.

출판업자의 횡포 때문에 시달리고, 소설을 써서는 살아갈 수 없고, 검열에 시달리고 하는 등의 불리한 조건이 작가를 분발하게 해서 문제의식이 투철한 작품을 쓰게 한다. 소설을 써서 치부할 생각을 아예 하지 못하고 갖가지 불합리와 싸우면서 자기를 지키고 작품을 키우기 위해 분투해야 하는 작가들은 타락할 수 없는 진실성을 추구한다. 유럽에서는 해체의 위기에 이르고, 동아시아에서는 현상유지 정도에 머무르는 소설이 제3세계에서는 활력을 자랑하면서 살아 움직이고 있는 것이 그 때문이다.

토론

❏ 문: 강의를 하면서 보충할 곁가지가 둘 있다고 했다. 무엇인가?

❏ 답: 청주 한국방송('KBS'라는 말을 써야 알아들을 수 있으니 슬픈 일이다) 텔레비전에서 한국의 인쇄문화에 대한 특집을 만드니 참여해달라고 했다. 텔레비전 취재에 응하면 내가 한 말을 거두절미해 반대로 이용하는 일이 흔히 있어 거절하겠다고 했다. 자문이라도 받고 싶다고 하면서 취지를 설명했다. 한국에서 금속활자를 처음 만들었으나 널리 사용되지 않은 것은 한문책만 찍고 한글책은 돌보지 않았기 때문이라고 하는 내용이라고 했다. 내 생각은 그렇지 않아 말을 하면 예상한 것처럼 반대로 이용되기 알맞은 경우여서 전화를 끊는다고 했다.

유럽의 금속활자도 처음에는 라틴어책을 찍는 데 더 많이 이용되었으니, 한국에서 한문책을 찍었다고 나무라는 것은 부당하다. 금속활자를 널리 사용하지 않은 가장 중요한 이유는 유럽에는 없는 목판인쇄가 초기의 활자인쇄보다 효율성이 앞서기 때문이었다. 내가 이렇게 말해도 텔레비전 화면에 나갈 때에는 방송국에서 짜놓은 각본과 맞게 잘라낸 부분만 남아 의도한 바와 반대로 된다.

금속활자를 유럽보다 먼저 만들고 한글책을 찍지 않아 널리 보급되지 않았다는 거짓말을 방송에서 야단스럽게 떠들어 진실로 만드는 것을 막을 힘이 없어 한탄스럽다. 협력을 거부하는 소극적인 대책으로 책임을 면하지는 못하는 줄 알고, 말을 보태면서 무엇이 문제인지 밝혀 파헤쳐 논하지 않을 수 없다. 유럽의 선례가 가치 판단의 기준이라는 사고에다 어설픈 국수주의를 보태 빚어낸 이중의 허위의식으로 진실을 왜곡하고 가치관을 혼란시킨다. 당장 치료하지는 못해도 진단은 정확하게 해서 최소한의 기여라도 한다.

❑ 문: 또 하나는 무엇인가?

❑ 답: 프랑스 출판사에서 책을 출판할 때 나는 한국에서처럼 인세 선불을 받았다. 저작권을 복제권보다 존중하기 때문이다. 한국은 프랑스에서 유래한 저작권법을 따르고 있으면서 그런 줄 모른다. 근래 영미법을 본받아야 선진화한다는 주장이 대두해 복제권이 저작권보다 우위를 차지하기 시작했다. 인세를 책을 낼 때 주지 않고 나중에 주는 것이 발전된 방법이니 군말하지 말라고 한다.

두 가지 법은 성격이 다를 따름이고, 후진과 선진의 차이가 없다. 영미의 법을 채택하면 출판 영업에는 유리하지만, 저자가 의욕을 가지고 좋은 책을 짓는 데 지장이 있다. 우리는 시장 규모가 협소해 출판업이 세계적인 경쟁력을 가질 수는 없지만, 세계 최고 수준의 책을 쓸 수는 있다. 어느 쪽을 살리는 데 힘써야 할 것인지 사리가 명백하다.

❑ 문: 문학작품을 쓰는 사람만 전업작가여야 하는가? 다른 분야는 어떤가?

❑ 답: 전업화가나 전업작곡가도 있어야 한다. 어려운 여건을 무릅

쓰고 전업작가나 전업화가로 버티는 사람들이 더러 있어 문화 발전을 위해 적극 기여한다. 중국이나 일본과 견주어보면 우리 장기는 음악인데, 전업작곡가가 한 사람도 없어 능력을 죽인다. 분야에 따른 차이가 있지만 함께 다루어야 할 사태이다.

작가나 화가, 또는 작곡가가 교수 노릇을 하는 것은 바람직한 듯하지만 전업의 길이 아니다. 가르치는 일에 시간과 노력을 바치느라고 창작을 제대로 할 수 없다. 시장에서 경쟁해 전업을 관철시키라는 것 못지않게 무리한 주문이다. 관료주의의 횡포는 배제하면서 국가의 지원으로 각 분야의 전업 일꾼이 활동할 수 있게 해야 한다.

❑ 문: 학자의 경우는 어떤가?

❑ 답: 학자도 교수의 임무에 매여 연구를 하고 싶은 만큼 하지 못하는 실정이다. 전업학자가 되지 못하게 막아놓고 연구를 열심히 해서 많은 업적을 내라고 채찍질해 비슷비슷한 연구물을 양산하도록 만든다. 오늘 강의한 내용을 보완하고 다듬으려면 얼마나 많은 노력이 들 것인지 생각해보기 바란다. 제도의 구속에서 벗어나지 못하는 한국의 교수는 누구도 할 수 없는 일이다. 나는 반칙을 일삼았지만 많이 모자란다. 열악한 여건에서도 마흐푸즈 같은 작가가 나오는 것이 학자에게도 해당하는 말이다. 그러나 학문에서는 뛰어난 학자 몇이 있으면 된다고 할 것이 아니다. 분야가 다양해 많은 학자가 필요하고, 연구에 비용이 들어 생활비 이상의 수입이 필요하다.

영국의 러셀이나 토인비는 교수 노릇을 마다하고 저작물의 인세로 살아가는 전업학자로 나섰는데, 우리는 시장이 좁아 가능하지 않다. 국가에서 주는 월급을 받는 전업학자들이 마음대로 연구하도록 하는 프랑스의 제도가 좋다. 공개강의만 하면 되는 것이 최상의 조건이다.

나는 지금 비슷한 길을 가는 행운을 누리는데, 정년퇴임 전에도 소원을 이룰 수 있게 해야 한다. 아홉 번째 강의 "학문의 정책과 제도"에서 이에 관해 자세하게 고찰한다.

❑ 문: 교육의 어려움 가운데 무엇이 가장 큰가?

❑ 답: 학생 개개인이 자기 능력을 발견하고 적절하게 발현하는 방법을 찾게 하는 것이다. 학문 탐구의 과제와 일치하지만, 시간과 노력이 너무 많이 소요되어 연구를 하기 어렵게 한다. 환자 진료의 부담이 너무 큰 탓에 의학교수가 연구를 하지 못하고 진료를 획기적으로 개선하는 새로운 의학을 개척할 수 없는 것과 같은 사태가 다른 모든 분야에도 있다.

❑ 문: 문학창작 교육은 어떻게 하면 잘할 수 있는가?

❑ 답: 답을 찾으려면 연구를 해야 한다. 교육에만 매달리지 말고 연구를 해야 한다. 음악교육이 모범적인 선례를 보이고 있어 음악교육과 문학교육의 비교연구를 광범위하게 하는 것이 바람직하다. 예술교육 일반론을 이룩하면서 문학교육의 문제를 고찰해야 한다. 교육의 부담을 줄이고 연구 여건을 마련해야 가능한 일이다.

❑ 문: 우리 선인들은 교육을 어떻게 했는가?

❑ 답: 초학교육 · 인성교육 · 학문교육이 달랐다. 초학교육에서는 고전을 외게 하고, 인성교육에서는 실행을 중요시하고, 학문교육에서는 문답을 했다. 입학과 졸업, 성적 평가나 학점 이수는 없이 사제간에 문답을 하는 방식을 이어받으면 학문과 교육을 일치시킬 수 있다.

제14강 제3세계소설이 나아가는 길

제3세계문학의 위상

제3세계문학은 제1세계의 지배에서 해방되고자 하는 탈식민지 노선의 민족문학이다. 아시아 여러 곳, 아프리카 일부 지역의 민족어문학뿐만 아니라, 아프리카의 많은 곳, 라틴아메리카에서 제1세계 언어를 사용하면서 창조하는 문학도 이런 특성을 지닌 제3세계문학이다. 지구상 대부분 지역에서 창작되는 문학이면서 정당하게 평가되지 못하고 무시되었다. (『소설의 사회사 비교론』 1-3, 서울: 지식산업사, 2001에서 얻은 성과의 일부를 간추리고 가다듬으면서 논의를 진행한다.)

제3세계문학은 사회체제에서 제1·2세계와는 다른 제3의 노선을 실현하는 방향을 제시하고자 한다. 시민과 무산계급이 각기 다른 문학을 하는 제1·2세계문학의 전례를 거부하고, 지식인 작가가 민중과 일체감을 가지면서 수난을 이겨내고 사회정의를 이룩하는 작업을 함께 추진한다. 문학에서 사회통합을 이룩하려고 한다.

제3세계문학은 제1세계문학이 자폐증과 정신분열에 사로잡히고, 제2세계문학이 이념적 경직성과 정치적 통제의 폐단 때문에 생긴 이중의 위기에서 문학을 구출하고자 한다. 독자적 전통을 계승하는 바탕 위에서, 제1세계문학에서 추구하는 개인의 내면 심리와 제2세계문학에서 다루는 사회문제를 하나로 합치는 것을 목표로 삼는다. 진정으로 소중한 가치를 자유롭게 추구하겠다고 한다.

여건을 무시하고 지나친 희망을 가진다고 할 것은 아니다. 여건의 미비가 희망을 키운다. 제3세계의 작가들은 당면한 현실이 비참하기 때문에 문제의식을 가다듬고 사명감을 키운다. 고난이 위대한 문학을 산출한다는 원리를 거듭 확인하게 한다. 자멸의 위기를 가중시키고 있는 인류를 일깨워 세계사에 대한 낙관적인 전망을 가질 수 있게 한다.

제2강 <편향성 극복의 과제>의 마지막 대목 <피해자의 반론>에서 제3세계의 시를 들었다. 제1세계 비교문학의 편향성을 극복하는 대안을 제3세계에서 이론으로는 감당하지 못해 시에서 마련한다고 했다. 가해자와 맞서서 해방을 쟁취하는 데 그치지 않고 인류의 화합을 이루자고 하는 시를 주목하자고 했다. 이제 제3세계소설을 다루어 강의 앞뒤가 서로 호응되게 하면서 같은 논지를 다양하고 자세하게 펼친다.

논의의 단서

아프리카 케냐의 작가 은구기(Ngugi wa Thiong'o)는 이렇게 말했다.

> 얼마 전에 소설은 신이 죽었듯이 죽었다고, 적어도 18세기나 19세기 형태의 소설은 죽었다고 선언되었다. '신소설'을 찾는 운동도 있었으나, 그것이 새로운 신을 찾는 것과 같은 운동인지,

> 그런 노력이 성공을 거두었는지 나는 확실하게 알지 못한다. 소설이라는 이름을 부르면 응답을 하는 무엇이 아프리카나 라틴아메리카에서는 살아 있다는 신호를 보내는 것만은 확실하다. (Ngugi wa Thiong'o, *Decolonizing the Mind, the Politics of Language in African Literature*, London: James Currey, 1981, 64면)

유럽에서는 죽었다고 하는 소설이 아프리카와 라틴아메리카에서는 살아 있다는 말이다. 아프리카는 유럽의 식민지 지배를 받은 곳이고, 독립 후에도 뒤떨어져 있다. 소설을 읽을 만한 물질적인 여유와 정신적 능력을 가진 독자가 많지 않다. 그렇기 때문에 소설이 살아 있다고 말할 수 있는 역설이 타당성을 가진다.

소설이 죽었다는 것은 무슨 말인가? 소설의 사회학에 대해 거창한 이론을 전개한 골드만(Lucien Goldmann)은 "서양의 무산계급은 사물화된 세계의 국외자로 남아 있거나 혁명세력으로 거기 맞서지 않고, 반대로 그 속에 상당한 정도로 흡수되었다"고 지적했다. (*Pour une sociologie du roman*, Paris: Gallimard, 1964, 44면) 귀족과 시민, 시민과 무산계급의 경쟁적 합작품 노릇을 하면서 사회정의를 추구하는 논쟁을 전개하던 소설이 계급대립이 없어졌다고 하는 착각과 함께 해체되었다. 인물의 성격도, 사건이나 주제도 갖추지 않아 무엇을 말하는지 알 수 없게 되었다. 그래서 제1세계의 소설은 죽었다고 한다.

그것은 일면적인 진단이다. 무산계급은 없어지지 않고 새롭게 생겨났다. 제1세계 내부에 제3세계에서 이주한 사람들이 나날이 늘어나면서 새로운 무산계급을 이루어 지구 전체에서 전개되는 대립의 축소판을 보여준다. 그런 사실을 문학 이론을 전개하는 논자들이 무시하고,

작가가 작품화하지 않는다. 그 문제를 다루는 과제를 제3세계문학이 감당한다.

제2세계의 소설은 어떤가? 고리키(Maxim Gorky)의 『어머니』(*Mat*) 같은 작품은 제2세계문학의 의의를 입증하는 설득력을 가졌다. 노동운동이 정치투쟁으로 발전해 사회주의 혁명을 일으키는 것이 필연적인 과정임을 모든 고난을 이겨내고 간고한 투쟁을 하는 인간상을 생동하게 그려 입증하고자 했다. 그러나 혁명 후의 작품에서 혁명의 영웅을 본받아 공산당을 충실하게 따르는 건설의 역군이 되자고 한 것은 같은 정도의 설득력을 가질 수 없었다. 영웅적인 투쟁을 그리는 방법을 고정화시키고 규격화시켜 가치관이나 행동지침을 확고하게 통일한 것이 무리였다.

혁명 후의 사회에서 새로운 모순이 생기고, 인민의 대표자가 인민을 억압하는 새로운 현실은 다룰 수 없게 해서, 사회 내부의 격동을 생동하게 표출하는 창작을 할 수 있는 길을 막았다. 사회비판을 계속 활성화하는 작업은 제3세계문학에서 맡는다. 제1세계소설의 잘못을 제2세계에서 바로잡겠다고 하던 주장이 제2세계소설이 제1세계소설과는 다른 방향에서 파탄을 보여 허사가 되고 말아, 소설을 살리는 과업을 이제 제3세계가 감당한다.

정치나 경제에서 제1세계는 위세를 자랑하고 번영을 구가하지만, 소설의 경우에는 이제 모든 것이 끝나고 장래가 없다고 제1세계의 논자들이 자진해서 고백한다. 자기네 소설만 그렇다고 하지 않고 세계소설이 모두 같다고 여기는 착각을 시정하면, 이것은 참으로 정직한 증언이다. 제1세계는 망하기 때문에 제3세계가 희망을 준다고 하는 말을 다른 쪽에서는 받아들이지 않겠지만, 소설에서는 인정하지 않을 수 없는 사실이다.

이제부터 제3세계문학의 특징과 의의를 소설을 들어 고찰한다. 어느 한쪽에 치우치지 않기 위해, 인도·이집트·인도네시아·세네갈의 사례를 하나씩 든다. 작품의 실상을 되도록 충실하게 다루면서 논의의 일반화를 시도한다. 원문의 주요 대목 인용을 긴요한 논거로 삼는다.

고찰의 관점은 생극론이다. 개체들은 대립적이면서 상보적인 관계를 가지고 투쟁하면서 화합하고 화합하면서 투쟁해, 생성이 극복이고 극복이 생성이라는 것이 그 핵심이다. 작품의 주제, 지향하는 가치, 역사 진행의 방향이 그 원리의 구현이라고 보고 논의를 전개한다. 생극의 양면 가운데 상생은 제1세계의 철학과, 상극은 제2세계의 철학과 상통한다. 그 둘을 합치고 넘어서는 생극론은 동아시아의 전통을 이어 발전시킨 제3세계의 철학이다.

인도에서

유럽문학과 맞서는 제3세계문학을 이룩한 선구자 타고르(Rabindranath Tagore)는 인도인의 정신적 자각을 촉구하는 격조 높은 시를 쓰는 데 그치지 않고 새로운 소설을 이룩하는 데도 앞장섰다. 식민지 통치에서 벗어나는 의식의 각성이 이루어지는 과정과 그 내용을 구체적으로 제시한 『고라』(*Gora*, 1910)가 그런 작품이다. 영어로 번역되어 널리 알려졌다. (타고르, 유영 역, 『고라』, 서울: 범우사, 1991은 1924년의 영역본을 옮겼다고 생각된다. 새로운 번역 Sujit Mukherjee tr., *Gora*, New Delhi: Sahitya Akademi, 1997을 자료로 이용한다.)

『고라』는 민족운동의 뛰어난 지도자가 눈부신 활약을 하는 모습을 보여주었다. 힌두교철학의 높은 경지에 이른 스승을 만나고, 깊은 명상에 잠겨 깊이 깨달아 영국인이 가져온 근대문명을 넘어서서 커다란 진리를 향해 나아갈 수 있었다고 했다. 농민들을 적극적으로 도우려고 하다가 자기가 감옥살이를 하게 되었다. 인도의 다른 민족운동가들이 모두 그렇듯이 감옥이 최상의 학교였다.

인도를 구하는 애국운동을 어떻게 했는가? 인도를 구하는 길이 어디 있는가 하는 논란이 벌어질 때 고라가 동지들에게 한 말을 들어보자.

> 현재 우리가 해야 할 유일한 일은 우리나라에 속한 모든 것에 대해 조건 없고 주저하지 않는 존경심을 나타내고, 그런 존경심을 자기 것의 가치를 모르는 동포에게 불어넣어주는 것이다. 우리나라에 대해서 줄곧 부끄럽게 느끼다가, 우리는 우리 마음을 약화시키는 노예가 되는 감옥을 허용했다. 지금의 상태에서는, 우리는 무엇을 하든지 학교 교과서에서 다른 사람들이 했다고 가르치는 것을 모방할 따름이다. 이처럼 잘못된 일에다 심신을 바칠 수 있을까? 이래서는 우리를 더욱 격하시키기만 한다. (Sujit Mukherjee 영역본, 22-23면)

인도가 영국과 어떻게 싸워 독립을 되찾을 수 있는가? 이 문제는 작품 전체 어디에서도 정면으로 거론하지 않았다. 영국인 식민지 통치자가 언론의 자유라는 것을 명목상 허용했으므로 독립운동에 관한 직접적인 언급은 피하는 것이 필요한 작전이었다. 독자가 다 알고 있는 말은 구태여 드러내놓지 않아도 작품 전개에 지장이 없다. 인도가 독립하기 위해서 무력을 길러야 하는가? 산업을 일으켜야 하는가? 제도를 개혁해야 하는가? 그것은 다 필요한 일이지만 가능하지 않다. 국권을 되찾지 않고서는 할 수 없는 독립 후의 과제이다. 항의하고 시위하는 것이 최상형태의 독립운동인데, 그렇게 할 수 있는 힘은 정신력이다.

그런데 주인공의 아버지가 병이 위독해졌을 때 오랫동안 숨겨온 일을 죽기 전에 말하지 않고는 잠을 들 수가 없을 것 같다고 하고 비밀을 털어놓았다. 고라는 자기 아들이 아니고 영국인 학살 소동이 일어났을 때 자기 집에 피신한 아일랜드 사람의 아들이라고 하고, 자기네 집에서 하룻밤을 숨어 지낸 고라의 어머니는 고라를 낳고 그만 죽어버리고, 고라는 그 날부터 자기네 집에서 자라게 되었다고 했다.

이 말을 듣고 깊은 충격에 사로잡힌 고라는 모든 차별과 편견을 넘어서서 인류 전체가 하나가 되기 위해 투쟁해야 한다고 다짐했다. “제가 밤낮으로 스스로 되고자 갈망했으면서도 오히려 되지 못했던 것을 이제야 마침내 실현하게 되었습니다. 오늘 저는 진짜 인도인입니다. 저에게 있어서는 이미 힌두, 마호메트교도, 또는 그리스도교도 사이에 아무런 갈등이 없습니다”라고 했다.(같은 책, 475면)

타고르가 이룩한 전통을 인도소설에서 오늘날까지 잇고 있다. 독립 후의 힌디어소설 연구서에서 “소설가는 사회 자체를 다루어야 할 대상으로 삼는다”, “소설가 자신이 사회의 산물이다”라고 하고, “하층민의 처지에 대한 고려가 창조력을 발휘하게 하는 원천이다”라고 했다.(Sulochana Rangeya Raghava, *Sociology of Indian Literature, a Sociological Study of Hindi Novels*, Jaipur: Rawat, 1987, 154-166면) 그렇다고 해서 계급의식을 나타내는 데 그친 것은 아니다. 다음과 같이 말한 것이 인도소설의 더 중요한 특징이라고 했다.

> '총체적 휴머니즘'의 이념을 타당하게 구현하면서 소설가들은 자기네 소설의 궁극적인 사명이 인도문화의 광범위한 영역에서 제기하는 이상과 소망을 실현하는 변혁을 올바른 방향에서 이룩하는 데 있다고 제시한다. 혁명적인 이념에 의해, 진보적인 세대가 이룩하는 사회변혁을 작품에서 다룬다… 지금까지 검토한 힌디소설가들은 기존의 사회상황을 그리면서 새로운 개념 · 이념 · 정감 · 세계관을 제공해 독자들의 마음속에 새로운 세계관을 창조하는 참여작가이다.(같은 책, 161면)

소설의 위기에 관해서는 전혀 말하지 않고 소설의 긍정적인 의의에 대해서 이처럼 최대의 찬사를 바친 것은 소설이 살아 있어 광범위한 영향을 제대로 끼치고 있다는 명백한 증거이다. 소설이 살아 있을 뿐만 아니라 새로운 생명을 얻고 있다. 소설가가 사회문제 해결까지 염원하면 기존의 사상을 받아들여 전달하게 되어 자유로운 창조자의 자격을 상실한다고 하는 우려를 인도소설은 씻을 수 있다. 사상을 중요시하면 예술성이 손상된다는 말도 타당하지 않다.

이집트에서

이집트 작가 마흐푸즈(Nagib Mahfuz)는 『거울들』(*al-Miraya*, 1972)에서 자기가 살아오는 동안에 만난 사람들에 관해서 회고한다고 하면서 영국의 통치에 항거하는 투쟁이 일어난 1919년경부터 시작해, 나세르의 혁명, 이스라엘과의 전쟁, 나세르 이후 시대로의 전환 등을 겪고 작품을 쓴 시대까지 이르는 이집트현대사에 대한 진단과 비판을 보여주었다.

> 손에, 손에 국기를 들고 외치고 있었다. 이윽고 나는 총알이 날아오는 소리를 들었다. 그렇다! 트럭 위에서, 말들 궁둥이 위에서부터 날아오는 소릴 들었던 것이다. 또 높은 헬멧을 쓰고, 앞으로 튀어나온 듯한 콧수염을 한 이상스럽게 생긴 영국인들을 내 눈으로 직접 보았던 것이다. 나는 보았다. 광장 여기저기에 널려진 수많은 시체를, 피로 얼룩진 옷가지 그리고 땅바닥을… 나는 들었다! 가슴 속 깊은 곳에서 목구멍으로 토해 내던 외침을,
>
> "조국이여 영원하라 !"
>
> (나집 마흐푸즈, 송경숙 역, <쉰 다섯 개의 거울>, 『도적과 개들』, 서울: 지학사, 1986, 174면; Nagib Mahfuz, Roger Allen tr., *Mirrors*, Chicago: Bibliotheca Islamica, 1977, 29면)

서술자가 아직 어렸을 때 자기 이웃에 살던 모범 청년이 영국의 지배에 반대하는 시위에 참가했다가 피살된 사건을 이야기하면서 이렇게 말했다. 무엇이 어떻게 되는지 모르고 있다가 시위대가 총에 맞아 수많은 사람이 죽어 넘어진 놀라운 광경을 보고 큰 충격을 받았다. 영국의 지배에서 벗어나 독립을 되찾기 위한 투쟁이 일어난 것을 알아 서술자의 의식도 깨어나기 시작했다.

이집트가 독립을 하고, 다시 혁명을 하고 사회변혁을 추진했지만 큰 성과는 없었다. 출세를 위해서 변신을 거듭하면서 주의를 자주 바꾸는 기회주의자들이 끼어들어 일을 망쳤다. "온갖 비웃음을 다 받으며 비평을 가지고 사업을 시작"해 돈을 받고 예술 작품을 평가하던 위인이

혁명이 일어나 사회주의 정책을 표방하자, “늘 그랬듯이 그는 야심을 품고 사회주의 연구에 뛰어들”어 이익을 얻다가 다시 반공주의자로 변신한 것을 보고 깊은 혐오감을 나타냈다.(송경숙 역, 238-240면; Roger Allen 역, 87-88면)

그런가 하면 “봉건주의 정권”에서는 “공산주의자”이고, “좌익 정권” 일 때에는 “보수주의”여서 언제나 반대만 하는 인물, 저항을 하기 위해서 태어난 인물도 있다고 하면서 그 증상을 더욱 심각하게 그렸다. 재난이 일어나면 오히려 내심으로 기뻐하는 것이 반대자의 행태라고 했다. 그런 무리는 다음과 같은 증후를 나타내고 있다고 했다.

> 그는 익살을 부리거나 농담을 하는 것을 들어본 일이 없는 유일한 이집트인일 것이다. 그에게는 어떤 예술적 취미도 없었으며, 노래조차도 좋아하지 않았다. 마치 자신이 어떤 종류의 쾌락이나 아름다움으로부터 거세당한 희귀한 존재인 양, 그는 자신이 읽은 사소한 문학작품에 대해서도 특이한 정치적 해석을 붙이곤 했다. (송경숙 역, 252면; Roger Allen 역, 99면)

이런 대목에서 서술자는 정치에 대한 과도한 신뢰를 경계하고, 정치이념이 개인적인 이익을 추구하는 데 이용되고 사고를 제한하고 구속한다고 비판했다. 의식의 각성이 더욱 높은 수준에 이르러야 이집트의 불행을 바로 알아차릴 수 있다고 했다. 외세를 물리치는 정치적인 혁명에 역기능이 있어 치유하기 어려운 더 깊은 상처를 남긴 데 대해서 올바른 인식이 있어야 한다고 깨닫도록 독자를 이끌어나갔다.

정치를 한다고 나서서 설치지 않고 학문이나 예술에서 자기 본분을 수행한다는 사람들은 희망을 주지는 못하더라도 해독을 끼치지는 않을 것 같지만 그렇지 않다고 했다. 대학 시절의 한 교수는 총명하다고 이름이 난 사람이었는데 유럽에 유학을 해 박사학위를 취득하는 동안에 무기력하고 비굴하게 된 모습을 그려 깊은 상처를 진단했다. 과학만 절대적인 가치를 가졌다고 주장하는 학자가 과학을 위해 미국으로 이민가는 것을 방해하는 썩은 현실을 나무라는 거동을 보여주어 무엇이 문제인가 드러냈다. 미국에서 영화공부를 하고 돌아와 인생 최대의 희망을 달성했다고 하는 동창생이 집에 들어서다가 바나나 껍질에 미끄러져 죽었다는 사건을 통해 헛된 환상을 깼다.

그러면 대안이 무엇인가? 어떻게 해야 이집트는 되살아나는가? 작자는 이 물음에 대답해야 했다. 작품 서술자의 의식이 각성되는 것을 통해 이집트가 소생하는 길을 제시해, 그 성과를 제3세계 전역에 확대시킬 수 있게 하는 방향으로 전개하면서 이런 물음에 대답해야 했다. 논설을 쓴 것은 아니다. 긍정적인 인물의 모습을 보여주는 것이 대답을 하는 유일한 방법이다. 가난에 찌든 하급공무원 생활을 하면서 아랍어 고전을 열심히 공부하고, 기존 학계에서는 알아주지 않는 뛰어난 저서를 내는 인물을 등장시켜 그런 본보기를 보여주었다. 그 사람은 자기에게 이렇게 말했다고 했다.

> 당신들은 너무나도 서구문학에 압도당해 있어. 마치 그게 전부인 양 말이야. 제 나라 아랍문학은 전혀 모르면서도 어디 좀 봅시다. 서구 시 가운데서 당신이 좋아하는 무엇이건 간에 한 번 대보시오. 내가 그에 맞설 만한 아랍시를 얘기해볼 테니까.(송경숙 역, 314-315면; Roger Allen 역, 157-158면)

의식의 각성이 유럽문명의 도전 때문에 위축되고 파괴된 아랍문명을 되살리는 수준에서 이루어졌다. 유럽문학의 이식에 머물러 위축되어 있던 당대의 문학이 망각하고 있던 자기 전통의 보편적인 의의를 재발견해 당당하게 나설 수 있게 했다. 작자 자신이 새로운 소설을 마련한 근거를 이런 방식으로 밝혔다.

일찍이 1919년 혁명기간 동안 민족정신을 일깨워주던 아랍어선생의 모습도 존경스럽게 그렸다. "영광이 깃든 민족적 고전"과 "역사적 영웅"에 대해서 이야기하는 것을 "눈물을 글썽이면서" 들었다 하고, "민족정신과 불굴의 의지를 배웠다"고 했다. "그 분 덕분에 우리는 아랍어를 좋아하게 되었고, 아랍시를 깊이 사랑할 수 있게 되었다"고 했다.(송경숙 역, 433-434; Roger Allen 역, 268-269면) 그 선생님은 학생들의 투쟁을 선동했다고 해서 파면당하고, 나중에는 문교부장관 · 국회의원이 되어 뜻을 펴려고 하다가 고향으로 돌아갔다고 했다.

또한 서술자의 대학 동창생이 대학을 중퇴하고 여러 직업을 전전하다가 신문기자가 되고, 이념 활동 때문에 파면되고 투옥되고 가정 파탄까지 겪었으나, 신념을 버리지 않고 대단한 저술을 계속하는 것을 높이 평가했다.

> 나는 진보적인 아랍사상에 관한 그의 서적을 현대의 가장 재미있고 활력이 넘치는 책들 중의 하나라고 주저함 없이 여기고 있으며, 나는 그의 대중적인 면모와, 개인적인 삶의 갈등, 그리고 육체적인 괴로움, 지성의 통일성과 또한 그 순수함을, 파괴와 건설, 이합집산, 절망과 희망의 여러 가지 요소로 심히 요동하고 있는 이 시대 혼란의 시대의 본보기로 여긴다.(송경숙 역, 347면; Roger

Allen 역, 187면)

혼란의 시대를 일거에 청산하는 이상주의적인 방안을 마련하는 것은 기대하지 않았다. 진보적인 아랍사상이라고 하는 것이 무엇인가는 밝혀 논하지 않았으며, 사회갈등을 해결하는 방안을 진지하게 찾은 내용이라고 암시하는 데 그쳤다. 마흐푸즈 자신이 쓰는 소설과 같은 것이라고 짐작하면 잘못되지 않는다. 작중인물, 서술자, 작가 자신의 경우에 모두, 사회개혁을 위한 구체적인 강령보다 어떤 허위도 배격하고 진실을 찾으려고 하는 비판정신이 더욱 소중하다고 하면서 그것을 얻는 것을 의식 각성의 핵심 과제로 삼았다.

인도네시아에서

독립전쟁을 정면에서 다룬 소설도 적지 않다. 그 좋은 예로 인도네시아 작가 프라무디야(Pramoedya Ananta Toer)의 『게릴라 가족』(*Keluarga Gerilja*, 1950)을 들 수 있다.(뿌라무디아 아난따 또르, 정영림 역, 『조국이여 조국이여』, 서울: 지학사, 1986이 그 번역본이다.) 작자가 작품의 주인공처럼 투쟁한 경험을 살려 쓴 작품이다.

작품의 기본설정은 아버지와 세 아들이 서로 다른 길을 갔다고 했다. 아버지 빠이잔은 네덜란드군의 하사관으로 근무하다가 네덜란드군이 다시 진주하자 그쪽 편이 되었다. 세 아들 사아만·차니민·까르디만은 아버지를 따라 네덜란드군 병영에서 자라고 식민지 통치에 순응하는 교육을 받았으나 무엇이 잘못 되었는지 깨닫고 독립군에 참가해 싸우는 길을 택했다. 아버지가 계속 반대하고 방해를 하자 아버지를 죽이기까지 했다.

인도네시아에 다시 진주한 네덜란드군을 물리치고 독립을 쟁취하기 위한 싸움이 일어나고 있을 때, 네덜란드군의 사병 노릇을 하던 아버지가 네덜란드군에 복귀해 하사로 승진했다면서 받은 네덜란드 여왕폐하의 하사품을 한 아름 자랑스럽게 안고 집으로 돌아와 세 아들에게도 네덜란드군에 입대해 충성을 다하라고 했다. 아들이 반발하고 독립을 위해 싸우겠다고 해서 언쟁이 벌어져, 부자간에 다음과 같은 말이 오고 갔다.

> "이놈아, 넌 애송이야! 근데 네 놈도 선봉에 서려고? 하하하 기다려라. 착한 내 아들아. 네가 이 애비를 쓸어버리겠다는 거냐, 뭐냐? 기다려 이 친구야! 내가 널 헌병대에 넣을 수도 있어. 그리고 그 곳에서 너를 고문하게 만들거다."
>
> 그러자 차니민이 문 앞에서 아버지를 잡아끌었다.
>
> "아버지, 그렇게 큰 소리로 떠들지 마세요. 여긴 자유의 마을인데다 청년들 집합장소예요. 유념해두셔야 해요. 입을 함부로 놀리면 맛보게 된다구요. 아시겠어요? 죽창을 들고 와서 우리 가족을 몰살시킬 거예요."(67-68면)

아버지는 아들이 하는 말을 듣지 않고, 사태가 심각하다는 것을 알아차리지 못하고, 상으로 받아 가지고 왔다고 자랑하는 술만 마셨다. 그 날 밤 아버지가 술에 잔뜩 취해 "여왕폐하가 하사한 것을 모두 토해 내고 잠들었을" 때 세 형제는 아버지를 강가로 메고 가서 총 쏘아 죽여, 시체를 강물 속에다 밀어 넣었다.(70면)

그렇다 하더라도 아들이 아버지를 죽인 것은 용납할 수 없는 일이다. 차니민과 까르디만은 독립군의 일원이 되어 격렬한 싸움을 하다가도 그 때문에 계속 괴로워하면서, "비록 친아버지일지라도 적군에 가담하여 동족을 살해한다면 그 누가 아버지를 처치하지 않겠니?"라고 하고, 다시 "아버지가 다른 군대에 붙잡히는 몸이 되었더라면 아버지의 죽음은 더 참혹했을 거야"라고 말했다.(23면) 아버지라는 사람이 자기네 친아버지인가 하는 의심과 죽인 것이 정당한가 하는 의심이 엇갈려 마음이 괴로웠다.

친아버지인가 의심하는 데는 그럴 만한 이유가 있었다. 어머니는 네덜란드군 병영에서 살면서 아버지 외의 여러 남자를 상대해 행실이 나쁘다고 소문이 나고 "병영의 화냥년"이라고 조롱받던 여자였다. 작품의 주인공인 맏아들 사아만은 "육군 소위 베니"의 자식이라는 사실이 어머니가 과거를 회고하는 대목에 나타나 있다. 딸 가운데 "네덜란드인 호델호델 중위"의 딸도 낳았다고 했다. 다른 두 아들은 무어라고 말하지 않았으나, 죽인 아버지의 자식이 아닐 수 있다.

아버지와 어머니는 둘 다 식민지시대의 유산을 그대로 지닌 인물이다. 그런데 아버지는 자식들과 혈통이 이어지지 않지만, 어머니는 그 점에 관해 아무런 의문도 있을 수 없다. 아버지는 네덜란드를, 어머니는 자식을 신앙으로 삼았다. 그런 이유에서 아버지는 부정적으로, 어머니는 긍정적으로 그려져 있다. 아버지는 청산의 대상으로 삼고, 자식들에 대한 어머니의 맹목적이라고 할 만한 사랑은 당연하다고 했다.

자기네를 낳은 아버지이든 기르기만 한 아버지이든, 아버지는 식민지 시대에 겪은 오욕을 상징했다. 자식들은 아버지를 존경할 수 없어 미워했으며, 아버지와는 다른 길을 택해야 한다고 생각했다. 어려서부터 가졌던 그런 생각이 자기들이 성장하고 독립전쟁이 벌어지는 시기에 이르러서 더욱 분명해졌다. 게릴라 대원이 되어 싸우러 나가서 잠시 쉬는 틈에 차니민이 까르디만에게 다음과 같이 한 말에 아버지와 결별해야 하는 결단의 의미가 선명하게 나타나 있다.

> 사아만 형님이 그러대. 우리 형제들은 네덜란드 병영에서, 쓰레기더미에서 태어났다고 그래 맞아. 우리 형제들은 쓰레기야. 이제 우리가 해야 할 임무는 그 쓰레기더미를 더 쌓아 올리는 거야. 인간과 인간을 사랑하는 밑거름이 되도록 하기 위해서.(51면)

네덜란드 식민지 통치에 협력하지 않고 민족의 존엄성을 고결하게 지키기만 한 사람들이 독립전쟁을 일으킨 것은 아니다. 병영의 쓰레기라고 한 이들 형제처럼 사람이라고 할 수 없는 오욕의 삶을 가까스로 유지해온 피해자가 선두에 나섰다. 맏형 사아만은 공무원 생활을 하다가 그만두고 서민용 삼륜 택시 베챠 운전수로 위장해 다니면서 도시 게릴라로 활동하다가 체포되어 감옥에 갇혔다가 사형당했다. 차니민과 까르디만은 무장투쟁을 하는 게릴라 부대에 들어가 싸우다가 까르디만은 죽고, 차니민은 소식을 알 수 없게 되었다.

차니민과 까르디만 두 형제는 총탄이 오고가는 전쟁터에 있으면서 집에 있는 가족들을 생각하고, 아버지라는 사람을 죽이지 않을 수 없었던 안타까운 사정을 다시 떠올리면서 괴로워했다. 위대한 투사가 사실은 얼마나 마음이 여린지 거듭 알려주었다. 그날 밤에 까르디만은 총탄을 맞고 죽었다. 그러나 그 소식마저 전할 길이 없었다. 가족들과 서로 소식을 전하지 못해 생사마저 알 수 없는 것은 커다란 비극이다. 식민지 통치를 계속하려는 무력이 저지르는 그런 횡포를 종식시키고 가족들이 모여서 단란하게 사는 날을 맞이하기 위해서 싸워야 했다.

체포되어 재판을 받은 맏형 사아만은 형무소에 갇혀 사형이 집행될 날만 기다리면서, 1킬로미터밖에 떨어져 있지 않은 자기 집에 아무 소식도 전하지 못했다. 식민지 통치자는 일체 면회도, 편지도 허용하지 않고, 생사조차 알 수 없게 하는 횡포를 저질렀다. 어머니는 아들 소식을 몰라 찾아 헤매다가 정신을 잃게 되었다. 소식을 알아주겠다고 나서는 사기꾼 때문에 피해를 보기도 했다.

사형수와 가족들 사이에 소식을 완전히 두절시키는 것은 부당한 권력의 지나친 횡포이다. 그래서 그 집행인이 반발했다. 네덜란드인과 인도네시아인의 혼혈아인 형무소 소장은 사아만에게 감복되어, 자기도 게릴라 투쟁을 하겠다는 생각까지 했다. 위험을 무릅쓰고 사아만을 도와주기로 작정하고, 사아만이 가족들에게 보내는 편지를 몰래 쓰도록 하고, 자기가 가지고 가서 전달했다. 어떤 어려움이 있더라도 견디어 내면서 비상한 노력을 해서 큰 인물이 되라고 당부하는 맏형의 편지를 집에 남아 있는 어린 동생들이 받을 수 있게 했다.

그 편지에는 어떻게 살아가야 하는가 하는 문제에 대한 따뜻한 배려와 조국의 미래에 대한 크나큰 희망이 함께 나타나 있다. 막내 동생에게 당부해, 공부 열심히 해서 훌륭한 인물이 되라고 하면서 "학교 수업이 파하고 나면 길거리에서 담배 행상 같은 걸 하더라도 나무라지 않겠다"고 하고, 생계비의 일부를 스스로 버는 것은 "자신의 용기를 시험해볼 수 있는 좋은 기회"라고 했다. 그러면서 끝으로 다음과 같이 말했다.

모두들 잘 있어요. 내 사랑하는 이들 모두 안녕! 우리나라는

> 반드시 독립이 되고 말거야. 그리고 혁명의 싸움터에서 사라져간 모든 이들의 추억에서 다시 만나게 될 테지. 대포알이나 박격포탄에 희생당하고 영국군과 네덜란드군이 내던진 수류탄에 맞아 사지가 흩어져 처참한 죽음을 당한 자들, 그들 모두가 독립이 되고나면 추모의 정으로 한 자리에 만나게 될 거야.
>
> 독립! 독립! 안녕, 다시 만나게 될 때까지.(300면)

그 다음은 사아만이 사형당하는 대목이다. 동서고금의 문학작품이 그런 끔찍한 일은 직접 보여주지 않는 오랜 관례를 깨고, 사형이 이루어지는 절차와 광경을 자세하게 묘사했다. 부당한 권력과 정당한 투쟁, 비굴한 출세와 당당한 처신의 차이를 명시했다. 사아만은 "신은 위대하다" 하고, "독립 만세"를 외치고 쓰러졌다. 어머니는 아들의 사형 소식을 듣고 실신해 세상을 떠났다.

사형집행에 입회하는 군의관은 예정된 시간보다 늦게 나타나 사형집행이 지연되게 하고서, 자기는 혼혈아이면서 사아만에 대한 네덜란드인의 분노를 나타냈다. 혼혈아는 충성을 해도 소용이 없었다. "사형집행수들은 순수한 네덜란드 혈통으로 아직 나이 어린 헌병대원들로 구성되어 있어" 인종주의의 원칙을 분명하게 했다.(315면)

그 대목에서 인종주의 문제를 분명하게 했다. 식민지 통치는 인종주의를 이념으로 하므로, 다른 인종을 받아들이리라고 기대하는 것은 잘못이다. 인종주의를 추종하는 것은 더욱 어리석었다. 아버지가 각기 다른 사이만 형제들처럼 자기네 인종주의의 편견은 완전히 버리고 식민지통치자의 인종주의에 대해서 항거하는 것이 마땅했다.

세네갈에서

식민지통치에서 아프리카가 해방되는 과정을 다룬 소설 가운데도 화합의 길을 진지하게 추구한 작품이 있다. 세네갈의 작가 셈베느 우스만(Sembène Ousmane)이 쓴 『열풍』(*L'Harmattan*, 1964)이 그런 작품의 좋은 본보기가 된다. 작품 제목에 내세운 "열풍"은 사하라 사막 쪽에서 남쪽으로 부는 뜨겁고 건조한 바람이다. 그 말로 아프리카가 당하고 있는 식민지 통치의 수난을 상징했다. 그런 수난을 종식시키고 새 역사를 창조하기 위해서 어떻게 해야 하는가? 이 문제를 다각도로 고찰하는 작품을 썼다.

이름이 밝혀져 있지 않은 아프리카 어느 나라를 통치하고 있던 프랑스가 1958년에 주민투표를 실시한다고 했다. 찬성이 많으면 프랑스 공동체 안의 자치국이 되는 것을 허용하겠다고 하고, 장래를 스스로 결정하라고 했다. 민의를 직접 묻는 방법을 쓴다 하고서 찬성을 유도하기 위해서 갖가지 술책을 쓰는 데 맞서서 반대해 운동이 전개되었다. 식민지 통치를 총체적으로 해부하면서 피지배자 각계각층 사람들이 살아오고 생각한 바가 서로 달라 내부적인 대립이 생기는 양상을 선명하게 나타내면서 마땅한 길이 어디 있는지 찾았다.

첫 대목에서, 비가 오자 아프리카 숲 속에서 온 천지가 푸름을 되찾아 온갖 생명이 약동한다고 했다. 그러나 사람은 서로 불화했다. 다스리는 쪽과 다스림을 받는 쪽이 서로 용납할 수 없는 적대적인 관계를 가졌다. 백인 통치자들이 동물을 보호해야 한다는 이유로 사냥 금지령을 내려 흑인 사냥꾼이 살아갈 수 있는 길을 막았다.

사냥 금지령에 항의하던 마을의 지도자인 주술사 비타 히엔(Bita Hien)과 뛰어난 사냥꾼 디그베(Digbé)는 감옥에 갇혔다. 식민지 당국자는 두 사람을 내놓으면서 주민투표에 찬성하겠다고 하면 사냥 금지령을 어기는 것을 어느 정도 묵인하겠다고 하는 유화책을 썼다. 마을의 지도자나 사냥꾼은 주민투표가 무엇인지 모르고 알려고도 하지 않았다.

디그베는 분노를 참지 못해 숲을 순찰하던 백인 군인을 기다리고 있다가 독화살로 쏘아 죽였다. 그런 일이 벌어지자 백인과 동행한 흑인 병사 레미 소글로(Rémy Soglo)는 생각이 달라졌다. “한 세기의 4분의 1이 되는 기간 동안, 삼색 깃발 밑에서 온갖 식민지 정복전쟁에 참여한” 과거를 뉘우치고 백인에 대한 “복종을 처음으로 거부했다.” 백인의 명령을 따르기만 한 것을 부끄럽게 여기고, “이 고장의 자식인 내가 사냥을 금지하다니?”라고 반문했다. (Sembène Ousmane, *L'Harmattan*, Paris: Présence Africaine, 1964, 19 · 23 · 24면)

그러나 마음속으로 어떤 생각을 하고 있는 흑인 병사라도 병사는 병사였다. 용서할 수 없는 적대자였다. 또 한 발의 독화살을 맞아 자기 상사와 같은 운명이 되고 말았다. 그러고는 아무 일도 없었던 것처럼 “물도, 식물도, 짐승도, 도마뱀도, 사람도, 모두 밤의 생명을 누리려고 했다”고 하는 말로 그 대목의 이야기를 끝냈다.(25면)

앞 대목에서는 상극뿐인 세상이라 상생이 인정되지 않는다고 했다. 그런데 둘째 대목에서는 사정이 다르다. 병원 원장으로 일하는 흑인 의사 탄가라(Tangara)가 여인 주술사 만흐 콤베티(Manh Kombéti)로부터 약초에 관한 전통적인 지식을 배워 현대의학과 합치려고 했다. 의학잡지에 기고한 글에서 다음과 같이 썼다고 만흐 콤베티에게 번역해 읽어주었다.

오늘날 치료법이 크게 발달했어도 잊어버리지 말아야 할 사항이 있다. 특히 검은 아프리카에서는 약초 사용법이 아버지에게서 아들로, 어머니에게서 딸로 전해지고 있다. 특별한 사람들이 전수받아 보존하고 있는 식물의 비밀이 모든 사람의 자산이 되어야 한다.(37면)

그렇게 해서 백인을 이롭게 하자는 것이 아니다. 백인의 의학과 흑인의 의학이 서로 필요로 하는 가치를 가져 합쳐질 수 있다는 것을 입증하면 백인의 우위는 무너진다. 백인과 싸우는 상극의 투쟁을 승리로 이끌기 위해서는 백인의 문명과 흑인의 문명 사이의 상생을 이룩해야 한다고 했다. 백인을 활로 쏘아 죽이고 자기도 잡혀가 죽는 것과는 아주 다른 작전을 펴서, 양쪽이 함께 살면서 서로 도움이 되는 길을 찾자고 했다.

탄가라는 흑인 지식인이 나아갈 길을 보여주었다. 백인의 의학을 공부해 병원의 원장이 되었으면서도 흑인의 전통문화에 대한 깊은 존경심을 잃지 않았다. 의사가 되었다고 백인처럼 우쭐대며 살아가려고 하지 않고 가난하고 무식한 동포들 가까이 있어 만호 콤베티의 신뢰를 얻고 비밀스러운 지식을 공개하게 할 수 있었다. 만호 콤베티는 주민투표에서 찬성하고 반대하는 것이 무엇을 의미하는지 들어도 알지 못하지만, 탄가라는 반대해야 한다는 신념을 가졌다.

백인 통치자들이 주민투표를 실시한다고 했으니, 상극의 투쟁을 전개하기 위해 무기를 들어야 할 상황은 아니었다. 백인의 지배를 종식시키고 흑인의 독립국을 이룩하는 평화적인 방법을 어떻게 마련해야 하는가 하는 상생의 작전이 시비의 초점이었다. 주민투표에 대해서 찬성 또는 반대를 해야 한다는 주장이 그렇게 해서 갈라졌다.

주민투표에 대해서 찬성해야 한다는 쪽은 백인의 지배하에서 이득을 나누면서 성장한 흑인 시민층이었다. 백인이 차지하고 있는 이권에 더욱 깊이 관여하는 기회가 독립과 더불어 생기는 데 기대를 걸고 찬성을 주장했다. 그런 사람들의 대표자 탐반 유시도(Tamban Youssido)가 총리 후보로 등장해 식민지통치자의 요구를 받아들이자는 운동을 전개했다. 프랑스 공동체에서 벗어나 완전한 독립을 이루어야 한다고 주장하는 사람들과 담판을 하면서 탐반 유시도는 이렇게 말했다.

> 정치적으로는 이 나라는 독립하기에 부적당합니다. 경제적으로 우리는 아무 것도 가진 것이 없습니다. 산업도 없고, 자본도 없습니다. 공동체에 머물러 있어야만 투자가 이루어집니다.(217면)

그 자리에 있던 탄카라는 이에 대해서 반대했다. 프랑스와의 관계를 청산하고 경제 건설도 독자적으로 해야 한다고 했다. 탐반 유시도가 제시한 노선은 독립을 사실상 포기하는 것이었다. 그 원리를 들어 말하면, 상극을 배제하고 상생에 치우쳐 있다.

백인의 통치에 대해서 강력하게 반대하는 사람들은 마르크스주의 혁명단체를 결성해서 투쟁했다. 시인이며 화가인 레이(Lèye)가 그 주동자 가운데 한 사람이다. 탐반 유시도가 위에서 든 말을 할 때 레이는 탄카라보다 더욱 격렬하게 반대하면서 "우리의 팔, 우리의 머리가 가장 자랑스러운 재산이다"라고 외쳤다.(217면)

레이는 자기 고장에 불어오는 "열풍"이 뜨겁고 건조한 바람에 지나지 않는 것이 아니고, 피압박 민중의 신음소리라고 하는 시를 썼다. 주민투표에 반대하는 의사가 관철되지 않으려고 하자 완강한 투지를 선포하는 시를 썼다. 여러 가닥이 만나는 큰길은 버리고 한 가닥 작은 길을 가면서 어떤 희생이라도 각오한다고 했다. 사상자가 얼마나 되는가는 생각할 일이 아니라고 했다. 식민지 통치자를 물리치고 민족해방을 이룩하기 위해서 그 길밖에 없다면 피할 수 없지만, 노선을 달리하는 세력들끼리의 내전을 그렇게 치러야 하는 경우라면 생각을 바꾸어야 한다. 그런 끔찍한 전쟁은 아프리카에서 지금도 계속되고 있어 희망을 보여주지 않고 절망이 더욱 깊어지게 한다.

그런 시는 흑인의 수난을 나타내고 항거를 촉구하는 데는 대단한 설득력을 가졌다. 백인을 독화살로 쏘아 죽이는 것과는 다른 차원의 거대한 항쟁에 불을 붙였다. 독립을 쟁취하기 위해서는 무기를 들고 싸우도록 한다. 그러나 이 노선은 상생을 배제하고 상극에 치우쳐 독립국 건설의 역량이 끔찍한 희생을 초래하는 전투에서 소진되게 한다.

상생에 치우친 탐반 유시도의 우파 노선과 상극에 치우친 레이의 좌파 노선 중간에 탄가라(Tangara)가 추구하는 생극의 노선이 있다는 것이 작품의 전체적인 구도이다. 작가는 탐반 유시도와는 거리를 많이 두고, 레이의 주장에 대해서는 깊이 공감했다. 그러면서 레이 쪽이 저지를 사태를 염려하면서 탄가라 쪽으로 방향을 돌리는 것이 마땅하다는 생각을 나타냈다.

탐반 유시도와 탄가라 사이에는 평화적인 방법으로 시대 변화를 겪어야 한다는 공통점이, 레이와 탄가라 사이에는 식민지 지배를 실제로 청산하고 완전한 독립을 이룩하는 투쟁을 해야 한다는 공통점이 있다. 방법과 목적은 따로 노는 것이 아니다. 상생의 방법과 상극의 목적을 결합시켜, 탄가라는 양쪽의 편향성을 시정했다. 레이 쪽에서 바라는 바를 평화적인 방법으로 달성하면서 급진적인 성향을 완화해 상극에서 상생을 상생에서 상극을 이루고자 하는 것이 탄가라의 노선이다.

그러나 결론이 난 것은 아니다. 탄가라의 주장은 공상인 것처럼 보여 동조세력이 없다. 행동화할 수 있는 힘을 갖추지 못하고 있다. 작품의 결말에서 레이의 지지자들이 시위를 벌이면서 탄가라가 운동의 대열에서 벗어난 것을 나무라고, "프랑스에도 의사 가운데 반동분자가 가장 많다"고 매도했다.(311면) 사냥꾼 디그베도 그 대열에 끼어 있었다.

현실은 작가가 탄가라를 통해서 찾고 있는 중간노선은 버려두고, 우파의 극단이 아니면 좌파의 극단으로 치달았다. 독립을 하는 아프리카 국가는 대부분 그 둘 가운데 어느 하나여서 그 나름대로의 진통을 겪었다. 어느 쪽으로 기울어지든 심각한 내전을 겪지 않을 수 없게 되었다. 제3세계가 현실정치에서 인류의 이상을 실현하고 있는 것은 결코 아니다. 실현되지 못하면서도 계속 가다듬어 제시하고 있는 염원이 커다란 가치를 가진다.

종합 평가

지금 진행되고 있는 세계화는 근본취지에서 바람직하다고 해도 불평등이나 불균형이 심각한 문제이다. 제1세계 특히 미국이 세계를 제패하기 위한 책동이라고 지목되어 거센 비판과 반발의 대상이 되고 있다. 소련이 해체되고 변모된 탓에 제2세계의 견제력이 없어지자 벌어지고 있는 사태이다.

누구나 힘이 있으면 행사할 수 있는 조건이 지극히 평등하므로 잘못이 없다고 할 것은 아니다. 군사·경제·정치력으로 이루어진 힘은 역전의 가능성은 거의 없다. 힘이 모자라 피해자일 수밖에 없는 제3세계가 방향을 바로잡지 못해 암담하다고 할 수 있다.

그러나 사태를 힘과 힘의 대결로 보는 것은 잘못이다. 경쟁 상대가 없는 군사력을 이용해 경제적이고 정치적인 이익을 극대화하려고 하는 강자는 문화나 사상에 결정적인 약점이 있어 수세에 몰리게 되는 것이 생극론의 이치이다. 힘이 정의를 유린한다는 것을 아는 사람들이 그 내부에서도 늘어나 비판을 견디어낼 논리를 찾지 못하면 전환이 시작된다.

군사·경제·정치력으로 이루어진 힘의 강약이 문화나 사상에서는 반대가 된다는 사실을 문학이 극명하게 보여준다. 제1세계에서는 문학이 자폐증에 사로잡혀 불신되고, 소설은 인물·사건·주제를 상실해 해체되고 있지만, 제3세계에서는 소설 창작의 가능성을 최대한 실현하면서 정의의 소리를 들려준다. 힘의 횡포에 맞서는 피해자가 온몸을 바쳐 창조하는 문학이 미래를 예견하는 창조력을 보이면서 역사 전환의 기점이 되었던 전례가 오늘날 지구 전체의 규모로 확대되고 있다.

제3세계문학은 강자의 지배를 강화하는 방향으로 진행되는 세계화를 거부하고, 누구든지 대등한 관계에서 각자 자기 장기를 살려 인류를 위해 봉사할 수 있게 한다. 잘못된 역사에 대한 비판이고 대안이어서, 인류의 미래에 희망을 가지게 한다. 제1·2세계문학에서 이룬 바를 받아들이면서 넘어서서 세계문학의 유산을 총괄하고 혁신한다.

제3세계문학이 문학연구를 새롭게 하도록 해서 학문에서 역전이 일어나는 단초를 마련한다. 이 논문에서 일부를 요약해 보인 『소설의 사회사 비교론』이 그 본보기이다. 제1·2세계 어디에서도 하지 못한 작업, 지구 전역의 소설의 사회사에 관한 총체적인 연구를 생극론을 새로운 역사철학으로 정립하면서 진행했다.

토론

❑ 문: 왜 한국 작품은 거론하지 않았는가?

❑ 답: 유감스럽지만 적합한 것이 없다. 민족해방 투쟁을 생동하는 경험을 살려 한 권 분량으로 다루면서 보편적인 가치를 추구하는 작품을 골랐는데, 이런 것이 한국소설에서는 발견되지 않는다. 자연발생적인 창조물이라고 하겠는 고전문학은 세계문학 일반론을 이룩하는 출발점으로 계속 활용될 만한 가치를 많이 지닌 것과 다르다. 의도적인 창조물인 오늘날의 문학은 민족주의를 숭앙하면서 보편적인 가치를 추구하지 않아 결격 사유가 있다.

❑ 문: 거론한 작품은 모두 보편적인 가치를 추구했는가?

❑ 답: 가해자의 억압에서 벗어나 해방을 이룩하는 데 그치지 않고, 인종주의의 편견을 배격하고 인류가 화합하는 길을 찾고자 했다. 힘의 우열을 역전시키는 가치관을 제시했다.

❑ 문: 민족주의에 머무르지 않으려면 민족문화의 전통을 버려야 하는가?

❑ 답: 아니다. 민족문화의 전통 가운데 인류를 위해 널리 도움이 되는 보편적 가치를 찾아 활용하기 위해 힘써야 한다.

❑ 문: 보편적 가치를 왜 민족문화에서 찾는가?

❑ 답: 자기가 잘 할 수 있는 일을 찾아서 해야 경쟁력을 얻어 크게

기여할 수 있기 때문이다. 새롭게 고양하고 발전시켜야 할 보편적 가치를 우선 민족문화에서 찾고, 얻는 성과를 확대하기 위해 동아시아 문명에서도, 제3세계에서도 찾아야 한다. 제1세계의 학자들과는 다른 길로 가야 그릇된 역사를 바로잡고 새로운 시대를 이룩하는 학문을 할 수 있다.

❑ 문: 제1세계의 지배가 더욱 강화되고 있는데, 새로운 시대를 이룩하는 것이 어떻게 가능한가?

❑ 답: 강하면 약하고, 선진이 후진임을 입증하는 학문을 하는 것이 시대 전환의 시발점이다. 제1세계에서는 구상하기도 어려운 과업을 『소설의 사회사 비교론』에서 수행해서 제3세계학문의 위력을 입증했다고 생각한다.

❑ 문: 우리가 제3세계라고 해야 하는가?

❑ 답: 우리는 제1세계의 말석이라고 할 수도 있고, 제3세계의 선두라고 할 수도 있다. 어느 쪽이라고 하건 위치는 그대로 있는데, 생각의 차이가 아주 크다. 제1세계의 말석에 끼어들어 거의 다 써먹은 완성품을 흉내 내는 것은 얼마나 비참한가. 제3세계의 선두에 서서 새로운 가능성을 모색하고 실현하는 개척자는 학문을 하는 보람을 최대한 누린다.

저자 조 동 일

1939년 8월 9일생. 경북 영양군 출신.

1962년 서울대학교 불어불문학과를, 1966년 국어국문학과를 졸업했다. 1976년 국어국문학과에서 문학박사 학위를 받았다. 계명대학교, 영남대학교, 한국정신문화연구원, 서울대학교 교수를 역임하고, 2004년 9월부터 계명대학교 석좌교수로 재직 중이며, 학술원 회원이다.

주요 저서로 『서사민요연구』, 『한국문학통사』(전6권), 『우리 학문의 길』, 『인문학문의 사명』, 『소설의 사회사 비교론』(전3권) 등이 있다.

홈페이지 : http://chodongil.x-y.net

세계 · 지방화시대의 한국학 6

비교연구의 방법

인쇄 | 2007년 8월 20일
발행 | 2007년 8월 25일

저　자 | 조동일
펴낸이 | 이진우
펴낸곳 | 계명대학교출판부
대구시 달서구 달구벌대로 2800
전화 053-580-6233
팩스 053-583-5213
등록 | 1970. 9. 1. (신고번호 제347-1998-1호)

ISBN 978-89-7585-404-0 03910

값 20,000원